Korsika

Hans-Jürgen Siemsen
unter Mitarbeit von Karen Nölle und Sandra Olschewski

Gratis-Download: Updates & aktuelle Extratipps

Unsere Autoren recherchieren auch nach Redaktionsschluss für Sie weiter. Auf unserer Homepage finden Sie Updates und persönliche Zusatztipps zu diesem Reiseführer.

Zum Ausdrucken und Mitnehmen oder als kostenloser Download für Smartphone, Tablet und E-Reader.
Besuchen Sie uns jetzt!
www.dumontreise.de/korsika

short.travel/qtam4

DUMONT
Reise-Taschenbuch

Unterwegs auf Korsika

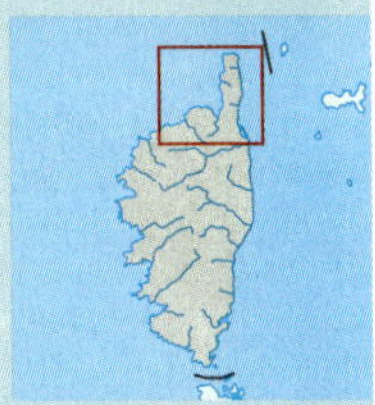

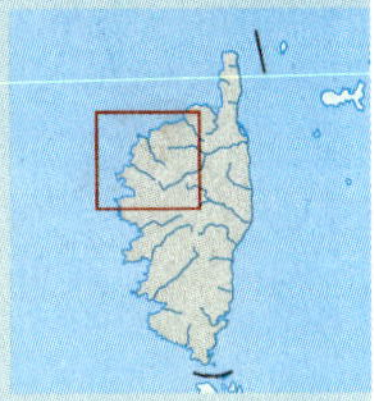

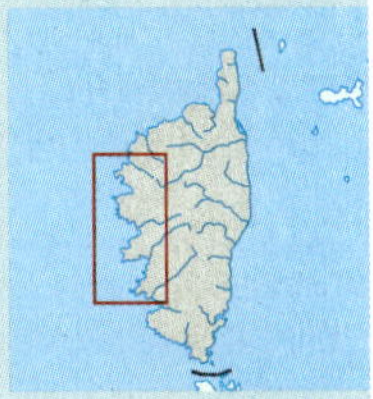

Inhalt

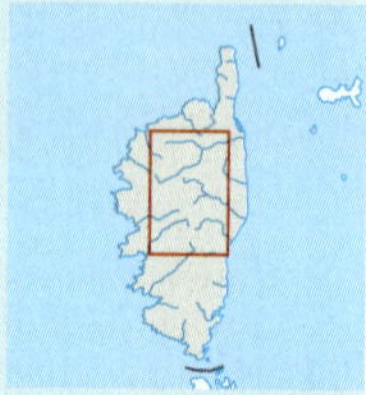

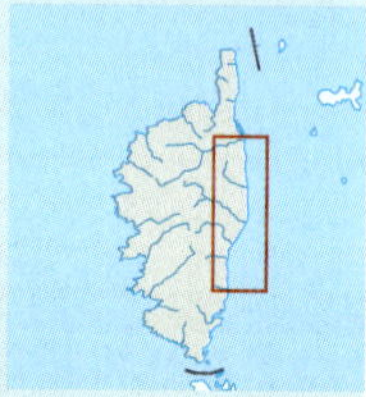

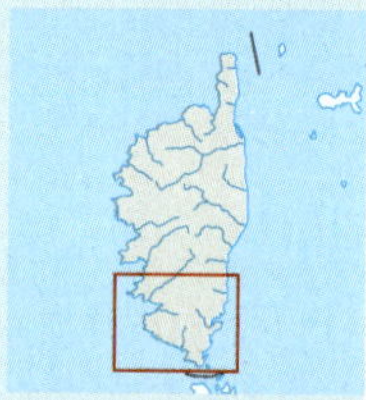

Auf Entdeckungstour

Karten und Pläne

s. hintere Umschlagklappe

▶ Dieses Symbol im Buch verweist auf die Extra-Reisekarte Korsika

Das Klima im Blick

Liebe Leserin, lieber Leser,

es gibt eine korsische Variante der biblischen Schöpfungsgeschichte: Als der liebe Gott am Ende des sechsten Schöpfungstages zufrieden auf sein Werk blickte, hatte er von allem noch ein wenig übrig: Talkessel und Berggipfel, Gebirgsbäche und Quellen, Wälder und Sandstrände, tief eingekerbte Golfe und Gletscherseen, buntes Ergussgestein, duftende Macchia und eine Gesteinswüste. Aus alledem formte er die Insel Korsika, die seither auf engstem Raum die ganze Vielfalt der Weltlandschaften präsentiert.

Diese Geschichte kommt mir in den Sinn, wenn ich am Pass von Teghime weit über die Agriaten ins westliche Mittelmeer blicke oder wenn sich südlich von Piana plötzlich der Blick in den Golf von Porto auftut.

Ich bin seit meinem ersten Urlaub im Jahr 1976 von der Insel fasziniert. Die freundliche Aufnahme durch die Einheimischen ließ mich endgültig zum Fan dieser kleinen, zähen Bevölkerungsgruppe werden, die sich allen Widrigkeiten zum Trotz gegen die Metropole Paris zu behaupten weiß, ihre Kultur hochhält und sich von niemandem auf die Füße treten lässt. Durch meine Tätigkeit als Reiseleiter lernte ich zahlreiche empfehlenswerte Restaurants und Hotels kennen. Viele Tipps verdanke ich auch korsischen Busfahrern, die sich auf ihrer Insel hervorragend auskennen. Die Ideen für die Wanderungen und Radtouren verdanke ich Hannes, der seit 25 Jahren zu Fuß und per Fahrrad auf der Insel unterwegs ist. Seine fantastischen Fotos findet man unter www.panoramio.com (dann: photos by halumio) kostenlos im Internet. Zwei Touren sind auch dem DuMont Wanderführer Korsika von Alo und Nikolaus Miller entnommen, denen ich herzlich danke.

Auch die Rückmeldungen meiner Leser fließen in jede Neuauflage ein: Wegen kritischer Anmerkungen habe ich einige Hotels und Restaurants im Buch gestrichen, andere auf Anraten hineingenommen. Über weitere Leserpost freue ich mich! Jeder Kommentar wird überprüft, und auch inhaltliche Kritik ist mir immer willkommen!

Ich grüße Sie herzlich,

Hans-Jürgen Siemsen

Eine atemberaubende Aussicht wartet am Calacuccia-Stausee

Leser fragen, Autoren antworten

Korsika persönlich – meine Tipps

Wann nach Korsika?

Die Insel ist von Ende April bis Ende Oktober ein Urlaubsparadies – von den Hochsommermonaten Juli und August abgesehen. Dann kriecht eine endlose Autokolonne im Schritttempo über die Insel, lange Schlangen warten vor den Supermarktkassen, überzogene Preise sind an der Tagesordnung, in den Buchten lärmen die Motorscooter ...

Ein guter Standort, um die Insel zu erkunden?

Korsika besteht fast nur aus Bergmassiven. Außer den gut ausgebauten Nationalstraßen schlängeln sich nur winzige Landstraßen durch die einzelnen Landesteile. Um die ganze Insel zu bereisen, empfehlen sich mindestens zwei Quartiere und zwei Wochen Zeit. Der Einzugsbereich für Tagestouren umfasst bei einem Quartier im Norden (Bastia) oder Nordwesten (Calvi) das **Cap Corse,** die **Balagne,** die **Castagniccia, Corte** und **Porto.** Ein Quartier im Südosten (Porto-Vecchio) oder Südwesten (Propriano) ermöglicht es, das **südliche Bergland** (z. B. Alta Rocca und Bavella), **Bonifacio** und **Ajaccio** zu bereisen.

Welche Städte sind besonders sehenswert?

Meine Lieblingsstadt ist **Bastia.** Dort gibt es ausgedehnte Fußgängerpromenaden und italienisches Flair. Hinter dem alten Hafen glaubt man sich in Klein-Napoli. Die fromme Kaufmannschaft stiftete prachtvolle Barockkirchen, das Stadtbild wird geprägt durch die sanften grün-grau-violetten Pastellfarben des Schiefergesteins. Bastias Gassen laden zum Schlendern und Schauen ein – die Stadt zeigt sich weltoffen und polyglott.

Ajaccio, die Stadt der Sonnenuntergänge, lässt keinen Anlass zum Feiern aus: Animation, Konzerte, Straßenmusik, abendliches Shopping, Feuerwerk etc. – im Sommer findet fast täglich etwas Besonderes statt. Dafür ist die Stadt auch sehr laut und leidet unter permanentem Verkehrschaos. Bis auf das Palais Fesch besitzt Ajaccio keine großen kulturellen Highlights: Hier ist viel napoleonische Beutekunst zu sehen. Das Schönste an Ajaccio sind seine Farben, die bei jedem Wetter umwerfend sind. Eingefangen wurden sie von korsischen Impressionisten, die im Keller des Fesch-Museums ausgestellt sind. Beeindruckend sind auch die Gründerzeitvillen der englischen Oberschicht von 1850 am Cours Grandval, der üppig bepflanzte Diamantplatz, das tägliche Treiben am Markt und der Strand am Fuß der Zitadelle.

Die kleineren Küstenstädte – **Calvi, L'Ile-Rousse, St-Florent, Porto-Vecchio** und **Bonifacio** – übertrumpfen sich an Schönheit. Sie besitzen uralte Stadtkerne und grandiose Militäranlagen. Sie sind ebenso sehenswert wie die historische Hauptstadt der kurzen Unabhängigkeitsperiode, **Corte,** und das finstere **Sartène,** das die Zeit der blutigen Familienkriege erst seit Kurzem überwunden hat.

Sehenswerte Städte & Kultur-Highlights

Welche kulturellen Highlights sollte man nicht versäumen?

Tempel aus der griechischen oder römischen Epoche haben sich keine erhalten. Alles, was diese Kulturen hinterlassen haben, ist im **Museum in Aléria** zu sehen. Einblick in die Reste prähistorischer Kulturen gibt das herausragende **Museum von Sartène.** Die **Fundstätten** selbst sind über die Insel verteilt und bis auf die von **Cauria** und **Filitosa** wenig spektakulär. Ebenfalls inselweit verstreut sind ein Dutzend **romanischer Kirchlein** (10.–12. Jh.), wahre Schmuckstücke. Auf sie wird im Reiseteil verwiesen.

Wo gibt es leckere korsische Spezialitäten?

Im Dorf **Pigna** findet man Läden für feinste Landesprodukte und bestes Kunsthandwerk. Im Reiseteil werden diverse Läden empfohlen. Mit Hilfe der Faltpläne der ausgewiesenen **Routes des Sens Authentiques** findet man auch direkt zu den Erzeugern, die sich über die ganze Insel verteilen (s. S. 186).

Wo sind die schönsten Märkte?

Ajaccio hat den größten Markt: Von Dienstag bis Sonntag sind hier Ge-

Schön zum Wandern ist die Landschaft am Col de Vergio

müse, Schinken, Käse, Fleisch, Öl und Wein, Maghreb-Gewürze und Frischkäsekrapfen, Mangoldtaschen, Macchiakräuter und vieles mehr im Angebot. Klein, aber fein ist der Markt in **L'Ile-Rousse;** das bunteste Treiben erlebt man jeden Samstag früh am Place du Marché in **Bastia.**

Ganz besonders gefallen mir die **Flohmärkte** in Bastia und Ajaccio sowie die häufig privat organisierten **vide-greniers** (›Dachbodenauflösungen‹) auf Supermarktparkplätzen – alle am Sonntagvormittag.

Gibt es eine besonders empfehlenswerte Tour?

Die folgende Route ist eine Tour der Superlative. Sie führt zum höchsten Wasserfall, zum höchsten Berg und durch den größten Kiefernwald Korsikas und dauert mit Wanderungen drei Tage.

Von Ajaccio startet man auf der N 193 ins Inselinnere. Die Besichtigung der Schildkrötenfarm **A Cupulatta** in Vignola (s. S. 181) ist nach 21 km einen ersten Zwischenstopp wert. Kurz vor Bocognano lohnt sich der Abstecher auf die D 27 zur **Cascade du Voile de la Mariée**, Korsikas höchstem Wasserfall. Nach diesem Stopp fordern die kurvigen Straßen einen langsameren Fahrstil. Es geht weiter über den **Col de Vizzavona,** den Pass, der die Grenze zwischen Nord- und Südkorsika zieht, in das riesige Waldgebiet **Forêt de Vizzavona,** das zu einer Wanderung zu den **Cascades des Anglais** einlädt. Die Straße verläuft durch die wildromantische gebirgige Landschaft. Nordwestlich von Vivario sieht man die Ruine des **Fort de Pascaiolo** und

Tour der Superlative

Empfehlenswerte Wanderwege

6 km vor Venaco die berühmte **Pont du Vecchio.**

Das erste Etappenziel ist die Universitätsstadt **Corte,** wo ein Stadtspazierung durch die Altstadt inklusive Zitadellenbesuch oder eine Wanderung im **Restonica-Tal** zur Wahl stehen.

Am zweiten Tag geht es weiter nach Norden bis zur D 84, die nach Westen durch das enge Tal des **Golo** und die **Scala die Santa Regina** führt. Die enge Straße ist bereits ein Abenteuer für sich, sodass eine rücksichtsvolle Fahrweise ratsam ist.

Calacuccia ist am dritten Tag ein guter Ausgangspunkt für die Besteigung des höchsten Berges von Korsika, den **Monte Cinto.** Durch den größten Kiefernwald der Insel, den **Forêt de Valdu-Niellu,** über den Col de Vergio geht es nach **Evisa** und durch die atemberaubende **Spelunca-Schlucht** nach Porto, zum Endpunkt der spektakulären Route.

Wo kann man am besten wandern?

Das Angebot reicht vom **Zöllnerweg** an der Nordspitze über Hunderte von Bergen und Tälern bis zum **Küstenwanderweg von Bonifacio** ganz im Süden. Überall kann man hervorragend wandern – oft auf uralten Transhumanzpfaden der Hirtenkultur. Wer Zeit hat, dem sei eine der fünf- bis siebentägigen **Mare-a-mare-Inselüberquerungen** empfohlen, die ohne extreme Anforderungen von Hütte zu Hütte führen.

Wir haben eine kleine, aber feine Auswahl leichter bis mittelschwerer Touren in den Reiseführer aufgenommen. Wem das nicht genügt, der besorge sich den hervorragenden DuMont Wanderführer Korsika, aus dem wir hier zwei Touren übernommen haben s. S. 198, 243.

Kommt man ohne ein Auto zurecht?

Wer viel Zeit hat und für wen der Weg zum Ziel wird, kann Korsika durchaus ohne Pkw bereisen. Das ist beschwerlich, mit zeitraubendem Warten auf selten pünktliche Busse, kann aber interessante Begegnungen ermöglichen. Von mir mitgenommene Autostopper waren immer ganz angetan von ihren Erlebnissen mit freundlichen Korsen, auch wenn sie sich oft nur in gebrochenem Französisch verständigen konnten.

Bei Windstille kann man auch vor den Klippen von Bonifacio baden

Welche Strände eignen sich für wen?

Die **Ostküste** hat die familienfreundlichsten Strände. Wo es seicht abfallend ins Meer geht, können Kinder gefahrlos plantschen. Anders an der **Westküste,** wo die meisten der völlig naturbelassenen Strände liegen – oft mit filmreifer Kulisse.

Einige der Golfs sind für ihre Unterströmung berüchtigt, insbesondere **Valinco, Sagone, Porto** und der Strand von **Nonza.** Je schwieriger diese zu erreichen sind, desto unberührter findet man sie vor. Es ist dem Küstenschutzgesetz zu verdanken, dass Korsika immer noch mit Hunderten Kilometern völlig unverbauter Strände punkten kann, obwohl sich diese seit Jahrzehnten im Visier von Investorengruppen befinden.

Was tut sich auf Korsika, was ist neu?

Neu ist das ständig wachsende Selbstbewusstsein der Korsen, das im Stolz auf ihre Identität wurzelt. Das Korsische ist dem Französischen im Alltag inzwischen ebenbürtig.

Urlaubern sei empfohlen, unbedingt auf das Preis-Leistungs-Verhältnis zu achten – saisonales Geldabschröpfen ist in Korsika inzwischen vielerorts an der Tagesordnung.

Wer das Ungewöhnliche sucht – mein ganz persönlicher Tipp

Eines der umwerfendsten Erlebnisse meiner ›Entdeckerphase‹ auf der Insel war der **Sonnenuntergang am Pass von Teghime** oberhalb von Bastia, wenn der Blick aus einer Höhe von 540 m auf die Bucht von St-Florent und die Ausläufer der Agriaten fällt, die langsam erst in rotes, dann in violettes Licht getaucht und allmählich von der Nacht verhüllt werden. Dazu empfehle ich eine angenehme Gesellschaft, einen leckeren Wein und gute Musik.

NOCH FRAGEN?

Die können Sie gern per E-Mail stellen, wenn Sie die von Ihnen gesuchten Infos im Buch nicht finden:

siemsen@dumontreise.de

info@dumontreise.de

Auch über eine Lesermail von Ihnen nach der Reise mit Hinweisen, was Ihnen gefallen hat oder welche Korrekturen Sie anbringen möchten, würden wir uns freuen.

An der Cascade du Voile de la Mariée (Brautschleierwasserfall), S. 182

Speloncato – auf Schleichwegen durch das Gassenlabyrinth, S. 142

Lieblingsorte!

Melo-See – Gletschersee mit prächtiger Bergkulisse, S. 209

Kultplatz von Cauria – Rätsel vergangener Zeiten, S. 260

Erbalunga – Genueserturm und Bilderbuchdörfchen am Meer, S. 100

Genueserbrücke bei Altiani – wildromantische Natur, S. 232

Durch die schmalen Gässchen zum Genueserturm des malerischen Erbalunga streifen, in der Dorfidylle von Speloncato den Blick in die Ferne schweifen lassen oder hautnah die Naturgewalt des Wassers am Brautschleierwasserfall spüren. Naturverbundene werden nach ihrem Aufstieg über Felsplatten mit dem Anblick des stahlblau schimmernden Melo-Sees belohnt, Abenteurer springen im natürlichen Aquapark Korsikas in die eiskalten Badebecken des Fium'Orbu. Die Genueserbrücke von Altiani und die Megalithen von Cauria verleiten zum Träumen über längst vergessene Zeiten. Zum Kaffeegenuss liefert Davids Café in der Oberstadt von Bonifacio auch noch atemberaubende Aussichten.

Traumhafte Canyonkulisse am Fium'Orbu, S. 212

Café Servuti … in quatru é trei sette in Bonifacio – Meerblick mit Kaffee, S. 272

Schnellüberblick

Der Nordwesten
Im Garten Korsikas liegen zerstreut zwischen Olivenhainen, Orangenbäumen und Weinbergen malerische Orte, die sich gut mit dem Drahtesel erkunden lassen. Im mondänen Seebad Calvi flanieren Einheimische sowie Besucher am Hafen entlang. S. 124

Der Westen
Im Westen reihen sich Golf an Golf, Bucht an Bucht und zwischen Porto und Piana taucht plötzlich die bizarre Märchenwelt der Felsformationen der Calanche, La Scandola, auf – Weltnaturerbe der UNESCO. Im Westen liegt auch Napoleons Geburtsstadt Ajaccio, sie gilt als Hochburg der ungebrochenen Kaiserverherrlichung seit 1860. S. 152

Der Süden
Im Süden liegt mit Sartène die korsischste aller Inselstädte. Die Steinformationen früher Kulturen von Filitosa und Cauria und traumhafte Strände mit grandiosen Tauchmöglichkeiten versprechen Abwechslung. Bonifacio thront auf der Inselspitze, das Bavella-Massiv gilt als schönstes Massiv der Insel. S. 240

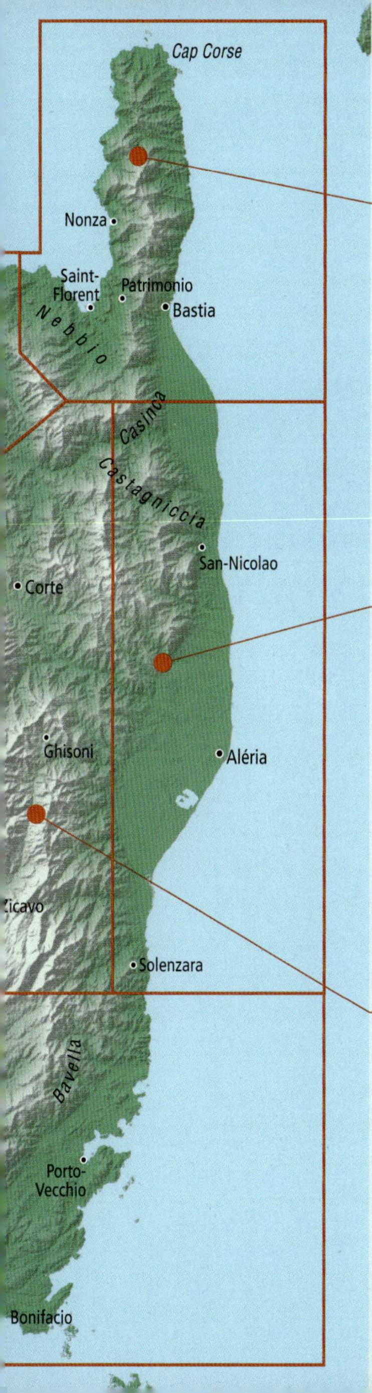

Die Nordspitze
Bastia ist das Einfallstor zum Cap Corse, das die Insel im Kleinen verkörpert, ein Gebirgsrücken mit sanften Kiesbuchten im Osten und einer schroff abfallenden Westküste. An den Hängen liegen Dörfer wie Nonza und die Weinstraße von Patrimonio lädt zur Degustation ein. In der angrenzenden fruchtbaren Region Nebbio bestiche Saint-Florent mit seinem Charme. S. 82

Die Ostküste
Besonders Familien empfinden eine Vorliebe für die endlosen, flachen Sandstrände. Obstplantagen und Rebstöcke prägen das Bild der fruchtbaren Ebene, die nahen Berge, mit vielen wilden Kastanienbäumen bewachsen, locken mit den einsamen Kulturlandschaften Castagniccia und Casinca. S. 214

Das Zentrum
Das wahre, ursprüngliche Korsika lernt der Besucher im Herzen der Insel kennen, durch die die Schmalspurbahn rattert. Corte ist einzige Zitadellenstadt im Inselinneren. Alpine Wildnis kann man im Parc Naturel Régional de la Corse erleben, dem Mekka für Aktivurlauber. S. 190

Reiseinfos, Adressen, Websites

Korsisches Inselleben – gemütlich und lebensfroh

Informationsquellen

Infos im Internet

Neben den kommerziellen Reise-, Flug- und Unterkunftsangeboten auf Korsika gibt es im Netz auch interessante Informationen über Sehenswürdigkeiten, Veranstaltungen, Land und Leute.

www.toute-la-corse.com
Umfassende Website in deutscher Sprache mit übersichtlichen Informationen zu Unterbringung, Transport inklusive Bahnverbindungen, kulturelle und sportliche Freizeitaktivitäten, aktuelle Wetterinformationen, Straßenkarten und Stadtpläne für jede Region.

www.visit-corsica.com
Die offizielle Seite des korsischen Fremdenverkehrsbüros gibt zu diversen Tourismusthemen auch in deutscher Sprache Auskunft.

www.corsica.net
Die Seite von Corse-web informiert auf Deutsch über Anreise, Unterkunft und gibt Tipps für die Erkundung der Insel.

www.frankreich-info.de/reisen/korsika
Das Online-Magazin über Frankreich präsentiert Korsika-Informationen zu Reisen, Unterkünften, Wein u. a.

www.paradisu.de
Ein Schweizer Korsika-Liebhaber überzeugt mit umfangreichem Wissen über die Insel. Private Seite mit hilfreichen Links und einem hoch frequentierten Korsika-Forum, in dem ein Austausch über Urlaubserfahrungen, Politik und Landeskunde stattfindet.

www.korsika.it
Der Gründer der Seite, SardegnaNET, gibt u. a. auf Deutsch Infos über die Nachbarinsel Korsika in Form von allgemeinen Beschreibungen zur Region und Adressen über Wasser-, Wildwasser-, Land- und Bergsport.

www.parc-naturel-corse.com
Offizielle Homepage des Parc Naturel Régional de la Corse auf Französisch mit Auskünften über Vegetation, Tiere und Routen für Wanderer.

www.info.club-corsica.com
Das Monatsmagazin »Corsica« als Online-Version bietet aktuelle Themen auf Französisch.

www.vivacorsica.com
Das Tochterunternehmen von Corsica Ferries erteilt auf Französisch Auskunft über Transport, Unterkünfte, Boutiquen, Freizeitmöglichkeiten etc.

www.fra.cityvox.fr
Der Stadtführer für Ajaccio, Bastia, Bonifacio und Calvi bietet neben Klein- und Kontaktanzeigen eine Suchmaschine für spezielle Veranstaltungen, Restaurants etc.

Fremdenverkehrsämter

... in Deutschland

Atout France
Zeppelinallee 37
60325 Frankfurt/Main
Fax 069 74 55 56
www.rendezvousenfrance.com

... in Österreich

Atout France
Lugeck 1–2, Stg. 1, Top 7
1010 Wien

Tel. 01 503 28 92
Fax 01 503 28 72
http://at.franceguide.com

... in der Schweiz

Atout France
Rennweg 42
Postfach 3376
8021 Zürich
Tel. 044 217 46 00
Fax 044 217 46 17
http://ch-de.franceguide.com

Allgemeine Gratisbroschüren über Korsika, Unterkunftsverzeichnisse sowie Infos über Wassersport und aktive Freizeitgestaltung in der Natur können beim Maison de la France bestellt oder aus dem Internet heruntergeladen werden.

Fremdenverkehrsbüros auf Korsika

35 Fremdenverkehrsämter (Offices de Tourisme) und Fremdenverkehrsvereine (Syndicats d'Initiative) erteilen regionale Auskünfte über ganz Korsika.

Kostenlose Infobroschüren, der »Guide Pratique« in mehreren Sprachen und Flyer informieren über Restaurants, Veranstaltungen, Wanderwege und sonstige sportliche Aktivitäten. Deutsch wird selten gesprochen. Einige Fremdenverkehrsämter bieten Internetdienste.

Die einzelnen Fremdenverkehrsämter finden Sie im Reiseteil »Unterwegs auf Korsika« jeweils vor Ort (ab S. 82).

Agence du Tourisme de la Corse
17, bd. Roi-Jérôme
BP 19
20181 Ajaccio Cedex 01
Tel. 04 95 51 00 00
www.visit-corsica.com

Lese-, Hör- und DVD-Tipps

Ulrich v. Bülow/Heike Gfrereis/Ellen Strittmatter: Wandernde Schatten. W. G. Sebalds Unterwelt. Marbach 2008. Aus W. G. Sebalds Nachlass mit Aufzeichnungen aus Korsika.

Dorothy Carrington: Granite Island, London 1971. *Die* Einführung in Geschichte und Kultur Korsikas. Nicht auf deutsch übersetzt. *Titre français: La Corse.*

Eckard Klessmann/Karl-Heinz Jürgens: Napoleon. Lebensbilder. Bergisch Gladbach 1988. Napoleon wird in diesem Buch erschütternd gegenwärtig.

Prosper Mérimée: Colomba. Ditzingen 1988. Fesselnder Klassiker über die Blutrache.

Nicolas Michel: Emilies letzte Reise. München 2003. Unterhaltsamer Krimi an korsischen Schauplätzen, mit skurriler Handlungsführung.

Hans Dietrich Mittorp: Theodor v. Neuhoff. König von Korsika. Ein genialer Taktiker ohne Fortune. Altena 1990. Interessante Biografie über den einzigen König der Korsen.

Winfried G. Sebald: Campo Santo. Frankfurt 2006. Für Freunde anspruchsvoller Literatur, inklusive Reiseskizzen mit kulturhistorischen Betrachtungen. Auch als Hörbuch.

Uderzo/Goscinny: Asterix auf Korsika. Berlin 2003. Im Comic werden sämtliche korsischen Klischees bedient. Auch auf Französisch und Korsisch erschienen.

Johannes Willms: Napoleon. Eine Biographie. München 2007. Spannend und intelligent geschrieben.

I Muvrini: A strada, Capitol Music. 2000 (CD). Die Kultgruppe bringt korsische Klänge ins heimische Wohnzimmer.

La Corse, beauté sauvage: boutique. arte.tv. Interessante fünfteilige Dokumentation über Korsika. Leider werden alle Ortsnamen in der deutschen Fassung falsch ausgesprochen.

Wetter und Reisezeit

Klima

Auf Korsika herrscht bis zu einer Höhe von 500 m das typisch mäßige Mittelmeerklima – heiße, trockene Sommer und milde, feuchte Winter. Die Temperaturen liegen im Januar und Februar bei 13 °C, im Juli und August ist bei über 35 °C schönes Wetter garantiert. Ideal fürs Badevergnügen!

Paradoxerweise kann es im Norden am Cap Corse heißer sein als im südlich gelegenen Bonifacio. Das gebirgige Inselinnere richtet sich nicht nach dem mäßigen Mittelmeerklima. Mit steigender Höhe fallen die Temperaturen, die Nächte sind auch im Sommer eher kühl. Grundsätzlich ist es im Gebirge regenreicher und unbeständiger als an den Küsten. Wetterstürze und plötzliche Gewitter sind keine Seltenheit. Die Temperatur des Meeres liegt im Sommer bei 25 °C, an manchen Buchten erreicht es Badewannentemperaturen. Die Regentage begrenzen sich auf 50 im Jahr.

Im Winter ist die Luft an der Küste mild, kaum kälter als das Meer. In den Bergen liegt dann Schnee. Im Sommer kann es sehr heiß werden, z. T. klettern die Temperaturen auf 40 °C. Ende Oktober bedeckt der erste Schnee das Dach der Insel. Im Winter sind ab 1500 m alpine Sportarten möglich. An Ostern kann in diesen Höhen noch Schnee liegen.

Klimadiagramm Korsika (Ajaccio)

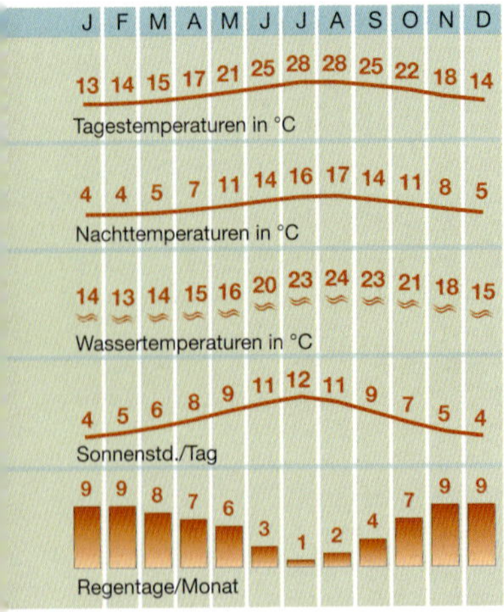

Reisezeiten

Frühjahr

Touristisch befindet sich die Insel noch im Winterschlaf, wenn es im Januar und Februar in den Niederungen anfängt zu blühen. Bis Mai verwandelt sich die Insel in eine blühende Oase. Das Meer erwärmt sich auf 18–19 °C, aber die Flüsse, die Schmelzwasser führen, sind eiskalt. Die ersten Campingplätze öffnen ihre Pforten. Für den Wanderer ist dies die beste Zeit für Touren an den Küsten und in den mittleren Höhen. Die Pässe und Hochgebirge sind vielfach noch gesperrt.

Sommer

Das angenehm warme Meer mit Temperaturen um 25 °C und das Wasser in den typisch korsischen Gumpen locken viele Touristen im Sommer auf die Insel. Die kleinen Wasserbecken mit felsigem Untergrund werden von Gebirgsbächen gespeist und bieten ein besonderes Badevergnügen. Zweidrittel der Feriengäste, vor allem Franzosen, Italiener und Deutsche, strömen im Juli/August auf die Insel und aalen sich in der brütend heißen Sonne. Der Trubel erreicht seinen Höhepunkt mit vielen Straßenfesten, Märkten und Festivals. Anfang September wirkt die Insel plötzlich wie leer gefegt. Mit dem Ferienende in Italien und Frankreich kehrt Ruhe an den Stränden ein, das Wetter wird etwas wechselhafter, ist aber mit Tagestemperaturen um 25 °C angenehm warm. Klare Luft mit wunderbarer Weitsicht lockt Wanderer jetzt in die Höhenlagen und läutet die zweite optimale Wandersaison ein.

Herbst

Die Hitze des Sommers ist vergangen und macht angenehmeren Temperaturen Platz. Nachts kühlt es sich stark ab. Das durch den Sommer aufgewärmte Meer lädt mit Temperaturen um 21 °C immer noch zum Baden ein, manchmal bis weit in den Oktober. Surfer kommen voll auf ihre Kosten. Ende Oktober bereitet sich die Insel auf den Winterschlaf vor, nun schließt auch das Gros der Restaurants und Ferienanlagen in den Küstenregionen.

Winter

Im Winter kann das Wetter an der Küste sonnig und wärmend sein bei Meeres- und Lufttemperaturen von ca. 13 °C. Die schneebedeckten Berge laden zum Ski- und Snowboarden oder Schneeschuhwandern ein. Die Wintersportstationen sind je nach Wetterlage bis Ende April geöffnet.

Kleidung und Ausrüstung

Die optimale Kleidung hängt zunächst von der Art des Urlaubs und der Reisezeit ab. Im Sommer genügt für einen Badeurlaub an der Küste kurze, luftige Kleidung. Ein Sonnenschirm und Strandlatschen sind ein willkommenes Equipment, um nicht durch die intensive Sonneneinstrahlung oder den heißen Sand zu ›verbrennen‹. Für die Abendstunden sind leichte Pullover und lange Hosen sinnvoll, um sich vor den Mücken zu schützen. Im Frühjahr, Herbst und Winter gehören wärmere Sachen und zusätzlich ein Anorak gegen den häufiger auftretenden Regen in den Koffer. Wanderer können im Gebirge mit kurzen Hosen laufen, sollten aber eine Kopfbedeckung gegen die Sonne, festes Schuhwerk, Trinkflaschen, leichte auswaschbare, atmungsaktive Funktionskleidung und für die kühlen Abende sowie Wettereinbrüche warme und regenfeste Sachen parat haben. Empfehlenswert für das Baden in den Bächen und Gumpen in den Bergen sind Wasserschuhe.

Sieben Winde plus zwei

Wie auf vielen Inseln wehen die Winde auf Korsika von allen Seiten. Sie haben die Küsten geformt, die Täler ausgehoben und die Buchten mitgestaltet.

Libecciu: Südwestwind, der im Westen den Regen bringt.

Ponente: Westwind, bringt den Frühlings- und Herbstregen.

Maestrale: Nordwestwind, beschert die klare Luft und Weitsicht.

Tramontana: Nordwind, bringt frische, trockene Witterung aus den Alpen.

Grecale: Nordostwind, regnet sich im Norden ab, im Süden weht er trocken

Levante: Ostwind, bringt ein schwüles Treibhausklima und lässt das Meer aufbrausen.

Sirocco: Südostwind, weht heiß und feucht aus Afrika heran. Er verursacht bei Tiefdrucklage schwere Gewitter, im Sommer bei Hochdruck trockenes heißes Saharaklima.

Terranu und Muntese: Die thermischen Winde (auf- und ablandig) wehen morgens bzw. am Nachmittag.

Anreise und Verkehrsmittel

Einreisebestimmungen

Reisende aus Deutschland und Österreich benötigen zur Einreise nach Korsika einen gültigen Personalausweis oder Reisepass, Schweizer die Identitätskarte. Seit 26. Juni 2012 benötigt jedes Kind, das ins Ausland reist, unabhängig vom Alter ein eigenes Reisedokument. Als Autofahrer ist das Mitführen des nationalen Führerscheins und des Kraftfahrzeugscheins Pflicht. Die Mitnahme der Internationalen Grünen Versicherungskarte ist zu empfehlen. Für den Fall, dass die Personalpapiere verloren gehen, sollten vor der Reise Kopien angefertigt werden.

Zollvorschriften

Innerhalb der EU gelten folgende steuerfreie Höchstmengen für den Eigenbedarf: 800 Zigaretten, 400 Zigarillos, 200 Zigarren, 1 kg Rauchtabak, 10 l Spirituosen, 10 l alkoholhaltige Süßgetränke, 20 l Zwischenerzeugnisse (z. B. Likörwein, Wermutwein), 60 l Schaumwein, Wein für Privatkonsum unbegrenzt, 110 l Bier, 10 kg Kaffee. Für die Schweiz und Nicht-EU-Länder gelten geringere Mengen. Infos: www.zoll.de.

Mitnahme von Haustieren

Bei der Einreise mit Hunden und Katzen ist ein EU-Heimtierausweis mit einem gültigen Tollwutimpfeintrag vorzuweisen. Zur genauen Identifizierung ist eine Tätowierung oder ein Mikrochip Vorschrift.

Die Einreise mit Kampfhunden der ersten Kategorie (Pitbulls, Mastiff, Tosa) ist verboten. Für Kampfhunde der zweiten Kategorie besteht Leinen- und Maulkorbpflicht. Nähere Infos unter http://www.ambafrance-de.org/Haustiere-Einreisebestimmungen.

Anreise und Ankunft

Mit dem Flugzeug

Auf Korsika gibt es vier Flughäfen: Aéroport de Campo dell'Oro bei Ajaccio (Tel. 04 95 23 56 56, www.ajaccio-sudcorse.cci.fr), Bastia-Poretta im Nordosten (Tel. 04 95 54 54 54, www.bastia.aeroport.fr), Sainte-Cathérine bei Calvi (Tel. 04 95 65 88 88, www.calvi.aeroport.fr) und Figari-Sud Corse (Tel. 04 95 71 10 10, ww.figari.aeroport.fr).

Es gibt keine direkten Linienverbindungen nach Korsika. Aus Deutschland starten die Flüge ganzjährig ab Frankfurt/Main, Hamburg und Düsseldorf über Nizza, Lyon, Marseille oder Paris (www.airfrance.com, www.lufthansa.de). Aus Sion in der Schweiz fliegt Air Glaciers (www.air-glaciers.ch) nach Calvi und Figari. Von April bis Oktober gibt es Charterdirektflüge (www.billigflieger.de, www.germanwings.de, www.easyjet.ch, www.tuifly.com).

In Ajaccio und Bastia verkehren regelmäßig Flughafenbusse. Das Unternehmen Rossi (Tel. 04 95 71 00 11) bietet von Figari einen Shuttleservice nach Bonifacio und Porto-Vecchio an.

Mit der Bahn

Die Anfahrt mit der Bahn ist lang und teuer. Da die Ankunftszeiten der Züge nicht auf die Fährzeiten abgestimmt sind, entstehen häufig längere Wartezeiten. Die einzige Verbindung mit dem Autoreisezug besteht im Sommer von Hamburg über Düsseldorf nach Alexandria. Von dort muss man weiter zum Fährhafen fahren. Auskünfte bietet www.bahn.de.

Mit dem Auto

Die Anreise mit dem eigenen Auto lohnt sich bei einem mehrwöchigen

Aufenthalt auf Korsika, da das öffentliche Verkehrsnetz schlecht ausgebaut ist. Frankreich, Italien, Österreich und die Schweiz erheben Autobahngebühren. Vignetten und die in Italien als Alternative zur Barzahlung zu benutzende Viacard gibt es bei den Automobilklubs. Preisinformationen sind im Internet unter www.autostrade.it, www.autoroutes.fr, www.oeamtc.at und www.autobahnen.ch erhältlich. Fernbusangebote findet man u. a. unter www.touring.de.

Mit dem Schiff

Frankreich bietet Schiffsverbindungen nach Korsika von Marseille, Nizza und Toulon an. Aus Italien starten Fähren von Savona, Genua, Livorno und Piombino. Sie laufen verschiedene Häfen auf der ganzen Insel an. Die Dauer der Überfahrt variiert je nach Entfernung und Fährtyp zwischen zwei bis sechs Stunden. Der Komfort zwischen den unten genannten Reedereien ist ähnlich. Am günstigsten bucht man im Internet bei vorherigem Preisvergleich.

Corsica Ferries: Tel. 0180 500 04 83, www.corsica-ferries.de

Moby Lines: Tel. 0611 140 20, www.mobylines.de

S.N.C.M.: Tel. 06196 77 30 60, www.sncm.fr

La Méridionale: Tel. 0033 491 99 45 09, www.lameridiona le.fr

Eine Übersicht über günstige Fährverbindungen findet man im Internet unter www.ocean24.de.

Verkehrsmittel auf der Insel

Mietwagen

Um ein Auto mieten zu können, muss der Fahrer mindestens 21 Jahre alt sein und seinen gültigen Führerschein mindestens ein Jahr besitzen. Als Kaution werden nur Kreditkarten akzeptiert. Es empfiehlt sich, ein Auto mit Vollkaskoversicherung zu mieten. An den Flughäfen, in größeren Städten sowie in einigen Hotels und Feriendörfern werden Mietwagen (ab 300 €/ Woche), Allradwagen und Kleinbusse angeboten. Die Preise variieren erheblich. Bei einer Mietdauer ab einer Woche empfiehlt sich eine Buchung von zu Hause aus (z. B. über www.billiger-mietwagen.de). Wohnmobile können vor Ort gemietet werden (z. B. www.aviscara way.com).

Verkehrsregeln

Das Autofahren ist auf Korsika ein Abenteuer. Kurvige, unmarkierte Straßen zwingen zu Durchschnittsgeschwindigkeiten von 40 km/h, obwohl die offizielle Höchstgeschwindigkeit auf Landstraßen 90 km/h, auf Schnellstraßen 110 km/h und in Ortschaften 50 km/h beträgt. Auch Tiere können eine Behinderung sein.

Die Nationalstraßen (N) sind gut ausgebaut, während die Departementstraßen (D) oft Schlaglöcher haben und so eng sind, dass nur ein Auto auf der gesamten Fahrbahn Platz hat. Entgegenkommende Fahrzeuge müssen dann in die nächste Parkbucht (falls vorhanden) zurücksetzen. Wohnmobilnutzer sollten sich vor Fahrtantritt über die Beschaffenheit der Straße informieren.

Für Pkw ist Abblendlicht bei Regen und Schneefällen sowie in Tunnels und Galerien vorgeschrieben. Es besteht Anschnallpflicht, das Gebot, die gelbe Schutzweste mitzuführen sowie Fahrverbot ab 0,5 Promille. Für Fahrer einspuriger Kfz besteht Helmpflicht. Radfahrer müssen außerhalb geschlossener Ortschaften nachts, in der Dämmerung sowie tagsüber bei schlechten Sichtverhältnissen eine reflektierende Warnweste tragen.

Das Parken ist eine Stunde mit Parkscheibe in *zone bleu* erlaubt, an rotweiß oder rot-gelb gestreiften Randstreifen ist es verboten. Im Gegensatz zum Inselinneren gibt es an der Küste viele Tankstellen. Der Kraftstoff *sans plomb* 95 (Oktanzahl) entspricht Super. Diesel ist *gazole*. Die Preise gleichen denen in Deutschland. Bei einer Panne ist der Abschleppdienst *(dépanneur-remorqueur)* über die Polizei erreichbar, der ADAC-Notruf über Tel. 0180 222 22 22 (Festnetz), über Handy (ohne Vorwahl) 222 22 22. Es gibt keinen Biodiesel auf Korsika.

Motorradverleih

Korsika, auch die ›Insel der zehntausend Kurven‹ genannt, ist mit seinen Slalomstrecken, den atemberaubenden Ausblicken und vielen unbefestigten Erdpisten ein Paradies für Biker.

Um Diebstahl vorzubeugen, empfehlen sich der Gebrauch eines Bügel- oder Kettenschlosses sowie ein zusätzliches Bremsscheibenschloss. Motorräder und Roller können in jedem größeren Ort gemietet werden. Unter www.bike-and-smile.de gibt es Infos über erprobte Touren.

Bahn

Mit einer Gesamtlänge von 232 km verläuft die Strecke der staatlichen korsischen Schmalspurbahn U Trinighellu durch sonst unzugängliche Gegenden über 34 Viadukte (s. S. 56).

Die Strecke Bastia–Ajaccio verkehrt viermal täglich (an Sonn- und Feiertagen seltener) bei einer Fahrzeit von knapp vier Stunden für 158 km mit Halt an zahlreichen Zwischenstationen. In Ponte Leccia gibt es zweimal täglich Anschluss von und nach Calvi, mit einer Fahrtzeit von 90 Minuten. Das 7-Tage-Ticket (Carte ZOOM) für 49 € gibt es von Mai bis September; es bietet unbegrenzte Fahrt auf allen Strecken, lohnt sich jedoch nur, wenn man mehrere Fahrten kombiniert. Die Fahrpläne *(horaires)* für die CFC (Chemins de Fer de la Corse) bekommt man an den Bahnhöfen *(gares)*, in den Offices de Tourisme und im Internet unter www.cf-corse.fr. Das Mitnehmen von Fahrrädern ist neuerdings verboten.

Tramway de Balange

Die Pendelbahn ermöglicht auf der Strecke Calvi – L'Ile-Rousse das ›Strandhopping‹ mit 17 Stationen auf 22 km. Die Bahn fährt 4 x täglich von Strand zu Strand, im Winter 2 x (s. S. 126).

Bus

Überlandbusfahrten bieten nur private Busgesellschaften an. Die Strecke Bastia–Porto-Vecchio entlang der Ostküste verkehrt zweimal täglich, während die Fahrt Ajaccio–Calvi nur einmal am Tag angeboten wird. Die Verbindung Bastia–Corte–Ajaccio wird zweimal täglich befahren. Eine Busreise setzt also eine gute Planung voraus. Genauere Auskünfte erhält man in Ajaccio am Busbahnhof, Gare Routière (Tel. 04 95 51 55 45), oder in den Fremdenverkehrsvereinen sowie im Internet unter www.corsicabus.org.

Taxi

Eine Taxifahrt kostet etwa so viel wie in Deutschland und ist nachts teurer als tagsüber. Für Strecken über Land lässt sich ein Pauschalpreis aushandeln.

Schiff

Bootsausflüge in das Naturschutzgebiet La Scandola, zu den Sanguinaires-Inseln und Girolata, zum Naturschutzgebiet auf den Finocchiarola-Inseln, zu den Lavezzi-Inseln, nach Sardinien und Elba starten von verschiedenen Häfen Korsikas.

Übernachten

Regelrechte Bettenburgen, wo sich ein Hotelbunker an den nächsten reiht, gibt es zum Glück auf Korsika noch nicht. Mit 400 Hotels, 190 Zeltplätzen, 37 Feriendörfern und vielen Ferienwohnungen bietet Korsika Unterkünfte für jeden Geldbeutel und befriedigt dabei jedes Anspruchsniveau.

Es gelten auf Korsika verschiedene Preiskategorien, meist für Neben- und Hauptsaison (NS/HS). Hotels unterscheiden bis zu vier Preisperioden: April/Mai, Juni/September, Juli und August. In diesem Band werden die Kategorien in Neben- und Hauptsaison zusammengefasst, beginnend mit den Nebensaisonpreisen.

Atout France (www.atout-france.fr/publications oder de.rendezvousenfrance.com/de/info/broschueren-ueber-reiseziele-frankreich) und die ansässigen Fremdenverkehrsämter bieten kostenlose Verzeichnisse über Unterkünfte und Campingplätze an.

Hotels

Die Hotels der Insel, davon viele familiär geführt mit kaum mehr als 20 Zimmern, verteilen sich auf die Orte Ajaccio, Bastia, die Touristenorte an der Küste und Corte. In den kleinen Dörfern gibt es wenig Übernachtungsmöglichkeiten. Besonders in der Zeit von Juni bis Mitte September ist das Zimmerangebot schnell ausgeschöpft. In dieser Zeit sollte man frühzeitig reservieren. Die Zimmerpreise im August können bis zu dreimal so hoch sein wie im Mai. Außerhalb der Hauptsaison findet man verhältnismäßig leicht ein Zimmer zu deutlich günstigeren Preisen.

Es lohnt sich, auch bei nur einer Übernachtung nach der Halbpension *(demi pension)* zu fragen, da man so bis zu 15 % sparen kann. Wer länger als eine Woche bleibt oder in der Nebensaison reist, kann bei Halbpension einen guten Preisnachlass *(réduction)* aushandeln. Für ein Einzelzimmer zahlt man nur geringfügig weniger als für ein Doppelzimmer und für zwei getrennte Betten oder Zustellbetten einen kleinen Aufschlag. Viele Hotels haben im Winter bis kurz vor Ostern geschlossen. Das Reservierungsbüro von Destination Corse (Quartier de la Gare, 20250 Corte, Tel. 04 95 45 21 65, www.destination-corse.com) verfügt über eine große Auswahl guter Hotels auch in letzter Minute.

Feriendörfer und -häuser

Vielfältig ist das Angebot an *résidences und villages de vacances* (Ferienhotels und -dörfer, die wochenweise gebucht werden) mit Zimmern, Apartments, Studios oder sogenannten ›Minivillas‹ auf weitläufigem Gelände mit Swimmingpool und diversen Sport- und Freizeitplätzen, häufig mit Ausflugs- und Kinderprogramm. Am günstigsten sind vor Ort bereitgestellte Zelte oder Holzhütten mit Kochgelegenheit und Gemeinschaftswaschhäusern. Weitere Informationen unter www.feriendorf-cluburlaub.com.

Das Angebot an Ferienhäusern ist vielfältig und wächst ständig. In der Hauptsaison muss man mit mind. 600 € pro Woche rechnen, die Skala ist nach oben offen. Einen guten Überblick verschafft www.corsica-net.com.

Ländliches Wohnen

Gîtes Ruraux sind Ferienwohnungen oder -häuser in einem ländlichen Umfeld, die meist einem Bauernhof angeschlossen sind. Die Ähren der Kategorien eins bis drei informieren über den Komfort.

Auskünfte über alle angeschlossenen Bauernhöfe, die teilweise Übernachtung, Camping, Reiterhof, Entdeckungsbauernhof mit Verkostung und Produkte anbieten, gibt die Broschüre »Bienvenue à la Ferme en Corse« oder www.bienvenue-a-la-ferme-corse.com. Die Broschüre »Gîtes de France« informiert über ländliche Unterkünfte für 4–6 Pers. zu ca. 400 €/ Woche ab samstags. Gîtes de France Corse, 77, cours Napoléon, 20000 Ajaccio, Tel. 04 95 10 06 14, Fax 04 95 10 54 38, accueil@gites-corsica.com, www.gites-corsica.com. Sparangebote unter www.2000weekends.com.

Die ländlichen Herbergen an den Wanderwegen, *gîtes d'étape,* im Inselinneren stehen nicht nur Wanderern, sondern auch Rad- und Autofahrern offen. Geschlafen wird in 4- bis 8-Bett-Zimmern, wahlweise mit Abendbrot oder Frühstück zu günstigen Preisen. Einige Hütten bieten Zeltmöglichkeiten an.

Noch einfachere Selbstversorgerhütten mit Kochgelegenheit sind die *refuges.* Infos gibt es unter www.gites-refuges.com und www.parc-corse.org.

Casa Toia
Hinter dem Namen »Dein Haus« verbirgt sich eine Gruppe unabhängiger, landestypischer Hotels im Landesinneren, die für traditionelle korsische Gastfreundschaft stehen. Informationen: Auberges Casa Toia, chez Jean Massiani, 20, cours Général Leclerc, 20000 Ajaccio, Tel. 04 95 51 07 29, info@auberges-casa-toia.com, www.auberges-casa-toia.com.

Chambres d'hôtes

Diese Gästezimmer für 50–90 €/Nacht inkl. Frühstück eignen sich für diejenigen, die nicht lange an einem Ort bleiben und die Insel erkunden möchten. Viele *chambres d' hôtes* sind bei »Gîtes de France« aufgeführt. Für Korsika kann man sich darüber hinaus bei Association de Gîtes et de Chambres d'Hôtes Indépendants informieren (Tel. 04 95 58 19 55, www.hebergement-corse.com).

Camping

Das Klima, die Landschaft und der Preis für eine Übernachtung (ab ca. 17 € für 2 Pers. mit Zelt und Auto) sprechen durchaus für einen Campingurlaub auf Korsika. 90 % der Plätze liegen in Küstennähe. Sie sind gut geführt, sauber und bieten einen Lebensmittelladen sowie auf vielen Plätzen einen morgendlichen Bäckerdienst. Plätze mit der Bezeichnung A.N.C. (Aire Naturelle de Camping) sind Naturcampingplätze, dahinter verbirgt sich ganz einfach eine Wiese mit Waschhaus. Die Bezeichnung C. F. (Camping à la Ferme) steht für den Anschluss an einen Bauernhof. Die Anzahl der Sterne (max. vier) lässt lediglich auf den Komfort des Campingplatzes schließen, jedoch nicht auf die Schönheit seiner Lage.

Das Gros der Zeltplätze ist von Mai bis Oktober geöffnet mit zwei Preisstufen: dem günstigeren für die Nebensaison von April bis Anfang/Mitte Juni und ab Anfang/Mitte September sowie dem teureren für die Hauptsaison von Juni bis August. Wildes Campen, das einst als Inbegriff von Romantik auf Korsika galt, ist auf der ganzen Insel streng verboten. Infos dazu unter www.campingcorse.com oder www.campingfrance.com.

Das Hotel de la Solenzara – genuesischer Wohnsitz aus dem 18. Jh.

Jugendunterkünfte

Das Angebot an Jugendunterkünften ist sehr begrenzt: in Calvi, Tel. 04 95 65 14 16, www.clajsud.fr, und in Galéria, Tel. 04 95 62 00 46. Die Unterkünfte sind im Winter geschlossen. Öffnungszeiten jeweils erfragen.

Klöster

Ein idealer Ort, um zur Ruhe zu kommen und zu sich selbst zu finden, ist die günstige Übernachtung in einfachen Zimmern im Kloster. Dafür muss man noch nicht einmal dem strengen Klosterleben folgen, sondern lediglich die allgemeine Ruhe wahren und sich vor seiner Ankunft telefonisch nach einem freien Bett erkundigen.
Kloster Tuani, Belgodère, Tel. 04 95 61 07 43, www.couventdetuani.com; Kloster Saint-François, Calacuccia, Tel. 04 95 48 00 11; Kloster Marcasso, Cateri, Tel. 04 95 61 70 21, marcassu@notredamedesperance.com; Kloster Saint-Dominique, Corbara, Tel. 04 95 60 06 73; Franziskanerkloster Saint Damien, Sartène, Tel. 04 95 77 06 45; Kloster Saint François Pères Oblats, Vico, Tel. 04 95 26 83 83.

Nützliche Internetadressen

www.clevacances-haute-corse.com: Vermietung möblierter Ferienwohnungen in Nordkorsika. Die fünf Schlüssel, die vergeben werden, stehen für die Kategorie.
www.locationcorse.net: Anbieter von Häusern oder Apartments auf der ganzen Insel zu erschwinglichen Preisen.
www.interchalet.com: Universalanbieter von Ferienhäusern auch auf Korsika.
www.eurocampings.fr: Informationen zu Campingplätzen.
www.tripadvisor.de: Diese Seite für Hotelbewertungen und Preisvergleiche auf aller Welt beurteilt auch Hotels und Restaurants auf Korsika.

Übergreifend kann man korsische Hotels auch zuverlässig unter folgenden Webadressen finden und buchen: **www.hrs.de** und **www.hotel.de.**

Essen und Trinken

Die korsische Küche

Während die *cucina corsa* im Alltag einst karg und einfach war, geprägt von deftigen Suppen mit Bohnen und Speck, viel Brot und Kastanienbrei, dazu einen kräftigen Schluck Quellwasser, tischte man zu großen Festen alles auf, was die Insel durch die Jagd und Viehzucht zu bieten hatte: Zicklein, Lamm- und Wildschweinbraten, feine Pasteten und wohlschmeckende Wurstwaren. Die Festmahle von einst prägen bis heute die traditionelle korsische Küche.

Die würzigen Kräuter der Macchia, der kräftige, in Handarbeit hergestellte Käse, das Fleisch von frei laufenden Schafen, Ziegen, Schweine und Rinder, sorgen für die einzigartige Geschmacksnote korsischer Gerichte. Das Geheimnis des unverwechselbaren Geschmacks des Fleisches liegt in der Haltung der Tiere. Sie dürfen halbfrei weiden und ihr Fleisch wird mit würzigen Macchiakräutern wie Thymian, Rosmarin, Majoran, Salbei und Basilikum abgeschmeckt. Fisch war dagegen ursprünglich kaum vertreten in der korsischen Küche, ist aber heute auch auf dem Speiseplan zu finden.

Ein elementarer Bestandteil der korsischen Küche sind die Edelkastanien, die als Gebäck, Speiseeis, Konfitüre oder Beilage zu Fleischgerichten sehr beliebt sind. Der Geschmack des korsischen Käses, der aus Schafs- oder Ziegenmilch hergestellt wird, ist einmalig und bleibt einem lange in positiver Erinnerung (s. S. 63). Es gibt

Früher kaum auf dem Speiseplan, heute umso beliebter: Fisch und Meeresfrüchte

ihn in den Varianten scharf bis cremig mild. Eine besondere Verlockung ist der Brocciu, ein köstlicher Frischkäse, auch aus Schafs- und/oder Ziegenmilch gewonnen, den es bis Juni frisch und im Hochsommer gesalzen *(brocciu passu)* gibt. Er eignet sich sehr als Füllung für Gebäck, Omeletts oder Ravioli.

Im Restaurant

Das Essen im Restaurant verkörpert die korsische Lebenseinstellung: Genuss und Stil. Die Korsen zelebrieren das Essen, das bei mehreren Gängen über einige Stunden geht. Entsprechend schick gekleidet betritt man ein Restaurant und wartet, bis der Oberkellner einen Tisch zuweist. Nur in einfachen Restaurants gilt das Prinzip der freien Platzwahl. Nachdem die Rechnung *(»L'addition, s'il vous plaît«)* geordert wurde, erhält der Gast den Beleg auf einem Teller oder in einer Rechnungsmappe, in die das Geld gelegt wird. Das Trinkgeld lässt man am Ende auf dem Teller liegen.

Warme Küche wird mittags von 12 bis 14.30 Uhr und abends ab 19 Uhr serviert. Der Hauptandrang beginnt gegen 20 Uhr. Restaurants, die korsische Küche anbieten, gibt es auf verschiedensten Niveaus, vom Gourmettempel bis zum einfachen Restaurant mit Hausmannskost. Besonders in den Bergen erlebt man noch die klassisch deftige Küche, die Speisekarte besteht häufig aus nur einem schmackhaften Menü ohne weitere Wahlmöglichkeit.

Die besten Fischrestaurants gibt es in den Hafenstädten und am Cap Corse. Wer es lieber vegetarisch mag, findet in leckeren Gemüsegratins, Pasta und Eierspeisen eine willkommene Alternative. Für den kleinen Hunger bieten die Restaurants köstliche Pizza *au feu de bois*, über Holzfeuer gebacken an.

Alles Bio

Wo so viel Ursprünglichkeit fernab der Massenproduktion zu Hause ist wie auf Korsika, liegt die Idee der Erzeugung von Bioprodukten nicht fern. Wurden 1990 noch weniger als 200 ha für Bioanbau genutzt, so bewirtschaften die Landwirte heute mehr als 8600 ha Landfläche nach Biovorschriften unter strengster Kontrolle.
In der Vereinigung **Le Civam Bio Corse** sind 90 Mitglieder zusammengeschlossen, die Früchte, Gemüse, Käse, Fleisch, Wein, Wurst, Konfitüre, Olivenöl und Honig biologisch produzieren. Die Broschüre »Guide de l'Agriculture Biologique Corse« ist in den Touristenbüros der einzelnen Regionen erhältlich und gibt detailliert Auskunft über Produkte und Erzeuger.

Das korsische Drei-Gänge-Menü

Das traditionelle Drei-Gänge-Menü, bestehend aus Vorspeise, Hauptgericht und Nachspeise, ist preiswerter als die Einzelbestellung à la carte. Häufig kann man innerhalb der Gänge alternative Speisen wählen. Immer häufiger wird Gästen statt des Drei-Gänge-Menüs ein Zwei-Gänge-Menü, bestehend aus Hauptgang und Vorspeise oder Dessert, angeboten.

Vorspeisen: Die typische kalte Vorspeise ist die charcuterie corse, luftgetrockneter, leicht auf Macchiaholz geräucherter Aufschnitt vom Schwein, gerollter Kamm *(coppa)*, Lachsschinken *(lonzu)*, roher Schinken *(prisuttu)* und Fleischpasteten *(terrine)*. Empfehlenswert ist die soupe corse, eine Gemüsesuppe aus allem, was die Natur hergibt. Dazu gibt es Brot oder Kräuterfladen *(tartes aux herbes)*.

Hauptspeisen: Die Wahl des Hauptgerichtes sollte sich nach der Region richten. Frisch aus dem Meer gefan-

Speisen vor traumhafter Kulisse

gen, schmecken Langusten am Cap Corse und bei Bonifacio am besten. Auch die Etangs der Ostküste bieten köstliche Langusten, Austern und Miesmuscheln an. Die korsische Fischsuppe aziminu, in Sud gegarte Felsenfische mit Macchiagewürzen verfeinert, ist eine Sünde wert. Die deftige Küche der Berge lockt mit Fleisch- und Gemüseragouts, Omeletts und mit Frischkäse gefüllter Pasta oder frischer Bergforelle.

Fleisch wird in allen Varianten angeboten. Als eine besondere Spezialität wird das korsische Schweinefleisch, sei es als Haus- oder Wildschwein *(porc* oder *sanglier)*, gehandelt. Die frei laufenden Schweine ernähren sich von nahrhaften Kastanien und den anderen Schätzen der Insel.

Nachspeisen: Den Abschluss des korsischen Menüs bildet fiadone, ein Käsekuchen mit Orangenblütenwasser, fritelli, der in Olivenöl gebackene Kastanienmehlkrapfen oder ein Kuchen mit Pinienkernen und Mandeln, die *torta castagnina*.

Getränke

Als **Aperitif** trinkt man Cap Corse. Seinen süßlichen Geschmack verdankt das Getränk der Komposition aus Rotwein, Chinin und Kräutern der Macchia. Besonders empfehlenswert ist der Cap Corse der Marke L.N. Mattei. Alternativ wird der schärfere Pastis Dami oder Manarini, ein Anisschnaps auf Eis mit kaltem Wasser verdünnt, getrunken.

Ein korsisches Essen ohne **Wein** ist wie Atmen ohne Sauerstoff. Die korsischen Tafelweine sind ausschließlich gut bekömmliche, trockene Weine und werden im Krug *(pichet)* serviert. Die hochwertigen Weißweine der Vermentinu-Traube haben ein blumiges Bukett, das nach Äpfeln und Mandeln riecht. Aus der Nielluciu-Traube werden tiefrote, im Geschmack und Bukett ausgeglichene Weine gewonnen. Weiche Weine mit reichem Bukett liefert die Sciacarello-Traube. Die Rosé-Weine gehören zu den erfrischenden Weinen.

Beim Kauf von Flaschenweinen sollte man auf die Qualitätsbezeichnung A.O.C. (Appellation d'Origine Contrôlée) achten, die eine staatliche Kontrolle und ein Erntelimit versichert (s. S. 61). Wenn man die Route des Vins am Cap Corse entlangfährt, bietet sich eine gute Möglichkeit, ein paar edle Tropfen für den heimischen Weinkeller zu erwerben. Weitere Infos über korsische Weine sind unter www.vinsdecorse.com erhältlich.

Neben den runden Weinen gibt es auch deftiges und erfrischendes **Bier** auf der Insel. Beliebt sind das dunkle, aus Malz und Kastanienmehl gebraute Pietra, das blonde Serena, das Weizenbier Colomba und das Bier namens Pasquale Paoli.

Der **Digestif** rundet ein gutes Essen ab. Beliebt ist der Muscat, ein süßer Dessertwein vom Cap Corse. Charakteristisch sind ebenfalls die zahlreichen Liköre wie Murtellina, ein Likör aus Myrten, oder der Cédratine, bestehend aus Zitronenzitronatsirup. Der Eau de vie, ein klarer Schnaps aus Traubentrester, ähnelt dem italienischen Grappa.

Kaffee wird auf Korsika als Espresso serviert, lediglich bei der Bestellung eines großen Kaffees *(café long, café américain)* oder Milchkaffees bekommt man ihn in großen Tassen serviert.

Die klaren Quellen Korsikas liefern sauberes **Wasser.** Kostenlos ist die Karaffe Wasser im Restaurant. Stilles korsisches Mineralwasser trägt den Markennamen Saint-George und Zilia, mit natürlicher Kohlensäure heißt es Orezza. Corsica Cola und Limunata Carina (Limonade) bilden das regionale Pendant zu der berühmten großen Marke aus den USA.

Korsische kulinarische Köstlichkeiten muss man in heimischen Gefilden nicht missen. Dank Internet können sie rund um die Uhr bestellt werden unter **www.corse-shopping.fr.**

Kulinarisches Shopping

Man kann die Köstlichkeiten, die man sich in den Restaurants auf der Zunge zergehen lässt, auch für zu Hause mitnehmen. Sei es der kräftige goldbraune bis dunkle Honig, der auch als Honigessig oder Met bekömmlich ist. Oder seien es die Kekse *canistrelli* mit Anis-, Mandel- und Weißweingeschmack, das naturbelassene Olivenöl, der korsische Käse, die Wurstwaren, die mediterranen Konfitüren in den Geschmacksrichtungen Kastanie, Clementine, Feige-Nuss oder Feige-Birne. Auch die aus Garten- und Macchiafrüchten angesetzten Liköre und gebrannten Schnäpse sind schöne kulinarische Andenken für daheim.

Alle diese typisch korsischen Produkte *(produit corse)* gibt es auch im Supermarkt. Kaufen kann man sie jedoch am besten direkt beim Erzeuger oder auf den saisonalen Bauernmärkten. Die Preise sind hier wie dort gepfeffert, nur bietet sich der Vorteil, direkt mit dem Erzeuger ins Gespräch zu kommen.

Auf den zehn Routen der Routes des Sens Authentiques (s. S. 186) wird man zu Erzeugern der einzelnen Regionen geführt, die ihre Produkte direkt zum Kauf anbieten und denen man mit etwas Glück bei der Herstellung über die Schulter schauen darf. Die Prospekte sind bei der Touristeninformation erhältlich oder unter www.gustidicorsica.com online herunterzuladen.

Aktivurlaub, Sport und Wellness

Sonne satt, glasklares Wasser für Tauchgänge, Rafting und Kanutouren, eine betörende Bergwelt zum Wandern, Reiten, Klettern oder Skifahren sowie anspruchsvolle Greens für Golfer fordern regelrecht dazu auf, Korsika aktiv zu entdecken. Jeder kommt auf der Mittelmeerinsel auf seine Kosten.

Golf

Der exklusive Sport wird auf fünf Plätzen in Bonifacio, Borgo, Porticcio, Porto-Vecchio und Speluncato angeboten, wobei der 18-Loch-Golfplatz Golf de Sperone gegenüber den Lavezzi-Inseln als einer der Topplätze Europas gehandelt wird.

Klettern & Freeclimbing

Kletterfans kommen im Hochgebirge am Col de Vergio, im Restonica-Tal und in Vizzavona an ausgewiesenen Kletterstellen voll auf ihre Kosten. Zugänge gibt es vom Asco-Tal aus. Informationen über das Klettersteiggehen und organisierte Touren erteilt der Verband: Fédération Française de la Montagne et de l'Escalade, 10, quai de la Marne, 75019 Paris, Tel. 01 40 18 75 50, www.ffme.fr.

Abenteuerparcours *(parcours aventure)* haben Hochkonjunktur und befinden sich z. B. bei Solenzara an der Flussmündung, am See von L'Ospédale, in Vero im Hinterland von Ajaccio, in der Bucht von Calvi und in der Nähe von Ghisoni. Nach Einweisung und Erklärung des Equipments hangelt man sich in 5 bis 6 m Höhe über Seile und schaukelnde Brücken von Baum zu Baum.

Radfahren

Reizvolle Touren auf dem Drahtesel gibt es in allen Schwierigkeitsgraden. Dabei ist besonders an der Westküste und im Inselinneren eine gute Kondition gefragt. Tourenräder und Mountainbikes erleichtern die spektakulären Fahrten über alte Maultierpfade, Waldwege und kurvige Straßen, die teilweise mit Schlaglöchern übersät sind. Fahrräder gibt es in fast jedem Touristenort zu mieten.

Infos über ausgeschilderte VTT-Strecken und Touren gibt Vivre la Corse en Vélo, Résidence Napoléon, 23, cours Général Leclerc, 20000 Ajaccio, Tel. 04 95 21 96 94. Spezialist für Fahrradtouren: Corse Active, Tel. 04 95 44 49 67, www.europe-active.com.

Reiten

Paradiesische Strandausritte oder romantische Ausflüge in die Macchia für eine Stunde oder mehrere Tage bieten viele *centres équestres* (Reitschulen) an. Infos bei Association Régionale du Tourisme Equestre de Corse, 7, rue Col. Feracci, 20250 Corte, Tel. 04 95 22 28 35 oder: http://www.chevalencorse.com.

Wandern

Zu den Highlights eines Korsika-Urlaubs gehört es sicherlich, die Vielfalt der Insel zu erwandern: in Naturschutzgebieten entlang einsamer Küsten, zu stillen Bergseen und Wasserfällen sowie durch wilde Schluchten und über alte Maultierpfade. Viele Wanderungen führen durch den Naturpark Parc Naturel Régional de la Corse im Inselinneren. Die populärste

Wanderroute, der **GR 20** (Alta Strada oder Fra li Monti), verläuft in 15 Tagesetappen diagonal über die Insel und ist nichts für Anfänger. An den Etappenzielen besteht die Möglichkeit, in einfachen Herbergen zu übernachten.

Die drei verschiedenen Routen **Da Mare a Mare** (von Meer zu Meer), die in fünf bis zwölf Tagen zu bewältigen sind, verlaufen von der Ost- zur Westküste. Die zwei etwas einfacheren Routen **Tra Mare e Monti** (zwischen Meer und Bergen) führen durch spektakuläre Gegenden im mittelhohen Bergland, alte Kulturlandschaften und über küstennahe Wege. Teilstrecken der Wege sind für ein paar Stunden oder als Tageswanderung machbar. Einige Wege sind wegen des Schnees nicht ganzjährig passierbar. Eine Übernachtungsmöglichkeit sollte man sich vor dem Start am Morgen telefonisch am Ort des jeweiligen Etappenzieles sichern. Informationen dazu gibt es beim Parc Naturel Régional de la Corse oder unter gites-refuges.com. Kurze Wanderungen von Dorf zu Dorf oder Rundwege im Landesinneren sind die **Sentiers de Pays.** Eine neue Sechs-Tages-Tour bietet der **Sentier de la Transhumance,** der als thematische Strecke dem traditionellen Almauftrieb folgt.

Sicherheitshinweis: Auf das Baden in Flüssen nach starken Regenfällen sollte man wegen der lebensgefährlichen, reißenden Fluten verzichten, unterhalb von Stauseen ist es sogar untersagt. Im Gebirge kann es zu einem kurzfristigen Wetterumschwung und zu Gewittern kommen.

Nützliche Infos für Aktivsportler

Wassersport: Das französische Fremdenverkehrsamt richtet sich mit seiner Infobroschüre »Corsica Nautisme/Wassersport« speziell an Wasserratten. Die Broschüre »Corsica Nature Active/Aktivitäten in freier Natur« gibt Tipps für die aktive Freizeitgestaltung in der Natur. Erhältlich über Internet beim Maison de la France oder auf Anfrage bei den Tourismusbüros vor Ort.

Wanderführer: »Wandern auf Korsika« aus der Reihe DuMont aktiv (Ostfildern 2010) erkundet 35 Touren inkl. Kartenmaterial mit Höhenprofilen.

http://corsica.forhikers.com/travelguide: Infoseite auf Englisch über diverse Wanderungen inkl. GR 20.

Faltblätter »Sentiers de Pays« mit einfachen Skizzen zu Wanderungen, Verpflegungsmöglichkeiten und Sehenswürdigkeiten auf den Touren sind bei der Verwaltung des Parc Naturel Régional de la Corse und teils in den Fremdenverkehrsämtern erhältlich.

Wanderkarten im Maßstab 1 : 25 000 sind vom Institut Géographique National (IGN) im Internet unter www.ign.fr erhältlich.

Für **Radfahrer** ideal und sehr genau sind die Karten Nr. 73 für Nordkorsika und Nr. 74 für Südkorsika im Maßstab 1 : 100 000 von IGN.

Wassersport

Bootsverleih/Segeln

Auf Korsika sind verschiedene Boote zu mieten: von einfachen Schlauchbooten über Segelboote, Katamarane und Kajaks bis hin zur exklusiven Luxusjacht. Allein der Geldbeutel entscheidet. Das Segeln im Süden Bonifacios erfordert besonderes Können aufgrund der versteckten Felsbänke. Segelinfos unter www.voilecorse.com.

Canyoning

Canyoning wird immer beliebter. Die Kombination aus Klettern, Abseilen von Felswänden und dem Sprung ins

Herrlich ist's, im erfrischenden Wasser an Korsikas Stränden zu baden

kalte Wasser der Kaskaden ist in den Schluchten von Richiusa, Spelunca, Dardo, den Oberläufen von Gravona, Solenzara, Baracci und kleinen Flüssen am Cap Corse möglich. Saison ist von Mitte April bis November. Auskunft beim Parc Régional.

Jetski

Sonnenanbeter empfinden das Aufheulen der Motoren der kleinen Flitzer eher als störend. Für die Fahrer ist Jetski hingegen eine reine Wonne. Kosten ab 30 € für 15 Min., Führerschein erforderlich.

Schwimmen

Auf Korsika laden paradiesische Strände bei glasklarem Wasser zum Baden ein. Während es an der Ostküste fast ausschließlich lange, flache Sandstrände gibt, die besonders für Familien mit Kindern geeignet sind, trumpft die Westküste mit ausgedehnten Badebuchten und feinsten Sandstränden auf. An der Südküste dominieren kleine Sandbuchten und Geröllstrände, am Cap Corse Buchten mit Kieselsteinen.

Viele Strände der Westküste sind für ihre Unterströmung berüchtigt. Bewachte Strände zeigen mit Fahnen die Badegefahren an. Sehr selten besteht die Gefahr, sich an Felsufern durch Seeigelstachel oder Petermännchen *(la vive)* zu verletzen. Trotzdem ist Vorsicht geboten. Petermännchen sind kleine Fische, die sich in seichtem Wasser im Sand verstecken und mit einem Giftstachel, der in der Rückenflosse sitzt, ihr Gift in den Muskel oder Fuß spritzen. Wer von einem der beiden Meerestiere gestochen wird, sollte den Fuß sofort in heißes Wasser tauchen und einen Arzt aufsuchen.

Surfen

Surfer kommen auf Korsika fast überall voll auf ihre Kosten. Lediglich am Golf von Porto kann aufgrund der gefährlichen Wellen und schroffen Felsen nicht gesurft werden. Die besten Surfgebiete liegen im Norden am Cap Corse und bei L'Ile Rousse, im Westen im Golf von Valinco und im Golf von Sagone, an der Ostküste im Golf von Porto-Vecchio und im Süden bei Bonifacio im Golf von Santa-Manza und im Golf von Ventilegne. In jedem Küstenort werden Surfbretter und weiteres Equipment verliehen.

Tauchen

Die vielfältige Unterwasserwelt mit ihren artenreichen Fischschwärmen, Korallenriffen und versunkenen Schiffswracks macht das Meer um Korsika zu einem Tauchparadies. Besonders beeindruckend sind die Tauchgründe bei Porto-Vecchio, Tizzano, Bonifacio, Centuri-Port und der Inseln Cerbicale. Auskünfte über Standorte und Links zu Tauchgebieten-, schulen und -klubs sind über die Internetseiten http://pagesperso-orange.fr/gjl/crc/ und www.korsika-diveguide.de erhältlich.

Wildwasserfahrten

Wenn nach der Schneeschmelze die Wasserpegel hoch stehen, lockt es die Rafting- und Kajakfans auf die Flüsse Asco, Golo, Tavignano, Fium'Orbu, Taravo und Rizzanese. Korsika von dieser wilden Seite zu erleben, erfordert allerdings Erfahrung und Können!

Nicht ganz so rasant, aber eine interessante Alternative ist eine Kanutour, auf der man an der Felsenküste z. B. versteckte Grotten erkunden kann. Besonders empfehlenswerte Touren gibt es an der Westküste des Cap Corse und südlich von Sartène.

Wellness

Wellness steckt auf Korsika noch in den Kinderschuhen. Nur zwei Einrichtungen bieten Thalasso an. Das Hotel Sofitel Thalassa (www.sofitel.com/Porticcio) in Porticcio bietet ein exklusives Angebot der Spitzenklasse. Das Domaine de Riva Bella Thalasso & Spa Resort (Achtung: FKK-Gebiet) bei Aléria lädt mit Massagen, Hamam und Thalassotherapie zum Verwöhnen ein (www.rivabella-inf.com).

Traditionelle Heilbäder in Pietrapola, Baracci, Guagno-les-Bains und Taccana (Urbalacone, D 9, Tel. 04 95 25 74 23) lindern mit ihrem Heilwasser bei 40 °C Gelenk- und Knochenleiden, Atemwegs- und Hauterkrankungen. Am urigsten badet man in Caldane (▶ D 10, 5 €, Tel. 04 95 77 00 34).

Wintersport

Auf Korsika wird Wintersport im kleinen Stil betrieben. Abfahrtski ist in Bastelica, Haut-Asco und Ghisoni möglich, die Langlaufloipen verteilen sich auf Evisa, Zicavo, Quenza, Val d'Ese. Extremsportler schwören auf die Tour **Haute Route à Ski,** bei der man in elf Tagen den riskanten Weg von Quenza nach Haut-Asco durch Schnee und Nebel wagt. Ein professioneller Führer ist ein absolutes Muss! Weitere Infos zum Thema Wintersportaktivitäten gibt es im Internet unter www.montagnesdecorse.com.

Sportevents

Sportbegeisterte lassen sich die Spiele der Fußballklubs **AC Ajaccio** (Stade François-Coty, www.ac-ajaccio.com) und **SC Bastia** (Stade Armand Cesari Furiani, www.sc-bastia.net) nicht entgehen. Ebenfalls im Kalender festzuhalten sind folgende Veranstaltungen für Sporthungrige:
Iron Man zu Fuß, per Rad und Kajak (Mai), der Extremsportwettkampf Corsica Raid Aventure (Ende Mai), die Segelregatta **Les** Régates Impériales (Mai), die **Mediterranean Trophy** um Korsika und Sardinien (Juli), die **Speed Challenge** der besten Windsurfer an unterschiedlichen Orten im Jahr.

Feste und Veranstaltungen

Feste und Traditionen

Der Alltag sowie der Jahres- und Lebensrhythmus der Korsen sind von Religion, vorchristlicher Mystik, Heimatliebe und -stolz geprägt. So werden auch heute noch katholische Feiern und Heiligenfeste auf Korsika zelebriert. Höhepunkte bilden die Bußprozessionen in der Karwoche und die Feste zur Feier der Schutzheiligen der einzelnen Orte. Daneben bieten eine Vielfalt kultureller Veranstaltungen und Märkte für regionale Produkte eine Abwechslung im Alltag.

Ostern

Die Karwoche ist auch auf Korsika ein Höhepunkt des katholischen Kirchenjahres. Bereits Gründonnerstag beginnen abendliche **Prozessionen** mit der schwarz gewandeten Madonna und die Segnung des österlichen Mandelgebäcks *canistrelli* in Calvi.

Am Karfreitag wird **La Granitula** besonders aufwendig in Calvi zelebriert. Die Teilnehmer des Karfreitagsrituals drehen sich zunächst zu einer Schnecke zusammen, die sich dann spiralförmig wieder auflöst. Das Ritual symbolisiert den Zyklus von Leben, Tod und Wiedergeburt.

Am Cap Corse führt der Kreuzweg **La Cerca** zu zwölf Kirchen und Kapellen über 14 km durch die Städte Erbalunga, Castello, Poretto und Pozzo. In der Altstadt von Corte begeht man bei Kerzenlicht die Prozession **Christ Mort.** Die fünf städtischen Bruderschaften tragen in einer **Prozession** in Bonifacio schwere Holzkreuze zur Kirche Sainte-Marie-Majeure, wo die Reliquie des Heiligen Kreuzes verehrt wird.

In Sartène finden die Feierlichkeiten am Karfreitag spät abends ihren Höhepunkt in der wohl bekanntesten **Prozession des Catenacciu,** des großen Büßers in blutrotem Gewand, der unter einer nur mit Sehschlitzen versehenen Kapuze anonym bleibt. Begleitet von Büßern in Weiß, zieht er durch die abendliche finstere Stadt. Die **Rosenkranz-Prozession** in Calvi und die **Prozession der heiligen Restituta** in Calenzana bilden den Abschluss am Ostermontag.

Mariä Himmelfahrt

Die oberste Schutzpatronin der Insel ist die Jungfrau Maria, deshalb ist der 15. August ein besonders wichtiges Datum im korsischen Festkalender und wird auf der ganzen Insel gefeiert.

Am größten wird das Fest in Ajaccio zelebriert, wo es gleichzeitig mit Napoleons Geburtstag begangen wird. In Calvi folgt auf die kirchlichen Feiern ein dreitägiger Jahrmarkt. In Rusio und Bastia wird zur Messe die *paghjella* gesungen. Traditionell ist der polyfone Gesang, von drei Männerstimmen a capella nach vorgegebenem Schema improvisiert, zusammengesetzt aus den Stimmlagen Bass, Bariton und Tenor. Die Bassstimme *(u bassu)* stimmt die Paghjella an und bildet die Begleitung, der Bariton *(a segonda)* trägt die Melodie, der Tenor *(a terza)* singt die Koloratur.

Aktuelle Events

In den Sommermonaten lockt ein bunter Reigen an kulturellen Veranstaltungen sowie Kunstausstellungen und die internationalen Filmfestspiele. Vor allem die Musik spielt eine große Rolle. Ob traditioneller korsischer Gesang, Jazz, Rock oder Klassik geboten werden, die Konzerte ziehen überall Einheimische wie Urlauber an.

Gesang

Der traditionelle korsische Gesang erlebt spätestens seit dem Auftritt der Nouvelles Polyphonies Corses bei der Eröffnungsfeier der Olympischen Winterspiele 1992 eine Renaissance. Die bekannteste Gruppe I Muvrini genießt internationalen Ruhm und tourt im Sommer auf Korsika, im Winter durch Europa. Die wohl schönste weibliche Stimme hat Jacky Micaelli. Sie hält auch Lehrgänge ab (www.jackymicaelli.com).

Informationen über kulturelle Veranstaltungen (Konzerte, Theater, Ausstellungen) enthält die Broschüre »Guide des Manifestations Culturelles«, die bei Fremdenverkehrsämtern erhältlich ist. Die Collectivité Territoriale de Corse veröffentlicht in ihrem Heft »A Canzona in Giru« Tourpläne verschiedener korsischer Gruppen und Sänger (www.outil-culturel.corse.fr).

Märkte

Über das Jahr verteilt finden auf der Insel zahlreiche Märkte für regionale Produkte aus Handwerk und Landwirtschaft statt. So dreht sich beispielsweise Mitte Februar auf dem Markt **A Tumbera** am Pass Saint-Roch bei Renno alles um das korsische Schwein und daraus hergestellte Gaumenfreuden. Der Weinmarkt **Fiera di u Vinu** in Luri lockt am ersten Juliwochenende Winzer und Besucher ans Cap Corse.

Mit einer Mischung aus Information, Unterhaltung, Spielen und Verkauf machen die Orte durch ihre Märkte auf sich aufmerksam und pflegen alte Traditionen. Speziell für den Norden Korsikas veröffentlicht das Haute-Corse Dévelopement alle drei Monate die Broschüre »Sortir en Haute-Corse« (im Internet unter www.haute-corse.fr herunterzuladen) mit Informationen über kulturelle und religiöse Veranstaltungen sowie Sportevents, Feste und Märkte.

Nachtleben

Allein wegen des Nachtlebens reist niemand nach Korsika. Doch wer hier Urlaub macht, nimmt gern etwas davon mit. Die großen Diskotheken Via Notte in Porto-Vecchio, L'Acapulco in Calvi oder La Conca d'Oru bei Saint-Florent ziehen viele Partygänger an. Sie bieten ihren Gästen jeweils mehrere Tanzflächen und Lasershows teils im Freien. Die Bässe drummen hier von Mitternacht bis in die frühen Morgenstunden.

Dorffeste – Feiern wie die Korsen

Wer das wirkliche korsische Feiern erleben möchte, sollte ein Dorffest (*soirée* oder *fête de village*) in den Bergen besuchen, sich unter die Korsen mischen und einfach das bunte Treiben genießen. Teilweise wird nur die Dorfstraße abgesperrt, eine Theke, Biertische mit Bierbänken aufgestellt und Musik aufgelegt. Spot an! Jung und Alt schwatzen, feiern und tanzen zusammen bis tief in die Nacht. Das ist Korsika! Für diese Art der Feste wird häufig mit Plakaten an den Laternen oder an den Eingängen der Supermärkte geworben

Ajaccio und Bastia liefern sich in den Sommermonaten beim Straßenunterhaltungsprogramm ein heißes Rennen. Kulturell locken Freiluftkonzerte mit korsischer Musik. Viele Urlaubsorte bieten auch Freilichtkino – die Filme laufen allerdings fast ausschließlich in französischer Sprache.

Festkalender

Januar/Februar

Sant'Antonio-Fest: 1. So nach dem 17.1., Prozession zu Ehren des hl. Antonius in Corbara und Aregno.

März/April

Notre-Dame-de-la-Miséricorde: 18.3., Umzug mit Festbeleuchtung zu Ehren der Schutzheiligen in Ajaccio, s. S. 181.

Karwoche: Sehenswerte Prozessionen in Calvi, Erbalunga, Bonifacio und Sartène, Corte, s. S. 36, 99, 137, 206, 255.

Brocciu-Markt: letzte Aprilwoche, in Piana am Golf von Porto. Im Mittelpunkt steht die Herstellung und Verkostung des Frischkäses *brocciu,* s. S. 161.

Mai

Christ des Miracles: 3.5., Prozessionen zu Ehren des Kruzifixes von Sainte-Croix in Bastia, s. S. 94.

Juni

Fest des hl. Erasmus: 2.6., Ajaccio, Bastia, Calvi und Propriano feiern den Schutzheiligen der Fischer, s. S. 94, 181.

Fest des Johannes des Täufers: 24.6., Bastia feiert seinen Schutzheiligen mit Umzug und Stadtfest, s. S. 94.

Festival de Jazz: Ende Juni, Jazzfestival mit Konzerten am Nachmittag in den Straßen von Calvi, s. S. 136.

Juli

Estivoce: 1. Julihälfte, Festival des traditionellen polyfonen Gesangs mit Konzerten in Pigna und verschiedenen Orten der Balagne.

La Relève des Gouverneurs: 2. Sa im Juli, Historienspektakel mit szenischem Spiel zur Ablösung der Gouverneure am alten Hafen in Bastia, s. S. 94.

Nationalfeiertag: 14.7., Tanz und Feuerwerk auf der ganzen Insel.

Les Nuits de la Guitare, Classic et Jazz: Mitte Juli, Konzertserie in Patrimonio (www.festival-guitare-patrimonio.com), s. S. 114.

August

Festival de Musique, Jazz et Guitare: 1. Aug.-Woche, Musikfestspiele in Erbalunga, s. S. 99.

Mariä Himmelfahrt: 13.–15.8 in Ajaccio zusammen mit Napoleons Geburtstag; 15.–18.8. in Calvi; 15.8. *paghjella,* Messe und Prozession in Rusio und Bastia, s. S. 36, 181.

September

Mariä Geburtstag: 8.9., Umzüge und Feste in Gedenken an die Jungfrau Maria auf der ganzen Insel. Besonders sehenswert ist der Jahrmarkt Santa di Niolu mit Sangeswettbewerben in Casamaccioli (s. S. 198) und die Wallfahrt zur Notre Dame des Grâces in Lavasina.

Rencontres Polyphoniques: Mitte Sept., internationales Polyfonie-Treffen in Calvi, s. S. 136.

La Paolina: 1. Sa im Sept., internationaler Wettlauf vom Hafen in L'Ile-Rousse nach Morosaglia über eine Strecke von 72 km, s. S. 129.

Oktober

Festiventu: letzte Okt.-Woche, Fest rund um das Thema Wind in Calvi, s. S. 136.

Dezember

U Mercà di Natale: Weihnachtsmarkt in Bastia, Pl. Saint-Nicolas.

Fiera di a Castagna: Mitte Dez., Kastanienmarkt in Bocognano, s. S. 184.

Reiseinfos von A bis Z

Apotheken

Die Apotheken *(pharmacies)*, gekennzeichnet durch ein grünes Kreuz, sind auf Korsika relativ dicht gesät, die Medikamente teilweise günstiger als in Deutschland. Spezielle Medikamente sollte man auf jeden Fall mitbringen. Die Öffnungszeiten der Notapotheken sind der Tageszeitung zu entnehmen.

Ärztliche Versorgung

Wer die europäischen Krankenversicherungskarte (EHIC) vorlegt, hat Anspruch auf eine ärztliche Behandlung. Die Kosten werden zunächst vorgestreckt. Für die Kostenerstattung reicht man den vom Arzt ausgefüllten Behandlungsvordruck *(feuille de soins)* bei der vor Ort zuständigen Caisse Primaire d'Assurance Maladie (CPAM) bzw. Caisse Générale de Sécurité Sociale (CGSS) oder zu Hause bei der heimischen Krankenversicherung ein.

Unabhängig davon empfiehlt sich für die Dauer des Auslandsaufenthaltes eine Auslandsreise-Krankenversicherung, um Risiken abzudecken, die von den gesetzlichen Kassen nicht übernommen werden. Infos zur Kostenerstattung unter www.dvka.de oder bei der jeweiligen Krankenkasse.

Krankenhäuser

Ajaccio: 27, av. Impératrice Eugénie, Tel. 04 95 29 90 90
Bastia: Paese Nuovo rte. Royale, Tel. 04 95 59 11 11
Bonifacio: B.P. 58, l. d. Valli (1,5 km außerhalb, Ri. Trinité), Tel. 04 95 73 95 73
Corte: Av. du 9 Septembre, Tel. 04 95 45 05 00
Sartène: Cacciabello, Tel. 04 95 77 95 00 (3 km außerhalb Richtung Tizzano)

Diplomatische Vertretungen

Deutsches Konsulat

Das deutsche Konsulat in Furiani ist bis auf Weiteres geschlossen. Bei Notfällen kann man das Deutsche Generalkonsulat in Marseille kontaktieren (338, Av. du Prado, 13 008 Marseille, Tel. 04 91 16 75 20, info@marseille.diplo.de, nach telefonischer Vereinbarung).

Österreichisches Konsulat

10, rue Bonaparte, 20000 Ajaccio, Tel. 04 95 27 02 98, Fax 04 95 21 22 68, Mai–Okt. nach telefonischer Terminvereinbarung.

Schweizer Konsulat

38, cours Lucien Bonaparte, 20000 Ajaccio, Tel. 04 95 21 28 43, Fax 04 95 51 27 37, nach telefonischer Vereinbarung.

Elektrizität

Die Stromspannung beträgt 220 V. Eurostecker sind zu verwenden. Campingplätze sind mit kompatiblen Steckern ausgerüstet. Adapter gibt es in Elektrogeschäften und Supermärkten.

Feiertage

1. Januar: Neujahr
März/April: Ostermontag
1. Mai: Tag der Arbeit
8. Mai: Waffenstillstand 1945
Mai/Juni: Christi Himmelfahrt, Pfingstmontag
14. Juli: Nationalfeiertag
15. August: Mariä Himmelfahrt
1. November: Allerheiligen
11. November: Waffenstillstand 1918
25. Dezember: Weihnachtsfeiertag

FKK

Korsika ist ein klassisches Reiseziel für FKK-Urlauber. Die Feriendörfer und Campingplätze der Nudisten liegen vorwiegend an der Ostküste zwischen Prunete und Bravone, zerstreut auch an den Buchten von Calvi, Ajaccio und Propriano. Eine Übersicht gibt es unter http://www.naturisme.com.fr.

Frauen unterwegs

Allein reisende Frauen sind auf Korsika genauso gefährdet wie anderswo auch. Frau sollte sich ein vernünftiges Grundmisstrauen bewahren und sich gut überlegen, jemanden nach Hause zu begleiten.

Geld

Der Euro ist Zahlungsmittel auf Korsika. Viele Hotels, Restaurants, Supermärkte und Tankstellen akzeptieren **Kreditkarten.** Kleine Geschäfte in ländlichen Gegenden nehmen nur **Bargeld** an. An **Geldautomaten** der Bank und vielen Postämtern bekommt man Geld mit der EC-/Maestro-Karte bzw. Kreditkarte rund um die Uhr. Die Sperrung der Bank- oder Kreditkarte erfolgt bei Verlust unter der Notfallnummer 00 49 116 116.

Tipps für Reisen mit Kindern
Buchtipp: Stefanie Holtkamp: »Korsika mit Kindern – 45 Wander- und Entdeckertouren für Familien«. Kottgeißering 2014. Der Naturreiseführer stellt spannende Touren für Familien mit Kindern aller Altersgruppen vor (nach Regionen, mit Tourensteckbrief).
Camping: Die Plätze des Veranstalters Eurocamp (www.eurocamp.de) bieten ein auf Familien abgestimmtes Veranstaltungsprogramm mit deutschsprachiger Kinderbetreuung.

Impfungen

Für die Reise nach Korsika besteht keine Impfvorschrift. Eine Hepatitis A-Impfung wird allerdings, wie für alle Mittelmeerregionen, empfohlen.

Internetcafés

Internetcafés findet man in den größeren Orten, teilweise bieten Fremdenverkehrsbüros einen Internetservice an. Eine günstige Alternative ist die Cyperposte, ein Internet-Terminal im Postamt, die über eine Kundenkarte (am Schalter erhältlich) bedient wird.

Kinder

Korsika ist ideal für Familienurlaub. Kinderfreundliche, flache Strände gibt es an dem fast 100 km langen Sandstrand der Ostküste, den Stränden um Porto-Vecchio und in der seichten Bucht von Calvi. Auch Bootsausflüge, Wanderungen, Abenteuerparcours *(parcours adventure),* Strandausritte, der Schildkrötenpark A Cupulatta und die verschiedenen Aquaparks lassen Kinderherzen höher schlagen.

Medien

Fernsehen

Die größeren Hotels verfügen über Satellitenfernsehen, sodass deutsche Sender auch in korsischen Zimmern auf der Mattscheibe erscheinen.

Zeitungen und Zeitschriften

Die Tageszeitung Corse Matin, die korsische Ausgabe der Nice Matin, berichtet über fast alles, was in den Dörfern passiert. Dazu gibt es Sport und TV-Programm. Ein erweitertes Angebot findet man in den größeren Städten mit überregionalen Zeitungen. Wer auf deutsche Tageszeitungen (meist einen Tag verspätet) und Zeitschriften nicht verzichten möchte, findet sie in den Touristenzentren.

Notruf

Europäische Notfallnummer: 112
Krankenwagen (SAMU): 15
Polizei: 17
Feuerwehr: 18
Seenotrettung: 16 16
ADAC-Auslandsnotruf: 0049 89 22 22 22 oder webnotruf@adac.de
ÖAMTC Wien: 0043 12 51 20 00
Schweizer Rettungsflugwacht Zürich: 0041 333 33 33 33
Sperrung von Handys, EC- und Kreditkarten: 0049 116 116

Öffnungszeiten

Die Öffnungszeiten differieren je nach Saison, die unteren Angaben können als Richtschnur gelten. In der Siesta (12–14 oder 14.30 Uhr) sind die Geschäfte oft geschlossen. Wichtig: Fallen offizielle Feiertage auf einen Dienstag oder Donnerstag, sind an den sogenannten Brückentagen Montag oder Freitag die meisten Banken, Behörden und Geschäfte geschlossen:
Banken: Mo–Fr 9–12, 14–16 Uhr.
Behörden: Mo–Fr 9–12, 14–17 Uhr.
Geschäfte: Die großen Geschäfte in den Städten und die großen Supermärkte haben in der Regel Mo–Sa 9–19/20 Uhr geöffnet. Im Juli/Aug. stehen die Einkaufstore sieben Tage die Woche durchgehend offen. Kleinere Geschäfte schließen meist dann, wenn keine Kundschaft mehr im Geschäft ist.
Post: Mo–Fr 9–17, Sa 9–12 Uhr, teilweise Siesta von 12–14 Uhr.

Reisekosten und Spartipps

Das Preisniveau ist auf Korsika ca. 15 % höher als auf dem französischen Festland, denn fast alle Produkte müssen vom Festland eingeführt werden. Bei Lebensmitteln spart, wer die Eigenmarken der **Supermärkte** kauft. Ein Preisvergleich in den Geschäften, die *produits corses* anbieten, lohnt sich. Sparfüchse bringen Filme, Batterien für die Kamera, Kosmetik- und Hygieneartikel von zu Hause mit.
Die Preise der Unterkünfte variieren je nach Lage und Kategorie. Ein DZ ohne Frühstück kostet in einem einfachen Hotel 60 € pro Nacht, im 4-Sterne-Hotel über 120 €. Außerhalb der Touristenzentren ist es oft günstiger.
Im **Restaurant** kostet das 3-Gänge-Menü im Durchschnitt 20 €, eine einfache Mahlzeit wie eine Pizza 9 €.
Studenten sparen bei der Vorlage ihres internationalen Studentenausweises in Museen und im Kino. **Kinder** bis sieben Jahre erhalten oft einen Preisnachlass von 50 %, Kleinkinder müssen nicht zahlen.

Restaurants: Öffnungszeiten sind in der Saison in der Regel tgl. mittags von 12–14.30 und abends ab 19 Uhr. Zwischen 22 und 23 Uhr schließt die Küche. Auf Korsika haben viele Restaurants nur in der Saison geöffnet und gehen dabei flexibel vor. In einem Jahr endet für sie die Saison z. B. Mitte Oktober, im nächsten dann schon Ende September.

Post

Postämter bieten neben dem üblichen Postdienst auch Telefaxservice, Internetdienste und Bargeldautomaten an. Briefmarken gibt es hier wie auch in Tabak- und Postkartenläden.

Das Porto für Postkarten und Briefe bis 20 g von Korsika nach Deutschland, Österreich und in die Schweiz beträgt 0,83 €. Die Briefkästen haben oft mehrere Einwurfschlitze, einen für die Stadt vor Ort oder das *département*, einen weiteren für das In- und Ausland, der mit *autres destinations* markiert ist.

Rauchen

Das Rauchen ist in öffentlichen Räumen wie Flughäfen, Bahnhöfen und in Restaurants verboten. Zigaretten gibt es nur im Tabakladen.

Reisen mit Handicap

Die Website des **Bundesverbands Selbsthilfe Körperbehinderter e.V.** (www.bsk-ev.org) bietet Informationen und Hilfestellungen zum barrierefreien Reisen auf der Insel. Das **Comité National Francais de Liaison pour la Réadaption des Handicapés** (CNRH), (www.apf.asso.fr) verlegt einen Hotel- und Restaurantführer für behindertengerechtes Reisen.

Feuer
Aufgrund der Brandgefahr sind das Wegwerfen von Zigaretten, das Grillen und Lagerfeuer strengstens verboten auf der Insel.

Sicherheit

Die häufig schweren Verkehrsunfälle auf Korsika legen nahe, dass Verkehrsteilnehmer vorsichtig fahren sollten.

In den letzten Jahren hat die Kriminalität auf der Insel zugenommen: Carjacking, unter Waffenandrohung geraubte Motorräder, nächtliche Schießereien nach Schließung der Discos … Die Insel ist im Hochsommer ein heißes Pflaster. Diebstähle und Autoaufbrüche werden allerdings meist in den Städten und auf großen, unbewachten Parkplätzen verübt. Daher Wertsachen beim Verlassen des Autos unbedingt mitnehmen! Außer zunehmenden Diebstahlsdelikten in den mittelgroßen Städten gibt es besonders im Nachtleben hin und wieder Gewaltausbrüche.

Gruppenbild mit Fußball – auf den Straßen von Bastia

Politisch motivierte Sprengstoffanschläge sind sehr selten geworden, und Touristen waren noch nie im Visier der FLNC (Nationale Befreiungsfront Korsikas).

Souvenirs

Das korsische Kunsthandwerk liefert u. a. mit Bruyèrepfeifen, Schmuck, Textil-, Töpfer- und Korbwaren herrliche Erinnerungsstücke. Die Broschüre »L'Arte di l'Artigiani« vom Syndicat des Métiers d'Art de Corse stellt das Angebot ausführlich vor. Kulinarische Köstlichkeiten wie Käse, Schinken, Wurst, Honig, Wein, Likör und Olivenöl rufen Erinnerungen an die schmackhafte korsische Küche hervor, wenn man am heimischen Esstisch vom letzten Urlaub auf Korsika träumt.

Telefonieren

Vorwahl Deutschland: 00 49
Vorwahl Österreich: 00 43
Vorwahl Schweiz: 00 41
Vorwahl Frankreich: 00 33

Die meisten Telefonzellen funktionieren über eine Telefonkarte *(télécarte)* mit 50 (7,50 €) und 120 Einheiten (15 €). Diese Prepaidkarten gibt es in Zeitschriftenläden.

Bei Telefonaten **von Korsika ins Ausland** folgen auf die jeweilige Landesvorwahl die Ortsnetzvorwahl (ohne ›0‹) und die Nummer des Teilnehmers. Für **Gespräche auf Korsika** wird die vollständige zehnstellige Teilnehmernummer gewählt. Für **Gespräche nach Korsika** muss man die Landesvorwahl von Frankreich plus die Rufnummer ohne die Anfangs-Null wählen. Das **Mobilfunknetz** funktioniert nach europäischem Mobilfunkstandard. Man muss allerdings damit rechnen, dass man nicht überall Empfang hat: An den Küsten Korsikas ist das Netz gut ausgebaut, im Inselinneren gibt es teilweise Empfangstörungen.

Auslandsgespräche von Korsika
Auslandsgespräche von Korsika sind teuer. Wer hier sparen möchte, kann sich auf den Nummern der öffentlichen Telefonzellen aus Deutschland zurückrufen lassen.

Trinkgeld

In Restaurants ist der Service im Preis inbegriffen *(service compris),* ein Trinkgeld von 10 % vom Endbetrag angemessen. Auch Zimmerpersonal und Taxifahrer freuen sich über ein Trinkgeld.

Umgangsformen

Feilschen: Feilschen ist auf Korsikas Märkten nicht üblich. Bei größeren Mengen ist es vielleicht einen Versuch wert, ansonsten aber absolut unpassend!
Floskeln: Danke und bitte *(merci, s'il vous plaît)* gehören zum guten Ton wie die Anrede *madame* oder *monsieur* bei *bonjour* und *au revoir* und werden mit Freundlichkeit belohnt.
Kleidung: Die Korsen legen Wert auf gute Umgangsformen und stilvolle Kleidung. An religiösen Orten sind ärmellose T-Shirts, Shorts und Miniröcke tabu. Zur Begrüßung geben sich die Männer die Hand, Frauen erhalten ein Küsschen links und rechts.
Siesta: Die Mittagspause zwischen 12 und 15 Uhr ist den Korsen heilig. Sie ist zwar nicht einheitlich geregelt, man erkennt sie allerdings sofort an den geschlossenen Geschäften und den leeren Straßen, auf denen man in dieser Zeit Walzer tanzen könnte.

Panorama – Daten, Essays, Hintergründe

Spektakuläre Felsenküste bei Bonifacio im Sonnenuntergang

Steckbrief Korsika

Daten und Fakten

Lage und Fläche: Korsika liegt etwa auf Höhe der Toskana und Roms im westlichen Mittelmeer, im Osten liegt das Tyrrhenische, im Norden das Ligurische Meer. Italien ist 80 km, die Südküste von Frankreich 170 km, Spanien 450 km und Sardinien 12 km entfernt. Korsika ist nach Sizilien, Sardinien und Zypern die viertgrößte Mittelmeerinsel mit einer Fläche von 8680 km^2 (vgl. Schleswig-Holstein 15 760 km^2), in der größten Ausdehnung ist sie 183 km lang und 83 km breit.

Hauptstadt: seit 1811 durch kaiserliches Dekret Ajaccio, Napoleons Geburtsstadt. Die Einwohnerzahl liegt bei 63 000 im Großraum Ajaccio.
Historische Hauptstadt während der Unabhängigkeit: Corte.
Heimliche Kulturhauptstadt: Bastia.

Einwohner: ca. 314 000

Amtssprache: Französisch seit 1770

Zeitzone: MEZ, im Sommer MESZ

Geografie und Natur

Korsika besteht aus einer Hochgebirgskette, die die Insel s-förmig von Nordwesten nach Südosten in ein Diesseits und ein Jenseits der Berge teilt, mit 50 Gipfeln über 2000 m Höhe und vier natürlichen Pässen. Der höchste Berg ist der Monte Cinto mit 2706 m. Die einzige Flachlandzone ist die Ostebene, 60 km lang und 15 km breit, die seit der Ausrottung der Malaria für großflächigen Wein- und Clementinenanbau genutzt wird.

Die 1000 km lange Küste besteht im Osten aus einem von Lagunen unterbrochenen Sandstrand und im Westen aus vielen kleinen Buchten und Stränden. Ein Drittel der Fläche nimmt der Naturpark ein mit seltenen Tieren und diversen Wanderparadiesen. Fast 70 % der Gesamtfläche ist grün, bewachsen mit mediterraner Macchia in den unteren Lagen und Wäldern in den mittleren. Korsika ist die einzige Mittelmeerinsel ohne Wasserprobleme.

Geschichte

Früheste Siedlungsspuren wurden auf 8600 v. Chr. datiert. Die Megalithkultur hinterließ diverse Steinsetzungen (Dolmen, Menhire) und befestigte Wehrdörfer. Durch vorantike Handelsströme kamen Neuerungen wie Viehzucht und Ackerbau früh auf die Insel.

500 Jahre Kolonisierung durch die Römer zwangen die Ureinwohner ins Hinterland. Im 6./7. Jh. erlebte die Insel kriegerische Zeiten während der Völkerwanderung und durch die ersten Piratenüberfälle aus Nordafrika, die bis ins 18. Jh. andauerten, sowie durch interne Feudalisierung.

Unter der Verwaltung durch Pisa (11./12. Jh.) wurde die Insel christianisiert. Danach folgten 500 Jahre Tyrannei unter Genua mit Beteiligung der örtlichen Oberschicht. Im 18. Jh. führten Revolten und Bürgerkrieg zur Unabhängigkeit unter Pasquale Paoli und zur ersten repräsentativen Demokratie Europas, mit Gewaltenteilung und Wahlrecht für alle Haushalte. Nach nur 15 Jahren unterwarf die französische Armee Korsika, ab 1770 setzte eine langsame Integrierung der Insel in den französischen Staat ein.

In der nach dem Zweiten Weltkrieg erschlossenen Ostebene der Insel wurden in den 1960er-Jahren ca. 16 000 Algerienfranzosen (wegen ihrer schwarzen Lederschuhe *pieds noirs* genannt) angesiedelt.

Staat und Verwaltung

Korsika ist eine französische Region mit eigenem Regionalparlament. Seit 1982 gibt es ein örtlich gewähltes Inselparlament, dessen Kompetenzen in den Bereichen Erziehung, Ausbildung, Universität, Transport, Energie, Kultur, Tourismus, Landwirtschaft und Straßenbau liegen. Das Funktionsbudget (2014: 230 Mio. €, davon 182 Mio. Funktionskosten) kommt aus Paris, über die Verwendung wird vor Ort entschieden. Das aktuelle Inselparlament wird von einer sozialdemokratischen Koalition beherrscht. Die quasi doppelte Verwaltung durch Staat und Region erklärt den hohen Anteil dieser Branche am Gesamtbeschäftigtenvolumen (31 %).

Wirtschaft und Tourismus

Den höchsten Anteil am BIP (Bruttoinlandsprodukt) stellen Dienstleistung (52 %) und Verwaltung (31 %). 12,8 % erwirtschaftet das Baugewerbe, 5 % die Industrie, 4 % die Landwirtschaft. Der durchschnittliche Jahresverdienst liegt um 11 % unter dem Landesdurchschnitt. Nur 45,7 % aller Haushalte sind steuerpflichtig. Die Arbeitslosenquote liegt bei 9,6 %. 29,6 % der Menschen beziehen eine Rente. 10% des BIP wurden 2011 durch Immobilienhandel erwirtschaftet. Zur Handelsbilanz: Güterexport 150 000 t, Import: 1,2 Mio. t.

Korsika ist die am wenigsten industrialisierte Region Frankreichs und zugleich die am stärksten motorisierte: auf 100 Einwohner kommen 70 Kfz (auf dem französischen Festland sind es 50). Die Unfallrate ist doppelt so hoch wie im Landesdurchschnitt.

33 % aller Wohnungen sind Zweitwohnsitze. Sie stellen drei Viertel der verfügbaren 410 000 Betten. 366 Hotels bieten insgesamt 11 000 Zimmer an. Der Tourismus schafft ca. 6000 Dauerarbeitsplätze. Ca. 3 Mio. Reisegäste, darunter 73 % Franzosen, lassen im Jahr 1,2 Mrd. € auf der Insel, das sind ca. 15 % des BIP. Von den Nicht-Franzosen sind ca. 450 000 Italiener und 160 000 Deutsche.

Bevölkerung

Unter den 314 000 Einw. der Insel sind 45 % Festlandsfranzosen. Die Bevölkerungsdichte liegt bei 36/km² (zum Vergleich Mallorca: 217) und konzentriert sich auf die Küstenstädte Ajaccio, Bastia und Porto-Vecchio mit Hinterland.

Ausländer/Residents: Der Ausländeranteil auf Korsika beträgt 9 %, die meisten davon sind Marokkaner. Jeder vierte Bewohner ist über 60; jährlich kommen 4000 Neuansiedler hinzu.

Sprache und Religion

Offizielle Sprache ist Französisch, Korsisch wird als Zweitsprache an den Schulen gelehrt und ist im Alltag immer öfter zu hören.

Auch das korsische Lokalradio RCFM ist weitgehend zweisprachig. Die Korsen sind überwiegend römisch-katholisch und betreiben Marienverehrung.

Geschichte im Überblick

Vor- und Frühgeschichte

8600 v. Chr. Caniscionu bei Monaccia, die älteste entdeckte menschliche Siedlung, liegt heute teilweise im Wasser.

6750 v. Chr. Die ›Dame von Bonifacio‹, das Skelett einer ca. 35-jährigen Frau von 1,54 m Größe, ältester Knochenfund der Insel, ist fast 9000 Jahre alt.

6000–2000 v. Chr. In der jüngeren Steinzeit leben die Korsen als Hirten und Bauern auf Anhöhen über den weiten Ebenen in Höhlen, Felsvorsprüngen und ersten Hütten aus geschichteten Steinen.

3500–1600 v. Chr. Megalithkultur. Den hohen Entwicklungsstand der Bevölkerung dokumentieren die Megalithdenkmäler, die ausgehend vom Süden um den Golf von Valinco über die ganze Insel verteilt sind.

1600–800 v. Chr. Ob sich im Übergang zur Bronzezeit im Süden die Torreaner ansiedeln, so genannt nach ihren Turmbauten, die den sardischen Nuraghen ähneln, ist umstritten. Man deutet die Funde heute als lokale Fortentwicklung. Um 800 verlieren sich die Spuren dieser Kultur.

Antike und Mittelalter

800–600 v. Chr. Mit dem Aufstieg des Handels im westlichen Mittelmeer errichten Ligurer, Iberer, Lybier und Phönizier Stützpunkte in verschiedenen Teilen der Insel, um die günstige Lage am Schnittpunkt der Handelsrouten auszunutzen. Es leben ca. 30 000 Menschen auf der Insel.

565 v. Chr. Der griechische Stamm der Phokäer flieht aus Kleinasien nach Westen, gründet Massilia (das heutige Marseille) und auf Korsika die Stadt Alalia (heute Aléria). Mit Mühe behaupten sich die Phokäer gegen angreifende Etrusker und Karthager und verlegen ihre Hauptstadt 538 nach Massilia. Etrusker und Syrakuser errichten auf der Insel Stützpunkte, ab 280 v. Chr. werden sie von den Karthagern abgelöst.

259 v. Chr. Im ersten punischen Krieg besetzt das aufstrebende Rom Alalia, 233 tritt Karthago die Insel endgültig ab. Fast ein Jahrhundert führen die Römer Krieg gegen die Einheimischen und halbieren ihre Zahl, bis die Unterwerfung 163 v. Chr. gelingt. Auch danach konzentrieren sie sich auf die Küste, mit Siedlungen im heutigen Aléria, das bald 20 000 Einwohner zählt, in Mariana, Sagone, Ajaccio und Saint-Florent.

3.–4. Jh. n. Chr. Trotz Verfolgung unter den römischen Kaisern findet das Christentum früh ein breites Echo. Im Zuge der Christianisierung werden drei Märtyrerinnen hingerichtet, die, später heiliggesprochen, noch heute gefeiert werden: die Heiligen Restituta, Devota und Julia.

552 Byzanz erobert die Herrschaft über Korsika und Sardinien und hält sie fast zwei Jahrhunderte, bis 725 Langobarden die Insel besetzen. Es beginnt die lange Zeit der Sarazenen- und Maurenüberfälle.

755 Der fränkische König Pippin III. (Nachfolger der Langobarden) schenkt dem Heiligen Stuhl die Insel. Die Bevölkerung zieht sich zum Schutz vor den Mauren und Sarazenen ins Inland zurück. An den Küsten breiten sich die Eroberer aus. Ortsnamen wie Morosaglia und Campomoro zeigen ihre einstigen Stützpunkte an der Küste an.
Im korsischen Widerstand besiegt Ugo Colonna die Mauren bei Aléria und Mariana. Unter toskanischer und ligurischer Feudalherrschaft walten blutige Fehden und Anarchie, das Land wird aufgeteilt.

Die Zeit der pisanischen und genuesischen Herrschaft

1077 Papst Gregor VII. überträgt dem Bistum Pisa die Herrschaft über die Insel. Beginn einer vergleichsweise friedlichen Periode. Mauren und Sarazenen werden endgültig vertrieben. Die Gemeinden werden belebt, die Dörfer der Täler um Pfarrgemeinden organisiert, das Volk wählt Ortsvorstände und Gemeindeväter. Mehr als 300 pisanisch beeinflusste kunstvolle romanische Kirchlein entstehen.

1133 Papst Innozenz II. teilt Genua die Hälfte der Insel als Lehen zu. Die aufstrebende Republik hatte vom Beginn der pisanischen Herrschaft an Anspruch auf die Macht erhoben. Von da an bekämpfen sich beide Mächte offen. Zwischen 1250 und 1260 unterwirft Sinucello della Rocca, Graf von Cinarca, im Auftrag Pisas fast die ganze Insel.

1284 In der Seeschlacht vor Meloria trägt Genua endgültig den Sieg über Pisa davon. Mit kleinen Unterbrechungen beherrschen die Genuesen von nun an fast 500 Jahre die Insel.

1297 Papst Bonifatius VIII. überträgt Korsika an das Königreich von Aragon. Genua setzt sich zur Wehr. Aragon verbündet sich mit pisatreuen Adligen aus der Cinarca und wird 1347 vorläufig geschlagen.

1348 Ein Drittel der Inselbevölkerung fällt der Pest zum Opfer.

1358 Pro-genuesischer Aufstand im Norden unter Sambucuccio d'Alando gegen die Unterdrückung durch korsische Feudalherren. Durchsetzung kollektiver Bodennutzung und allgemeinen Weiderechts auf Gemeindeland und damit Gründung der weniger obrigkeitshörigen Tradition des Landes, der Terra del Commune im *deça-des-monts* – diesseits, also nördlich der Berge. Die Tradition der Consulta ermöglicht es jedem Gemeindemitglied, seine Meinung vorzubringen.

1376–1434 Aragon versucht erneut sich der Insel zu bemächtigen, diesmal mithilfe des korsischen Adligen Arrigo della Rocca, der jedoch unter Mitwirkung Frankreichs entmachtet wird. Auch die Belagerung von Bonifacio (1420) verläuft erfolglos. Ein Neffe des Arrigo, Vincentello d'Istria, wird als Vizekönig eingesetzt – er lässt die Zitadelle von Corte erbauen, wird aber 1434 durch die Genuesen enthauptet. Aragon zieht sich zurück.

1453 Von Schulden erdrückt, tritt Genua alle Einkünfte aus Korsika sowie die Verwaltung der Insel an die genuesische Bank des hl. Georg ab, eine der ersten Banken Italiens mit wirtschaftlichem und politischem Einfluss. Die Korsen werden zum Anbau gewinnbringender Erntefrüchte verpflichtet. Kastanien-, Maulbeer-, Ölbaum-, Wein- und Feigenpflanzungen entstehen. Zur Verteidigung werden die Zitadellenstädte und das Netz der Wachtürme begonnen, Straßen ausgebaut – ein Relikt dieser Zeit sind die Bogenbrücken in vielen Teilen der Insel. Handel und Handwerk, Landwirtschaft und Bergbau erreichen eine bis dahin unbekannte Blüte.
Für die Korsen bringt diese Zeit nur bedingt Gutes. Die Steuerlast ist erdrückend, die gewählten Gemeindevertreter und die Genueser beuten das Volk aus, Bestechlichkeit, Selbstjustiz, Blutrache und Hunger sind an der Tagesordnung. Viele Korsen wandern aus.

1553 Sampiero Corso, der als Lebensretter des französischen Thronanwärters Heinrich II. zum Generaloberst der korsischen Infanterie ernannt war, nimmt mit der Unterstützung französischer Truppen den Kampf

Der Genuesenturm von Campomoro – einer der größten auf der Insel

für die Befreiung der Insel von der Herrschaft Genuas auf. 1557 wird die Insel für zwei Jahre französisch, fällt dann jedoch aufgrund großraumpolitischer Entscheidungen wieder an Genua. Sampiero kämpft weiter, erwürgt die eigene Frau, weil er sie der Intrige mit Genua verdächtigt, und wird 1567 von ihren Angehörigen ermordet.

Der Kampf um Unabhängigkeit

1729 Nach 160-jährigem Frieden formiert sich Widerstand. 1729 werden in der Castagniccia Steuereintreiber verjagt, Volksaufstände und Plünderungen mehren sich. Der Unabhängigkeitskrieg beginnt. Die Korsen müssen sich gegen starke Truppen und eine Seeblockade Genuas behaupten.

1735 Zum ersten Mal wird die Unabhängigkeit ausgerufen. Korsika wird von einem Zwölferrat regiert. Alle Küstenstädte sind weiter in der Hand des genuesischen Militärs.

1736 In ihrem verzweifelten Bemühen um Verbündete wählen die Korsen den westfälischen Adligen Theodor Baron von Neuhoff zum König. Er verspricht ihnen Sieg und Freiheit durch seine europaweiten Kontakte. Anfangs erfolgreich, muss er die Insel jedoch nach nur acht Monaten verlassen und bemüht sich weiter um Unterstützung für die Sache der Korsen. Der Krieg geht weiter.

1755 Pasquale Paoli wird, knapp 30-jährig, zum General der korsischen Nation gewählt. Er proklamiert eine freiheitliche Verfassung, die das Volk als Souverän begreift, den korsischen Staat als Königreich mit der Jungfrau Maria als Staatsoberhaupt. Die Verfassung findet breite internationale Anerkennung. Hauptstadt wird Corte. Paoli gründet dort eine Universität und beginnt ein umfassendes Reformwerk, das alle Wirtschaftsbereiche einschließt.

1768 Genua tritt, ohne die Unabhängigkeit zu respektieren, seine Besitzrechte an Frankreich ab. Paoli und die Consulta erklären Frankreich den Krieg.

Die französische Herrschaft

1769 Die Korsen werden bei Ponte Nuovo besiegt – die historische Brücke über den Golo wird erst im Zweiten Weltkrieg zerstört. Paoli flieht ins Exil nach London. Die Universität in Corte wird geschlossen. In Ajaccio wird Napoleon Bonaparte geboren.

1789 Korsika wird französisches Departement, die Verwaltung wird nach französischem Muster reformiert.

1790–1795 Während der französischen Revolution kehrt Paoli auf die Insel zurück und wird zum Generalissimo ernannt. Erneute Flucht nach einem kurzen Zwischenspiel, in dem er mithilfe Englands die Franzosen vertreibt. Die Engländer geben die Insel nach der Eroberung Toulons durch Napoleon auf. Paoli stirbt 1807 im Londoner Exil.

19. Jh. Nach Unruhen um Bastia und in der Region Fiumorbo gibt die Insel den Kampf gegen die französische Herrschaft auf. Frankreich fördert die Infrastruktur, baut Schulen, Straßen, Häfen, legt Sümpfe trocken, ohne der Armut der Korsen wirksam zu begegnen. Ganze Gemeinden wandern aus – vor allem aufs Festland, nach Amerika und in die französischen Kolonien. Ein Viertel der Kolonialarmee besteht aus Korsen.

1811 Napoleon ernennt Ajaccio zur Hauptstadt der Insel.

1894 Eröffnung der Eisenbahnstrecke Ajaccio–Bastia.

1914–1918 14 000 korsische Soldaten fallen im Ersten Weltkrieg, prozentual ein weit höherer Anteil als aus anderen französischen Provinzen. Die gleiche Anzahl kommt als Kriegsversehrte zurück. Der Verlust der arbeitsfähigen Männer führt zum raschen Verfall der Landwirtschaft. Eine erneute Auswanderungswelle setzt ein. 1938 hat Korsika weniger als 180 000 Einwohner.

1942/1943 Deutsche und italienische Truppen besetzen die Insel. Rasch formiert sich der korsische Widerstand *(le maquis)* als Teil der Résistance, und am 5. Oktober 1943 wird die Insel als erster Teil Frankreichs befreit.

1944 US-amerikanisches Militär rottet unter Einsatz von DDT die Malaria auf der Insel aus.

Gewinnung einer regionalen Identität

1960er-Jahre Die von der Regierung de Gaulle erschlossene Ostebene kommt nicht wie angekündigt korsischen Jungbauern zugute, sondern vor allem den ca. 16 000 neu angesiedelten Algerienfranzosen, die durch den Befreiungskampf der Kolonie heimatlos geworden waren – den sogenannten *pieds noirs.* Es entstehen große Weingüter in der östlichen Tiefebene, die heute zum großen Teil in Obstplantagen verwandelt sind. Auch die Stauseen für Trinkwasser und die Bewässerung von Feldern stammen aus dieser Zeit.

1970er-Jahre Anschlagsserie der Autonomisten gegen Weinpanscher unter den *pieds noirs* sowie gegen Großinvestoren und Bodenspekulanten im Tourismus.

1972	Der Parc Naturel Régional de la Corse wird gegründet. Damit steht ein Drittel der Insel unter Naturschutz.
1976	Aufteilung Korsikas in die Departements Nord und Süd. Gründung der ›Befreiungsfront‹ FLNC (Fronte di Liberazione Naziunale Corsu), die 1983 verboten wird und fortan im Untergrund tätig ist.
1981	Neugründung der Universität Corte.
1982	Als erste Region des Zentralstaats Frankreich erhält Korsika ein eigenes Regionalparlament, die Assemblée de Corse.
1990er-Jahre	Reformen zugunsten einer Teilautonomie und das zunehmende Mafiagebaren der FLNC prägen die Diskussion. Ermordung des Präfekten Claude Erignac in Ajaccio im Jahr 1998.
2000–2004	Bestrebungen der Regierung Jospin und der Korsen, eine ›abgesicherte Teilautonomie‹ für die Insel zu erreichen. Das korsische Parlament kann heute selbstständig Gesetze über Infrastruktur, Wirtschaft, Tourismus, Sport und Schulen abändern oder neu erlassen. Bei den Wahlen zur Assemblée territoriale von 2004 erringen die Nationalisten sämtlicher Couleurs nur acht von 51 Sitzen.
2007	62 % der korsischen Wähler stimmen für Sarkozy als Präsident.
2008	Im Herbst diskutiert das Inselparlament über den staatlichen Erschließungsplan PADDUC, der eine teilweise Bebauung von Küstenregionen ermöglichen wird sowie große Bauprojekte beinhaltet. Führende Politiker werden wegen Vorteilsnahme öffentlich angegriffen.
2010	Die neue Regionalversammlung wird von einer Koalition aus bisherigen Oppositionsparteien regiert. Die alte Riege unter Führung der rechten UMP muss abtreten.
2012	Bei den Präsidentschaftswahlen erhält Sarkozy im zweiten Wahlgang 56 % der korsichen Stimmen; im ersten beeindrucken die 25 % für die rechtsextreme Front National (Sarkozy: 31 %, Hollande: 22 %).
2014	Bei den Gemeinderatswahlen erobert der gemäßigte Nationalist Gilles Simeoni das Rathaus von Bastia. Die Ära Zuccarelli geht damit nach 48 Jahren zu Ende. In Ajaccio gewinnt der UMP-Kandidat Marcangeli gegen den Sozialdemokraten Renucci. Die Rekordbeteiligung von bis zu 90 % (Frankreich 62 %) zeigt, dass auf Korsika lokale Wahlen noch echte Leidenschaften entfachen.

Anleitung für den Inselverkehr – eine Glosse

Die Korsen sind höflich, rücksichtsvoll und tolerant. Sie leben und sie lassen leben. Dieses sanfte Grundnaturell wird zu Saisonbeginn ab Mai jedoch für sechs Monate auf eine harte Probe gestellt.

In den Sommermonaten platzt der Straßenverkehr auf Korsika aus allen Nähten, wenn sich Touristen und Korsen die Straßen teilen müssen. Eine rudimentäre Einführung in die ungeschriebenen Verkehrsregeln des korsischen Straßennetzes ist daher nötig, um allen Verkehrsteilnehmern das sichere Fortkommen zu ermöglichen.

Überleben sichern

Das Straßennetz aus gut ausgebauten Nationalstraßen ist der bloßen Zahl wegen hoffnungslos überlastet. Autobahnen gibt es keine. Viele Strecken auf Korsika sind gebirgig und kurvig und auf langen Abschnitten von 15 km oder mehr gibt es keine Möglichkeit zum Überholen.

Ein Wunder, dass in diesem Tollhaus aus eiligen Einheimischen, Wohnmobilen mit viel Zeit, Reisebussen mit noch mehr Zeit, Rudeln älterer Herrschaften, die als Radrennchampions verkleidet sind, und Touristen, die ganz benommen von der Schönheit der Landschaft hinter ihren Kameras versteckt gedankenlos über die Straße laufen, nicht noch viel mehr passiert.

Auf engen Wegen durchs Gebirge

Vorfahrt für die Korsen!

Im Alltagskampf ums Vorwärtskommen gilt der erste Blick dem Nummernschild des anderen Verkehrsteilnehmers. Lautet es am Ende 2 A oder 2 B, so hat dieser Wagen unbedingt Vorfahrt; der Fahrer ist hier zu Hause und wird schon wissen, wieso er es so eilig hat. Fahren Sie dafür umso vorsichtiger. Jederzeit kann in der Kurve ein testosterongesteuerter Rallyefreund den Powerslide üben.

Wenn Ihnen eine alte Klapperkiste mit eingeklappten Außenspiegeln ohne zu blinken die Vorfahrt nimmt, regen Sie sich nicht auf: Der alte Herr macht das jeden Tag um dieselbe Zeit so, und jeder, der hier wohnt, weiß das. Richten Sie sich also gefälligst nach den örtlichen Gepflogenheiten und lassen Sie den Mann fahren, so gut er kann!

Der korsische Fahrer vermeidet es an sich gern, den Blinker zu setzen, um nicht unnötig auf sich aufmerksam zu machen. Er setzt vielmehr auf sein Glück und auf das der anderen. Wenn's mal kracht, dann ist es halt passiert!

Verkehrsregeln für alle

Ist der Blick wieder vom Nummerschild des anderen Wagens abgewendet, hält man nach den *flics* Ausschau, die mit Laserpistolen und anderen Fallen auf der Lauer liegen. Sind welche in der Nähe, wird gelichthupt. Vielleicht stehen aber auch nur ein paar Kühe hinter der Kurve. Wird nicht gelichthupt, ist alles erlaubt, was geht!

Die Verkehrsschilder haben einen empfehlenden Charakter und sind nicht unbedingt zu respektieren. Der Tourist merke sich: Einem Hirtenvolk kann man nichts vorschreiben, weder die Sprache noch die Verkehrsregeln. Vorsicht ist deshalb an Ampeln geboten. Bei Grün sollte man erstmal Ausschau nach denjenigen halten, die auf der Gegenseite offensichtlich farbenblind sind!

Die Schmalspurbahn
Zur Abwechslung mal die Schmalspurbahn **U Trinighellu** nehmen – ein Meisterwerk der Technik. Nach 30 Jahren Planung und 16 Jahren Bauzeit war die Strecke 1888 fast fertig. Für 43 Tunnels, 76 Brücken und Viadukte wurde tonnenweise Felsmaterial gesprengt.
Nachdem die Küstenstrecke im Zweiten Weltkrieg schweren Schaden genommen hatte, demontierte man sie 1953 ganz. Seitdem ist das Streckennetz auf 232 km beschränkt. Heute befördert die Bahn 700 000 Fahrgäste im Jahr. Ein ganz besonderes Erlebnis ist das atemberaubende Panorama auf der Eisenbahnbrücke von Vecchio zwischen Venaco und Vivario, das von Eiffelturm-Konstrukteur Gustav Eiffel entworfen wurde. Dort schweben die Schienen elegant verstrebt 97 m über dem Fluss. Schön ist die Aussicht, wenn man sich auf der Fahrt Bastia–Ajaccio in Fahrtrichtung auf die rechte Seite setzt.

Hupen

Beim Hupen gibt es kleine, aber feine Unterschiede: Anhaltend gehupt wird bei Hochzeiten und nach Heimsiegen beim Fußball, ansonsten nur kurz, um einen Freund zu begrüßen. Aggressiv gehupt wird bei Lebensgefahr oder wenn man auf Ärger aus ist.

Wenn's mal Stau gibt

Bei Stau ist Warten angesagt. Niemand hupt. Gründe für den Stau gibt's viele: Vielleicht sind sich weiter vorn zwei begegnet, die sich lange nichts mehr erzählen konnten. Das dauert dann halt. Oder der Verkehrsfluss wird zwangsweise verlangsamt durch das Verteilen von Flugblättern für eine gute Sache mit Einzelfallerläuterung. Es kann aber auch sein, dass eine Schafherde oder Kühe die Fahrbahn blockieren. Dann stellen Sie sich auf Wartezeit ein. Das ist alles kein Grund zur Panik.

Immer pianu, pianu

Vermeiden Sie es, Leute zu beleidigen (z. B. ›Stinkefinger‹ zeigen oder an die Stirn tippen), das kann nur Ärger geben: Verfolgungsjagd, Mord und Totschlag. Sie sind hier Reisegast und damit geduldet, aber das ist auch schon alles. Schreiben Sie den Leuten nicht vor, wie sie Autofahren sollen. Nehmen Sie ihre Eigenheiten zur Kenntnis, wundern Sie sich oder auch nicht, aber halten Sie sich raus. Das ist höhere Weisheit, um im korsischen Straßenverkehr zu bestehen. So kommen Sie heil wieder nach Hause.

Ein Lob an die Macchia

Die Macchia ist ein zäher Niedrigwald mit verblüffenden Qualitäten und diversen Nutzungsmöglichkeiten. Oft verkannt wird allerdings die gefährliche Seite, die der mediterrane Dschungel durchaus auch aufweist.

Von Meeresnähe bis in knapp 1000 m Höhe wächst auf Korsika die Macchia (»Mackia« ausgeprochen), die mehr als ein Drittel der Inselfläche bedeckt. Ein kniehohes bis doppelt mannshohes Dornengestrüpp aus Gewächsen, die reich an ätherischen Ölen sind und im Tau und nach Regengüssen jenen unnachahmlichen Duft verströmen, an dem Napoleon seine Insel selbst mit verbundenen Augen erkennen zu können glaubte.

Wettwachsen zum Licht

Der artenreiche, alles erobernde Niedrigwald tritt in verschiedenen Entwicklungsstadien auf. Zunächst liefern sich Dutzende Arten von bodendeckenden Pionierpflanzen ein Wettwachsen zum Licht. In ihrem Schutz können Baumsamen von robusten Hartlaubgewächsen wurzeln, die alle mit ihrem reichen Repertoire an Überlebenstricks bei extremer monatelanger Trockenheit die Hügel überziehen. Entsprechend kratzig und lederartig fassen sie sich an.

Wird die Macchia weder abgeholzt noch Beute des Feuers, setzen sich nach und nach die Steineichen durch und erobern flächendeckend die Hügel wie am westlichen Cap Corse oder

Robuste Korkeichen in der Macchia

im Taravo-Tal. Zwischen den schlanken, bis 12 m hohen Bäumen herrscht ewiger Schatten. Allenfalls Veilchen setzen als Unterwuchs violette Tupfer im frühen Frühjahr und im Herbst.

Diese Bäume bedrängen durch ihr Wachstumstempo alle anderen beim Zugang zum Licht. Mit Mühe behaupten sich u. a. Erdbeerbäume, Baumheide, Steinlinde, Myrte, Steinlorbeer, Eschen und Stechginster. Allenfalls Korkeichen, Mastix, Wildolive und Wacholder sind ähnlich robust. Da die Macchia dicht an dicht wächst, gibt es kaum Windbruch. Bei Sturm wiegt sich der Wald wie ein einziges großes Lebewesen im Takt des Windes.

Am unwegsamsten ist die Macchia bei 3 bis 5 m Höhe. Sie wird dann zum Hartlaubdschungel, der undurchdringlich durchsetzt ist mit Schlingpflanzen wie der Stechwinde, wilden Brombeeren, Stechginster und den Schlingen der Waldrebe. Da kann der Wanderer schon mal den Spaß und die Orientierung verlieren.

Wichtige Kleintiere
Gefährlich ist auf Korsika nur die Malmignatta, eine mittelgroße pechschwarze Spinne mit leuchtend roten Punkten, sie ist örtlich auf den Südwesten begrenzt. Ihr Biss kann Herzmuskellähmung erzeugen. Das Gegengift wartet im Krankenhaus. Die kleinen Skorpione können schmerzhaft stechen, die Schwellung ähnelt der eines Hornissenstichs, ist aber nur für Allergiker gefährlich. Wie auch die Berührung von Prozessionsraupen, deren rotbraune Haare die Haut reizen. Nicht anfassen! Nattern, Geckos, Smaragdeidechsen oder Feuersalamander greifen nicht an, sind aber wehrhaft. Termiten wurden ohne Absicht aus Afrika importiert und machen den Hausbesitzern Sorgen. Bitte nicht nach Hause einschleppen!

Nutzung und Übernutzung

Die Macchia dient diversen Vögeln als Lebensraum und ernährt zur Freude der Bevölkerung zahlreiche Wildschweine. Die frei laufenden Fleischkühe finden in der Macchia allerlei zu fressen, ebenso Schafe, halbwilde Hausschweine und Ziegen.

Fast alle Bäume der Macchia geben hervorragendes Brennholz, Steineichenholz eignet sich gut zur Köhlerei. Die wenigen kahlen Hänge an der Ostküste des Cap Corse und südlich von Bastia sind dem Boom der Eisenerzverhüttung vor 120 Jahren in Bastia geschuldet. Das feuerfeste Wurzelholz der Baumheide dient seit Urzeiten zur Pfeifenschnitzerei. Das klebrige Harz des Mastixbaums eignet sich als Verbandsklebstoff und, mit Sägemehl vermischt, als Fensterkitt. Aus Baumerdbeeren und Myrtenbeeren werden Gelees, Likör und Schnaps hergestellt. Und aus dem Blütenstaub des Erdbeerbaums machen die Bienen den ›Grimassen-Honig‹, dessen bittersüßer Geschmack unvergleichlich ist.

Immerhin ein Drittel des Jahresholzeinschlags an Macchiaholz wird lastwagenweise über Bonifacio nach Sardinien verkauft. Die Gesamtholzmenge von 50 000 m^3, die jedes Jahr im Südwesten aus über 600 km^2 Steineichenwald geschlagen wird, beträgt aber nur ein Siebtel der jährlich nachwachsenden Grünmasse. Aus einem Hektar werden im Durchschnitt 150 m^3 geschlagen und damit 10 000 € verdient. Ist eine Parzelle kahl geschlagen, beginnt das Wettwachsen von Neuem bis zur nächsten Kahlschlagernte nach mehreren Jahrzehnten. So nutzen die Korsen das ausgeprägte Regenerationsvermögen ihrer Macchia.

Doch nicht überall wurde pfleglich mit der Macchia umgegangen. Zum Ödland verkümmert sieht man sie z. B. am Golfe de Lava nördlich von Ajaccio oder rund um Corte. Dauerbrandrodung und Überweidung durch Schafe prägen dort den Naturraum.

Kampf gegen die Macchia

Für viele Berufsgruppen bedeutet das Wuchervermögen der Macchia Mühsal und Schweiß. Korkschäler, Holzfäller und Tierhalter erleben den Niedrigwald als lästiges Gestrüpp. Hausbesitzer müssen die Macchia 50 m um ihr Haus herum abholzen, sonst zahlt die Versicherung im Brandfall nicht.

Hilfsmittel für die Rodung sind lärmende Motorsensen, Traktoren mit Schleuderkette oder Bulldozer, die den Wald mitsamt dem wertvollen Humus wegschieben. Im heißen Sommer reicht oft schon ein Streichholz. Steht der Wind richtig, sind 50 km^2 abgebrannte Macchiafläche pro Jahr keine Seltenheit. Dies ist für Hirten die schnellste und billigste Lösung, Weideland zu schaffen. Die Asche düngt den Boden, zwischen den abgebrannten Stämmen kann nach kurzer Zeit Gras für die Herden nachwachsen. Die Wurzelstöcke überleben das Feuer in der Regel, treiben neu aus, und zehn Jahre später erinnert nur noch die verkohlte Korkrinde an das Geschehen. Langfristig allerdings führt häufige Brandrodung zum Verschwinden der Flachwurzler, was die Artenvielfalt gefährdet und zur Erosion der freigelegten Böden führt. Landschaftsfeuer sind in den letzten Jahren zum Glück stark zurückgegangen.

Gefahren in der Macchia

Die Macchia birgt aber auch Gefahren, vor allem für Unerfahrene. Es gibt gute Gründe, sich immer langsam und mit Bedacht zu bewegen. So stolpert man nicht über hartes Gestein, sticht sich nicht am Ginster die Augen und sieht die gefährlichen Kleintiere.

Weit gefahrenträchtiger, als den seltenen Kleintieren zu begegnen, ist der Leichtsinn der Menschen. Sie suchen oft ohne Wasser, passendem Schuhwerk und Kopfbedeckung bis zur völligen Erschöpfung nach dem Ausgang. So kann es passieren, dass sich wenige hundert Meter vor der nächsten rettenden Ortschaft wirkliche Dramen abspielen: nirgendwo die zur Orientierung notwendige Sicht, dafür an feuchten Stellen ein Dschungel aus Gestrüpp und manchmal überraschende Reliefbrüche, die jedes Durchdringen zur Quälerei oder unmöglich machen. Dann wird klar, warum die Macchia im 19. Jh. wegen ihrer Undurchdringlichkeit den Wegelagerern und im Zweiten Weltkrieg den korsischen Partisanen in ihrem Untergrundkampf gegen die Besatzer als Rückzugsgebiet diente. Man sollte also auf Wanderungen die Gefahren nicht unterschätzen, den Weg nicht verlassen und stets Wasser, Kopfbedeckung und ein Mobiltelefon mitnehmen.

Trotz aller Manipulation und Unwegsamkeit wird die Macchia hoffentlich nicht kleinzukriegen sein. Sie ernährt und versorgt die Menschen und bietet tolle Naturerlebnisse und ideale Wandermöglichkeiten, wenn man auf den Wegen bleibt.

Korsischer Wein – ein Qualitätsprodukt

Der korsische Wein hat in den letzten 40 Jahren eine bemerkenswerte Karriere gemacht und braucht die Konkurrenz namhafter Edeltropfen nicht zu fürchten. Er gehört wie das Olivenöl und der Schafskäse zu den seit Jahrtausenden kultivierten Landesprodukten, in denen der ganze natürliche Reichtum Korsikas geschmacklich offenbar wird. Von den 7000 ha Anbaufläche auf Korsika wird ein Drittel ausschließlich mit A.O.C-Spitzenweinen bepflanzt. Der Weinbau ist heute ein wichtiger Wirtschaftsfaktor für die Insel. Er bringt 30 % aller Einnahmen aus der Landwirtschaft.

Wer durch Korsika reist, wird auf viele handbemalte Schilder stoßen. Sie weisen auf einen Weinanbau, der seit 2600 Jahren auf der Insel praktiziert wird, nachdem Griechen aus Kleinasien die ersten Reben importiert hatten. Auf kleinen Gütern verrichten Weinbauern aus Leidenschaft, mit Strohhut und Hacke oder Motorfräse bewaffnet und geduckt zwischen den Reihen ihre Arbeit. Sie erinnern meist an einen speziellen Typ Großvater: der nie krank ist und sein ganzes Leben lang täglich nicht zu knapp seinen Rotwein genießt – Stoff für viele korsische Familiensagen. Auf den oft winzigen Parzellen wachsen von Unkraut überwucherte traditionelle Pflanzungen mit meist armdicken gedrungenen Stöcken, die einmal im Frühjahr gereinigt und belüftet werden.

Neben diesen kleinen familiär geführten Gütern haben sich Großbetriebe etabliert, die dazu beitragen, dass korsische Weine über die Insel hinaus bekannt sind.

Weinindustrie

Nach den Skandaljahren der 1970er-Jahre, in denen die Zuwandererschicht der *pieds noirs* aus Algerien durch betrügerische Zuckerbeigabe *(chaptalisation)* und Panscherei Weine minderer Qualität produziert hat, konnte sich der Inselwein von seinem schlechten Ruf erholen und eine bemerkenswerte Karriere machen.

Es entwickelte sich ein neuer Typus von großflächigem Weinbau mit einem Reihenabstand, der maschinelle Bearbeitung ermöglicht. Dieser Anbau wurde erstmals in der Ostebene von den zugewanderten Algerienfranzosen industriell betrieben.

Trotzdem ist vieles noch Handarbeit. Im Februar/März sieht man verloren zwischen den endlosen Reihen die Marokkaner arbeiten. Sie schneiden von Hand die Reben zurück, binden die belassenen Triebe an und behandeln sie vorsorglich mit Schwefel- und Kupferbrühe und manchmal auch harter Chemie gegen Pilz und Schimmel. In feuchten Jahren werden die Mittel manchmal großflächig per Flugzeug um Aléria und Ghisonaccia, Porto-Vecchio und Ajaccio ausgebracht. Ausgenommen die Flächen mit Bioanbau, für die Fungizide tabu sind.

Nach der Ernte Ende August, die durch die Erderwärmung deutlich früher stattfindet als noch vor zehn Jahren, wird der Wein in großen Edelstahlfässern gepresst und vergoren, nur der Rotwein darf mit Trauben und Stängeln 21 Tage mazerieren. Rosé und Weißwein werden sofort abgezogen und vergären als trübe Flüssigkeit, bis der gesamte Fruchtzucker in Alkohol verwandelt ist. Dabei muss die Temperatur überwacht werden. Beträgt sie über 28 °C, werden die Aromen zerstört. Nach der Gärung wird der Wein gefiltert und auf Flaschen gezogen und ist ca. fünf Jahre lagerfähig.

Strenge Vorschriften sichern die Qualität

Bedingt durch die geologische und klimatische Vielfalt auf der Insel sind acht verschiedene Anbaugebiete und neun Appellationen mit dem Gütesiegel A.O.C. (Appellation d'Origine Contrôlée) entstanden. Diese unterscheidet man in drei Klassen mit jeweils strengen Erzeugervorschriften. Die Bezeichnung **Vin de Corse** tragen Weine, die von überall auf der Insel stammen können.

Zum Keltern werden neben den korsischen Rebsorten Nielluciu, Sciaccarellu, Barbarossa (rot) sowie Vermentinu (auch Malvoisie de Corse, weiß) ein relativ geringer Anteil importierter

Sorten verwandt, vorwiegend Grenache, Cinsault, Merlot und Carignan. Die Menge ist auf 50 hl/ha begrenzt.

In fünf Gebieten gibt es Weine mit der Appellation **Corse-Village,** sie tragen außer A.O.C. Vin de Corse noch den Namen der Anbauregion: Calvi, Cap Corse, Figari, Porto-Vecchio oder Sartène. Von Weinen mit dieser Bezeichnung dürfen nur 45 hl/ha produziert werden, unter Verwendung von mindestens 60 % Sciaccarellu-, Niellucciu- oder Vermentinu-Trauben. Die Weine aus Ajaccio und Patrimonio tragen außerdem das Prädikat **cru** und auf den Flaschen den Vermerk »Appellation Ajaccio« bzw. »Patrimonio Controlée«. Die Traubensorte darf nur angegeben sein, wenn sie den Wein zu mindestens 80 % ausmacht.

Preiswerte Tafelweine aus Korsika tragen die Bezeichnung **Vin de Pays de l'Ile de Beauté.** Strenge Erzeugervorschriften garantieren auch bei einfachen Landweinen eine ordentliche Qualität.

Heimische Sorten im Mikroklima

Die korsischen Rebsorten wurden über Jahrhunderte gezüchtet und sind dem Boden optimal angepasst. Die Sciaccarellu-Rebe ähnelt im Geschmack der San Giovese-Traube, aus der überwiegend der Chianti hervorgeht. Merlot oder Barbarossa ergeben ein solides Gerüst aus Gerbsäure, die die Herzkranzgefäße putzt und das Wildschweingulasch verdaulich macht.

Alle A.O.C.-Weine bestehen aus diesen wenigen Rebsorten. Ihre Verschiedenartigkeit wird lediglich durch den Bodentypus und das lokale Klima erzeugt, d.h. durch die Dauer der Sonneneinstrahlung und den Lehmboden (schieferhaltig am Cap, kalkhaltig in Patrimonio oder sandig in Sartène).

Am Cap und in Patrimonio gibt es die besonderen Weine Muscat Petit Grain und Rappu, z. B. in Morsiglia oder Farinole. Beim Muskateller wird die Gärung durch Beigabe von Alkohol nach zwei Wochen gestoppt. Dadurch schmeckt der Wein süßer.

Rappu (rot) oder Impassitu (weiß) bestehen aus Trauben, die eine Woche in der Herbstsonne auf Steinterrassen getrocknet werden, bevor gepresst und vergoren wird. Das macht den Wein extrem süß und schwer. Er wird als Aperitif oder zum Dessert getrunken.

Spezialwortschatz
Wer mithalten will bei der kultivierten Passion rund um den Wein, sollte ein Minimalprogramm an Umgangsformen beherrschen. Bei der Beurteilung eines Weines wird unterschieden zwischen *attaque, évolution* und *finale,* dem Erstgeschmack, seiner Entfaltung auf der Zunge und dem bleibenden Eindruck auf den Gaumen.

Ein besonderes Qualitätsmerkmal

Zu allen Spezialitäten der korsischen Küche können die passenden Weinsorten gereicht werden, so vielfältig ist die heimische Auswahl. Dass diese Weine hochwertig sind und den Vergleich mit anderen Tropfen nicht scheuen müssen, belegt ein meist ungewollter Test: Sollte einmal der Blick in das Glas zu tief ausgefallen sein, ist der Kopf am kommenden Tag trotzdem klar und frisch. *A vostra salute!*

Warum der Käse so gut schmeckt

Seit über 5000 Jahren wird auf Korsika Schafskäse hergestellt. Im fromage fermier steckt viel Arbeit und Sorgfalt. Die Methode der Käseherstellung hat sich seit ihrer Entdeckung kaum verändert. Bestimmend für das Arbeitsjahr der Hirten sind die natürlichen Rhythmen der Herden und die verfügbare Grünmasse.

Es gibt etwas über 100 Kleinschafhalter auf Korsika, die zusammen jährlich 300 t des korsischen Käses aus Kleinhaltung, den *fromage fermier*, herstellen. Ca. 200 Kleinziegenhalter erzeugen 600 t Ziegenkäse. Dagegen produzieren 19 Käsereibetriebe mit ca. 250 Angestellten 2000 t Schafs- und Ziegenkäse. Sie wussten bislang eine Qualitätscharta mit Herkunftsbezeichnung erfolgreich zu verhindern, denn ein großer Teil des ›korsischen‹ Käses, der im Supermarkt zum Verkauf steht, wird aus Importmilch aus Sardinien und der Ardèche hergestellt, um der Nachfrage gerecht zu werden. Nicht so bei Kleinschafhalterin Paule.

Tierhaltung

Paule lebt im Delta des Taravo-Flusses, 3 km vom Meer entfernt. Die Herde der jungen Frau besteht aus 29 Mutterschafen und zwei Böcken und lebt stationär. Das bedeutet, Paule hat keine Weiden im oberen Tal und kann nicht wie früher in den Zeiten der Transhumanz mit ihren Tieren dem frischen Grün hinterherlaufen: im Sommer hinauf in die Berge, im Herbst hinunter ans Meer. Paule hat dadurch höhere Kosten für das Zufüttern mit Gerste, Mais und Weizen.

Melken

Das Gras vor Ort sprießt ab Oktober, wenn die im Mai geschwängerten Muttertiere niederkommen. Die Schafe geben jetzt ihre Höchstmilchleistung von ca. 0,8 l/Tag und werden von nun an bis Anfang Juli zweimal am Tag gemolken.

Paule braucht jeweils eine Stunde zum Melken ihrer Herde. Danach sind ihre Hände schwarz vom talgigen Fett der Euter und Wollhaare. Sie melkt aufrecht. Um ihr Kreuz zu schonen, stehen die Tiere erhöht. Paule lässt sich Zeit, hört Musik dabei, keine Melkmaschine stört durch ihren Lärm.

Zum Erfolg bedarf es Sauberkeit, Präzision und Erfahrung. Auf allen Ebenen kann etwas misslingen. Jeder Arbeitsschritt muss notiert werden, um aus Misserfolgen zu lernen, die erst nach der Reifung offenkundig werden.

Schon beim Melken und danach noch zweimal wird die Milch gesiebt, um Fremdstoffe aufzufangen. Wird unsauber gearbeitet, kommt die Quittung erst nach zwei Monaten, wenn der Käse reif ist. Schmeckt er säuerlich vergoren oder krümelt er, haben sich Fremdbakterien durchgesetzt und die ganze Arbeit war umsonst.

Paule hat schon oft nicht verkaufbare saure Krümel produziert, bevor sie ihren unvergleichlich schmackhaften Käse herzustellen lernte, den sie ohne Werbung oder Marktbesuch direkt auf ihrem Hof bei ihren Stammkunden absetzt.

Die Käseproduktion

Die Milch der Abendmelkung muss wegen der Fremdbakterien schnell abgekühlt werden, in zwei Stunden von 37 °C auf 8 °C. Am nächsten Morgen wird diese Milch mit der Frischmilch vermischt und sofort verarbeitet. Die Gesamtmenge erwärmt man auf 32 °C, danach kommt das Labferment hinzu, wobei die Experten sich je nach eigener Vorliebe für Zicklein-, Lamm- oder Kalbsferment entscheiden. Früher wurde dazu der Mageninhalt geschlachteter Jungtiere ausgekratzt und sorgfältig verwahrt, heute kommt das Enzym vom Käsereibedarf vom Festland – online bestellt. Die genaue Dosierung ist wichtig, sonst schmeckt das Endprodukt unangenehm bitter.

Die Milch gerinnt nun zu einer halbfesten Masse, oben setzt sich die Molkeflüssigkeit ab. Nach 40 Minuten Ruhezeit macht Paule den Steckentest: Ein Holzstab muss in der Masse stehen bleiben. Dann wird die Molke abgegossen und die Käsepaste von Hand gepresst. Verdichtet man zu stark, wird der Käse zu fest und trocken. Danach wird die Masse per Holzstab in reis- oder maiskorngroße Krümel zerteilt und kommt in die Abtropfkörbchen. Abends werden die Körbchen gedreht. Fortlaufend gibt der Käse gelbliche Molke ab.

Paule salzt zweimal. Je dicker die Salzkruste, desto schwieriger wird es für die Fliegen, ihre Eier abzulegen. Wird ein Käse aber doch einmal von den Fliegen erwischt, stellt Paule ihn kalt, bevor der ganze Keller infiziert wird. 7 °C Kühltemperatur töten die Maden. Verkaufen kann sie ihn nicht mehr, aber noch selber verzehren.

Der Käse wird zunächst auf einem Drahtgitter getrocknet, da noch tagelang Molke heraustropft. Danach reift er auf einem Holzbrett im kühlen und trockenen Keller weiter und wird von Zeit zu Zeit gewendet. Nach zwei Monaten ist er reif, nach sechs Monaten fest wie Parmesan. Aus 5 l Milch entsteht so 1 kg Käse. Paules 29 Schafe produzieren 5 kg Käse pro Tag, und das 180 Tage im Jahr. Das Rohmilchkäserezept aus gepresster Käsemasse ist übrigens eines von vielen. Die einzelnen Halter behandeln ihre Rezepte meist wie Staatsgeheimnisse. Aber wie viele andere Kleinerzeuger, haben Paule, die noch vor fünf Jahren in einem Reisebüro in Ajaccio arbeitete, und ihr Freund noch andere Verdienstquellen, um ihr Leben zu bestreiten.

Herdenpflege

Zur Arbeitserleichterung synchronisieren moderne Hirten die Hitze ihrer Mutterschafe mit Hormonschwämmen und betreiben künstliche Befruchtung. Paule lässt dagegen der Natur ihren Lauf, wenn der Bock die Weibchen nacheinander besteigt – im Fachjargon wird das *lutte libre* (freier Kampf) genannt. Im Mai kommen die Schafscherer vom Festland zur *tundera* und befreien die Tiere rechtzeitig vor der Sommerhitze von ihrer langen fettigen Wolle. Die Wolle wird meist verbrannt, Paule nutzt sie als Isolationsmaterial für das Dach ihres Neubaus.

Krankheiten können die Herde und damit Paules Lebensunterhalt gefährden. Tiere mit Lungenparasiten sowie Milchdrüsenentzündungen durch Staphylokokken beispielsweise verurteilt Paule zum Tode, da eine solche Infektion durch Medikamente nur aufwendig unterdrückt, aber nicht geheilt werden kann. Andere Krankheiten wie das Katharrische Fieber, das durch eine Fliege übertragen wird, lassen sich wiederum gut durch gesetzlich vorgeschriebene Schutzimpfungen und Entzündungshemmer behandeln.

Am Ende des Tages schaut Paule auf ihre kräftigen Hände, denen man 180 Tage Melkarbeit ansieht. An das Tragen von Ringen ist nicht mehr zu denken, an ein Zurück ins Reisebüro allerdings auch nicht. Paule hat sich ihren Wunsch nach einem Leben im Rhythmus der Natur erfüllt. Am Käse ist das herauszuschmecken!

Der Brocciu
Erstes Geld bringt der cremige brocciu, der überwiegend aus Schafs- und/oder Ziegenmolke gewonnen wird und sehr beliebt ist: Von 10 l Frischmilch wird 1 l beiseitegestellt, mit der gesammelten Molke aus der Käseherstellung vermischt, auf 60 °C erhitzt, gesalzen (6 g/l), mit Labferment geimpft und auf 80 °C weiter erhitzt. Der geronnene Frischkäse kommt in Abtropfkörbchen. Er wird frisch verkauft und zu Süßspeisen verarbeitet, dient z. B. als Cannelloni-Füllung, für Omeletts mit Minze oder als Nachtisch mit Schnaps und Zucker. Ein Kilo kostet 12 €. *Brocciu* gibt es ab Dezember, wenn das frische Gras die Tiere gut versorgt.

THEODORUS
L. B. de Neuhof.
THEODOR
Freyherr von Neuhof.

Theodor von Neuhoff – glückloser König auf Korsika

Im 18. Jh. schaffte es Theodor Baron von Neuhoff aus Lüdenscheid, sich zum König der Korsen ausrufen zu lassen – dem einzigen, den die Insel jemals hatte. Doch er blieb nicht einmal ein ganzes Jahr Oberhaupt. Einem Teil der Korsen ist der Abenteurer heute peinlich, für andere lebt Theodor von Neuhoff jedoch als U bon Re, als guter König, im Volksgedächtnis weiter.

Theodor von Neuhoffs kurzer Aufenthalt von acht Monaten auf der Insel im Jahre 1736 gilt als beschämendes Randereignis des langen, heldenhaften Aufstands Korsikas gegen Genua, der in der Ausrufung der Unabhängigkeit unter dem Nationalhelden Pasquale Paoli 1755 seinen Höhepunkt fand. Das liegt an Theodors schlechtem Ruf. Als schillernde Persönlichkeit der europäischen Diplomatie und Finanz war er schon zu Lebzeiten Objekt der Diffamierung. Ihn als Hochstapler darzustellen, wird dem integren, aber durchaus machtbewussten Landsmann aus Lüdenscheid jedoch nicht gerecht. Vielmehr erschließt das Jahr 1736 wie durch ein Brennglas betrachtet die Schwierigkeiten der Korsen, sich unter dramatischen Umständen zur geeinten Nation zu formen, was dann eine Generation später mit Mühe gelang.

Theodor Baron von Neuhoff

Theodors Karriere

Theodor von Neuhoff hatte schon ein bewegtes Leben hinter sich, als er 42-jährig im März 1736 in Aléria landete. Der kultivierte, polyglotte und weit gereiste Diplomat war in Versailles als Page am Hof des königlichen Bruders aufgewachsen.

Seine Karriere hatte ihn für verschiedene europäische Herrscherhäuser nach Schweden, London, Madrid, Rom, Wien und Konstantinopel geführt. Nach einem desaströsen Intermezzo als Börsenspekulant erwirkte er von portugiesischen Juden in Amsterdam beachtliche Darlehen, die er als Geschäftsmann in den Sand setzte. Nach Schuldturmaufenthalt – ein damals gängiges Schicksal für jeden säumigen Schuldner – schlug er sich als Musik- und Sprachlehrer sowie Touristenführer in London durch.

1732 war Theodor von Neuhoff für Österreich als Geheimdiplomat unter falschem Namen unterwegs und warb beim Hof in Wien für die Freilassung der gefangen gehaltenen korsischen Chefs, nachdem er in Livorno von Exilkorsen vom verzweifelten Aufstand der Korsen gegen Genua erfahren hatte, der seit 1729 andauerte. Zu dieser Zeit fasste er wohl auch den wahnwitzigen Plan, die Insel von der Genuesenherrschaft zu befreien und es dabei zum König zu bringen.

Der König als Freiheitsengel

Dass Baron von Neuhoff kein Hochstapler war, lässt sich an der Vorbereitung seiner Reise nach Korsika erkennen. Die Volksstimmung gegen die genuesische Tyrannei und verschiedene Hilfszusagen ließen einen Sieg durchaus möglich erscheinen. Der ungarische Fürst Franz II. von Ràkòsczi und Sultan Mohammed von Konstantinopel hatten Theodor Hilfstruppen versprochen, der Bey von Tunis gab Lagerhäuser frei und der englische Konsul in Tunis besorgte ein Schiff mit vorfinanzierten Hilfsgütern wie Kanonen, Lederschuhen, Waffen, Getreide, Gold und Silber.

Von Neuhoff schien zum richtigen Zeitpunkt in den Konflikt einzuschreiten. Die allgemeine Kampfstimmung bröckelte schon, der Nordosten der Insel hatte sich Genua ergeben und die Provinzchefs kämpften teilweise gegeneinander. Nachdem der Baron den Korsen seine Pläne dargelegt hatte und über jeden Artikel der Verfassung des Erbkönigtums abgestimmt worden war, wurde er von 20 000 Menschen und den Provinzchefs einstimmig zum König gewählt. Einer der Chefs war Jacinto Paoli, der Vater des späteren Staatschefs Pasquale Paoli, der damals acht Jahre alt war.

Laut Verfassung hatte der König keinerlei Privatvermögen an Land oder Wald. Alle Posten waren mit Korsen zu besetzen. Die Entscheidungen des Königs konnten durch das Veto der korsischen Minister blockiert werden. Es gab eine mäßige Steuerhöchstgrenze. Der Zugang zur Justiz war für jedermann gewährleistet, die Jagd war für alle frei und es herrschte Glaubens- und Gewissensfreiheit.

Diese Verfassung, im Geist der Aufklärung formuliert, war eine Provokation für alle absolutistischen Regime Europas. Hätte von Neuhoff damit Erfolg gehabt, wäre er heute geschätzt als Vorläufer der Aufklärung mit angewandter Volkssouveränität. Doch es kam anders. Der Gouverneur von Bastia reagierte auf die neuen Verhältnisse mit Mordaufträgen gegen die Chefs und Erntevernichtung als Strafe gegen das Volk.

Die Korsen kämpften derweil mit dem Mut der Verzweiflung und errangen barfüßig und mit Haumessern bewaffnet Siege über die Musketen der Genuesen. Ein Zeitgenosse: »Sie stürzen sich in den Kampf, noch bevor der Befehl dazu kommt, mit einer Freude, als ginge es zu einer Aufführung oder zu einem Festessen!«

Zwischen den Fronten

Theodor bezahlte alle Kommandanten für die Aufstellung von Truppen aus eigener Tasche, verteilte großzügig Titel und Posten, reiste von Dorf zu Dorf und wurde überall begeistert gefeiert. Er ließ Münzen prägen und gründete den Ritterorden Ordre de la Liberazione, in den auch ausländische Beitragszahler aufgenommen wurden, damit sich die Kriegskasse füllte.

Doch der anfängliche Erfolg hielt nicht lange. Bald schon tauchte ein erstes diskreditierendes Flugblatt Genuas auf, weitere folgten. Darin wurde Theodor als Scharlatan verleumdet, als Glaubensloser und ehemaliger Gefängnisinsasse. Das Volk litt unter den Unterhaltskosten für die Kampftruppen. Doch damit nicht genug: Auch die versprochene Hilfe von außen ließ auf sich warten. Paoli sprach als erster offen aus, dass der König bankrott sei und keine Hilfe in Aussicht habe. Die Stimmung kippte, der Gouverneur setzte eine Belohnung auf die Ergreifung des Königs aus.

Nachdem der König knapp einer Gefangennahme und einem Mordanschlag entkommen war, sah er seine einzige Chance darin, die Insel zu verlassen. Zuvor versuchte er, seine Stellung zu wahren, indem er als Vertretung ein Triumvirat aus Provinzchefs einsetzte. Nach nur acht Monaten verließ der König die Insel und ging zurück nach Livorno auf der Suche nach Unterstützung. Dort erfuhr er, woran der Nachschub gescheitert war: Der Sultan befand sich im Krieg gegen Russland, Fürst Ràkòsczi war gestorben und der König von Marokko bekämpfte Rebellen im eigenen Land.

Von Neuhoff machte in den Folgejahren noch drei Versuche, sein Königreich zu retten. Doch waren inzwischen auf Ersuchen Genuas französische Hilfstruppen auf der Insel. Das Triumvirat hoffte auf eine Verständigung mit den neuen Herren und ließ den König fallen.

Das Wappen von Korsika
Die Flagge Korsikas wird mit einem Maurenkopf geziert. Im Gegensatz zur sardischen Fahne, die eine Augenbinde aufweist, ist auf der korsischen die Binde auf die Stirn geschoben. Der Kopf mit Binde über Augen und Ohrring als Zeichen der Sklaverei galt als Symbol zur Feier der Siege über die Ungläubigen in den Kreuzzügen. 1762 wählte die Nationalversammlung unter Pasquale Paoli den Maurenkopf als Emblem des befreiten Korsika. In Umkehrung der alten Symbolik wurde die Augenbinde auf die Stirn geschoben und der Ohrring entfiel. Seitdem steht der Kopf für die Befreiung von Fremdherrschaft.

Das Ende der Kämpfe

Ab 1749 lebte Theodor von Neuhoff in London, wo ihn der lange Arm Genuas in Gestalt des dortigen Gesandten ereilte, der ihn in den Schuldturm brachte. 1755 kam der Baron durch einen Gnadenakt frei und musste sein Königreich der englischen Krone überschreiben.

20 Jahre nach seiner Königswürde starb Theodor von Neuhoff völlig verarmt, nachdem er jahrelang als weltläufiger Liebling der besseren Gesellschaft herumgereicht worden war. Auf der Insel hatte gerade der 30-jährige Pasquale Paoli die Unabhängigkeit ausgerufen. Er übernahm von Theodor von Neuhoff den Maurenkopf als Wappen und im Wesentlichen seine Verfassung, jedoch ohne Erbmonarchie, dafür mit jährlichem Wahlrecht für alle Familienoberhäupter.

1769 wurde Paolis junge Demokratie jedoch von Frankreich, das damals die modernste Armee der Welt besaß, militärisch vernichtet. Der Eroberungskrieg dauerte bis 1817, als der letzte Widerstand im Fiumorbo gebrochen wurde.

Der Kampf der Korsen um Unabhängigkeit war lang und zäh und am Ende nicht von Erfolg gekrönt: Nach der Invasion durch Frankreich war Korsika nie wieder unabhängig. Die Episode unter Theodor von Neuhoff mag als Zeichen dafür gelten, wie verzweifelt die Lage der Korsen war, dass sie zeitweise einem Diplomaten aus der Fremde ohne guten Leumund die Herrschaft über ihre Insel überließen.

Bandit wider Willen – über Stolz und Ehre der Korsen

Vom 18. Jh. bis in die Mitte des 20. Jh. gab es eine Vielzahl von Ehrenbanditen, deren Schicksal, von Tragik umweht, uns heute noch bestürzt: Vollstrecker ihres Schicksals wider Willen, eingezwängt zwischen Ehrbegriff und sozialem Erwartungsdruck. Der Ehrenbandit – ein Mann, der morden musste, weil es keine Verhaltensalternativen für ihn gab.

Erst wenn die Ehre verloren ist, hat ein Mann alles verloren, und das ist schnell passiert: Ehebruch, Beleidigung, Ehrverletzung jeder Art. Heute führt dieser Ehrbegriff nur noch zu hitzigen Streitigkeiten, früher zu Blutvergießen aus nichtigen Anlässen und durch die unbedingte Familiensolidarität zum ausgedehnten Sippenkrieg *(vendetta).*

Die Ehre über alles

Es sind generationenübergreifende Blutrachegeschichten überliefert, deren Auslöser ein streunender Esel war. Über den angerichteten Schaden in Nachbars Garten konnten sich die Beteiligten nicht verständigen.

Seine Ehre verteidigte z. B. 1932 der 67-jährige unbescholtene Bauer Muzarettu in Sartène, als er beim Kartenspiel öffentlich vom eigenen Neffen geohrfeigt wurde. Bis zu seinem Tod 1954 befand sich Muzarettu auf der Flucht: einerseits vor der Familie des Neffen, den er nach dieser Beleidigung getötet hatte, und andererseits vor der Familie des Auftragskillers, dessen er sich ebenfalls entledigt hatte. All das wegen einer Ohrfeige. Muzarettu

Das Vendetta-Werk Colomba brachte dem Autor Prosper Mérimée Erfolg

starb nach 22 Jahren in der Macchia im Franziskanerkloster von Sartène, versorgt von einigen Blutsverwandten.

Soziale Hintergründe

Der einzige verlässliche Solidarverband der Korsen war jahrtausendelang die Familie. In Zeiten äußerer wie innerer Bedrohung funktionierten durch Heiratspolitik entstandene große Sippen wie Kleinstaaten. Sie besaßen Macht, wirkten politisch und erklärten anderen Sippen den Krieg. Jeder einzelne profitierte in allen Lebenslagen von der bedingungslosen Solidarität seiner Blutsverwandten. Umgekehrt schuldete jeder seiner Sippe Wohlverhalten und war ihrer Kontrolle unterworfen. Sich an die Gerichtsbarkeit zu wenden, war von vornherein aussichtslos. Alle Richterposten waren von Genuesen besetzt, die Justiz war käuflich. Den Menschen blieb nichts anderes übrig, als sich selbst Recht zu verschaffen, und sei es durch die Vendetta, den barbarischen Ersatz für die Justiz. Ziel der Vendetta war die Vernichtung aller Männer der gegnerischen Gruppe, beileibe nicht im fairen Zweikampf, sondern aus dem Hinterhalt. Wer nicht mitmachte, galt als Feigling. Mord wurde zur ›heiligen Pflicht‹ der Familie gegenüber.

Obrigkeitliches Vorgehen gegen die Vendetta blieb lange aussichtlos. Im 18. Jh. hatte Pasquale Paoli versucht, durch die Verhängung der Todesstrafe für Vendettamorde diese Tradition auszuhebeln. Trotzdem gab es noch um 1850 jedes Jahr 160 Morde, viele aus Vendettamotiven – eine Mordrate, die fünfmal höher war als heute. Sogar folkloristisch wurde das Thema ausgeschlachtet: Der Autor Prosper Mérimée wurde mit den Verkaufserfolgen seiner Vendetta-Novelle »Colomba« von 1843 ein reicher Mann.

Blutrachekriege zogen sich über Generationen hin, wurden mit dem Rückgang der Armut ab Mitte des 19. Jh. aber seltener. Die Integrierung Korsikas in das französische Rechtssystem und die Möglichkeit, den engen Inselhorizont für Karrieren auf dem Festland oder in den Kolonien zu verlassen, ließ die Sitte einschlafen.

Wahrscheinlich hat die Vendetta auf Korsika mehr Opfer gefordert als alle kriegerischen Epochen zusammen. Ihr Überleben bis in die Mitte des 20. Jh., ihre Verknüpfung mit Armut und ihre gesellschaftliche Funktion als radikaler Gleichmacher und Erzieher ist heute Thema ethnologischer Forschung: Wenn der Ehrbegriff dazu führte, dass man wegen einer Bagatelle sein Leben verlieren konnte, so gefährdete dieses Ehrverständnis Mächtige und Arme gleichermaßen und hielt jeden dazu an, sich normgemäß zu verhalten.

Und heute?

Niemand wird heute wegen einer Ohrfeige zum mehrfachen Mörder, der sich jahrzehntelang verstecken muss. Das Thema Vendetta ist passé, aber es gibt immer noch diesen unsäglichen Stolz mitsamt dem Ehrbegriff. Die Mordmotive sind emotionaler Art: Hass, Leidenschaft, gekränkter Stolz, ganz selten Habgier und auch die Familienehre sind die Motive. Die Gesamtsituation auf Korsika ist sicher und hebt sich deutlich ab von der in anderen Reiseländern. Dennoch sollte niemand das psychologische Generalthema ›Ehre und Stolz‹ aus dem Blick verlieren. Nach wie vor ist der Ehrbegriff auf Korsika ausgeprägter als in anderen Ländern.

Die korsische Sprache

Das Korsische erlebte vor 30 Jahren nach langjähriger Untergrundexistenz eine überraschende Renaissance. Heute schwelgt ein Drittel der Einwohner im heimischen Idiom.

Alle 300 000 Einwohner Korsikas sprechen die Amts- und Verkehrssprache Französisch, ca. 85 000 Menschen sprechen darüber hinaus auch noch Korsisch, welches zunehmend Einzug in den Sprachalltag hält. Die bewusste Neubesinnung auf die eigene Sprache ist relativ jung.

Sprachenvielfalt

Was für ein babylonisches Sprachenwirrwarr empfängt den Besucher auf Korsika: Italienisch mit viel Gestik auf der Fähre, völlig unverständliches Englisch aus den Bordlautsprechern, Französisch mit gerolltem ›r‹ bei der Ankunft, arabische Kehllaute auf dem Flohmarkt und dann eben Korsisch, von Gruppen älterer Männer mit hörbarem Vergnügen im Straßencafé zelebriert, extralaut von Jugendlichen im Supermarkt gesprochen, um französische Touristen zu verunsichern, die sich in einem Teil Frankreichs wähnten.

Die Sprachen, die heute im Alltag auf der Insel gesprochen werden, sind – neben Englisch für die Touristen – Korsisch und Französisch. Das war allerdings nicht immer so selbstverständlich.

Verboten und verpönt

Die Sprache der Korsen wurde nach der Übernahme Korsikas durch Frankreich 1769 als Barbarenkauderwelsch denunziert. Als Ende des 19. Jh. die Schulpflicht eingeführt wurde, war es verboten, die korsische Sprache zu unterrichten. Noch vor 50 Jahren wurden Schüler geohrfeigt, wenn sie im Pausenhof korsisch sprachen. Das fremde Idiom wurde von Paris aus aktiv unterdrückt. Für die Regierung war das Korsische ein minderwertiger italienischer Dialekt, der zu einer bäuerlichen Bevölkerung passte. Die staatliche Politik zielte auf eine einheitliche Sprache für das Land ab. Der französische Überlegenheitsdünkel tobte sich nach der Eroberung zuerst an der Sprache und den Ortsnamen aus, die für französische Zungen aussprechbar abgeändert wurden. Das Korsische überdauerte jedoch die Jahrhunderte in den Familien und erlebte Mitte der 1970er-Jahre eine ungeahnte Renaissance.

30 Jahre Rinàscita

In den 1970er-Jahren setzte mit der stärker werdenden Autonomiebewegung eine Rückbesinnung ein auf Sprache, Kultur und Musik der Korsen und führte zur rinàscita, zur Wiedergeburt des Korsischen. Frankreich erkannte

Tim und Struppi auf Korsisch

HERGÉ
E PROVE DI TINTIN
I GHJUVELLI DI A CASTAFIORE
I GHJUVELLI DI A CASTAFIORE

Korsisch als Regionalsprache an und seit 1974 ist Korsisch an den Schulen als Wahlfach zugelassen. An der 1981 gegründeten Universität in Corte wurde ein zentrales Institut zur Erforschung und Pflege der Sprache, zur Aufzeichnung der korsischen Dialekte und zur Entwicklung einer einheitlichen Schreibweise eingerichtet.

Für die korsische Sprache war dies wohl die Rettung in letzter Sekunde. Heute ist Korsisch Wahlpflichtfach. Pessimisten befürchten jedoch, dass das erzwungene Erlernen im schulischen Kontext der Sprache nicht gut tut. Sie geben zu bedenken, dass sie nicht freiwillig gesprochen wird, solange es im Alltag mit Französisch eine Alternative gibt. Ein Teil der Korsen ist überzeugt, dass nur eine Kooffizialisierung ihre Sprache retten kann, wogegen sich Paris sperrt. Dies würde nämlich bedeuten, dass alle französischen Verwaltungsangestellten Korsisch lernen oder sich versetzen lassen müssten.

Ursprung und Aussprache
Sprachforscher erkennen im Korsischen das letzte gesprochene Altlatein. Über die Jahrtausende wurde die ursprünglich keltisch-ligurische Sprache angereichert mit lateinischen, arabischen, rumänischen und sogar deutschen Vokabeln (*u valdu* = der Wald). Sie klingt wie weich gesprochenes Italienisch. Erst vor 200 Jahren wurde die Sprache schriftlich fixiert.
Zur Lautung:
ghj = dj; chj = tj; z = ts, im Wort wird es weich gesprochen;
c, f, q werden am Wortanfang hart, im Wort weich gesprochen;
c und g sind vor a, o, u = k bzw. g, vor e und i jedoch tsch bzw. ein stimmhaft gesprochenes dsch;
v, w, b sind kaum zu unterscheiden – sodass ein Wort wie *vinu* auch *binu* geschrieben sein kann.

Heute

Im Radio wird sehr viel Korsisch gesprochen, heute ist auch korsisches Satellitenfernsehen auf Sendung. Selbstverständlich gibt es auch frustrierte Korsophone, die unter dem ›Pseudokorsisch‹ leiden, wenn Radiomoderatoren z. B. Ortsnamen falsch aussprechen. Aber dennoch häufen sich in den Medien die Beiträge, die auf Korsisch ganz selbstverständlich auch komplexe Themen abhandeln. Sie zeigen, dass es sich um eine eigene Sprache und nicht um einen reduzierten Dialekt handelt.

Im Alltag wechseln kompetente Sprecher automatisch ins Korsische, wenn es um Gefühle geht. Wer auf Korsisch antworten kann, gehört dazu. Aber Korsisch ist nicht nur Medium für Gefühle, es gibt zahlreiche Situationen, in denen die Sprache ausgrenzt und Autoritäten infrage stellt, beispielsweise, wenn eine französische Lehrkraft sich feixenden Schülern gegenüber sprachlich behaupten muss, ohne zu wissen, worüber gelacht wird. Oder wenn ein französischer Polizist beim Ermitteln mit Nationalisten konfrontiert ist, die sich weigern, die Sprache der ›Besatzer‹ zu sprechen.

So rächt sich noch heute die repressive Sprachpolitik vergangener Jahrhunderte in unzähligen Situationen an gänzlich unschuldigen Alltagssprechern. Dass das Thema brandaktuell ist, belegen die vielen zweisprachigen Ortsschilder auf der Insel, deren französische Version zugeschmiert ist.

FLNC – von der Autonomie zum Nationalismus

Das politische Klima auf Korsika ist gekennzeichnet von starken Auseinandersetzungen auf der Suche nach Selbstverwaltung und Autonomie.

Nach Jahrzehnten militanter Aktionen der separatistischen Befreiungsorganisation FLNC (Front de Libération National de la Corse), die die Haltung innerhalb der Bevölkerung spaltete, haben sich Fronten verhärtet, aber auch neue Hoffnungen aufgetan.

Vergessene Insel

Mitte des 20. Jh. hatten die Korsen einige Gründe, sich gegen den französischen Nationalstaat aufzulehnen. Die Insel war beim Wiederaufbau nach dem Krieg vergessen worden, jährlich verließen Tausende Menschen die Insel auf der Suche nach Arbeit oder zum Studieren.

Als in den 1960er-Jahren die Ansiedlung von 17 000 *pieds noirs,* aus Algerien vertriebene Weingutbesitzer, in der Ostebene der Insel begann, kam es in der Folge zu blutigen Auseinandersetzungen. Die für korsische Jungbauern vorgesehenen Flächen fruchtbaren und erst seit Kurzem malariafreien Landes mussten zur Lösung des brennenden innenpolitischen Problems herhalten. Die neuen Weingutbesitzer machten darüber hinaus Schlagzeilen mit Panscherei im großen Stil durch Verzuckerung ihrer Industrieweine, was großzügig mit öffentlichen Mitteln gefördert wurde.

Die Besetzung des Weinkellers in Aléria, der dem Schwiegersohn des damaligen Innenministers gehörte, sollte 1975 nur eine Pressekonferenz über die Kolonisierung der Ostebene erzwingen und das Thema überregional bekannt machen. Doch die Besetzer wurden umzingelt. Es gab Tote und Schwerverletzte. Das Gebäude stand lange völlig zerschossen an der Straße nördlich von Aléria.

In den Folgejahren radikalisierte sich die Situation. 1976 gründete sich die FLNC und etablierte ein bis heute übliches Muster an Gewalt: Sprengstoffanschläge außerhalb der Saison auf von Ausländern betriebene Tourismusanlagen und Sommervillen von Festlandsfranzosen, auf Banken und Staatsgebäude mit dem Ziel, großen Sachschaden anzurichten. Die FLNC war jahrelang um Schonung von Menschenleben bemüht, im Unterschied zu anderen ethnisch begründeten Gruppen wie der ETA oder der IRA.

Zwischen Gewalt und Diplomatie

Während die FLNC ›Revolutionssteuern‹ eintrieb, um sich zu finanzieren, versuchten Staatsminister die Gruppe durch Geheimverhandlungen ruhig zu stellen. Mit Koffern voller Bargeld wurden Waffenstillstandsperioden in

Wahlkampfzeiten erkauft. Staatsraison hatte Vorrang vor Rechtsstaatlichkeit. Gleichzeitig sollte die Geheimpolizei die Organisation unterwandern. Als Ergebnis verschwanden Führungskader, wurden Staatsinformanten ermordert und Undercover-Agenten als Geiseln genommen.

Ab 1990 zersplitterte sich die längst verbotene und im Untergrund agierende Bewegung in eine Reihe rivalisierender Gruppen, die sich immer mehr mafiöser Methoden bedienten und deren Geschäftszweck immer deutlicher der Kampf um Geld und Macht wurde. Der Hass, den die Führungskader der Separatisten gegeneinander aufbauten, kulminierte im ›Bruderkrieg‹ 1995/96 mit brutalen Exekutionen auf offener Straße und Revancheakten am Folgetag.

Die Bevölkerung reagierte auf die Spirale der Gewalt mit großen Friedensdemonstrationen. Seit den 1980er-Jahren hatte sich die Situation der Insel entspannt. Frankreich förderte Korsikas Wirtschaftskraft in vielen Bereichen. Eine Universität war gegründet, ein Regionalparlament eingesetzt, das Korsische gefördert und eine Generalamnestie für alle politisch motivierten Straftäter erlassen worden.

Die Situation heute

Die Anhänger der FLNC heute sind nicht mehr Autonomisten, sondern Nationalisten. Für sie ist Frankreich seit 240 Jahren Besatzungsmacht. Sie wollen nicht *mehr* Autonomie, sondern sprechen Paris jegliches Recht ab, über Inselangelegenheiten zu entscheiden. Ihrem Selbstverständnis nach sind sie in den französischen Staat zwangseingegliederte Korsen. Dabei hat Paris ihrer Meinung nach so viel historische Schuld auf sich geladen, dass der Staat auf ewig die Pflicht zur Reparation hat. Auch gewaltsamer Widerstand gegen jede Bedrohung der Insel, ob durch Besiedlungspolitik oder Bodenspekulation, ist dann legitim und patriotische Notwehr. Die Zivilgesellschaft strafte die Hardliner des Wahlbündnisses Corsica Nazione (umbenannt in Corsica Libera), des legalen Arms der Separatisten, jedoch ab – mit 6 % der Stimmen bei den letzten Gemeinderatswahlen.

Dass die Bedeutung der Radikalen zurückgeht, beweist auch der Wahlerfolg der Moderaten in Porto-Vecchio und Bastia, die Schwung in die etablierte Politik bringen und Gewalt grundsätzlich ablehnen. Themen der Partitu Naziunale Corsu sind Förderung von Landwirtschaft, Sprache und Kultur, Entwicklung eines integrierten Tourismus sowie Kampf gegen Spekulation und Ausverkauf der Küsten.

Zwar wird der FLNC das Verdienst daran zugestanden, eine Totaltouristisierung wie auf den Balearen verhindert zu haben. Doch die meisten Korsen sind von der Sprengstoffpolitik genervt. Der harte Umgang der französischen Justiz mit den über 60 einsitzenden Aktivisten, für den der Europäische Menschenrechtshof bereits mehrmals eine Rüge erteilt hat, führt zu Märtyrerbildung; Verhaftungen im Morgengrauen durch Spezialeinheiten vor laufenden Fernsehkameras schüren weiteren Hass. Zwar werden weiterhin jährlich Dutzende leerstehender Villen gesprengt, doch ist nicht zu übersehen, dass der Ausverkauf der Insel so nicht zu stoppen ist. Die aktiven Umweltschützer von U Levante erreichen vor Gericht zurzeit mehr Baustopps als der Sprengstoff der FLNC. Die immer jünger werdenden Attentäter aber sind für die schnelle Lösung. Ein Ende dieser Situation ist nicht in Sicht.

Morgendliches Hörvergnügen – das Forum im Regionalradio

Jeden Morgen von Montag bis Freitag wird im korsischen Radio 40 Minuten Klartext geredet, wenn Anrufer ihre Meinung sagen.

Wer am Puls der korsischen Gesellschaft sein möchte, ist dazu eingeladen. Vornamen nennen und schon geht's los. Viele Anrufer antworten einander. Täglich wird so im Hörerforum aktiv Meinungsbildung betrieben – ein Hochgenuss! Hier eine Auswahl aus den letzten Jahren.

Staatsgewalt

Rudel von **Offroad-Motorradfahrern** störten die Mufflons im Regionalpark bei ihrer Niederkunft, beschwert sich ein Hörer. Gesprochen wird vom Raubtierverhalten der Touristen im Park. Jeder organisiere was er will. Die Bürgermeister, von den Politikern allein gelassen, hätten in den Berggemeinden keine Kontrollmöglichkeiten. Dazu der Moderator: »Man kann nun mal nicht hinter jeden Baum einen Polizisten stellen!«

Demnächst will die Polizei per Hubschrauber aus der Luft die **Geschwindigkeit** kontrollieren. »Nichts hält den Fortschritt auf!«

In Venaco kassiert die Polizei alle Besucher des Käsefestes ab, die ihre Autos aus **Parkplatzmangel** an der Straße abstellen müssen. »Eine Gemeinheit!«

Der neue **Sicherheitskit** schreibt das Mitführen einer reflektierenden Pannenweste im Wagen vor. Ein Hörer empört sich über den Zwangskauf: »Wann verlangt man reflektierende Gummistiefel für jeden Fahrer, um den Konsum anzukurbeln?«

Umwelt

Die Küsten sind ohne Verteidigung gegen den **Vandalismus** der Bootsurlauber. Sie spülen ihre Tanks und lassen ihren Abfall liegen. »Da war im Mittelalter die Abwehr von Piraten von den Wachtürmen aus besser organisiert!«

Der Strand von Arinella liegt voll mit **Verpackungsresten** von Picknicks der Stadtbevölkerung. Wer den Zug nach Ajaccio nimmt, fährt an einer 20 km langen Abfallhalde entlang. Jeder wirft aus dem Fenster, was er im Auto nicht braucht.

Ohne uns!

Ein Mathematiklehrer in Porto-Vecchio wird terrorisiert, weil er fünf **Schüler** wegen schlechter Ergebnisse nicht in die Abiklasse versetzt. Sein Auto wird umgeworfen, Reifen zerstochen und Parolen gesprüht.

Streik beim Wasserversorger Kyrnolia im Hochsommer. 40 000 Menschen sind zwei Tage lang ohne fließend Wasser. Dazu ein Streikender: »Wir arbeiten für unter 1000 € netto im Monat. Wenn's den Leuten nicht passt, sollen sie sich im Meer waschen!« Empörte Betroffene blockieren die N 196 bei Pianotolli zwei Stunden lang. Danach fließt das Wasser wieder.

Blockiert wird auch die N 198 an der Ostküste wegen des schlechten Straßenzustands in Moita-Verde: »Seit Jahren stellt sich die Verwaltung taub, nur durch einen Riesenstau können wir Druck aufbauen«, sagt ein Anwohner.

Ein **Villenbesitzer** vertreibt Badende vom Ufer seiner Villa auf der Landspitze Castagna. »Die Felsen gehören mir!« Ein Hörer ruft dazu auf, am Wochenende eine große Party auf dem ›Privatfelsen‹ zu organisieren.

Politik

Die **Ermordung** des Präfekten Erignac ist auch nach zehn Jahren noch Thema. Der Mord sei ein kollektiver Schmutzfleck für die korsische Geschichte, sagt eine Hörerin. »Verübt von verloren gegangenen Soldaten des Nationalismus, die ihre Tat nicht begründet, sondern immer abgestritten haben«, ein anderer. »Das sind keine Mörder!« entgegnet aufgeregt eine weitere Hörerin. »Als solche wurden sie aber verurteilt«, kommentiert der Moderator.

»Ist es legal, wenn eine **Polizeieinheit** von 200 Mann mit 130h/km durch Ghisonaccia rast, um verhaftete Nationalisten nach Bastia zu bringen?« »Ja, aber nur, wenn der Konvoi durch Blaulichtfahrzeuge vorn und hinten als solcher begrenzt ist.«

Angehörige der **Caravelle-Opfer** (95 Tote nach Flugzeugabsturz von 1968 vor Toulon im Meer) lassen nicht locker. Dem zähen Gerücht über einen versehentlichen Abschuss durch die Kriegsmarine kann nicht nachgegangen werden. Seit 40 Jahren unterliegen die Marineprotokolle dem Secret Défense.

Anti-was?

Soll sich der **Präsident** beim Staatsbesuch in Algerien für die französische Kolonialzeit entschuldigen? »Auf keinen Fall, wir haben denen Brücken und Straßen gebaut!«

Ein **Fluggast** in Ajaccio muss den Brocciu-Käse abgeben, den er für seine Familie in Paris gekauft hat. Der Mann ist außer sich: »Ça va vraiment mal! – Es steht wirklich schlecht ums Land!«

Eine **Schülerin** verlässt die Schule auf dem Festland zur Beerdigung ihrer Großmutter auf Korsika und wird dafür von der Schulleitung getadelt:

Der Tod von Großeltern sei kein Grund für eine Befreiung vom Unterricht. Die Anrufer sind empört.

Eine **Französin mit Zweitwohnsitz** bei Porto-Vecchio schimpft: »Schluss mit dem antifranzösischen Rassismus! Wir bringen Euch Geld! Ohne unsere Subventionen wärt Ihr nichts! Vergreift Euch lieber an den Korsen, die uns ihre Parzellen verkaufen!«

An einer Schule in Calvi tauchen antikorsische **Graffitis** auf. Eine Hörerin aus dem Maghreb erinnert an die Graffitis »Arabi Fora« (»Araber raus«).

Religion

Der Hörer **Ange-Gabriel** (Engel Gabriel) wünscht, dass der Papst, auf Besuch in Sardinien, auch nach Korsika kommen möge. Dazu der Moderator: »Ein historischer Moment – der Engel Gabriel spricht uns vom Papst.« Als anschließend über frei laufende Kühe als Verkehrsgefährdung gesprochen wird, schlägt der Moderator vor, das Papamobil solle die Kühe einsammeln.

Eine Hörerin beklagt, dass nie von der **Jungfrau von Pancheraccia** gesprochen werde, die dort im Dorf erschienen sei. Immer sei nur die Rede von der Jungfrau von Lavasina und von der des Niolo! Dabei sei sie dort gar nicht erschienen!

Zum Schluss

Pierre meldet allen, die das interessiert, dass er furchtbar Zahnweh habe. Auch ein Beitrag.

Ein Hörer aus Ajaccio beklagt den **pestilenzartigen Gestank,** der seit Monaten aus einem geplatzten Abflussrohr in der Rue Bonaparte strömt. Als Napoleon behauptete, seine Heimatinsel von Weitem allein an ihrem Geruch erkennen zu können, habe er bestimmt davon gesprochen.

Innenminister **Valls** (inzwischen Regierungschef) sagt, auf Korsika sei die Gewalt kulturell verankert. Dazu ein älterer Korse: das sei vollkommen richtig, diese Evidenz könne niemand leugnen. Darauf eine empörte Korsin: Welche Schande, ein Korse spricht schlecht über sein Land – *c'è una vergogna!*

Martin aus Tivulaghju empfiehlt, die Bürgermeister sollten die vielen leerstehenden Zweitwohnsitze requirieren, um dort im Winter die Obdachlosen einzuquartieren.

Ein Hörer beklagt sich über die zunehmend **lärmige Mischung** aus Reklameschlaufen, Korsischkursen und Pseudonachrichten im Forum, mit denen wertvolle Zeit verplempert werde. Auch könne man die Beiträge nicht mehr nachträglich im Internet hören. Damit würden sie zu Wegwerfartikeln. Wenn man das Forum allmählich abwürgen wolle, dann wohl so!

The show goes on. Morgen früh, um 8.20 Uhr, **www.bleurcfm.com.**

Ein paar Brocken Korsisch
Guten Tag = Bonghjornu
Guten Abend = Bona sera
Hallo = Salutu
Auf Wiedersehen = A vedeci
Wie geht's = Cumu si?
Geht's allen gut? = Tutti bè?
Ganz gut = A'bastanza
ja = sì, iè
nein = nò
danke = grazie
vielen Dank = grazie tante
bitte = in grazia
Was kostet es? = quantu costa?
Gute Reise! = Bon viaghju!
Pianu, pianu = Immer mit der Ruhe

Unterwegs auf Korsika

So viel Schönheit macht neugierig: Wie wäre es mit einem Besuch des Bavella-Massivs?

Das Beste auf einen Blick

Die Nordspitze

Highlights!

Bastia: Mit seiner atemberaubenden Kulisse – gekrönt von der Eglise Saint-Jean-Baptiste, dem Wahrzeichen Bastias – bietet der alte Hafen Augenschmaus pur. Aber auch andere Sinne werden durch die Vielfalt an Restaurants, Cafés und Eisdielen angesprochen. S. 85

Nonza am Cap: Ungewöhnlich und sehr beeindruckend ist der Anblick des schwarzen Strandes von Nonza. Der Kontrast zwischen türkisfarbenem Meer und anthrazitfarbenem Sand macht den Strand erst so bizarr. S. 110

San Michele de Murato: Schon von Weitem sieht man die Ehrfurcht einflößende Kirche, die über der Landschaft thront. Sie prägt diesen Teil Korsikas und drückt dem Nebbio ihren Stempel auf. S. 119

Auf Entdeckungstour

Spaziergang durch die korsische Landarchitektur: Wie die Menschen früher mit einfachsten Mitteln ihren Lebensraum einrichteten, kann man heute an den soliden Baudenkmälern ablesen. Intelligenz und Geschick ländlicher Allround-Handwerker sind bequem auf leichten Wanderungen wie etwa bei Pietracorbara kennenzulernen. S. 104

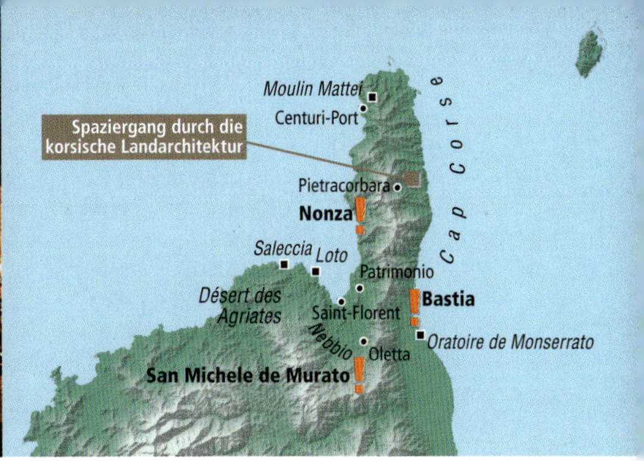

Kultur & Sehenswertes

Oratoire de Monserrato: Diese Kapelle enthält als einzige eine Kopie der Heiligen Treppe aus Rom. S. 94

Moulin Mattei: Korsikas letzte Windmühle – mit Traumblick. S. 108

Aktiv unterwegs

Wandern auf dem Zöllnerpfad: Korsische Ursprünglichkeit erschließt sich bei der achtstündigen Wandertour von Centuri entlang der Nordküste. S. 107

An der Westflanke des Cap Corse: 70 km lange Radtour mit Traumblick auf den Golf von Saint-Florent. S. 112

Spaziergang im Nebbio: Vorbei an Dreschplätzen und Feldscheunen. S. 118

Bootsfahrt zu den Stränden im Désert des Agriates: Von Saint-Florent an die ›karibischen‹ Strände von Saleccia und Loto. S. 122

Genießen & Atmosphäre

Restaurant Le Rire de l'Ane: So eigen wie der Name, so romantisch ist das Restaurant mit edler korsischer Küche am Dorfplatz von Nonza. S. 112

Weinkeller von Patrimonio: Weite Felder mit Weinstöcken prägen die Umgebung Patrimonios. Zahlreiche Winzereien laden zur Verkostung – besonders empfehlenswert die Domänen Orenga de Gaffory und Catarelli. S. 114

Abends & Nachts

La Conca d'Oru: Heiße Rhythmen und Chill-out-Musik unter freiem Sternenhimmel in dieser Disco in Oletta. S. 118

»Le soleil a tant fait l'amour à la mer qu'ils ont enfanté la Corse«, »die Sonne hat das Meer so oft geliebt, dass sie Korsika gebaren«. Antoine de Saint-Exupéry hätte die Entstehung Korsikas nicht schöner ausdrücken können. Für ihn hat die Insel leider auch einen tragischen Moment. Am 31. Juli 1944 startete er morgens vom Flughafen Bastia-Poretta zu seinem planmäßig letzten Aufklärungsflug Richtung Südfrankreich. Er kehrte nicht zurück. Auch der Fund der Wrackteile seines Flugzeugs im Mittelmeer 2005 konnte nicht klären, ob es sich um einen Flugzeugabschuss, einen technischen Defekt oder Selbstmord gehandelt hat. Eine Gedenktafel am Terminal erinnert an den Schöpfer des »Kleinen Prinzen«.

Infobox

Internet

www.destination-cap-corse.com: Webseite mit allen Wander-Detailkarten zum Download.

Office de Tourisme

Maison du Cap (am nördl. Stadtausgang von Bastia), 20200 Ville di Pietrabugno, Tel. 04 95 32 01 00, cc.capcorse@wanadoo.fr, Mo–Do 8.30–12, 14–18, Fr bis 17 Uhr. Adressen für Fahrrad-, Boots- und Kajakverleih, Tauchcenter, Gleitschirmfliegerklubs sowie Wanderkarten und Infos zu Busverbindungen.

Geld & Tankstellen

Geldautomaten am Cap Corse gibt es nur in Saint-Florent und Bastia. In Macinaggio und Centuri erhält man Geld bei der Post. Tankstellen befinden sich in Erbalunga, Santa Severa, Morsiglia, Pino und Saint-Florent.

Im Norden der Insel treffen ganz unterschiedliche Welten aufeinander. Die authentischste aller Städte, Bastia, hat ihren italienischen Charme bewahrt. Sie ist das Tor zum Cap Corse im Norden. Der schmale Finger des Cap Corse spiegelt auf engstem Raum die Insel im Kleinen wieder. Zahlreiche kleine Kiesbuchten prägen die Ostküste; nur wenige Häuser finden sich hier. Die Nordspitze des Cap Corse lädt zu Spaziergängen durch das unberührte Naturschutzgebiet La Capandula. Im Westen des Kaps fällt das Gebirge schroff ins Meer ab und die Dörfer schmiegen sich an die Felsen. Der schwarze Strand von Nonza fällt besonders ins Auge. Weiter südlich beginnt bei Patrimonio die berühmte Weinstraße, deren edle Tropfen internationalen Kennern ein Begriff sind.

Unterschiedliche Welten

An einer weiten Bucht am Fuß des Cap Corse gelegen und von Weinbergen umgeben, liegt das pittoreske Hafenstädtchen Saint-Florent. Es grenzt im Westen an das karge Désert des Agriates, das sich bis zur Flussmündung des Ostriconi erstreckt. Die wilde Natur mit ihrer unwegsamen Felslandschaft entschädigt an der Küste mit türkisblauem Wasser und schneeweißen Sandstränden, die durchaus mit denen der Karibik mithalten können.

Südlich von Bastia und Saint-Florent erstreckt sich die fruchtbare Landschaft Nebbio, was übersetzt Nebel bedeutet. Dieser breitet sich meist morgens über dem Col de Teghime aus, während Saint-Florent von seinen Auswirkungen verschont bleibt. Hier liegen malerische Dörfer wie Piève, Murato und Santo-Pietro-di-Tenda zwischen Weiden und Getreidefeldern in idyllischer Einsamkeit. Zahlreiche Kirchen prägen das Bild der Region, allen voran San Michele de Murato, die eleganteste Kirche, nicht nur nach der Meinung von Prosper Mérimée.

Bastia und Cap Corse

Bastia ! ▸ F 3

Willkommen auf Korsika! Die Rampe des im Hafen liegenden Schiffes öffnet sich und entlässt die Autoreisenden in ein geschäftiges Treiben. Jetzt heißt es, geduldig zu sein, da es einige Zeit dauert, bis sich die Autoschlangen den Weg vom Kai durch mehrere Kreisverkehre und den Umgehungstunnel stadtauswärts bahnen. Für viele Touristen ist die zweitgrößte Stadt der Insel das Tor zu Korsika und doch nur Durchgangsstation, obwohl Bastia mit seinen engen Gassen zwischen den hohen Häusern mit den farbigen Fensterläden durchaus den Charme alter Mittelmeerstädte besitzt.

Die Ursprünge der Stadt gehen auf das Dorf Cardo zurück, das in den Hügeln über dem heutigen Bastia liegt. Dort, wo heute der alte Hafen ist, hatte Cardo seinen Ableger am Meer, ein kleines Fischerdorf mit natürlichem Hafen. Die pisanischen und die genuesischen Herrscher regierten Korsika vom nahe gelegenen Biguglia aus, bis der Ort 1372 im Auftrag des Königs von Aragon zerstört wurde. 1380 ließ Gouverneur Leonello Lomellini den ersten befestigten Turm auf dem Felsen an der Südseite des Hafens errichten, ein militärischer Stützpunkt entstand und Bastia erhielt seinen Namen. Er geht zurück auf das italienische *bastiglia,* im ligurischen Dialekt *bastia* – Festung. 1453 ernannte Genua den Ort zur Hauptstadt, das rechtwinklig angelegte Festungsviertel, Terra Nova, wurde mit einer Mauer umgeben. Der alte Hafenort, nun Terra Vecchia genannt, entwickelte sich bald zu einem wichtigen Handelsstützpunkt. Aus dieser Zeit stammen die barocken Kirchenbauten und die nach genuesischem Vorbild errichteten acht- bis neunstöckigen Häuser am Hafen, dem das Viertel seine italienische Atmosphäre verdankt.

Unter Napoleon musste Bastia 1811 den Hauptstadttitel an Ajaccio abtreten. Aus dieser Zeit stammt die Neustadt mit Justizpalast und Theater. Im Zweiten Weltkrieg erlitt die Stadt schwere Schäden, als die Amerikaner Bombenangriffe gegen deutsche Truppen flogen, die sich auf dem Rückzug befanden und im September 1943 von Korsika vertrieben wurden. 80 % der Neustadt wurden damals zerstört. Bastia ist nach der politischen Neugliederung 1975 der Präfektursitz des Departements Haute-Corse.

Bis heute hat sich Bastia zum größten Handels- und Wirtschaftszentrum mit der einzigen ausgedehnten Industriezone der Insel entwickelt. Im betriebsamen Hafen werden 60 % des Güter- und Personenverkehrs abgewickelt. Um die alten Gründungsviertel Terra Vecchia und Terra Nova, alter Hafen und Zitadelle, erstreckt sich die moderne Stadt. Bastia ist nicht in erster Linie Touristenstadt, sondern ein geschäftiges Zentrum des korsischen Alltagslebens mit einer stimmungsvollen Altstadt.

Terra Vecchia

Das Herz des Viertels Terra Vecchia ist der Vieux-Port, der alte Hafen, über dem die Eglise Saint-Jean-Baptiste emporragt. Zwischen engen Gassen und hohen Häusern liegt etwas weiter nördlich der Place de l'Hôtel de Ville, auch Place du Marché genannt, der mit seinem geschäftigen Markt am

Bastia

Sehenswert
1 Oratoire de la Confrérie de Saint-Roch
2 Oratoire de l'Immaculée Conception
3 Saint-Jean-Baptiste
4 Vieux-Port
5 Gouverneurspalast mit Musée d'Ethnographie Corse
6 Cathédrale Sainte-Marie-de-l'Assomption
7 Oratoire de la Confrérie de la Sainte-Croix
8 Paisolo, le Village Miniature de Saint-Antoine

Übernachten
1 Hôtel L'Alivi
2 Hôtel les Voyageurs
3 Hôtel Ostella
4 Hôtel Central
5 Hôtel Napoléon
6 Hôtel Posta Vecchia
7 Hôtel Riviera

Essen & Trinken
1 A Casarella
2 La Table du Marché
3 La Petite Marie
4 Trattoria Al Dente
5 Ô SUD
6 Chez Serge Raugi
7 Le Temple des Douceurs

Einkaufen
1 Markt an der Place de l'Hôtel de Ville
2 Markt an der Place Saint-Nicolas und am Cours Pierangeli
3 Musée du Parfum
4 L. N. Mattei
5 U Muntagnolu
6 Librairie Jean Patrice Marzocchi
7 La Roulotte

Aktiv
1 Objectif Nature
2 Toga Location Nautique
3 InTerraCorsa

Abends & Nachts
1 Oxy
2 Pub Assunta
3 Bar La Suite
4 Una Volta
5 Théâtre Municipal

Wochenende italienisches Flair vermittelt. Mit den Gotteshäusern Oratoire de l'Immaculée Conception und Oratoire de la Confrérie de Saint-Roch an der Rue Napoléon führt die Straße zur Flaniermeile der Stadt, der Place Saint-Nicolas. Parallel hierzu verlaufen die beiden Haupteinkaufsstraßen, Boulevard Paoli und Rue César Campinchi.

Place Saint-Nicolas

Der 300 m lange und 90 m breite Platz, den Platanen und Palmen säumen, ist einer der größten Frankreichs. Der Treffpunkt für Jung und Alt lädt zum Verweilen in den Terrassencafés oder auch zum Boule- und Pétanquespiel ein. Die neoklassizistische Napoleon-Statue (1853) von Bildhauer Bartolini im südlichen Teil des Platzes schaut nach Elba, des Kaisers Verbannungsort. Der **Musikpavillon** in der Platzmitte lockt im Sommer mit Konzerten. Und im nördlichen Teil erinnert das **Denkmal der Kriegsgefallenen** an alle Korsen, die im Deutsch-Französischen Krieg und in den beiden Weltkriegen ihr Leben für Frankreich opferten. Es zeigt die Geste einer Mutter, die ihren dritten Sohn dem Vaterland schenkt. Gegenüber dem Nordende des Platzes befindet sich das Rathaus. Am sich anschließenden Kreisel Rond-Point Noquès erinnert ein Wrackteil des U-Bootes Casabianca, ein Zeugnis des korsischen Widerstandes, an den Zweiten Weltkrieg.

Oratoire de la Confrérie de Saint-Roch 1

Rue Napoléon, tgl. 8–19 Uhr
Die 1604 erbaute Kapelle ist dem Schutzpatron gegen die Pest, dem hl. Rochus, gewidmet. Ligurische Meister des 18. Jh. betonten die opulente barocke Innenausstattung durch die Holztäfelung, roten Damast und vergoldete Säulen. Der Florentiner Giovanni Bilivert schuf den prachtvollen Altaraufsatz des Hochaltars.

Route de Ville
Cap Corse,
Plage de Toga
Quai Nord
Anse
de Toga
Chemin de l'Annonciade
Rue Campinchi
Gal. Graziani
Rue Notre-Dame-de-Lourdes
Avenue Emile Sari
Rue Commandant Luce de Casabianca
Rue du Chanoine Leschi
Notre-Dame-
de-Lourdes
Rue C. Colombani
Rue César
Boulevard
Jean
Zarelli
Rond-Point
Leclerc
Avenue
Mal. Sébastiani
Rue José Luccioni
Quai du Fango
Av.
P. Giudicelli
Rond-Point
Noguès
Casabianca
Bassin
Saint-Nicolas
du Large
Gare
Rue Gabriel Péri
Bd. Paoli
Rue Conventionnel
Salicetti
Krieger-
denkmal
Gare
Maritime
Rue Marcel Paul
Bd. Général de Gaulle
Place
St-Nicolas
173e R.I.M.
Voie Rapide
Môle du Fango
Jetée
Rue Saint-François
Rue
Abbatucci
Napoléon-
Statue
Allée du
Rue Miot
N193
Nouveau
Port
Rue César Campinchi
Rue Napoléon
Cours Pierangeli
TERRA
VECCHIA
Quai des Martyrs de la Libération
Général Giraud
Rue Favalelli
Rue S. Viale
Bd. Paoli
Rue Neuve St-Roch
Place
de l'Hôtel de Ville
Place
du Marché
Rue Fontaine Neuve
R. des Terrasses
R. des Zéphirs
R. Saint-Jean
R. Mr. Rigo
de Choc
Boulevard Paoli
Q. du 1er Bataillon
R. d. l. Marine
Marseille, Nizza, Toulon,
Savona, Genua, Livorno, Civitavecchia
R. L. Casanova
Rue Gal.
de Carbuccia
Môle
Génois
Palais de
Justice
Rue du
Chanoine Letteron
Quai Alberto Gilio
R. du Colle
Bd. Auguste Gaudin
Jardin
Romieu
Tunnel
Jetée du Dragon
Chemin des Filippines
Cours Dr. Favale
Pl. du Donjon
Porte
Louis XVI.
Rue du Dragon
R. Ste-Croix
Rue Campanari
Place
Dominique
Vincetti
Citadelle
Rue d. l'Evêché
Rue du Chiostro
Route du Front de Mer
TERRA NOVA
Rue César Vezzani
Plage de l'Arinella
Casamozza, Aléria, Bonifácio
0
150
300 m

Oratoire de l'Immaculée Conception 2

Rue Napoléon, tgl. 8–19 Uhr, Eintritt ins Museum frei

Die Kirche der Unbefleckten Empfängnis von 1589 verbirgt hinter ihrer sehr schlichten Fassade eine außergewöhnlich prachtvolle Innendekoration. Die Wände sind mit rotem Damast und Samt, das Kirchenschiff ist reich mit Gold und Marmor verziert. Das Fresko des Gewölbes im typischen Barockstil zeigt die Unbefleckte Empfängnis, die Apostel und Evangelisten. Prunkstück der Kapelle ist die Madonna, die jedes Jahr am 8. Dezember in einer Prozession zum alten Hafen getragen wird. Sehenswert ist auch die Statue des hl. Erasmus im Museum in der Sakristei.

Von 1794 bis 1796 fanden in der Kapelle die Sitzungen des anglo-korsischen Parlaments statt. Zu diesen politischen Versammlungen baute man den Thron König Georgs III. von England mitten im Kirchenschiff auf.

Saint-Jean-Baptiste 3

4, rue Cardinal Viale Prelà, Mo–Sa 8–12, 15–19, So 8–12 Uhr

Bastias Wahrzeichen, die Kirche Saint-Jean-Baptiste, beherrscht die Kulisse des Vieux-Port. Von 1636 bis 1666 dauerten die Bauarbeiten, dann war das Gotteshaus mit seiner üppigen Innendekoration – vergoldeter Stuck und ein Hochaltar aus polychromem korsischen Marmor – vollendet. Die prachtvolle Orgelempore in Form eines Schwalbennestes aus dem 18. Jh. trägt zur originellen Ausstattung bei. Sechs Seitenkapellen bergen u. a. Statuen der Jungfrau Maria, von Saint-Erasme, dem Heiligen der Seefahrer, von Peter und Paul, den Schutzheiligen der Fischer, und von Saint-Eloi, dem Schutzheiligen der Handwerker von Bastia. Das Hauptportal, über dem gigantisch die beiden vergoldeten Glockentürme aufragen, öffnet sich auf die Rue Saint-Jean, in der 1787 der Dichter Salvatore Viale zur Welt kam, der erste überhaupt, von dem ein Werk in korsischer Sprache gedruckt wurde.

Vieux-Port 4

Der hufeisenförmige alte Hafen wird im Norden von der Môle Génois und im Süden durch die Jetée du Dragon mit einem Leuchtturm (1861) abgeschlossen. Dort kann man bei guter Sicht in der Ferne die Inseln Elba, Capraia und Montecristo erkennen. Fotografen nutzen am Jetée du Dragon die frühen Morgenstunden für das perfekte Foto, wenn die Sonne die alternden Fassaden um den Hafen gnädig in mildes Licht taucht. Mittags und abends füllen sich die Restauranttische ums Hafenbecken. Morgens früh, wenn die Fischer anlanden, kann man frischen Fisch kaufen.

Terra Nova

Das Festungsviertel Terra Nova erreicht man zu Fuß vom Südquai am Vieux-Port über den **Jardin Romieu,** einen schattigen Park vor der Zitadellenmauer.

Zitadelle

Über den Cours Docteur Favale gelangt man durch den monumentalen Doppeltorbogen Porte Louis XVI. zum einstigen Zentrum der Macht, dem Place du Donjon mit dem prächtig renovierten Gouverneurspalast. Die ursprünglich 1380 von den Genuesen errichtete Festung beheimatet neben dem Palast die Cathédrale Sainte-Marie-de-l'Assomption und das Oratoire de la Confrérie de la Sainte-Croix.

Gouverneurspalast mit Musée d'Ethnographie Corse 5

Pl. du Donjon, Tel. 04 95 31 09 12, www.musee-bastia.com,

Bastia hat seinen mediterranen Charakter bewahrt, insbesondere am alten Hafen

Hauptsaison Di–So 10–19 Uhr, 5 €, Kinder 10–18 J. 2,50 €
Der Palast war zwischen dem 15. und dem 18. Jh. der Sitz der genuesischen Gouverneure. Den im Zweiten Weltkrieg zerstörten Flügel ersetzt ein moderner Anbau mit großer Glasfassade, während rechts noch der 1382 errichtete Wehrturm thront. Heute ist hier das Ethnographische Museum untergebracht, welches archäologische Funde, Zeugnisse der pisanischen und genuesischen Epoche, Büsten berühmter korsischer Persönlichkeiten und eine Gemäldesammlung beherbergt.

Cathédrale Sainte-Marie-de-l'Assomption 6

Mo–Sa 8–12, 14–17.30, So 8–12 Uhr
1495 erbaut und 1604–1619 im Stil des genuesischen Barock erneuert, verbirgt sich hinter der schlichten Fassade mit den drei Frontgiebeln eine prächtige Innenausstattung mit einer Reihe sehenswerter Marienstatuen. Die berühmteste, die »Himmelfahrt der Jungfrau Maria« in massivem Silber aus dem 19. Jh. von Gaetano Macchi, befindet sich in einer verglasten Nische. Die Orgel der Brüder Serassi steht als einziges Instrument italienischer Fabrikation in Frankreich unter Denkmalschutz. Ein weiteres skurriles Detail: Die Hüte der damaligen Bischöfe sind im Chorgewölbe aufgehängt.

Oratoire de la Confrérie de la Sainte-Croix 7

Rue de l'Evêché, Mai–Sept. Mo–Sa 9–12, 15–19, Okt.–April Mo–Sa 9–12, 14–17 Uhr
Die kleine, von außen unscheinbare Kapelle überrascht durch das barocke, üppig mit Engeln und Gold geschmückte Gewölbe in Himmelblau. Das Besondere des kleinen Gotteshauses ist das Kreuz aus schwarzem Ebenholz in der Seitenkapelle. Der Legende nach bar-

gen zwei Fischer das Christuskreuz in einer Nacht des Jahres 1428 aus dem Meer, wo es von Licht umstrahlt dahingetrieben sein soll. Seitdem feiern die Einwohner Bastias jährlich den 3. Mai als Christu Negru.

Paisolo, le Village Miniature de Saint-Antoine 8

Ancienne Poudrière de la Citadelle, Tel. 06 10 26 82 08, Ostern–Ende Okt. tgl. 9–12, 14–18 Uhr, 4 €, Kinder unter 12 J. 2,50 €

Rechts von der Kirche Sainte-Marie zur Küste hin führt eine Treppe hinab zum Miniaturmuseum. In 60 000 mühevollen Arbeitsstunden hat René Mattei im Maßstab 1 : 30 voller Leidenschaft ein korsisches Bergdorf aus vergangener Zeit mit einer Kirche, Mühle, Wohnhäusern und Animationen erschaffen.

Die Strände von Bastia

Der kleine Kieselstrand Plage de Toga im Norden und auch die südlich von Lupino gelegene Plage de l'Arinella lohnen allenfalls für eine kurze Abkühlung. Wesentlich attraktiver sind der Sandstrand bei La Marana oder die Buchten am Cap Corse.

Übernachten

Die Nachfrage nach Übernachtungsmöglichkeiten ist größer als das Angebot. Wer tagsüber anreist, wird sicher ein Zimmer finden. Gegen Abend könnte es im Sommer jedoch schwieriger werden. Alternativ bieten sich die teureren Hotels im Vorort Pietranera oder die Unterkünfte im Süden Bastias an.

Traumlage – **Hôtel L'Alivi** 1: Rte. du Cap, Ville di Pietrabugno, 1 km nördl. des Jachthafens, Tel. 04 95 55 00 00, www.hotel-alivi.com, 15. März–Okt., DZ ab 95/140 €. Die 37 edel ausgestatteten klimatisierten Zimmer bieten allesamt Meerblick. Die Terrasse mit Pool und Garten über dem Meer rundet das elegante Erscheinungsbild ab. Ein wunderbarer Ort, um an der frischen Luft zu träumen.

Zentral gelegen – **Hôtel les Voyageurs** 2: 9, av. Maréchal Sébastiani, Tel. 04 95 34 90 80, www.hotel-lesvoyageurs.com, DZ ab 75/100 €. Eindeutiger Pluspunkt ist die zentrale Lage zwischen Bahnhof und Hafen. Alle 24 Zimmer, in lichten Farben renoviert, sind modern eingerichtet und klimatisiert.

Bezahlbarer Luxus – **Hôtel Ostella** 3: Av. Sampiero Corso, Bastia, nur 10 Min. vom Hafen entfernt nahe der RN 193 Richtung Bonifacio, Tel. 04 95 30 97 70, www.hotel-ostella.com, DZ ab 90/98 €. Das wohl luxuriöseste Hotel Bastias liegt am Stadtrand zwischen Bergen und Meer. Als eines der wenigen Spas auf Korsika mit extravaganter Ausstattung verwöhnt es die Gäste mit Hamam, Wellnessanwendungen und beschaulichem Pool.

Sympathisch – **Hôtel Central** 4: 3, rue Miot, Tel. 04 95 31 69 72, www.centralhotel.fr, DZ ab 67/150 €. Kleines Familienhotel mit 20 Betten und ein paar Apartments, herzliche Atmosphäre. Besonderer Vorteil: die zentrale Lage.

Legendär – **Hôtel Napoléon** 5: 43, bd. Paoli, Tel. 04 95 31 60 30, www.hotel-napoleon-bastia.fr, DZ ab 62/80 €. Das komplett renovierte Hotel älterer Bauart ist z. T. mit großzügigem Bad und kleinen Extras ausgestattet.

Schlicht und schön – **Hôtel Posta Vecchia** 6: 8, quai des Martyrs, wenige Schritte von der Uferpromenade, Tel. 04 95 32 32 38, www.hotel-postavecchia.com, 24. Dez.–4. Jan. geschl., DZ ab 52/67 €. Die Zimmer sind recht einfach eingerichtet, aber sympathisch, mit umwerfendem Blick auf die abfahrenden und ankommenden Fähren. Unbedingt ein Zimmer mit Meerblick verlangen.

Frisch renoviert – **Hôtel Riviera** 7: 1 bis, rue Adolphe Landry, www.hotel-riviera-bastia.com, Tel. 04 95 31 07 16, DZ ab 58/85€. Direkt hinter dem Nikolausplatz und 300 m vom Hafen entfernt, komplett renoviert. Für einen Kurzaufenthalt geeignet.

Essen & Trinken

Besonders an der Place Saint-Nicolas, am alten Hafen und um die Zitadelle haben sich ein paar schöne Restaurants angesiedelt. Neue Lokale haben es schwer, sich in der gastronomischen Szene der Stadt zu etablieren.

Kreative Küche – **A Casarella** 1: 6, rue de Sainte-Croix, Tel. 04 95 32 02 32, tgl. ganzjährig geöffnet, Gerichte um 30 €. Das Restaurant im Zitadellenviertel ist wegen seiner kreativen korsischen Küche seit Jahren sehr beliebt.

Vielfältige Küche – **La Table du Marché** 2: Pl. du Marché, nahe der Kirche am Brunnen, Tel. 04 95 31 64 25, So geschl., Menü 25/30 €. Das Restaurant in exquisitem Ambiente ist bei Stammgästen und Touristen gleichermaßen beliebt. Bei der großen Vielfalt à la carte hat man die Qual der Wahl.

Typisch korsisch – **La Petite Marie** 3: 2, rue des Zéphyrs, Tel. 04 95 32 47 83, nur abends geöffnet, Tagesgerichte 20 €. In einem kleinen Gässchen befindet sich das niedliche Restaurant von Marie-Thé und Jeannot Branca. Ihre opulent korsische Küche ist der Anziehungspunkt für Einheimische.

Frau spricht Deutsch – **Trattoria Al Dente** 4: Rue de la Marine, Vieux Port, Di–Sa mittags und abends, Tel. 04 95 32 33 91, Menu de la Mer/Menu de la Terre je 28 €, Tagesgericht mit Dessert 15 €. Die Wirtsleute bieten herausragende Gourmetküche mit tgl. frischem Meeresfisch. Großzügige Karte, Blick über Bootsmasten hinweg aufs offene Meer. Ein Lokal zum Wohlfühlen!

Kaffeeklatsch der Superklasse

Der Salon de Thé **Le Temple des Douceurs** 7 (32, bd. Paoli, Tel. 04 95 32 75 50, Mo–Sa 8.30–19 Uhr) ist die beste Adresse für einen leckeren Crêpe oder ein Tortenstück de luxe zu einer guten Tasse Café au lait. Das Ambiente ist eher einfach, dafür überzeugen die süßen Sachen im Geschmack und mit ihren kleinen Preisen. Davon hat auch die Jugend Bastias Wind bekommen, die die Leckereien hier in rauen Mengen konsumiert.

Fusion Cuisine – **Ô SUD** 5: Vieux-Port, tgl. 10–2 Uhr, Tel. 04 95 31 00 90, Eisbecher um 8 €. Das Ô SUD ist eine Mischung aus Brasserie, Eisdiele und Fruchtbar, dessen Interieur einen orientalischen Touch besitzt. Mehr als 30 verschiedene Eisbecher.

Eisvariationen – **Chez Serge Raugi** 6: 2, rue Capanelle, Tel. 04 95 31 22 31, Mo und Mitte Febr.–Mitte März und Mitte Sept.–Anfang Okt. geschl. Die Adresse schlechthin für Eisesser. Die Raugis sind seit drei Generationen für ihr Eis bekannt.

Einkaufen

Die Haupteinkaufsstraßen der Stadt, der Boulevard Paoli und die Rue César Campinchi, verlaufen parallel zur Place Saint-Nicolas. Edle Boutiquen und Alltagsmode wechseln sich ab.

Traditioneller Markt – **Place de l'Hôtel de Ville** 1: Jeden Sa/So morgen bieten die Bauern ihr sonnenverwöhntes Obst und Gemüse, Honig, Wurstwaren sowie andere korsische Köstlichkeiten an. Italienisches Flair liegt dann in der Luft.

Nippes & Co. – **Markt an der Place Saint-Nicolas und am Cours Pierangeli** 2: Jeden So vormittag lockt der Flohmarkt die Einheimischen zur

Schnäppchensuche nach Nippes und Möbeln auf die Flaniermeile. Außerdem findet jeden 2. Fr im Monat zwischen 8 und 12 Uhr ein Textilien- und Wäschemarkt auf dem Platz statt.

Riechprobe erwünscht – **Musée du Parfum Cyrnarom** 3: 29, av. Emile Sari, Tel. 04 95 31 39 30, Saison Mo–Sa 9.30–12, 15.30–19.30, sonst nur nachmittags bis 19 Uhr. Der Parfumeur Guy Cecchini nutzte die Vielfalt der Macchia zur Herstellung wohlriechender Essenzen. Hier kann man nicht nur Düfte erwerben, sondern erhält auch ausführliche Informationen zu ihrer Herstellung.

Edle Tropfen mit Geschichte – **L. N. Mattei** 4: 15, bd. du Général de Gaulle, Infos unter Tel. 04 95 32 44 38. Das mehr als 100 Jahre alte Traditionsgeschäft, benannt nach dem Hersteller des Kräuteraperitifs Cap Corse, weckt nostalgische Gefühle. Im Angebot: Spezialitäten der Insel.

Korsische Spezialitäten – **U Muntagnolu** 5: 15, rue César Campinchi, Tel. 04 95 32 78 04. Korsische Köstlichkeiten gibt's auf Wunsch auch per Post nach Hause.

Beim Bücherwurm – **Librairie Jean Patrice Marzocchi** 6: 2 Rue Conventionnel Salicetti, Tel. 04 95 34 02 95. Die Buchhandlung bietet eine große Auswahl an Korsika-Literatur. Die Angebotspalette umfasst auch die ausgezeichneten IGN-Wanderkarten (Maßstab 1 : 25000).

Bioladen – **La Roulotte** 7: RN 193, Bd. Canale, bei Furiani südl. von Bastia, Tel. 04 95 34 47 08, www.la-roulotte.fr.

Aktiv

Abenteuer Natur – **Objectif Nature** 1: 3, rue Notre-Dame-de-Lourdes, Tel. 04 95 32 54 34, www.objectif-nature-corse.com. Mit seinem Programm wendet sich der Anbieter an alle, die aktiv die

Wie überall im Süden gehört auch auf Korsika der Plausch auf der Straße zum Alltag

Natur erleben möchten. Fischen (80 €), eine Kajaktour auf dem Meer (45 €), Canyoning (45 €), Reiten (35 €/2 Std.) und Wandern (20 €) machen nur einen Teil des großen Angebots aus. Auch Fahrrad-/Motorradvermietung.

Das Meer erleben –**Toga Location Nautique** 2: Port de Toga, Tel. 04 95 34 14 14, www.togalocation.com. Am Jachthafen werden Motorboote für Entdeckungstouren angeboten.

Der Tipp für Wassersportler – **InTerraCorsa** 3: Lido de Marana, Tel. 04 95 47 69 48, www.interracorsa.com, Mai/Juni auf Anfrage, Juli/Aug. Mo–So 10–19 Uhr, Sept./Okt. auf Anfrage. Am Strand von Marana werden Katamarane und Surfbretter (35 €/2 Std), Tretboote (25 €/Std.) und Kajaks (10 €/Std.) verliehen. Auch Kurse.

Abends & Nachts

Für Internetfreaks – **Oxy** 1: 1, rue Salvatore Viale, Tel. 06 16 17 97 81, sarloxy@gmail.com, Mo–Sa 9–2, So 13–2 Uhr, Internet: 3,10 €/Std. Im Internetcafé trifft sich die Jugend der Stadt zum Chatten, Spielen und Quatschen.

Volksnah – **Pub Assunta** 2: 4, rue Fontaine-Neuve, Tel. 04 95 34 11 40, tgl. 11–2 Uhr. Von jungen Einwohnern frequentiertes Lokal in alten Gewölben mit guten Bieren, kleinen Speisen (z. B. Hamburger, Salat), Billard im Keller und Fr abends Rock 'n' Roll live.

Chill out – **Bar La Suite** 3: 2, rue César Campinchi, Tel. 04 95 35 95 91, www.lasuitebar.skyrock.com, Mo–Sa 8–2 Uhr. Diese Lounge Bar, eine Oase der Entspannung, hat den ganzen Tag geöffnet. Auf modernen strahlendweißen Ledersesseln oder Sofas zu verschiedenen Mottos chillen.

Kultur pur – **Una Volta** 4: Rue César Campinchi, Tel. 04 95 32 12 81, www.una-volta.org. Das Kulturzentrum vermittelt den Interessenten mit seinem vielfältigen Angebot an Ausstellungen, Aufführungen und Konzerten die korsische Kultur der Moderne.

Alles nur Theater – **Théâtre Municipal** 5: Rue Favalelli, Tel. 04 95 34 98 00. Aktuelles Theaterprogramm: www.bastia.fr, Rubrik: *vie culturelle.*

Infos & Termine

Infos

www.bastia-tourisme.com: ausführliche Website zu Bastia, auch auf Dt.

Office Municipal du Tourisme de l'Agglomeration de Bastia: Pl. St-Nicolas, Tel. 04 95 54 20 40, ot-bastia@wanadoo.fr, Nov.–März Mo–Fr 8.30–12, 14–18, Sa 8.30–12, April–Juni Mo–Sa 8.30–12, 14–18, So, Fei 9.30–13, Juli/Aug. Mo–Sa 8–20, So 8–13, 15–19, Sept./Okt. Mo–Sa 8.30–12, 14–18, So, Fei 9.30–13 Uhr.

Anreise und Weiterkommen

Flughafen Bastia-Poretta: Tel. 04 95 54 54 54, www.bastia.aeroport.fr, s. S. 22.

Pendelbus vom/zum Flughafen: 8 x tgl. (Fahrtzeit: 35 Min., 9 €/Fahrt) vom Bahnhof zum 20 km entfernten Flughafen, Alternative: **Taxi,** Tel. 04 95 36 04 65, ca. 45 €, nachts 55 €.

Schiff: Einzelheiten über Verbindungen zum französischen und italienischen Festland s. S. 23.

Bahn: Verbindung Bastia–Ajaccio (via Corte) 4 x tgl., Dauer: 4 Std.; Verbindung Bastia–Calvi (via Ponte Leccia) 2 x tgl., Dauer: 3 Std.

Bus: tgl. Busse u. a. nach Ajaccio, Corte, Calvi, Saint-Florent, Porto-Vecchio. Genaue Infos zu den Busverbindungen erhält man an der Touristeninformation oder unter www.corsicabus.org.

Verkehr

Obwohl der Durchgangsverkehr bereits durch die Untertunnelung des alten Hafens und Zitadellenviertels umgeleitet

wird, stehen Staus und zähfließender Verkehr am neuen Hafen besonders in der Hochsaison auf der Tagesordnung.
Parkplätze/Tiefgaragen: Pl. St-Nicolas, Place de l'Hôtel de Ville, Vieux-Port, Pl. d'Armes.
Bus innerhalb Bastias: Alle Routen und Fahrpläne findet man unter www.bastiabus.com; Gratispendelbus zwischen Bahnhof und Zitadelle.
Touristenbahn: April–Juni und Sept./Okt. nur mit Reservierung unter Tel. 06 09 37 00 54, Juli/Aug. ohne Reservierung stdl. 9–11, 14–17 Uhr, 7 €. Rundfahrt (50 Min.) mit dem Petit Train von der Pl. St-Nicolas durch die Altstadt zur Zitadelle, inkl. Führung zur Cathédrale Ste-Marie, Oratoire Ste-Croix, Pl. du Donjon, Rückfahrt über Vieux-Port.

Veranstaltungen & Feste

BD à Bastia: Im März finden im Kulturzentrum Debatten und Ausstellungen über Comics statt.
Festival Jazz Equinoxe: 4-tägiges Jazzfestival im April, www.jazzequinoxecorsica.com, Tel. 04 95 31 49 46, Ticket 25 €.
La Relève des Gouverneurs: Am zweiten Samstag im Juli erinnert das Historienspektakel am Vieux-Port an die Machtübergabe der von Genua ernannten Gouverneure.
Shopping de Nuit: Ende Juli bis Mitte August laden die Geschäfte an einigen Tagen zum Shoppen bis tief in die Nacht ein.
Les Musicales de Bastia: Jazz, Klassik, Chanson stehen beim Musikfestival im Oktober auf dem Programm. Außerdem Tanz- und Theatervorstellungen. Infos: www.musicales-de-bastia.com
Christ des Miracles: 3. Mai, Prozession zu Ehren des Kruzifixes von Ste-Croix.
Fest des hl. Erasmus: 2. Juni, Fest zu Ehren des Schutzheiligen der Fischer.
Fest Johannes des Täufers: 24. Juni, Fest zu Ehren des Schutzpatrons der Stadt.

Umgebung von Bastia ▸ F/G 3/4

Oratoire de Monserrato

▸ F 3

An der Pl. St-Nicolas D 81 Rchtg. St-Florent; nach ca. 2 km (Orientierungsmarke an einer Kurve: ein Fast-Food-Imbiss) führt ein Weg nach links zur Kapelle; nach 5 Min. endet der Fußweg am Oratoire de Monserrato.
Die Kapelle ist dem hl. Pankratius gewidmet, der als Schutzpatron der Hirten gilt und bei Rheuma angerufen wird. Außerdem verehren ihn auch die korsischen Banditen als ihren Schutzpatron. Die Kapelle birgt eine Seltenheit, die es außer in Rom weltweit nur an sechs Orten gibt, die **Scala Santa** mit 28 Stufen, eine Kopie der Heiligen Treppe in der Basilica San Giovanni in Laterano in Rom. Jedem Gläubigen, der Buße tut, indem er auf Knien die Stufen emporsteigt, werden die Sünden vergeben.

Serra di Pigno ▸ F 3

Von Bastia aus auf der D 81 Rchtg. St-Florent auf den Col de Teghime und biegt rechts ab auf die D 338, die in 4 km auf den Gipfel führt.
Bei klarer Sicht bietet der Hausberg von Bastia in 960 m Höhe einen fantastischen Rundblick über das Cap Corse und den Etang de Biguglia.

La Réserve Naturelle de l'Etang de Biguglia

▸ F/G 3/4

Von Juni–Sept. Mi, Fr Führungen n. V. (4 €/Pers., Tel. 04 95 33 55 73)

Die 1994 unter Naturschutz gestellte größte Lagune Korsikas erstreckt sich über 1450 ha und ist nur mit professioneller Begleitung zu besichtigen. Mit etwas Glück erspäht man mit dem Fernglas Eisvögel, Kormorane oder Schildkröten. Die vielfältige Pflanzenwelt des Naturschutzgebietes nutzten auch Zugvögel auf ihrem Weg von Europa nach Afrika als Rastplatz.

Wer nicht an dem Naturerlebnis interessiert ist, kann den langen **Sandstrand** auf der anderen Seite der Lagunenstraße genießen.

Übernachten

Schattenplätze – **Camping San Damiano Lido de la Marana:** 20620 Biguglia-Bastia, Tel. 04 95 33 68 02, www.campingsandamiano.com, April–Okt., 21/24,50 € für 2 Pers. mit Zelt und Auto. Unmittelbar am langen Strand gelegen, spenden Pinien den Campern Schatten. Auch Bungalows (pro Woche für 2 Pers. ab 364/644 €) können angemietet werden. Mit Lebensmittelgeschäft, Bar, Restaurant und Pool.

Aktiv

Brauereiführung auf Korsisch – **Brasserie Pietra:** Rte. de Marana, 20600 Furiani, von Bastia die Schnellstraße Richtung Süden bis zum Kreisel von Furiani (linker Orientierungspunkt Total-Tankstelle), Richtung Küste abbiegen, direkt rechts in die Route du Stade, vor dem Fußballstadion links abbiegen, nach 100 m wieder links in die Einfahrt der Brauerei, Tel. 04 95 30 14 70, Juli/Aug. Mo–Fr 10–12, 14–17.30 Uhr, Eintritt frei. Nicht nur die Deutschen können Bier brauen! Dies stellt die Brasserie Pietra bei ihren kostenlosen Führungen mit Verkostung durch die Brauerei unter Beweis. Dass man aus Kastanienmehl und Malz ein schmackhaftes Bier,

Pietra, brauen kann, war die Idee von Dominique und Armelle Sialelli. Seit 1994 ist das Kastanienbier eine Erfolgsgeschichte, wobei die Sialellis ihre Angebotspalette mittlerweile um das helle Serena und das mit Macchiakräutern gewürzte Colomba erweiterten.

Mein Tipp

Shopping zu kleinen Preisen

Der **Magic Stock** (▶ F 3) bietet in einer großen Halle sportliche und modische Markenkleidung zu Discountpreisen. Das überbordende Angebot erstaunt zunächst, wer jedoch die Muße hat, sich durch die Wühltische und Kleiderstangen zu kämpfen, wird mit so manchem Schnäppchen belohnt (RN 193, Borgo/Valrose, Juli/Aug. Mo–Sa 9.30–12.30, 14.30–19.30, Sept.–Juni Mo–Sa 9.30–12, 14.30–19 Uhr).

La Canonica und San Parteo ▶ G 4

Südlich des Etang de Biguglia an der D 107 ragt die frühromanische Kathedrale **La Canonica** am Straßenrand empor. Sie besticht durch Klarheit und Einfachheit. Das Gotteshaus wurde aus den Marmorblöcken der Steinbrüche von Brando und Sisco auf dem Cap Corse mit schießschartenkleinen Fenstern und einer Apsis errichtet. La Canonica war Sitz der Bischöfe des Bistums Mariana zur Zeit der pisanischen und genuesischen Herrschaft.

Im Baptisterium liegen Mosaiken aus dem 4. Jh. frei: Fische, Delfine, Hirsche und bärtige Köpfe als Symbole der vier Flüsse des Paradieses. Neben dem Gebäude können die **Ausgrabungen der**

1300 m hoch ist das ›Rückgrat‹ des Cap Corse, hier mit dem Monte Stello im Hintergrund

römischen Garnisonsstadt Mariana besichtigt werden, die 100 v. Chr. als Stützpunkt gegen die Karthager gegründet wurde.

Rund 300 m westlich von La Canonica liegt – über einen kleinen Feldweg erreichbar – die Kirche **San Parteo** aus derselben Epoche. Ein Löwenrelief verziert den Türsturz des Südtores. Die Mauern im Inneren sind freigelegt, Tauben nisten hier.

Rundfahrt über die Corniche Supérieure ▶ F 3

Zunächst folgt man der Straße nach Saint-Florent, die bis kurz nach dem Couvent Saint-Antoine als D 64 Richtung **Cardo** führt. Die Lage des Dorfes im Vorgebirge auf einem Felsvorsprung über Bastia schützte seine Einwohner vor Angriffen der Barbaren und vor der Malaria. Nachdem das heutige Bastia aus dem Naturhafen Porto Cardo hervorgegangen war, wurde Cardo im Jahr 1839 in die Gemeinde Bastia eingegliedert und 1844 Teil Bastias. Das Dorf genießt noch heute eine Sonderstellung, da es durch einen Sonderbeigeordneten im Stadtrat Bastias vertreten wird. Sein Kirchplatz bietet ein herrliches Panorama auf Bastia. Das Wasser des Brunnens war einst von großer Bedeutung: Fahrende Händler verkauften es im 19. Jh. an die Einwohner von Bastia.

Hinter Cardo fährt man die D 31 durch imposante Wälder Richtung **San-Martino-di-Lota.** Ein Zwischenstopp an der auf Felsen gebauten Kirche **Sainte-Lucie** belohnt mit einer tollen Aussicht über die Küste und

die toskanischen Inseln. Sehr beeindruckend ist die in den grünen Schiefer gehauene Balkonstraße zwischen **Ville-di-Pietrabugno** und **San-Martino-di-Lota.** Das Dorf liegt auf einem Bergkamm inmitten von Terrassenfeldern. Auf dem Kirchplatz wurden bis 1812 die Toten bestattet. In der Woche vor Palmsonntag werden hier Figuren aus Palmblättern für Karfreitag geflochten. – Die Fahrt geht nun zurück über die Küste nach Bastia.

Cap Corse ► F/G 1–3

Wie ein Zeigefinger ragt die nördliche Spitze aus dem faustförmigen Hauptteil der Insel hervor, ein max. 15 km breites, 40 km langes ›Gebirge im Meer‹. Die Korsen nennen es »L'isula di l'isula«. Ein 1300 m hoher Gebirgsrücken aus dunklem Schiefergestein durchzieht das Kap von Süd nach Nord. Der Kontrast ist dort besonders stark, wo der höchste Berg des Cap Corse, der **Monte Stello** (► F 2; 1307 m), mit nur 5 km Luftlinie von der Ostküste entfernt ist. Die nach Westen steil abfallenden Hänge bilden eine zerklüftete Küstenlinie mit jäh aufragenden Felsen und tief eingeschnittenen Kieselbuchten. Die Ostküste steigt sanfter an, bewaldete, vielfach liebliche Täler ziehen sich die Hänge hinauf, größere Flächen sind landwirtschaftlich genutzt und die Dörfer dichter gesät.

Auffälliges Merkmal am Kap sind die ›Amerikaner-Villen‹ – Häuser korsischer Emigranten, die mit dem in der Karibik oder Lateinamerika auf Zucker- und Kaffeeplantagen oder in Goldminen verdienten Geld zurückkehrten. Die von Terrassengärten mit Palmen und exotischen Bäumen umgebenen Gebäude mit den balkonverzierten Fassaden fallen sofort ins Auge. Und großzügige Mausoleen mit Kuppel sind die letzte Stätte der reichen ›Amerikaner-Familien‹.

Ein Drittel aller Genuesertürme der Insel sind hier im 16. Jh. zur Überwachung der Küste gebaut worden. Später waren sie als Symbol für soziales Prestige Wohnsitz der Prominenz Korsikas. Heute sind die renovierten Türme ›nur noch‹ Zeitzeugen der Geschichte. Die blühenden Dörfer im Binnenland besaßen an der Küste Handelsstützpunkte. Inzwischen sind sie, sofern sie nicht im Einzugsgebiet von Bastia liegen, durch Abwanderung geschrumpft. Ehemalige Anbauflächen überwuchert die Macchia, auch wenn sich Weinbau, Schaf- und Ziegenzucht und im geringeren Maße andere Landwirtschaft behaupten. Einmalig sind Flora und Fauna am Cap Corse. Rosmarin und Ginster wachsen auf den Felsenböden. In Meeresnähe bilden Mastixsträucher, Myrten und Heide eine pflanzliche Schutzmauer. Im Naturschutzreservat von Finocchiarola nistet die seltene Korallenmöwe, die man am korallenroten Schnabel mit schwarzem Ring erkennt.

Rundfahrt um den ›Finger‹

Die 110 km lange **Küstenstraße** von Bastia bis Saint-Florent, die eine Rundfahrt um den ›Finger‹ ermöglicht, beschert eine Tour über verwinkelte Dörfer, die förmlich am Berg hängen, und gewährt atemberaubende Aussichten. Die Fahrt ist an einem Tag machbar. Wanderungen oder die Erkundung des Hinterlandes verlängern die Reise. Die Strecke ist von Ost nach West beschrieben, da sie so mit jedem Kilometer reizvoller wird. Autofahrer, die es vorziehen, nicht direkt am Abgrund zu fahren, sondern als Sicherheitsabstand die andere Fahrspur haben wollen, fahren die Strecke entgegengesetzt. Das Cap Corse avanciert übrigens zu einer beliebten Radstrecke.

Von Pietranera nach Lavasina ▸ F 2/3

Der noble Vorort von Bastia, Pietranera, mit seinem winzigen Kiesstrand ist Standort einiger gehobener Hotels und Restaurants. Bekannt ist er aus der Literatur durch das Buch »Colomba« von Prosper Mérimée, das hier spielt. Die Vororte von Bastia dehnen sich über Pietranera aus – wer das Geld hat, baut mit Blick übers Meer an den bewaldeten Hang. **Miomo**, der erste kleine Hafen am Cap, wird sowohl im Norden als auch im Süden von einem genuesischen Turm bewacht. Es lohnt sich ein Abstecher hinauf in das malerische **San-Martino-di-Lota** (s. S. 96). In einer Kurve unmittelbar vor Lavasina geht es nach **Pozzo**, Ausgangspunkt für eine wunderschöne Wanderung auf den Monte Stello, die besonders zur Blütezeit von März bis Mai sehr reizvoll ist. Spätestens hier beginnt die abwechslungsreiche Landschaft des Cap Corse. **Lavasina** ist das »kleine Lourdes vom Cap Corse«. Die Kirche Notre-Dame (vom frühen Morgen bis ca. 19 Uhr zugänglich) mit der unübersehbaren Madonnenstatue am Turm ist in der ersten Septemberwoche Ziel einer Wallfahrt zu Ehren der Jungfrau Maria. Im Inneren befindet sich über dem weißen Marmoraltar eine Darstellung der wunderbringenden Madonna.

Übernachten

Gediegen – **Hotel Pietracap:** Rte. de San Martino, an der Straße nach San-Martino-di-Lota gelegen, Pietranera, Tel. 04 95 31 64 63, www.hotel-pietracap.com, DZ ab 78/109 €. Ein Hotel der oberen Preiskategorie mit modernem Interieur und richtig edlen Marmorbädern.

Aktiv

Den Aufstieg wagen – **Wanderung zum Monte Stello:** Von Pozzo (am Brunnen vorbei durch den Ort) der orangefarbenen Markierung folgen, kurz hinter dem Ort geht es schnurstracks bergauf zur Bocca di Santa Maria in 1097 m, dann rechts am Grat entlang zum 1307 m hohen Gipfel. Dauer: hin und zurück 6 Std. Wasser und Kopfbedeckung nicht vergessen!

Erbalunga ▸ F 2

Von der Straße aus ist die malerische Lage des kleinen Ortes nicht zu erkennen. Als Marina des landeinwärts gelegenen Brando, drängen sich die schiefergrauen Häuser um einen wuchtigen

Turm auf einem ins Meer ragenden Felsen und um den winzigen Fischerhafen. Umgeben von den hübschen restaurierten Gassen ist die idyllische Atmosphäre des Platzes am Hafen lebendiger Treffpunkt der Einheimischen und Touristen.

Übernachten

Stilvoller Luxus – **Hôtel Demeure Castel Brando:** 50 m vom Meer am Dorfrand Erbalungas, Tel. 04 95 30 10 30, www.castelbrando.com, DZ ab 99/175 €. Ein charmantes Traditionshotel mit 19 Zimmern und 6 Suiten für den gehobenen Geschmack in einer Villa des 19. Jh. Vollklimatisierte Zimmer, Pool, Tennisplatz, Privatparkplatz.

Schlicht und schön – **Chambre d'hôtes de Mme Corinne Fabiani:** am Dorfplatz, Tel. 06 09 52 93 68, corinettef@wanadoo.fr, 70 €. Das einzige Zimmer in dem alten Haus im Herzen des Dorfes überzeugt durch seine einfache, geschmackvolle Einrichtung.

Essen & Trinken

Für Gourmets – **Le Pirate:** im Hafen, Tel. 04 95 33 24 20, www.restaurantlepirate.com, April–Dez., Menü 42 €. In edelrustikalem Ambiente verwöhnt dieses Restaurant seine Gäste mit exzellenten Fisch- und Fleischspeisen, die auch das Auge verwöhnen. Der Service ist freundlich und zuvorkommend.

Für Genießer – **Ind'è Noi:** auf der rechten Seite auf dem Weg zum Dorfplatz, Tel. 06 24 30 52 99, Febr.–Nov., im Sommer tgl. geöffnet, außerhalb der Saison Mi abends und Do geschl., Gerichte 9–22 €. Die traditionellen korsischen Gerichte der kleinen mediterranen Karte sowie die Weine überzeugen bei angemessenen Preisen im Geschmack.

Termine

Festival de Musique, Jazz et Guitare: Anfang Aug., 5-tägiges Musikfest mit korsischen Gesängen, französischen Chansons, klassischer Musik und Jazz.

Gründonnerstag: Prozession zum Benediktinerkloster am Berg.

Karfreitag: Im Morgengrauen beginnen die Prozessionen **La Cerca** von allen Kirchen der Gemeinde Brando auf einem gut 12 km langen Weg. Das Zusammentreffen in Erbalunga wird am Abend mit der Prozession in Form einer Spirale beschlossen, der **La Granitula.** Zum Schluss bilden die Fackelträger ein brennendes Kreuz.

Marine de Sisco bis Marine de Porticciolo ▸ F 2

Hinter Erbalunga erstreckt sich die Weite der Macchia, bis man nach 5,5 km **Marine de Sisco** (Siscu) erreicht, dessen Bucht einen Steinstrand hat. Die Kommune Sisco erstreckt sich über 17 Weiler bis zum Fuß des Berges **Cima-di-e-Follicie** (1305 m), dessen weites Tal einen Abstecher wert ist. Im Mittelalter war die Gegend bekannt für ihre Metallschmieden. Unterwegs erinnern die frei stehenden Grabmäler und im Hauptdorf die ›Amerikaner-Villa‹ Saint-Pierre an vergangenen Glanz. Von der Kirche San Martino hat man einen herrlichen Blick in die Runde. Zahlreiche Wanderwege locken in die Berge, wie der halbstündige Weg hinauf zur romanischen **Kapelle Saint-Michel** von 1030, von der man bei schönem Wetter bis nach Italien sehen kann (Ausgangspunkt des Weges ist hinter der Kirche San Martino). Der nächste Küstenort, Marine de Pietracorbara (Petracurbara), bietet einen der wenigen Sandstrände des Kaps.

Als beliebtes Fotomotiv auf der Strecke zur Marine de Porticciolo (Por-

Lieblingsort

Auf den Spuren der ›Leinwandjünger‹ ▶ F 2

Erbalunga – ein Rausch der Farben bei jedem Wetter. Die sanfte Farbpalette des Schiefergesteins, von Schwarzgrau über Blau nach Grün und Ockerbraun, und daneben das Meer, ölig schwarz bis stürmisch aufgepeitscht und Schaum schlagend, haben im 19. Jh. französische Landschaftsmaler angelockt und zu Stammgästen werden lassen. Nach ihnen ist so mancher Platz benannt. Im Anschluss an einen Bummel zum Genueserturm, mit Blick aufs ferne Bastia, geht es durch schmale Gässchen zum Dorfplatz mit Brunnen. Zuletzt ein Plausch in der Bar de l'Arrêt mit den netten Inhaberinnen des Cafés im 60er-Jahre-Landkneipendesign, das einfach und freundlich ist. Passend zum Ort. Gegenüber der Parkplatzeinfahrt, einfache Gerichte, Omelett, Salat etc., ca. 7 €, tgl. geöffnet.

ticciolu) ragt der gut erhaltene Genueserturm **Tour de Losse** auf dem Felsen empor. Am winzigen, charmanten Hafen von **Porticciolo** hat man zwischen den engen Gassen das Gefühl, die Zeit sei stehen geblieben.

Übernachten

Fein und gediegen – **Osteria A Stalla Sischese:** Marine de Sisco, der Straße Richtung Sisco-Village folgen, links liegt das Hotel, rechts das Restaurant, Tel. 04 95 35 26 34, www.astallasischese.com, DZ ab 65/100 €. Die 10 Zimmer des Hauses sind sehr liebevoll in mediterranem Stil eingerichtet. Der Pool liegt sehr ruhig.

Einfach, aber zentral – **Hôtel U Patriarcu:** Marine de Porticciolo, Tel. 04 95 35 00 01, www.u-patriarcu.com, April–Sept., DZ ab 50/70 €. Das renovierte Haus älteren Semesters ist einfach und sauber. Die Zimmer unterscheiden sich in puncto Komfort, Größe und Ausstattung. Tipp: vorher anschauen.

Familienfreundlich – **U Pozzu:** Marine de Sisco, Tel. 04 95 35 21 17. www.u-pozzu.com, März–Dez., DZ ab 60/80 €. Die praktischen, klimatisierten Zimmer haben in der 1. Etage eine individuelle Terrasse, in der 2. Etage befinden sich Mansarden mit Terrasse zum Garten. Der Babysitterservice auf Anfrage.

Oase der Ruhe – **Camping/Caravaning La Pietra:** Marine de Pietracorbara, Tel. 04 95 35 27 49, www.la-pietra.com, April–31. Okt., 22/28 € pro Nacht für 2 Pers. mit Zelt und Auto, Mai/Juni Preisnachlass um 30 %. Im weiten Tal gut 300 m hinter dem längsten Sandstrand des Kaps trennen dichte Hecken die großzügigen, schattigen Parzellen. Die Sanitäranlagen sind sehr sauber.

Einfach – **A Casaiola Camping:** Marine de Sisco, Tel. 04 95 35 20 10, a-casaiola@wanadoo.fr, Mai–Okt., 18,50 € pro Nacht für 2 Pers. mit Zelt und Auto. 250 m vom Meer in schattigem Korkeichenwald in einem wunderschönen Tal vor den höchsten Bergen des Kaps. 60 Plätze, sehr gepflegt, Bungalows und einfaches Restaurant am Strand, hübsche Terrasse über dem Meer.

Essen & Trinken

Deftige Küche – **Osteria A Stalla Sischese:** Marine de Sisco, Tel. 04 95 35 26 34, März–Nov. Küche durchgehend, Menü 16,50–30 €, Kindermenü 12 €. Typisch korsische Küche von *tarte aux herbes* bis *beignets de fromage* wird in rustikalem Ambiente aufgetischt.

Für Sparsame – **Le Caraibo:** Marine de Pietracorbara, Tel. 04 95 35 24 61, Mai–Sept. tgl. Küche durchgehend. Pizza um 9 €. Direkt am Strand kann man auf der Terrasse das Essen genießen.

Aktiv

Sportanbieter für alles – **Club DOLLFIN:** Marine de Sisco, Tel. 04 95 58 26 16, www.dollfin-capcorse.fr, ganzj. geöffnet, Dez.–April auf Anfrage. Aktive können hier vom Fahrrad bis zum Kajak fast alles mieten. Kein Jetski.

Santa Severa ▸ F 2

Bei Santa Severa beginnen die Weinberge, hier werden die A.O.C.-Weine des Cap Corse produziert, vor allem elegant-fruchtige Weißweine und der delikate Dessertwein Muscat. Santa Severa ist die Marine von **Luri**, einer aus 17 Weilern bestehenden Gemeinde in dem hübschen Tal hinter dem Hafen. Die D 180 führt über den Pass **Col de Sainte-Lucie** (381 m) zur Westseite des Kaps – von dort wie von den Weilern Luris führen Wanderwege auf den Höhenkamm, u. a. zur **Tour de Sénèque** (s. o.).

Mein Tipp

Spektakuläre Ausblicke von der Tour de Sénèque ▸ F 2
Aufmerksame Betrachter sehen den Seneca-Turm auf 564 m Höhe bereits bei der Anfahrt über der Westküste thronen. Von der Ostküste kommend folgt man der D 180 Richtung Luri und erreicht nach 11 km den Col de Sainte-Lucie, wo am Rand einer saftigen Wiese eine verlassene Kirche steht. Von hier folgt man einem engen asphaltierten Weg zum früheren Herrschaftshaus Château di Motti, das mit seinem Interieur aus stark angeschlagenem Mobiliar, Fliesenfragmenten, Glasscherben auf dem Boden und zersplitterten Fensterrahmen eine unheimliche Atmosphäre hervorruft. Zu Fuß erreicht man nach einer viertelstündigen Kletterpartie den Genueserturm. Der Blick von hier oben ist überwältigend, die Weite des nördlichen Kaps strahlt Stille und Frieden aus. Der Turm ist nach dem römischen Philosophen und Dichter Seneca (4 v. Chr. bis 65 n. Chr.) benannt, den Kaiser Claudius nach Korsika verbannte, nachdem ruchbar geworden war, er habe dessen Nichte verführt. Sein Exil hat Seneca allerdings in Aléria verbüßt, wo er den jungen Korsinnen nachgestellt haben soll, bis man ihn mit Brennnesseln auspeitschte. Fakt ist, dass eine korsische Brennnesselsorte nach ihm benannt ist und er nicht in dem Turm gelebt hat – denn dieser stammt aus dem 12. Jh.

Übernachten

Gutbürgerlich – **Hôtel Santa Severa:** Rte. du Cap Corse, Tel. 04 95 35 00 98, www.marinadiluri.com, DZ ab 62/89 €. Das kleine, ruhige Hotel im Stil der 1970er-Jahre hat angenehme, klimatisierte Zimmer mit TV und Kühlschrank. Schöne Terrasse, ideal zum Frühstücken.
Naturbelassen – **Camping Santa-Marina:** Santa-Severa, Tel. 04 95 35 02 86, www.camping-santamarina.com, Mai–Okt., ca.18 € für 2 Pers. mit Zelt und Auto. Kleiner, relativ sauberer, angenehmer Platz mit schattigen Plätzen.

Essen & Trinken

Ländlich bodenständig – **Restaurant-Pizzeria A Cantina:** am Hafenkai in Santa Severa, Tel. 04 95 35 05 67, domcantina@aol.com, Okt. geschl., außerhalb der Saison von So abends bis Do abends geschl., korsische Gerichte 12 €, Hauptgerichte um 20 €. Unter dem Deckmantel einer einfachen Pizzeria versteckt sich eine gute korsische Küche mit Omelettes etc. Ausgezeichnete landestypische Nachspeisen.

Einkaufen

Reinen Wein einschenken – **Cave Pieretti:** Santa Severa an der Kreuzung D 80/D 180, Tel. 04 95 35 01 03, Juni–Sept. 9–12, 15–18/19 Uhr. Lina Venturi-Pieretti führt die Winzerei in der fünften Generation. Die geschmacklich ausgezeichneten Capweine sind vorzüglich, preisgekrönt ist der Muscat.

Aktiv

Für Freunde der Flora und Fauna – **Les Jardins Traditionnels du Cap Corse:** Luri, Lieu-dit Cepita, ▷ S. 106

Auf Entdeckungstour: Spaziergang durch die korsische Landarchitektur

Mit finanzieller Unterstützung der EU (Programm leader +) machen Heimatvereine in allen Teilen der Insel das alte Wegenetz neu zugänglich. Dies ermöglicht diverse leichte bis mittelschwere Spaziergänge für fast jedermann. Trotzdem muss man immer an Trinkwasser, Kopfbedeckung und gutes Kartenmaterial denken!

Reisekarte: ► F 2, F 4

Kartenmaterial: Die Reihe IGN mit dem Maßstab 1 : 25 000 gibt es für alle Inselteile in den Zeitschriftenläden vor Ort. Für beide Routen, »La Balade des Ponts et des Fontaines« (Brücken und Brunnen) und »Sentier des Sources et Rochers remarquables en Haute vallée« (Felsen und Quellen), empfiehlt sich: TOP 25 4347 OT.

Informationen: www.pietracorbara.net/circuits.Kontakt: Tel. 06 10 62 09 17. Anmeldung am Vortag; Preis 5 €, Kinder von 6 bis 11 J. 2 €, Kinder bis 6 J. gratis. Die Führungen finden auf Französisch und Englisch statt.

www.destination-cap-corse.com: Auf dieser Webseite stehen weitere 18 Touren am Cap Corse mit Detailkarten zum Download.

Routes de l'Eau – Spaziergänge im Tal von Pietracorbara (▶ F 2)

Die beiden Spaziergänge – beide im oberen Tal von Pietracorbara – sind insbesondere für Familien mit Kindern empfehlenswert, da eine Dorfbewohnerin sich von Juni bis September liebevoll und für wenig Geld der kleinen Truppe annimmt. Man kann die Wanderungen allerdings auch auf eigene Faust unternehmen, was vermutlich nicht ganz so kurzweilig ist.

Brücken und Brunnen rund ums Dorf

Jeden Mittwoch früh morgens ab 8 Uhr führt eine Ortsansässige die blau markierte Tour »Brücken und Brunnen rund ums Dorf«. Die Wanderung (Tour 1) ist 6 km lang mit einer Höhendifferenz von 150 m und dauert etwa 2,5 Stunden. Los geht es an der Kirche von St-Clement, die am Dorfeingang links liegt.

Die Tour führt zu zwei Genueserbrücken, die sich über den Wildbach Guadubughju spannen, zu gefassten Quellen, einer restaurierten Mühle und zu diversen Weilern.

Felsen und Quellen im oberen Tal

Etwas sportlicher gestaltet sich die Tour 2, die die Dorfbewohnerin dienstags ab 17 Uhr führt und die wohl die schönste der vier »Routes de l'Eau« im Tal von Pietracorbara ist: Die gelb markierte Tour dauert etwa 2,75 Stunden und überwindert auf 6 km eine Differenz von immerhin 450 Höhenmetern.

Der Ausgangspunkt der Wanderung »Quellen und Felsen im oberen Tal« ist die Villa des Trois Maries im Weiler Lapedina Suttana. Auf der Route sind Relikte aus der Gesellschaft von Tierhaltern und Bauern des 19. Jh. zu sehen, außerdem eine Eiche, die mehr als 450 Jahre auf dem Buckel haben soll, die Kapelle Saint-Pancrace, der Felsen Petra Curbaghja (Rabenstein), dem das Tal seinen Namen verdankt, und ›a Galina‹, das Legehuhn als Riesenstein.

Von hier aus bietet sich ein fantastischer Ausblick auf die Täler von Pietracorbara, Cagnano und Luri, auf die Küste, das toskanische Archipel sowie die Inseln Capraia, Elba, Pianosa und Montecristo.

Andere Routen führen an den Strand (»Le Chemin de la Plage aux Hameaux«, 10 km, 3 Std.) bzw. zum Wildbach Guadubughju (»Promenade au Fil de l'Eau«, 4,5 km, 1,75 Std.).

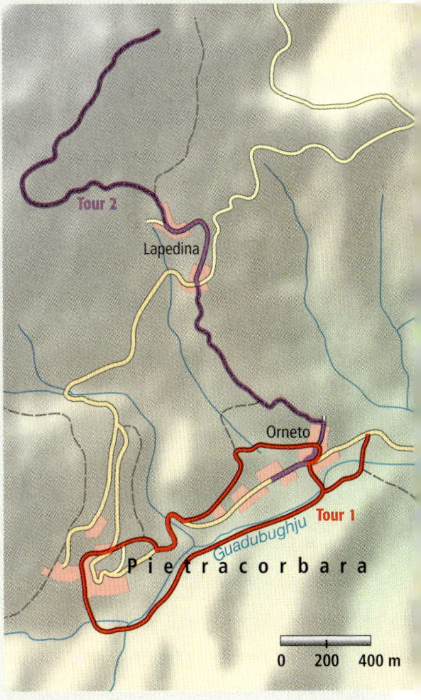

Tel. 04 95 35 05 07, www.lesjardinstraditionnelsducapcorse.org, Mai–Okt. tgl. 9–13, 16–19 Uhr, Eintritt inkl. Verkostung: Erw 5 €, Kinder ab 10 J. 3 €. Das Konservatorium präsentiert auf 3 ha Land die Vielfalt der Vegetation vom Cap Corse mit über 100 verschiedenen Früchten und 70 verschiedenen Gemüsesorten. Hier verbindet man wissenschaftliches Arbeiten und Kultivierung der Pflanzen mit dem Verkauf dieser Bioprodukte. Insbesondere vormittags von Mitte Juli bis Ende August lohnt sich eine Besichtigung, da man dann noch einen Streifzug über den kleinen Biomarkt machen kann.

Termine

Fiera di u Vinu: 1. Juliwochenende, Weinfest in Luri am Hauptweiler Piazza. Winzer sowie Erzeuger von landwirtschaftlichen Produkten und Kunsthandwerker stellen aus. Wettbewerbe, Musikdarbietungen und diverse Imbissstände bieten eine gute Gelegenheit, sich durch die Insel zu kosten.

Macinaggio ▸ F 1

Macinaggio (Macinaghju), das schon in den Unabhängigkeitskämpfen im 18. Jh. als Hafen diente, sollte unter Pasquale Paoli zur Flottenbasis ausgebaut werden. Er selbst landete hier, als er 1790 aus dem Exil zurückkehrte, um noch einmal den Kampf gegen Frankreich aufzunehmen. Heute hat der Ort, der schon in der Nordspitze des ›Fingers‹ liegt, den größten Jachthafen des Kaps, an dessen Quai sich Restaurants, Cafés und Geschäfte reihen. 2 km nördlich liegt der schöne Sandstrand der **Baie** (Bucht) **von Tamarone,** den man hinter dem Ort vorbei am Campingplatz U'Stazzu über eine mit Schlaglöchern übersäte Straße erreicht. Verlässt man diesen letzten Hafenort der Ostküste, passiert die Straße einige Weingüter und führt ins Landesinnere gen Westen.

Übernachten

Auberge U Libecciu: Rte. de la Plage-Lieu-dit Foce, an der D 80 Richtung Rogliano am Dorfende links, Tel. 04 95 35 43 22, www.u-libecciu.com, April–Mitte Okt., DZ 74/115 €, Apartments 525/1120 € pro Woche. Das nur 100 m vom Zentrum entfernt gelegene Haus ist der ideale Ausgangspunkt für den Wanderweg Le Sentier des Douaniers (s. rechts). 30 einfache, saubere Zimmer, alle klimatisiert; außerdem 10 Apartments für 2–4 Pers. Pool.

Familientauglich – **Gîtes de Campu Stelle:** Rte. de la Plage de Tamarone, Tel. 04 95 35 49 21, www.gitencorse-campustelle.com, 360/480 € pro Woche. Die nur 200 m vom Meer entfernten Ferienwohnungen sind einfach, aber gut ausgestattet, alle mit einer amerikanischen Küche.

Einfach und preiswert – **Camping de la Plage U Stazzu:** Rte. de la Plage de Tamarone, 700 m zum Ortseingang, 200 m zum Strand, Tel. 04 95 35 43 76, www.camping-u-stazzu.jimdo.com, Mai–Sept., 20 €/Tag für 2 Pers. mit Auto und Zelt. Nördlich des Ortes Richtung Rogliano, dann dem Campingwegweiser nach rechts folgen. Die 150 schattigen Plätze haben einfache sanitäre Anlagen. Dafür entschädigt der feine Sandstrand in der Bucht von Tamarone. In der Nähe liegt das Naturschutzgebiet mit den Finocchiarola-Inseln.

Essen & Trinken

Einfach urig – **Le Galère:** am Ortsausgang Richtung Rogliano rechts, Tel. 06 04 51 81 86, Menü 12–28 €. Gemütlich, reichlich und gut!

Mein Tipp

In den Fußstapfen der ehemaligen Zöllner

Der alte Zöllnerpfad **Le Sentier des Douaniers** (▶ F 1), der in Macinaggio an der Bucht von Tamarone bzw. in Centuri beginnt, erstreckt sich entlang der Nordküste des Kaps. Auf diesem einmaligen Wanderweg durchquert man das unberührte Naturschutzgebiet **La Capandula,** passiert Denkmäler der korsischen Geschichte und bewundert die unvergleichliche Landschaft mit den wunderschönen Stränden des Cap Corse. Diese Tour dauert knapp 8 Std.: Macinaggio–Barcaggio 3 Std., Barcaggio–Tollare 45 Min., Tollare–Centuri 4 Std. Sie ist besonders empfehlenswert, weil sie ohne Schwierigkeiten von fast jedem begehbar ist und bleibende Natureindrücke hinterlässt.

Einkaufen

Landestypische Weine – **Clos Nicrosi:** Macinaggio, gegenüber Hotel U Ricordu, Tel. 04 95 35 41 17, www.clos-nicrosi.fr, Juni–Aug. Mo–Sa 10–12, 16–19 Uhr. Namhafte Winzerei mit Verkostung.

Aktiv

Aktivitäten im Naturschutzgebiet – **U San Paulu:** am Hafen, Tel. 04 95 35 07 09 oder 06 14 78 14 16 (9–19.30 Uhr), www.sanpaulu.com. **Kommentierter Bootsausflug** mit Badestopp: Erw 24 €, Kinder bis 12 J. 12 €, Kinder bis 4 J. frei. Fahrt zum Strand von Barcaggio: Erw. 28 €, Kinder bis 12 J. 14 €, Kinder bis 4 J. frei. Fischen jeden Mi und Sa; Angler 36 €, Begleiter 20 €.

Abtauchen – **Capi Corsu Diving:** am Hafen, Tel. 04 95 35 31 70, http://capcorseimmersion.free.fr. Links gegenüber der Hafenmeisterei bietet die Tauchschule Tauchgänge an.

Hoch zu Ross – **Cavallu di Ruglianu:** beim oben genannten Campingplatz U Stazzu, Tel. 04 95 35 43 76, Juli/Aug. Eine willkommene Abwechslung ist die Erkundung der Umgebung mit dem Pferd. Kurse, Ausritte.

Infos & Termine

Office de Tourisme de Macinaggio-Rogliano: Port de Plaisance, am Südende des Hafens, Tel. 04 95 35 40 34, www.macinaggiorogliano-capcorse.fr, in der Saison Mo–Sa 9–12, 14.30–19, So, Fei 9–12, außerhalb der Saison Mo–Fr 9–12, 14–17 Uhr. Das Office bietet einen Internetservice.

Nautival: letztes Mai- oder 1. Juniwochenende, Fest rund um das Thema Meer mit vielen Darbietungen.

Rogliano ▶ F 1

Eine Nebenstraße führt in das imposante Hauptdorf Rogliano (Ruglianu) am Hang des auslaufenden Gebirges. Lange Zeit eine wohlhabende Gemeinde aus sieben Weilern mit 4000 (!) Einwohnern unter dem Herrschaftsgeschlecht Da Mare, erinnern heute nur noch Burgruinen, einige Kirchen und prächtige Familiengräber an die einstige Bedeutung Roglianos. Der Umweg lohnt sich allein wegen der fantastischen Aussicht.

Übernachten, Essen

Legendär – **Sant'Agnellu:** im Dorfzentrum an der Kirche, Tel. 04 95 35 40 59, www.hotel-usantagnellu.com, Ostern –Sept., DZ 80/130 €, jeweils mit Frühstück, Kinderermäßigung, Menü 25 €. Von dem Hotel-Restaurant im alten Dorf am Hang hat man einen fantastischen Rundblick über die nordöstliche Inselspitze. Das Haus ist frisch renoviert. Besonderer Service ist der tägliche, kostenlose Minibustransfer nach Macinaggio und zurück. Die korsischen Spezialitäten sind ausgezeichnet.

Barcaggio ▶ F 1

Bei Ersa führt eine abenteuerliche Fahrt durch wild wuchernde Macchia und Olivenhaine zum kleinen Hafenstädtchen Barcaggio (Barcaghju), das durchaus einen Abstecher wert ist. Die Insel La Giraglia (Ile de la Giraglia) mit ihrem massigen Leuchtturm liegt unweit vom Festland im Meer. Der flache, einsame Strand östlich vom Dorf ist besonders für Kinder ein willkommenes Badevergnügen. Man isst sehr gut im **U Fanale** (Tel. 04 95 35 62 72). Im Sommer auch Grillbude **A Cala** am Strand.

Übernachten

Traumhafte Aussicht – **Hotel Petra Cinta:** direkt am Meer in Barcaggio, Tel. 04 95 36 87 45, http://hotelpetracinta.free.fr, DZ ohne Frühstück 75/130 €. Kein eigenes Restaurant. Gepflegtes Herrenhaus mit 9 Nichtraucher-Zimmern.

Oben im Dorf Ersa – **Hotel Le Saint Jean:** www.lesaintjean.net, Tel. 04 95 47 71 71, DZ ohne Frühstück 75/120 €, Frühstück 8 €. Eigenes Restaurant. Amerikanervilla aus dem späten 19. Jh.

Moulin Mattei ▶ F 1

Von Barcaggio führt die Straße in das verschlafene Nest Tollare, das außer ein paar charmanten Häusern, einem restaurierten Genueserturm und dem Kiesstrand wenig zu bieten hat. Zurück auf der D 80, führt am **Col de Serra** (396 m), wo sich die Straße nach Süden wendet, ein Weg in 5 Min. zum Aussichtspunkt an der Moulin Mattei, die im frühen 20. Jh. von der Fa. Mattei restauriert und als Werbefläche für den berühmten Aperitif genutzt wurde. Der Aussichtspunkt bietet einen tollen Fernblick über die Nordspitze des Cap Corse mit der Insel Giraglia im Norden und dem Fischerort Centuri-Port im Westen.

Früher säumten einige Windmühlen die Felsspitzen im Norden des Kaps. Sie verarbeiteten Weizen aus der Balagne und Italien, bis der Weinanbau Konjunktur hatte. Heute sind diese Mühlen bis auf die Moulin Mattei zerfallen, ebenso wie die Wassermühlen, die an den Flüssen von Gestrüpp überwuchert in Vergessenheit geraten sind.

Centuri-Port ▶ F 1

Am schönsten ist die Anfahrt von Nordosten durch den Weiler Camera hinunter ans leuchtend blaue Meer der Westküste. Der kleine romantische Fischerhafen Centuri-Port lockt jedes Jahr unzählige Besucher an. Die idyllischen Restaurants versammeln sich um das Hafenbecken, in dem die Fischerboote schon für den Fang am nächsten Morgen bereitstehen. Feinschmecker kommen hier, im Zentrum der Langustenfischerei, voll auf ihre Kosten. Interessante Tauch- und Schnorchelgründe locken mit ihrem Fischreichtum.

Bei dem kleinen Bergdorf Morsiglia (▶ F 1) erreicht man wieder die Hauptstraße, die sich kurvenreich an der Küste entlangzieht.

Übernachten, Essen

Jedes Zimmer ist anders – **Le Vieux Moulin:** Centuri-Port, am Hafen linke Seite,

Tel. 04 95 35 60 15, le-vieux-moulin.net, März–Okt., DZ ab 100/110 €, Menü ab 40 €. Das ›Amerikaner-Haus‹ aus dem 19. Jh. bietet 2 Zimmer im Haupthaus und 16 Räume im Anbau. Die Terrasse thront über dem Hafen. Im rustikalen Restaurant wird fangfrischer, köstlich zubereiteter Fisch serviert.

Übernachten

Einfach und preiswert – **Hôtel De la Jetée:** Centuri-Port, Tel. 04 95 35 64 46, www.la-jetee.net, ganzj., DZ 70/85 € inkl. Frühstück. Die Inhaber sind freundlich und zuvorkommend, die sauberen Zimmer einfach eingerichtet. Schöner Blick auf den idyllischen Hafen von der Terrasse oder vom Balkon.

Gut besucht – **Camping L'Isulottu:** Marine de Mute, Tel. 04 95 35 62 81, isulottu@wanadoo.fr, www.isulottu.fr, Juni–Sept., 1 km südl. des Hafens von Centuri, 20 € pro Nacht für 2 Pers. mit Auto und Zelt. Der schattige Campingplatz ist nur 200 m vom Kieselstrand entfernt. Obwohl es 150 Stellplätze gibt, ist er in der Hochsaison oft überlaufen.

Essen & Trinken

Einfach, reichlich, gut – **U Cavallu di Mare:** Centuri-Port, Tel. 06 18 15 76 31 oder 04 95 36 68 05, März–Mitte Okt., Menü 18,50–52 € (Langusten), Tagesgerichte 11–16 €. Nicht jedes Restaurant in Centuri-Port sprengt das Budget. Besonders empfehlenswert: *Assiette Corse* (Schinken, Schafskäse, Konfiture, 15 €).

Frische Fische – **A Macciotta:** Centuri-Port, Tel. 04 95 35 64 12, April–Okt., Menü ab 18,50 €. 50 m vom Hafen an der Nordseite gelegen, stehen auf der Speisekarte die am Tag gefangenen Meeresspezialitäten. Der hausgemachte *fiadone* (korsischer Käsekuchen) ist ein Gedicht. Die Weine stammen von Domaine de Pietri in der Nachbarschaft.

Aktiv

Tauchen – **Corse Bleu Marine Compagnie:** Centuri-Morsiglia, Marine de Mute neben Camping L'Isulottu, Tel. 04 95 35 60 46, http://bleumarine.compagnie.free.fr, nur im Sommer geöffnet, Reservierung erwünscht. Der Tauchklub unter der Leitung von Richard Genatio bietet Tauchgänge in die vielfältige Unterwasserwelt an und die Ausbildung bis zum Niveau 3.

Pino ▸ F 1

Unübersehbar sind die ›Amerikaner-Villen‹ auf dem Weg nach Pino (Pinu) – im Weiler Metino steht das **Palais Francesci,** dessen Besitzer eine Goldader fand, die ihm so viel einbrachte, dass ihm bei seinem Tod die Hälfte von Französisch-Guayana gehörte. Umgeben von Platanen, Olivenbäumen und Eichen konzentriert sich das dürftige öffentliche Leben von Pino auf das Lokal neben der Tankstelle und die Bänke an der Durchfahrtsstraße. Im Norden des Dorfes eröffnet sich eine weite Sicht auf das Meer, wo am Strand ein ehemaliges Franziskanerkloster aus dem 15. Jh. und eine Genueserturmruine stehen.

Canari ▸ F 2

Wer dem Hauptverkehr entkommen will und nicht kurvenscheu ist, wählt ab Pino die Nebenstrecke D 33, die höher am Hang durch die stillen Welten des Kaps nach Canari führt. Am Hauptplatz mit Palmen und Uhrenturm hoch über dem Meer – der Blick ist fantastisch, zu Sonnenuntergang unübertrefflich – ist ein Parkplatz, von dort gelangt man bergauf rasch zur Kirche **Santa Maria-Assunta** mit ihrer klaren einfachen Architektur des 12. Jh.

Sie ist eine der wenigen romanischen Kirchen aus der pisanischen Epoche, die noch gut erhalten ist. Dahinter liegt das restaurierte Kloster Saint-François, in dem das **Conservatoire du Costume Corse** (in der Saison Di–So 10–12, 17–20 Uhr, Eintritt frei) korsische Trachten aus der zweiten Hälfte des 19. Jh. ausstellt.

Wohnmobile sollten auf der D 80 bleiben und über Minerbio und Marinca weiterfahren. Auf dem Weg nach Süden passiert man die Ruinen des 1965 stillgelegten Asbesttagebaus von Canari, dessen Abraum den Stränden der Umgebung die ›schwarze‹ Farbe verliehen hat. Initiativen setzen sich dafür ein, die hässliche Narbe in der Landschaft endlich zu entfernen, aber bisher fehlte das Geld. Bei Sonnenuntergang lohnt sich ein Abstecher über die steile Straße zur **Marine de Cannelle,** einem einmalig schönen Plätzchen am Wasser.

Übernachten, Essen

Relativ preiswert – **Hotel/Restaurant Au Bon Clocher:** am Kirchplatz von Canari, Tel. 04 95 37 80 15, www.aubonclocher.fr, Febr.–Dez., DZ 55 €, Hauptgerichte ca. 12 €. 8 ordentliche, saubere Zimmer. Das Terrassenlokal an ruhigem, schattigem Fleck bietet Fisch aus eigenem Fang, den Ange Granini köstlich zubereitet.

Wohnen mit Aussicht – **Le chat qui peche:** zw. Canari und Albo direkt an der Straße, Tel 04 95 37 81 52, www.aubergeduchatquipeche.com. Gute Landesküche, Budget ca. 20 €, auch Zimmervermietung (49€/Pers.) Grandioser Blick von der Terrasse aufs Meer, blühende Gärten und das Hochgebirge.

Übernachten

Im Kloster – **I Fioretti:** Couvent St-François, www.ifioretti.com, DZ 60/70 € inkl. Frühstück. Das ehemalige Franziskanerkloster von 1505 wurde generalüberholt und stellt 6 Mönchszellen und 3 Bungalows (wochenweise, teilw. behindertengerecht) zur Verfügung.

Marine d'Albo ▸ F 2

In dem Fischerdörfchen Marine d'Albo (Marina di Albu) mit dem dunklen Strand unter einem schönen Genueserturm landeten 1588 90 Piratenschiffe und überfielen von dort das landeinwärts liegende Ogliastro. Die Seeräuber legten den Ort in Trümmer und verschleppten die 40 Einwohner in die Sklaverei. – Vor dem Baden in der Bucht sei wegen der starken Unterströmung gewarnt.

Übernachten, Essen

Am Meer – **Hotel Marinella:** Marina di Giottani, Barrettali, Tel. 04 95 32 12 15, www.hotelmarinella.fr, DZ ab 55/70 €, Mittagsmenü 22 €, ganzjährig geöffnet. Sehr ruhig, direkt am Meer gelegen. Boot-, Kajakvermietung, Bar.

Nonza ! ▸ F 2

Ein Ort wie aus dem Bilderbuch. Die Häuser von Nonza scharen sich um einen Felsen, der fast senkrecht 160 m aus dem Meer aufragt und von einem grün-schiefrigen Turm beschützt wird. Bis Mitte des 20. Jh. beherrschten Fischerei und Landwirtschaft die Arbeitswelt des Ortes, bis der Asbestabbau am Monte Cuccaro höhere Gewinne versprach. Langsam verschwanden die mit Zitrusfrüchten und Olivenbäumen kultivierten Terrassenhänge und Fischerboote am südlichen Ende des Strandes aus der Dorfidylle.

Die von Legenden umwobene Tour Paoline dominiert die schiefergedeckten Häuschen und engen Gassen Nonzas

In Nonza soll die hl. Julia geboren worden sein, die Kaiser Diocletian 303 foltern und kreuzigen ließ, weil sie nicht vom Glauben lassen wollte. Als man ihrem Leichnam die Brüste abschnitt und auf den Fels warf, entsprangen dort zwei Quellen, die bis heute als wundertätiges Wasser aus der **Fontaine Sainte-Julie** sprudeln – zu kosten in der kleinen Kapelle an der Treppe, die vom Knick in der Dorfstraße zum Strand führt.

Eine Darstellung der hl. Julia am Kreuz hängt in der **Barockkirche Sainte-Julie** aus dem 16. Jh. Zu Ehren der Schutzheiligen Korsikas findet jährlich am 22. Mai eine Prozession statt.

Aufstieg zur Tour Paoline

Durch die Gassen hinter dem hübschen Dorfplatz steigt man zum restaurierten Wehrturm aus dem 16. Jh. auf, der heute für Fotoausstellungen genutzt wird. An klaren Tagen reicht der Blick bis zum Cinto-Massiv auf der Hauptinsel. 1768 belagerten französische Truppen den Turm. Mächtig donnerte das Geschützfeuer aus allen Schießscharten. Man schickte einen Abgesandten zu Verhandlungen aus, mit dem Ergebnis, dass den Belagerten freies Geleit versprochen wurde. Wie staunten die Soldaten, als kurz darauf ein einziger Mann aus dem Turm herabstieg: der alte Jacques Casella, der sich ein System aus Schnüren gebastelt hatte, mit dem er sämtliche Gewehre und Kanonen allein abfeuern konnte. Jacques Casella ging als Held in die Geschichte ein.

Am schwarzen Strand von Nonza

Der Kontrast zwischen türkisfarbenem Meer und anthrazitfarbenem Sand macht den Strand erst so bizarr. Verantwortlich für dieses Farbspiel ist der rundgewaschene, von Grün bis Anthrazit schimmernde Schiefer, der einst als Abraum aus der nahen, 1965 stillgelegten Asbestmine angeschwemmt wurde. Der breite Strand erstreckt sich über 1 km. Eine lange Treppe führt in der Nähe des Straßenknicks am Nordende des Dorfzentrums in 15 Min. über verwilderte Terrassen zum Strand hinab. Die Zufahrt mit dem Auto am nördlichen, weniger schönen Ende des Strandes ist bis zum Tennisplatz möglich. Asbest ist nur gefährlich, wenn es als Feinstaub in die Lunge kommt. Am Strand ist es im Kiesel gebunden.

Übernachten

Klein und fein – **Casa Maria:** direkt am Weg zum Turm von Nonza, Tel. 04 95 37 80 95, www.casamaria-corse.com, April–Okt., DZ 75/95 €. In familiärer Atmosphäre zeigen sich Zimmer in elegantem Ambiente. Alle Zimmer sind klimatisiert und haben z. T. Meerblick.
Sympathisch – **Chambres d'hôtes Casa Lisa:** im unteren Teil des Dorfes, Tel. 04 95 37 83 52, www.casalisa.fr, April–Okt., DZ 55/70 €. Paule Patrizi Olmeta stellt ihren Gästen 8 unterschiedlich eingerichtete Zimmer zur Wahl. Charmante Terrasse mit einmaligem Blick auf den Golf von Saint-Florent.
Einfach freundlich – **Camping a Stella:** Marine de Farinole, 10 km südl. von Nonza, steil bergab in der Kurve, Tel. 04 95 37 14 37, www.campingastella.com, Mai–Sept., ca. 22 € (HS) für 2 Pers. mit Auto und Stellplatz. Sehr freundlicher Empfang auf gepflegtem Campingplatz an einer größeren Bucht. Mit Waschmaschinennutzung!

Essen & Trinken

Romantik pur – **Le Rire de l'Ane:** am Dorfplatz von Nonza, Tel. 04 95 37 03 16, tgl. 12–14, 19.30–21 Uhr, Hauptgerichte ab 16 €. Im Winter im Stammhaus und im Sommer draußen auf der romantischen Terrasse schmecken der Salat Multicolore (9 €) und die Beignets de Fromage (8 €) einfach vorzüglich.

Termine

Rencontres culturelles de Nonza: 2. Aug.-Woche, Festival der Kunst, Ausstellung von Fotos und Bildern.
Fête de Sainte-Marie: 15. Aug. abends. Nonza wird zu Ehren der Jungfrau Maria märchenhaft beleuchtet, Einheimische und Fremde gehen in einer gemeinsamen Prozession durch den Ort.

Radtour an der Westflanke des Cap Corse

Länge: 70 km, Dauer: 5 Std.,
Karte: IGN 4347 OT,
Einkehrmöglichkeiten: viele
Ab **Marine de Farinole** geht es auf der D 80 noch Norden und über Negru nach **Nonza** (Café, Läden; s. S. 110) stetig leicht bergauf, dann über **Albo** an der beeindruckenden Ruine des Asbesttagebaus vorbei über Canelle, Marinca, Giottani, Minerbio bis nach **Pino** (Einkaufsmöglichkeit, Restauration). Hinter Pino dann kurz steil hoch (1,5 km) Richtung Luri bis zur Einmündung der D 33, auf der wir gemütlich nach Süden zurückfahren. Dieser **Höhenweg** führt parallel zur 200 m tiefer liegenden Hauptstraße nach Süden und über Barrettali und Canari wieder hinab nach Canelle. Nach **Barettali** kommt eine starke Steigung Richtung **Canari** (150 Höhenmeter). Die Strecke ist leicht zu finden, sehr verkehrsarm, und man hat ständig einen grandiosen Fernblick in den Golf von Saint-Florent; manchmal sogar bis zum Wolkenband über den französischen Seealpen.

Wer auf dem Heimweg Lust hat zu baden, der fahre in Albo 500 m hoch Richtung Ogliastro. An der *Stazzona* (ausgeschildert) das Rad abstellen. Von hier läuft man auf einem steilen Pfad links herunter zu **schönen Badestellen.**

Radtour an der Westflanke des Cap Corse

Patrimonio ▸ F 3

Gemeinsam mit Bonifacio im Süden ist die Umgebung von Patrimonio das einzige Gebiet der Insel aus Kalkstein. Das Tal von Patrimonio zeigt daher ein ganz eigenes Gesicht. Das Dorf bildet das Zentrum des Weinbaugebiets mit zahlreichen Kellern, in denen die angesiedelten Winzer zu Degustation und Direktverkauf der edlen Tropfen geöffnet haben. Die umliegenden Berge schützen die Reben vor den Winden, und der fruchtbare, sand- und tonhaltige Boden bildet eine ausgezeichnete Grundlage für besonders gute Weinqualitäten, die dem Anbaugebiet seit 1968 das begehrte Etikett »A.O.C. – Qualitätswein mit Prädikat« sichern. Die traditionelle Anbauweise ohne chemische Zusätze ermöglicht sogar den Anbau einiger Bioweine. Bekannt ist der fruchtig süße Dessertwein Muscat du Cap Corse A.O.C.

Die über dem Dorf gelegene **Eglise Saint-Martin** stammt aus dem 16. Jh., ihr Glockenturm von 1810. Sie scheint etwas zu überproportioniert für den Ort. Im kleinen Park an der Kirche, gegenüber einer modernen Steinbogenskulptur zur Erinnerung an die Toten der beiden Weltkriege, steht unter einem Dach die gut erhaltene **Menhirstatue U Nativu.** Die 2,29 m hohe, mit ausgeprägten Gesichtszügen versehene Statue aus Kalk kam an anderer Stelle bei Bauarbeiten ans Licht, sie stammt aus dem 1. Jt. v. Chr.

Essen & Trinken

Hausmannskost – **Osteria San Martinu:** Hameau Poretto, nicht weit vom westlichen Dorfeingang, Tel. 04 95 37 11 93, Mai–Sept., Hauptgerichte

15 €. Man speist auf einer langen, überdachten Terrasse, wo der Patron schmackhafte Gerichte auf dem Grill zubereitet. Das Gemüse stammt aus dem eigenen Garten.
Schneller Service – **Le Bartavin:** oben im Dorf, Tel. 04 95 38 37 94, April–15. Nov. tgl., im Winter ab 16 Uhr, Hauptgerichte um 18 €. Die korsische Küche und ein schneller Service zeichnen das Restaurant aus. Die vortreffliche Weinkarte rundet das Angebot ab.
Schlemmen auf Korsisch – **U Rond-Point:** Lieu-dit Lustincone, an der D 80 in Richtung Patrimonio, Tel. 06 38 22 03 07, Mo, Di, Do–Sa 12–14, 19–22 Uhr, Budget mittags ab 16 €, abends 21–30 €. Traditionelle korsische Küche; mit schöner Terrasse.

Einkaufen

Bei 21 Winzern in Patrimonio und seiner Umgebung fällt die Auswahl schwer. Die hier aufgeführten Namen stehen für Spitzenweine, deren Degustation man sich nicht entgehen lassen sollte.
Für Weinliebhaber – **Domaine Arena:** an der Kreuzung von D 80/D 81, Tel. 04 95 37 08 27. Auf nur 14 ha produziert der junge Antoine Arena Weiß-, Rot-, Rosé- und Muskatweine, die zu den besten der Insel zählen. Der rote Cuvée Carco ist super.
Bio-dynamisch – **Domaine Cordoliani:** 2,5 km außerhalb von Saint-Florent auf der D 238 in Richtung Kathedrale. Nach einer traumhaften Grottenkulisse sind es noch ca. 1,5 km, dann 100 m rechts der Straße, ausgeschildert, www.domaine-cordoliani.com, Tel. 09 80 40 17 33, 06 11 01 16 15, Sa–Mo, Anmeldung erwünscht, vor 12 und nach 16 Uhr. Auf nur 12 ha Fläche wird einer der edelsten Biotropfen der Gegend streng nach Mondkalender ausschließlich manuell angebaut. Das schmeckt man! Flaschenweine gibt's von 10 bis 15 €.
Siegerwein – **Domaine Catarelli:** an der D 80 Richtung Marine de Farinole, Tel. 04 95 37 02 84. Der Traditionsbetrieb am Meer wurde schon mit vielen Goldmedaillen ausgezeichnet. Besonders zu empfehlen ist der Vermentino dieser Domaine.
Für Weinkenner – **Domaine Orenga de Gaffory:** vom Kreisel am Ortsausgang 300 m Richtung St-Florent, Tel. 04 95 37 45 00, www.orengadegaffory.com. Mit 55 ha ist diese Domaine ein Großbetrieb unter den ortsansässigen Winzereien. Elegante Weine werden in einem Ausstellungsraum für moderne Kunst präsentiert. Unter den Rotweinen gilt er als der eleganteste Patrimonios.
Wein für Genießer – **Domaine Pastricciola:** Rte. de St-Florent, Patrimonio, Tel. 04 95 37 18 3. Bei dieser Domaine handelt es sich um ein weiteres bekanntes Weingut mit besonders köstlichen Weißweinen und empfehlenswerten süffigen Muskat Weinen.
Öle für Gourmets – **Domaine L'Asprellu:** Tel. 06 24 31 62 33, www.lalivamarina-corsica.com. Mme Sandrine Marfisi wirbt damit, dass man alle Aromen Korsikas in ihrem Olivenöl wiederfindet. Das Öl wird nach alter Tradition manuell hergestellt und trägt das Prädikat A.O.C.

Termine

Les Nuits de la Guitare, Classic et Jazz: Mitte Juli, www.festival-guitare-patrimonio.com. Das Patrimonio hat leidenschaftliche Gitarrenspieler hervorgebracht, die Konzerte veranstalteten. Der Erfolg war so groß, dass seit 1990 jedes Jahr ein mehrtägiges Gitarrenfestival stattfindet. Unter freiem Himmel lauschen Gäste aus aller Welt den Klängen von Klassik, Jazz, Blues und Flamenco.

Region Nebbio

Saint-Florent ▸ F 3

Wie eine goldene Muschelschale, sagt man, umfangen die Hügel des Nebbio das kleine Seebad Saint-Florent (San Fiorenzu). An der weiten Bucht gleichen Namens zeigt es sich im Winter als idyllischer Fischerort mit 1300 Einwohnern, während die Bevölkerungszahl im Sommer auf mehr als das Zehnfache anschwillt. Der große Jachthafen wird dann zur Hauptattraktion und im alten Zentrum verschwindet alles Alltägliche hinter Bars, Eiscafés, Restaurants, Kunsthandwerks- und Souvenirläden. Zum Flair des Ortes – von Franzosen als »Saint-Tropez der Insel« tituliert – trägt die Liebe der Einwohner zu ihrer kleinen Stadt bei, sichtbar an Details wie dem modernen Kieselbrunnen an der Place Doria und der makellosen Boulefläche auf der Place des Portes, wo sich die Männer auch in der Hochsaison vom Trubel nicht aus der Ruhe bringen lassen.

Supermärkte, Post und Touristeninformation befinden sich an der Hauptstraße. Hinter der Place des Portes beginnt die winzige Altstadt, alle Gassen führen zur Place Doria und von dort hinauf zur Ruine der Zitadelle.

Cathédrale Santa-Maria-Assunta

1 km außerhalb des heutigen Zentrums an der D 238 Richtung Poggio d'Oletta, die im Zentrum direkt hinter dem Restaurant La Maison des Pizzas abzweigt, Öffnungszeiten variabel, beim Office de Tourisme erfragen, *1 €*

Das Bauwerk von 1140 steht dort, wo einst die Römersiedlung lag. Es wurde nach dem Vorbild von La Canonica (s. S. 95) gebaut, jedoch reicher verziert, mit Blendarkaden, Halbsäulen an der Apsis und einem fein ausgearbeiteten Kranzgesims. Im Innenraum der Kathedrale werden die Reliquien des hl. Flor aufbewahrt, der im 3. Jh. als Märtyrer starb und dem Ort den Namen gab.

Zitadelle

Zugang über die Pl. Doria, 1 €

Von den Genuesen im Jahre 1440 erbaut, war die Zitadelle bis zum 18. Jh. Sitz des Bischofs von Nebbio und Gouverneurspalast. Ideal für Handelsleute und Armee gelegen, war dieser Ort im 16. Jh. heftig umkämpft, obwohl die Malaria ihren Tribut forderte. Erst nach der Trockenlegung der Sümpfe unter Napoleon III., die die erfolgreiche Ausrottung der Malaria zur Folge hatte, bekam die Stadt einen neuen Wachstumsschub. Von der einstigen Bedeutung der Zitadelle ist heute nicht sehr viel übrig geblieben, für einen netten Spaziergang lohnt sie sich trotzdem.

Strände

Der große Strand, die **Plage de la Roya,** liegt südlich der Stadt. Als ruhiger, flacher Strand ist er besonders kinderfreundlich. Mit dem Auto erreicht man ihn über eine Stichstraße am Aliso-Fluss entlang. Die Strände im Norden liegen meist direkt hinter der Straße.

Übernachten

Für Gutbetuchte – **Hôtel Bellevue:** an der Straße nach Bastia, Tel. 04 95 37 00 06, www.bellevue.com.fr, April–Okt., DZ ab 75/125 €. Mediterranes Ambiente, in dem die Gäste sich in ihren noblen Zimmern mit TV, AC und Minibar wohlfühlen. Mit Pool, Tennisplatz sowie Garten und hoteleigenem Strand.

Ein herzliches Willkommen – **Hôtel Maxime:** Rte. de la Cathédrale (von der Pl. Porta), Tel. 04 95 37 05 30, DZ ab 59/87 €. Zwischen ruhiger Straße und dem Poggio-Flüsschen zentral gelegen, mit eigener Anlegestelle am Hotel, macht es die familiäre Atmosphäre des Hotels mit den 19 Zimmern so gemütlich. Modern eingerichtete, überaus gepflegte Zimmer mit einer Loggia zum Wasser.

Für Sparsame – **Camping La Pinède:** 1,5 km südl. von St-Florent, Tel. 04 95 37 07 26, www.camping-la-pinede.com, Mai–Sept., ab 28/33 € für 2 Pers. mit Zelt und Auto. Die unter schattigen Bäumen terrassenförmig angelegten Plätze mit den gepflegten Sanitäranlagen bieten eine günstige Alternative zum Hotel. Mit Pool; es besteht die Möglichkeit, einen Kühlschrank zu mieten.

Essen & Trinken

Für Gutbetuchte – **La Marinuccia:** an der kleinen Bucht hinter dem Jachthafen, Tel. 04 95 37 04 36, Mai–Okt., Menü ab 25 €. Auf der einen Seite die Mauern der Zitadelle, auf der anderen typisch korsische Häuser, liegt die kleine Terrasse direkt über dem Meer. Köstlich sind die Fischgerichte.

Muscheln – **Le Petit Caporal:** Port de Plaisance, Tel. 04 95 37 20 26. Hier aß 2011 Präsident Sarkozy! Diverse sehr gute Muschelgerichte.

Fisch, Fisch & Fisch – **L'Auberge du Pêcheur:** Nordeinfahrt, kurz vor dem Zentrum rechts an der Straße, Tel. 06 24 36 30 42. Gedämpfter Dekor, feinster Meeresfisch.

Unwiderstehlich leckeres Eis – **Salge & Fils:** Pl. des Portes, Di–Sa 6.45–12.30, 15–19.30, So 6.45–13 Uhr. Ein Traum: die vielen, teilweise ausgefallenen Eissorten dieses Traditionsgeschäftes.

Ausgezeichnet sind die Eissorten Kastanie und Myrte.

Und noch ein Tipp für Fans von »Salge & Fils«-Eis – Im **Café Le Passage** (neben dem Restaurant Maison des Pizzas) und in der **Bar des Hôtel de L'Europe** (Hafen, Pl. des Portes) wird auch das Eis von Salge & Fils angeboten.

Einkaufen

Schmuckstücke – **Aqua dolce bijoux:** Pl. Doria. Yves Alessandroni verarbeitet die Schätze des Meeres, korsische Korallen, Murano-Glas und Perlmutt zu bezauberndem Schmuck.

Thront stolz über dem Meer: der kleine, hübsche Hafenort Saint-Florent

Aktiv

Unterwasserwelt entdecken – **CESM plongée:** Plage de la Roya, Tel. 04 95 37 00 61, www.cesm.net, Juni–Sept. Die globale Entdeckung des Meeres sowohl auf als auch unter dem Wasser, auf Tauchgängen und Segelbooten, das verspricht dieser Anbieter.

Stramme Waden – **Sentier du Littoral:** Der Küstenwanderweg verbindet St-Florent mit der Ostriconi-Mündung. In drei Tagen führt er durch Macchia und über wild bewachsene Hügel, zwischen denen Wildbäche fließen, zu den Traumstränden des Désert des Agriates. Informationen gibt das Office de Tourisme, s. S. 118.

Fun im Wasser – **Sun Folies Watersport:** Plage de Roya, Tel. 06 13 07 39 83, www.sunfolies.com. Der Betreiber bietet Jetski, Boote, Fahrten mit Banane und Fly Ski sowie Wasserski an.

Über den Wolken – **Altore:** Rés. Ste-Anne, Tel. 06 88 21 49 16, www.altore.com. Der Name des Outdoor-Sportanbieters Altore bedeutet übersetzt Bartgeier. Dieser König der Lüfte ist Sinnbild für das Angebot an Extremsportarten zu Lande und in der Luft: Paragliding ab 75 €, Canyoning ab 60 €, Free Climbing ab 50 €.

Abends & Nachts

Zappeln unter freiem Himmel – **Disco La Conca d'Oru:** 6 km außerhalb an der D 82 Richtung Oletta, Tel. 04 95 39 00 46, im Sommer ab 1. Juni jeden Do/Fr/Sa Abend geöffnet, Eintritt 10 €. Touristen und Einheimische amüsieren sich gleichermaßen auf der Open-Air-Tanzfläche. Ein Muss für Partygänger!
Abwechslungsreich – **Music'bar La Vista:** Pl. Doria in der Altstadt, Tel. 06 24 59 89 44, im Sommer tgl., sonst Do–So 22–5 Uhr. Jeder Abend steht unter einem anderen Motto – von Latino bis R'n'B. Die zentrale Lage eignet sich besonders für diejenigen, die das Auto lieber stehen lassen möchten.

Infos & Termine

Office Municipal de Tourisme: an der D 81 Richtung Norden, im selben Gebäude wie die Post, Tel. 04 95 37 06 04, www.corsica-saintflorent.com, Juli/Aug. Mo–Fr 9–12.30, 14.30–19, Sa/So 9–12, Sa Nachmittag 15–18.30, außerhalb der Saison Mo–Fr 9–12, 15–18.30 Uhr. Infos über Unterkünfte und das umfassende Sportangebot der Region, ein Karte der Route des Vins, Wanderkarte für das Désert des Agriates.
Parken: Man lässt sein Auto am besten auf dem Parkplatz (1 €/Std.) an der D 81 in der Nähe der Pl. des Portes stehen, an der sich der Verkehr vorbeiwindet.
Bus: ganzj. 2 x tgl. Verbindungen nach Bastia (außer an So und Fei), morgens und am frühen Nachmittag; nach L'Ile-Rousse nur im Sommer, 2 x tgl. (außer So, Fei), Abfahrt beim Parkplatz neben dem Hafen beim Spar Supermarkt. Fahrpläne im Office de Tourisme.
Festival Porto Latino: im Aug., www.porto-latino.com. Seit 1998 bringt dieses 4-tägige Festival lateinamerikanische Rhythmen und Klänge nach Saint-Florent.

Rundfahrt durch das Nebbio ▶ E/F 3

Das fruchtbare Hügelland über dem Aliso lässt sich am schönsten auf einer Fahrt von knapp 50 km entdecken, für die man einen halben Tag braucht. Empfehlenswert ist ein Beginn der Tour am fortgeschrittenen Morgen, wenn sich der Nebel bereits verzogen hat und die Temperaturen noch angenehm frisch sind. Von Saint-Florent startet man auf der D 82 Richtung Oletta. Bereits nach 3 km lohnt ein Zwischenstopp an der **Pôterie du Nebbiu,** die Töpferwaren aus ihrem alteingesessenen Betrieb anbietet (Plaine d'Oletta, Tel. 06 18 52 79 51, tgl. 9–12, 15–19 Uhr außer So vormittag und Mo).

Oletta ▶ F 3

Früher war es der reichste Ort der Region, da im fruchtbaren Umland intensiv Landwirtschaft betrieben wurde. Heute ist Oletta ein verwinkeltes, verschlafenes Dorf mit herrlicher Aussicht auf den Golf. Der Weg führt hinauf zum **Col de San Stefano.** Die Passhöhe ist am Kreisel erreicht. Von dort führt eine landschaftlich reizvolle Strecke oberhalb des Bevinco-Flusses durch die Schlucht **Défilé de Lancone** (D 62) zur Ostküste. Die Rundfahrt durch das Nebbio geht jedoch auf der D 5 weiter nach Murato.

Spaziergang im Nebbio ▶ F 4

Länge: 3,3 km, Dauer: 1,5 Std., Detailkarte: http://www.rutali.fr/photos.html?rbk=351&idpht=357
Zwischen Oletta und San Michele de Murato kann, wer mag, einen kleinen Spaziergang einschieben. Statt die D 5

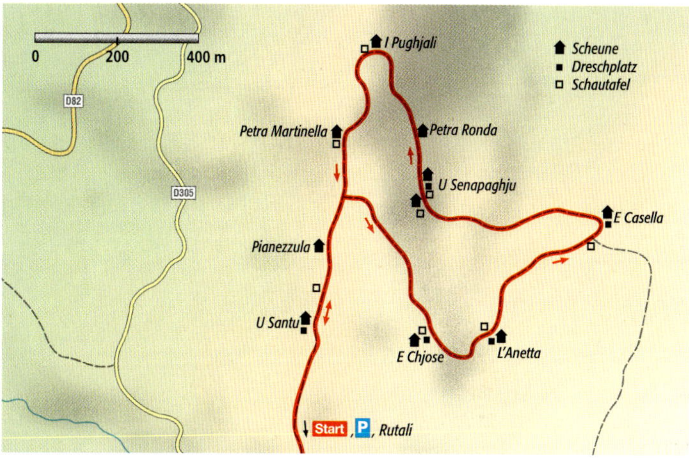

Spaziergang im Nebbio

nach San Michele zu nehmen, geht es auf der D 305 bergauf bis zum **Pass Bocca di a Vergine,** dort nach links nach **Rutali.** Das Auto im Dorf an der »Fontana Nova« abstellen (drei Parkplätze stehen zur Auswahl). Dann den Schildern folgen. Nach 400 m beginnt der gelb gekennzeichnete Weg, dem leicht zu folgen ist. Bitte keinerlei Abfälle zurücklassen!

Die kahlen Hügel und mit Buschwerk bewachsenen Senken wurden früher intensiv landwirtschaftlich genutzt. Alle 200 m stößt man auf die für die Region typischen Feldscheunen, die *pagliaghi:* aus Schieferplatten errichtete Lager-, Wohn- und Arbeitshäuschen. Die Technik der Trockengewölbebauweise wurde am Ende der Steinzeit, vor ca. 6000 Jahren, entwickelt. Die Türen der original restaurierten Scheunen sind übrigens offen.

Der Weg führt durch dichte Macchia, die die früheren Getreideflächen überzieht, und Kastanienpflanzungen mit Farnunterwuchs, die ehemals als Gärten und zum Anbau von Brechbohnen dienten. Vorbei geht es an Bewässerungssystemen, gefassten Quellen und Dreschplätzen. Das äußerst mühsame Getreidedreschen mit Pflugochsen war Geschichte, sobald Importmehl im 19. Jh. den Markt erobert hatte. Im Anschluss hielt man in der Region Schafe und Ziegen, bis der Erste Weltkrieg und die anschließenden Exilwellen den Nebbio entvölkerten. Die vorletzte Wegstation erinnert an die Kämpfe maghrebinischer Soldaten gegen deutsche Besatzer 1943. Sechs gefallene Goumiers, Elitesoldaten aus der Kabylei, sind hier bestattet. – Der Blick auf den Golf von Saint-Florent und die Lagune von Biguglia ist atemberaubend.

San Michele de Murato !

▶ F 4

San Michele de Murato liegt einsam in 475 m Höhe oberhalb des Bevinco-Beckens auf einer Kuppe. Die Kirche aus der Epoche der pisanischen Romanik fügt sich harmonisch in die wilde, hü-

Wie gemalt: Am südlichen Ende des Désert des Agriates mündet der Ostriconi ins Meer

gelige Landschaft. Bezeichnend für den Stil des späten 13. Jh. sind die unterschiedlich großen dunkelgrünen Serpentin- und weißen Kalksteinquader, die der Kirche ihren Charakter geben, sowie die naiven Tier- und Menschendarstellungen. Im Inneren sieht man am Triumphbogen einen Freskenrest mit »Mariä Verkündigung« von 1370.

Von der Kirche ausgehend verbinden einfache Wanderwege die umliegenden Ortschaften des Nebbio (s. auch Nebbio-Spaziergang nach Rutali, S. 118). Direkt bei der Kirche führt die enge, sanierungsbedürftige D 162 (später die D 62) über Rapale nach Piève.

Von Piève bis Santo-Pietro-di-Tenda ▸ F 4–E 3

Neben der Kirche von **Piève** (▸ F 4) befinden sich die drei Menhirstatuen Murello, Bucentone und Mutola (1000 v. Chr.). Der grüne Schiefer, aus dem sie gearbeitet sind, bestimmt noch heute die Region. Die Fahrt geht weiter durch Kastanienwälder nach **Sorio** (▸ E 4). Kurz hinter dem Ort lädt eine Gumpe unterhalb einer Brücke zum Baden ein. In **Santo-Pietro-di-Tenda** (▸ E 3) lohnt die Besichtigung der Barockkirche Saint-Jean-l'Evangeliste.

Der letzte Teil der Reise führt durch die Ausläufer des Désert des Agriates.

Einkaufen

Leckereien – **Miellerie du Nebbiu:** Charles & Olivier Morati, Santo-Pietro-di-Tenda, Tel. 04 95 37 71 98. Olivenöl, Honig, Konfitüren und Kuchen aus eigener Herstellung in ausgesuchter Qualität.

Désert des Agriates ▸ D/E 3

Eingekesselt vom Cap Corse im Osten und der Balagne im Westen ist das Désert des Agriates (E Agriate) ein nahezu unberührtes Naturgebiet. Auf 35 km führt die D 81 – vorbei am fast unbewohnten **Casta** (▶ E 3) – durch eine imposante Felslandschaft, deren Kargheit teilweise einer Mondlandschaft gleicht. In der Ferne sieht man den Golf von Saint-Florent. Es ist kaum vorstellbar, dass hier einst fruchtbares Weide- und Anbauland gewesen ist. Zeugnisse dieser Zeit sind die Strohschober, die den Schafen und Hirten einst Unterkunft boten. Bevor die Wüste entstanden ist, war die Gegend die Kornkammer Korsikas. Genua bestellte das Land und ließ es einseitig bewirtschaften. Bis zum Beginn des 20. Jh. kultivierte man noch Weizen, Zitrusfrüchte, Mandarinen und Feigenbäume. Brandrodung, Brände und starke Winde verwandelten das fruchtbare Land in die Wüste von Agriates.

Das unwegsame, wüste Terrain weckt den Entdeckergeist. Lange galten die paradiesischen Strände der Küste, **Plage de Loto, Plage de Saleccia und Anse de Malfalcu** (▶ E 3), als Geheimtipp, die auch heute noch nur per Boot, mit Vierradantrieb über lange Pisten oder zu Fuß über den Wanderweg Sentier du Littoral zu erreichen sind.

Strand an der Anse de Peraiola

Wer die schwierige Anreise zu den Traumstränden des Désert des Agriates scheut, findet mit der Bucht Anse de Peraiola (▶ D 3) eine willkommene Alternative. Sie liegt an der Mündung des Ostriconi-Tals und am Fuß des Désert. Auf der N 1197 Richtung L'IleRousse bei Ogliastro biegt man beim Schild Site de l'Ostriconi rechts in die Straße, wo auch der Campingplatz Village de l'Ostriconi liegt. Diesen lässt man rechts liegen und passiert die Schranke. Dem Straßenverlauf folgend, parkt man das Auto

Mein Tipp

Unterwegs zu den Traumstränden der Agriaten ▶ E 3
Unvergesslich ist das Badeerlebnis an der **Plage de Loto** und der **Plage de Saleccia.** Die feinen, schneeweißen Sandstrände und das azurblaue, glasklare Meerwasser lassen karibische Träume Wirklichkeit werden. Die Strände sind per Boot von Saint-Florent, über eine Teilstrecke des Sentier du Littoral (s. S. 117) zu Fuß oder über eine 12 km lange, unwegsame Piste, die einen Allradwagen erfordert, zu erreichen. Von der Plage de Loto bietet sich eine einstündige Wanderung über den Küstenpfad zur Plage de Saleccia an. Bootsausflüge ab dem Hafen von Saint-Florent: Le Popeye, Tel. 06 62 16 23 76, www.lepopeye.com, April–Sept. bis zu 10 x tgl., Erw. 25/30 €, Kinder 20/30 €, Fahrtzeit 20 Min.; Agriate marittima, Tel. 06 10 38 27 65 und 06 26 51 78 21, www.agriate-marittima.com, Mai–Sept. bis zu 8 x tgl. zum Plage de Loto, Erw. 12 €, Kinder 6 €, in der NS Entdeckungsfahrten an der Küste der Agriaten-Wüste entlang.

oberhalb der türkisblauen Bucht, zu der mehrere kleine Wege hinabführen. Mit einer Kletterpartie am Ende des Abstiegs erreicht man den hellen Strand, der zu Recht offiziell als ›Grand Site Pittoresque‹, Ort von großer Schönheit, eingestuft wurde. Hinter den sanften Dünen windet sich der Fluss in einem Schilffeld und eine Lagune lockt zum Vogelbeobachten. Wer von diesem Ort begeistert ist, der kann auf dem nahen Campingplatz übernachten (s. u.).

Übernachten

Spartanisch – **Gîte d'étape de Ghignu:** Ghignu, Reservierung über: www.haute-corse.fr/site/index.php?page=agriate-reservation-paillers, April–Okt., 10 € pro Nacht. Sehr einfache Übernachtungsmöglichkeit mit unschlagbarem Preis. Reservieren!

Gute Alternative – **Camping Village de l'Ostriconi:** Rte. du Bord de Mer, Palasca, Tel. 04 95 60 10 05, www.village-ostriconi.com, April–Okt., 26 € pro Nacht für 2 Pers. mit Auto und Zelt, einfacher Bungalow für 2 Pers. pro Nacht ab 46/64 €. Der Platz liegt am Fuß des Ostriconi-Deltas und hat sogar einen Tennisplatz und einen Pool.

Traumlage – **Camping U Paradisu de Saleccia:** 300 m von der Plage de Saleccia, Tel. 04 95 37 82 51, www.camping-uparadisu.com, Mai–Sept., 16 € pro Nacht für 2 Pers. mit Zelt und Auto. 50 teilweise schattige Stellplätze für Zelte und Wohnmobile liegen in unmittelbarer Nähe des Traumstrandes. Eine Bar mit kleinem Imbiss und ein Tante-Emma-Laden versorgen die Camper. Abends finden mitunter musikalische Veranstaltungen statt. Außerdem kann man Zimmer in kleinen Steinhäusern mieten (100 € pro Nacht für 2 Erw, nur wöchentl. in der HS möglich).

Ostriconi-Tal ▶ D 3–E 4

Der Ostriconi, nördlicher Grenzfluss der Balagne, mündet am südlichen Ende des Désert des Agriates ins Meer.

Die Mündungsebene mit einer Lagune hinter einem langen feinen Sandstrand bildet eine kleine fruchtbare Enklave zwischen den Hügelketten. Zur Zeit der Genuesen war das Tal eines der wichtigsten Ölbaumgebiete des Nordens. Wilde Feigen erinnern noch an üppigere Zeiten – ein Feuer zerstörte 1971 binnen eines Nachmittags 35 000 Olivenbäume und somit den Großteil des Bestandes.

Die drei an den Hang geschmiegten traditionellen Dörfer im oberen Ostriconi-Tal, **Urtaca, Lama** und **Pietralba** (▶ E 4), lohnen den Besuch, vor allem wegen der Ausblicke auf die weißen Strände des Agriates und der traumhaften Bergpanoramen.

Lama ▶ E 4

Das Dorf Lama ist einzigartig restauriert und wurde so als *village fleuri* mit der höchsten Auszeichnung von vier Blumen prämiert. Das ganze Dorf schloss sich zusammen, um einen sanften Tourismus zu fördern und einen beschaulichen, traditionellen Ort zu schaffen. In vielen Häusern an den engen mittelalterlichen Treppengassen sind Ferienwohnungen entstanden, ein öffentliches Schwimmbad und Tennisplätze machen die Ferne zum Meer wett.

Übernachten, Essen

Bergidylle – **Campu Latinu:** oberhalb von Lama, Tel. 04 95 48 23 83, www.campulatinu.fr, Mai–Sept., 250/550 € pro Woche für 2 Pers., Menü 26 €. Von der Terrasse hat man einen schönen Ausblick auf das Tal. Die individuell eingerichteten Apartments haben Platz für 2–6 Pers. Im Sommer lädt die Terrasse des Restaurants unter schattigen Eichen bei Laternenschein zu typisch korsischer Küche mit neuer Rezeptur ein.

Aktiv

Reiterferien – Wer die Agriaten/Ostriconi zu Pferd kennenlernen will, muss zu **www.arbovalley.fr,** Tel. 06 16 27 53 12. Juli–Ende Sept. stehen die Pferde direkt an der RN neben dem Village de Vacances de l'Ostriconi, den Rest des Jahres 1,5 km landeinwärts des Parc de Saleccia (Horrorpiste, ausgeschildert). Sonnenuntergang Agriaten 2,5 Std. 50 €, Ganztagesritt/Baden am Strand von Saleccia 90 €. Auch Ponyvermietung, Wochenausritte. *English spoken.* Rustikal und passioniert. Sehr zu empfehlen.

Entdeckung der Dörfer auf Schusters Rappen – **Ein alter Maultierpfad** hoch über der Straße verbindet die Dörfer miteinander: Lama – Urtaca: 1 Std., Pietralba – Novella: 3 Std., Palasca – Ostriconi: 4 Std.

Gipfelstürmer – **Besteigung des Monte Astu:** Lama ist der ideale Ausgangspunkt zum ehemaligen Reich der Hirten. Bis zum Gipfel auf 1535 m sind es ca. 3,5 Std. Das Fremdenverkehrsbüro von Lama gibt genauere Auskünfte.

Infos & Termine

Syndicat d'Initiative de Lama: Dorfzentrum von Lama, Tel. 04 95 48 23 90, www.villagedelama.fr, Mo–Fr 9–12, 14–17, Juli–Aug. Mo–Fr 9–12, 14–17, Sa 14–18, So 11–12, 14–19 Uhr. Das Tourismusbüro vermittelt die 60 Unterkünfte in und um Lama, gibt Auskünfte zu lokalen Veranstaltungen und Freizeitmöglichkeiten.

Festival Européen du Cinéma et du Monde Rural: Ende Juli–Anfang Aug., Tel. 04 95 48 21 60, www.festilama.org. Das Festival des Films und des ländlichen Raums zeigt europäische Filme abseits des Mainstream. Coole Locations: So werden die Filme u. a. in einem Freibad gezeigt.

Das Beste auf einen Blick

Der Nordwesten

Highlight!

Calvi: Zitadellenstadt am Ende einer perfekten Sichelbucht. Ein Magnet für etliche Touristen ist das mondäne Seebad nicht nur wegen seines langen Strandes, sondern auch wegen der unzähligen Festivals. S. 130

Auf Entdeckungstour

Im Dorf der Kunsthandwerker: In Pigna, einem Wohndorf in der Balagne, präsentieren die Korsen mit Stolz Bestes aus kunsthandwerklicher Fertigung und Feinstes aus Küche und Keller. Und mit etwas Glück wird abends gesungen. S. 144

Kultur & Sehenswertes

Grotte des Veaux Marins: Die aufregendste Stelle der Halbinsel La Revellata ist nur mit dem Boot zu erreichen. Romantik pur! S. 134, 136

Sant'Antonino: Das mittelalterliche Dorf mit steilen Gassen und schmalen Gängen ist am besten auf dem Rücken eines Esels zu besichtigen. S. 148

Zu Fuß unterwegs

Le Sentier de la Transhumance: Neue Wege entdecken auf den uralten Spuren der Hirten. S. 141

Durch die Balagne: Zu Fuß die fruchtbaren Höhenzüge im Garten Korsikas ›erlaufen‹. S. 149

Wanderung durch das Tal der Tartagine: Dem Flusslauf folgend, geht es vorbei an Brücken und Mühlen. S. 149

Genießen & Atmosphäre

U Mulinu: Gastfreundlichkeit und Gemütlichkeit werden in der alten Ölmühle in Feliceto bei Wirt Joseph Ambrosini großgeschrieben. Nach der One-Man-Show mit Gesang geht man mit einem Lied auf den Lippen froh nach Hause. S. 141

Canistrelli in Cateri: Die Vielfalt der angebotenen *canistrelli* (korsisches Plätzchen) fordert die Geschmacksnerven. Klein, aber fein müssen sie sein. S. 146

Couvent de Saint-Dominique: Im Franziskanerkloster von Corbara spürt der Gast sofort die besondere Atmosphäre, die hektische Welt hält für einen Moment inne. S. 148

Abends & Nachts

Chez Tao: Mit einem Traumblick von der Terrasse über die nächtliche Bucht von Calvi lässt sich in diesem stimmungsvollen Musik- und Jazzklub hervorragend feiern. S. 136

Der Nordwesten ist ein ideales Ferienland: An der Küste zieht sich ein Band von Badeorten mit sandigen, zwischen Felsen gelagerten Stränden, und dort warten auch das quirlige L'Ile-Rousse und das Seebad Calvi. Die Zitadellenstadt Calvi ist nicht umsonst ein Touristenmagnet. Die Verbindung von städtischem Flair und erholsamem Strandleben lockt alljährlich zahlreiche Urlauber an. Hinzu kommen die vielen Feste und Festivals, die der Region den Namen ›die Feiernde‹ geben könnten. In der nahen Umgebung begeistert die Unterwasserwelt um die Halbinsel La Revellata.

Infobox

Infos

www.balagne-corsica.com: Die offizielle Seite informiert über Unterkünfte, Restaurants und Möglichkeiten der Freizeitgestaltung. Sie informiert darüber hinaus auch über Verkehrsverbindungen. Tel. 04 95 65 16 67.

www.routedesartisans.fr: An der Straße der Kunsthandwerker kann man die Orte der traditionellen Herstellung von Holzschnitzereien, Musikinstrumenten, Stoffen, korsischen Spezialitäten und Keramik besichtigen.

Anreise und Weiterkommen

Tramway de Balagne und Inselbahn: Von April bis Oktober fährt die Pendelbahn Tramway de Balagne zwischen Calvi und L'Ile-Rousse von Strand zu Strand. Tickets erhält man am Bahnhof oder direkt in der Tramway. Fahrplanauskünfte gibt es in der Touristeninformation und am Bahnhofsschalter. Züge über Ponte Leccia nach Bastia oder nach Ajaccio gehen frühmorgens und nachmittags.

Hinter dem Küstenstreifen lag einst der ›Garten der Insel‹, heute ein Land der pittoresken Dörfer auf Höhen über dem Meer: Die Balagne Fertile ist eine wunderschöne Ausflugsregion in lichtdurchfluteter Natur. Auf den Höhenzügen der Balagne befindet sich die Mikroregion Giussani, die wilde Natur noch erfahrbar macht.

Fast unbeachtet bleibt dagegen die Balagne Déserte, an deren Ende der kleine Badeort Galéria mit dem Fango-Tal lockt. Das Tal und die umliegende Region Filosorma genießen als Teil des Parc Régional Naturschutz. Von Calvi nach Galéria erstreckt sich die raue Karstlandschaft der Balagne Déserte mit stellenweise spärlicher Macchia und steiler Felsküste, mit wenigen Kieselstränden an kleinen Flussmündungen.

Es gibt viele Möglichkeiten, sich der Balagne zu nähern

Die Balagne kann man ganz sportiv mit dem *vélo* und auf Schusters Rappen oder ganz komfortabel mit dem Auto erkunden. Hinreißend schön, aber eng und sehr kurvig, ist die Küstenstraße D 81b, die am westlichen Ortsausgang von Calvi beginnt und sich am Fangu mit der D 81 vereint (38 km bis Galéria). Entlang der Strecke liegt eine Reihe reizvoller kleiner Buchten, in die man mit einiger Mühe auch hinabklettern kann. Die schnellere Alternative nach Süden führt über die D 81, bei der lediglich ein Halt an der Bocca di Marsolinu (443 m) lohnt, um den Panoramablick zu genießen. In der Balagne beginnt auch der GR 20, der wohl bekannteste Fernwanderweg Korsikas.

Kulinarisch entdeckt man den Nordwesten über die Route des Vins, die Weinstraße. Ihr kulturelles Pendant ist die Route des Artisans, die Straße der Kunsthandwerker.

Entlang der Küste von L'Ile-Rousse nach Galéria

L'Ile-Rousse ▸ D 3

Freiheitskämpfer Pasquale Paoli gründete L'Ile-Rousse (L'Isula Rossa) 1759 als Gegenpol zum genuatreuen Calvi, mit dem es wirtschaftlich und militärstrategisch konkurrieren sollte. Ihren Namen verdankt die Stadt der vorgelagerten Insel, die sich durch einen Damm zur Halbinsel wandelte und bei Sonnenuntergang rot einfärbt. 1765 wurde L'Ile-Rousse mit rechteckigem Straßenmuster um den Hafen angelegt. Mit den hellen Sandstränden noch in der Stadt, den vielen Sandbuchten in der Umgebung und dem wunderschönen Hinterland – Balagne und Giussani – ist es ein gerade auch bei Deutschen beliebter Badeort, der im Juli und August schier überquillt. L'Ile-Rousse hat das mildeste Winterklima und die heißesten Sommer der Insel. Die Stadt ist rasch erkundet.

Altstadt

Vom zentrumsnahen Parkplatz an der Ortsdurchfahrt (Abzweig D 63 nach Monticello) sind es wenige Schritte durch die Avenue Piccioni zur Place Paoli, Herz der Stadt und schattiger Treffpunkt, im Sommer Schauplatz von Aktionen und regionalen Märkten. In der Mitte, von vier Palmen flankiert, grüßt die Statue des Stadtgründers Paoli. Meerseits rattert die Kleinbahn vorbei. Gleich hinter den Bahnschienen liegt der Strand. In den Gassen ringsum gibt es neben Souvenirs, Kleidung und Schmuck ein gutes Angebot an Musik, Büchern und Wein. Unter dem Dach des **Marché Couvert** an der Nordseite der Place Paoli ist morgens Markt.

Bei Sonnenuntergang ist ein kurzer Spaziergang über den Damm zur **Halbinsel** mit Genueserturm und Leuchtturm de la Pietra sehr romantisch.

Die Strände von L'Ile-Rousse

Mit drei schönen Stränden ist L'Ile-Rousse auch Badeort. Der Stadtstrand ist feinsandig, schmal und in der Hauptsaison hoffnungslos überlaufen. Schönste Bedingungen bieten die Strände von **Bodri** (1,5 km südl.) und **Lozari** (7 km nördl.).

Übernachten, Essen

Fein und gediegen – **A Pasturella:** Monticello, am Berg, 4 km von L'Ile-Rousse über D 23, Tel. 04 95 60 05 65, www.a-pasturella.com, DZ ab 78/115 €, Mittagsmenü 24 €, abends 49 €. Kleines Hotel mit großem Restaurant und wunderschönem Blick. Die Küche ist ihrer Sorgfalt wegen sehr beliebt. Gutes Preis-Leistungs-Verhältnis.

Links vor der Mole – **Hotel Santa Maria:** www.hotelsantamaria.com, Tel. 04 95 63 05 05, DZ 82/157 €, ganzj. geöffnet. Sehr gepflegtes Haus, direkt gegenüber der Halbinsel am Meer. Eigener Ministrand. Opulentes Frühstück 12/14,50 €. Das hauseigene Restaurant tischt abends beste korsische Küche auf.

Übernachten

Schlicht und schön – **Hôtel L'Amiral**: Bd. Charles-Marie Savelli (am Strand, 150 m vom Zentrum), Tel. 04 95 60

Bitte einmal schnuppern: Riechprobe in der Markthalle von L'Ile-Rousse

28 05, www.hotel-amiral.com, April–Sept., DZ ab 80/120 €. In zentraler Lage liegt das familiäre Hotel mit Garten und Parkplatz. Die Zimmer sind ruhig und komfortabel, Meerblick kostet extra.
Herzliches Willkommen – **Camping Bodri:** Rte. de Calvi, 1,5 km südl. des Ortes, Tel. 04 95 60 10 86, www.campinglebodri.com, Juni–Sept., 26 € für 2 Pers. mit Zelt und Auto. Der Zugang zum sehr schönen Strand mit Crêperie geht über die Bahngleise (eigene Station am Platz). Eukalyptusbäume bieten den 330 Plätzen Schatten. Ein Laden und saubere Sanitäranlagen komplettieren das Angebot bei freundlichem Empfang. Tiere erlaubt.

Essen & Trinken

Originelle Küche – **L'Escale:** 22, Rue Notre-Dame, Tel. 04 95 6010 53, www.hotelilerousse.com, Juni–Sept. durchgehende Küche, Hauptgerichte ca. 15 €. Hinter dem Marktplatz liegt das bekannte Fischrestaurant mit einer großen Variation an *moules frites*. Außerdem hausgemachtes Eis und Cocktails.
Fusion Cuisine – **La Bodega:** 7, rue Napoléon, Tel. 04 95 33 20 97, www.bodega-ilerousse.com, Mai–Okt. tgl. 10–2, März/April So geschl., Nov./Dez. nur am Wochenende, Gerichte 14–40 €. Diese Location mit lateinamerikanischem Flair ist eine Mischung aus Bar und Restaurant. Neben Cocktails, die es in sich haben, hat man die Wahl zwischen korsischer, portugiesischer, spanischer, chilenischer Küche.

Einkaufen

Frisch & bunt – **Märkte:** Wochentags vormittags gibt es in der kleinen offenen Markthalle hinter der Pl. Paoli Früchte, Gemüse, regionale Produkte und Fisch. Ein Kleidermarkt findet am ersten und dritten Freitag im Monat auf der Pl. Paoli statt. Frische Fische verkaufen die Fischer nach ihrer Ankunft am Hafen.
Biowein für Kenner – **Clos Petra Rossa:** Rue Général Graziani. Tel. 04 95 60 11

85, Mo–Sa 8.30–12.30, 15–19, So 8.30–12.30 Uhr. Der Biowinzer baut seinen Wein in Santa Reparata an. Den Appellation Corse Calvi Contrôlée gibt es in Weiß, Rosé und Rot zum Abfüllen. Den Liter gibt es ab 2,50 €.

Aktiv

Im Garten Eden Korsikas – **Parc de Saleccia:** 4 km von L'Ile-Rousse an RN197 Richtung Bastia/Ponte Leccia, Tel. 04 95 36 88 83, www.parc-saleccia.fr. April–13. Okt. tgl. 9.30–19, Mo erst ab 14, So, Fei 10–19, Juli/Aug. tgl. 10–19.30 Uhr, 8,50 €, Kinder ab 4 J. 6,50 €, Familienpass 23 €, letzter Einlass 45 Min. vor Schließung. Botanischer Garten in der korsischen Macchia mit verschiedenen Themenwegen. Ein Ort der Entspannung inmitten von Olivenbäumen, Zypressen und Rosen.

Infos & Termine

Office de Tourisme: Pl. Paoli, Tel. 04 95 60 04 35, www.balagne-corsica.com, im Sommer tgl. 9–19, außerhalb der Saison Mo–Fr 9–12, 13.30–17.30 Uhr. Adressen für Fahrradverleih, Reitsport, Tauchen, Wanderkarten, Infos zur Route des Kunsthandwerks (Route des Artisans), des Weins (Route des Vins) und der Sinne (Route des Sens).
La Paolina: im Sept., internat. Wettlauf vom Hafen nach Morosaglia (72 km).
Festimusica: Mitte Aug., korsische, sardische und toskanische Musik.

Von L'Ile-Rousse nach Calvi ▸ C/D 3/4

Algajola ▸ C 3/4

Von der Tramway de la Balagne bedient, sind die Strände des Küstenstreifens auch von Reisenden ohne Auto leicht zu erreichen. Der beschauliche kleine Ort Algajola (Algahjola) in wunderschöner Lage an der Spitze einer langen Bucht verfügt über die fotogene kleinste Festung der Insel und anderthalb Sträßchen zum Flanieren. Das wohl Schönste am Ort ist die **Plage d'Aregno,** ein breiter Strand von 1,5 km Länge, vor dem es gleich tief wird und der am Nordende in Kletterfelsen übergeht. Im Hochsommer überlaufen, zu anderen Zeiten traumhaft schön.

Übernachten

Sympathisch – **Hôtel Saint-Joseph:** 1, chemin de Ronde, Tel. 04 95 60 73 90, Mitte April–Mitte Okt., DZ 79/161 € inkl. Frühstück. Am Westende des Ortes direkt am Meer gelegen, ist besonders bei Motorradfahrern beliebt. Die Zimmer sind sauber.

Marine de Sant'Ambroggio ▸ C 4

Jeweils 10 km von L'Ile-Rousse und Calvi entfernt, war die Marine de Sant' Ambroggio (Sant'Ambrosgiu) noch vor 40 Jahren fast unbewohnt. Heute kann man sich angesichts der Fülle schicker Bungalows kaum vorstellen, dass hier einst ein Paradies für Wildcamper lag. Der hübsche geschützte Strand an der Bucht ist auch zum Surfen ideal. An der **Punta Spano** locken Kletterfelsen und Genueserturm.

Lumio ▸ C 4

Von dem Hang über dem Nordende der Bucht von Calvi bietet das große Dorf Lumio (Lumiu) tolle Ausblicke auf die Zitadelle und den langen Strand. Vor Lumio selbst, der Vaterstadt von

Mein Tipp

Romantisches Abendessen an der Plage de l'Arinella ▶ C 4
Die kleine malerische Bucht ist besonders am Abend schön, wenn die Sonne im Meer versinkt. Unnachahmlich ist das Angebot des Restaurants **Le Matahari** am Strand. Mit den Füßen im Sand, an Holztischchen unter romantischen Strohschirmen genießt man exotische und traditionelle Speisen. Samstags Auftritte korsischer Sänger oder DJs (Lieu-dit Ondari, Lumio, Tel. 04 95 60 78 47, www.lematahari.com, Ende Mai–Sept. nur mittags, 10. Juni–10. Sept. auch ab 20 Uhr geöffnet, Mo Abend geschl., ca. 40 €, in der HS reservieren).

Topmodel Laetitia Casta, liegen der kleine feinsandige Strand von Restitude und die Plage de l'Arinella, eine Mischung aus Sand- und Kieselstrand mit Kletterfelsen, über die man an einsamere Buchten gelangt. Oberhalb von Lumio, auf einem Spaziergang vom Campingplatz Panoramic zu erreichen, stehen die **Ruinen des Dorfes Occi.** 1852 wurde es aufgegeben, der letzte Bewohner harrte bis zum Jahr 1923 aus.

Übernachten

Familientauglich – **Camping Panoramic:** Rte. de Lavatoggio, 2 km von Lumio, Tel. 04 95 60 73 13, www.le-panoramic.com, Mai–Sept., 16/23 € für 2 Pers. mit Zelt und Auto. Mit 100 (meist schattigen) Plätzen und schönem Blick auf Berge und Meer. Saubere sanitäre Anlagen, Pool. Auch wochenweise Mobilhomes.

Calvi ! ▶ C 4

Die Perle des Nordens, Nummer eins unter den Ferienzentren der Insel, Schönste der Zitadellenstädte: Wer über Calvi schreibt, kommt um Superlative nicht herum. Vom Meer her offenbart die quirlige Hauptstadt der Balagne die ganze Schönheit ihrer Lage. Die hohen Mauern der Zitadelle umschließen einen Felsen vor einer Bucht, die sich mit einem 6 km langen Sandstrand halbkreisförmig nach Norden zieht. Die windabgewandte Nische an der Innenseite des Felsens wurde schon zur Römerzeit als Hafen genutzt – heute zieht sie die Skipper der Freizeitjachten an. Auch Prominenz erholt sich hier gerne. Am sonnenverwöhnten Quai de Landry und in den Gassen des 5270 Einwohner zählenden Ortes sind freilich alle Urlauber willkommen. Der von Hotels und Campingplätzen durchsiedelte Pinienwald hinter dem Strand spendet jedem Schatten.

Die erste Festung auf dem Granitfelsen am Eingang der Bucht wurde im 1. Jh. von den Römern errichtet und wenige hundert Jahre darauf von Vandalen und Ostgoten zerstört. Im 11./12. Jh. wuchs unter pisanischer Herrschaft wieder ein kleiner Hafenort, dessen Bevölkerung bald unter Auseinandersetzungen zwischen Anhängern Pisas und Genua zugeneigten Adligen zu leiden hatte. Letztere verschanzten sich 1268 auf dem Felsen und gründeten die befestigte Oberstadt. 1278 riefen die drangsalierten Bewohner Genua zu Hilfe, das ihnen, um sich ihrer Treue zu versichern, nach dem Sieg die gleichen Privilegien gewährte wie Bonifacio. Calvi wurde bis zur Übergabe an Frankreich 1768 zu einem wichtigen Militärposten Genuas auf der Insel. Daran erinnert auch die Inschrift »Civitas Calvi semper fidelis« (Calvi, die immer getreue Stadt) von 1555 im Tor zur Zitadelle. Erstmals bezwungen wurde Calvi 1794 nach einem Bombardement britischer Truppen. Bei der Erstürmung der Zitadelle verlor der Befehlshaber der englischen Flotte, Admiral Nelson, sein rechtes Auge und wurde so als Admiral mit der Augenklappe berühmt. Seit dem Rückzug der Engländer 1796 ist die Stadt französisch.

Zitadelle

Das Wahrzeichen der Stadt erreicht man von der Place Christophe Colomb durch das einzige Tor, die schwer befestigte **Bastion Spinchone.** Man kann die Zitadelle auf dem Mauerring (hinter dem Tor rechts) umrunden. Ein überdachter Mauergang führt zur **Tour du Sel** 1, dem von den Pisanern auf römischen Fundamenten errichteten Salzturm. Hierbei handelt es sich wohl um den ältesten Wehrbau Calvis, der die flachen Ostfelsen gegen die Landseite absperrte. **Malfetano-** und **Teghiale-Bastion** (Süd- bzw. Nordostecke) sind die ältesten Teile der Mauer. Die steilen Felsen der Westseite wurden erst später mit Bastionen ausgestattet. Dort geht der Blick über die Unterstadt und die Halbinsel Saint-François zur Südspitze der Bucht La Revellata.

Geburtshaus von Christoph Kolumbus 2

Rue Colombo

Legende oder nicht, die Korsen sind davon überzeugt, dass Calvi der Geburtsort des berühmten Seefahrers und Entdeckers Amerikas, Christoph Kolumbus, ist. 1441 soll er in der Maison Christophe Colomb das Licht der Welt erblickt haben. Beweise dafür mögen fehlen, aber eigentlich muss man nur Korsika als Teil des Staates Genua begreifen, und schon rückt in den Horizont des Möglichen, was auch die Städte Genua, Lissabon und Sevilla von sich behaupten …

Gouverneurspalast 3

Place d'Armes

Die ältesten Teile des ehemaligen Palastes der genuesischen Gouverneure samt Wehrturm stammen aus dem 13. Jh. Die Besichtigung ist nicht möglich, da er heute als Caserne Sampiero die Offiziersmesse des letzten Bataillons der Fremdenlegion auf Korsika beherbergt.

Cathédrale Saint-Jean-Baptiste 4

Im Sommer tgl. 8–19 Uhr, im Winter unregelmäßig

Der lichte Kuppelbau mit dem Grundriss eines Kreuzes thront im Zentrum der Zitadelle. Ursprünglich im 13. Jh. errichtet, wurde die Kathedrale 1567 durch die Explosion eines Pulverturms größtenteils zerstört und als lichter Barockbau in der Form eines griechischen Kreuzes wiedererrichtet. Betrachtenswert ist das Triptychon von 1498 in der Apsis mit Szenen von Mariä Verkündigung und aus der Kindheit Jesu, der »Christ des Miracles« am Ebenholzkreuz in der rechten Seitenkapelle, das 1555 die angreifenden Türken vertrieben haben soll. Meist in Hellblau gekleidet, wird die Maria vom Rosenkranz (16. Jh.) zu Karfreitag in Schwarz gehüllt und in einer großen Prozession durch die Straßen getragen.

Oratoire de Saint-Antoine 5

Tgl. 10–18 Uhr

Am südlichen Ende des Gassenrings unweit des Bischofspalasts befindet sich das mittlerweile zum **Museum für sakrale Kunst** umgebaute Gebäude von 1510. Das Relief aus schwarzem Schiefer über dem Türsturz zeigt den hl. Antonius, den Schutzheiligen der Tiere, zwischen Franz von Assisi und Johannes dem Täufer, Schutzpatron

Calvi

Sehenswert

1 Tour du Sel
2 Geburtshaus von Christoph Kolumbus
3 Gouverneurspalast
4 Saint-Jean-Baptiste
5 Oratoire de Saint-Antoine
6 Sainte-Marie-Majeure
7 Notre Dame de la Serra
8 Halbinsel Revellata

Übernachten

1 Hôtel Le Magnolia
2 Hôtel Solemare
3 Feriendorf Zum störrischen Esel
4 Relais International de la Jeunesse U Carabellu

Essen & Trinken

1 La Signoria
2 Captain'Resto
3 U Calellu
4 U Fanale
5 A Scola
6 Traiteur Chez Annie
7 Santa-Maria

Einkaufen

1 Marché Couvert
2 A Loghja
3 Coutellerie d'Art Pol Demongeot

Aktiv

1 Colombo Lines
2 Tauchklubs

Abends & Nachts

1 Club Kfé et Club 24
2 Chez Tao

der Stadt. Bei den Wandfresken aus dem 16. Jh. forderte die Zeit ihren Tribut; relativ gut erhalten ist die Darstellung des gekreuzigten Jesus mit der Jungfrau Maria und Antonius auf der linken und den Heiligen Sebastian und Rochus auf der rechten Seite.

Marine und Unterstadt

Für den Stadtbummel – Sehen und Gesehenwerden ist in Calvi ein beliebter Zeitvertreib – empfehlen sich die lebhaften Gassen der Unterstadt und die Hafenquais. Sehr schön ist der Blick von der Spitze der Mole unter der Festung zurück auf die Stadt. Gleich am Eingang zur Unterstadt an der Avenue de la République sind Bahnhof und Touristeninformation zu finden. In den Gassen dahinter liegen die Geschäfte dicht an dicht.

Links von der Hauptverkehrsachse Boulevard Wilson liegt das Rathaus, **Hôtel de Ville,** wo einige Gemälde aus der Sammlung von Kardinal Fesch zu sehen sind (Tel. 04 95 65 82 00). Die Hauptader der Unterstadt ist die **Rue Clemenceau,** links liegen die belebten Plätze San Carlu um die runde Bibliothek und Crudeli unterhalb der Kirche. An Letzteren schließt unmittelbar der kleine überdachte Markt, **Marché Couvert,** an. Rechts geht es hinunter zum 1921 eingeweihten **Quai Landry** mit den vielen Terrassenlokalen vor den im Wasser schaukelnden Jachten. Zum **Tour de Sel** hin folgt der Fischerhafen, dahinter der Fährhafen.

Sainte-Marie-Majeure 6

Die Kirche Sainte-Marie-Majeure (1774) wurde an der Stelle gebaut, wo schon im 4. Jh. eine christliche Kapelle entstand. Frühere Kirchenbauten wurden im 5., 13. und 16. Jh. von eindringenden Feinden zerstört. Ein vieleckiger Grundriss ist das Bemerkenswerteste an dieser Kirche.

Strände

Der lang gestreckte, schmale Sandstrand am Golfe de Calvi ist besonders kinderfreundlich, da er nur langsam an Tiefe gewinnt. Selbst an kalten Wintertagen beträgt die Wassertemperatur immer noch 14 °C. Zu Fuß kann man die kleinen, aber wunderschönen Strände **Plage de Roncu** und, etwas weiter entfernt, **Plage de L'Alga** sowie **Plage de l'Acilluccia** erreichen.

Sehenswertes in der Nähe von Calvi ▸ C 4

Notre Dame de la Serra 7

Die Kapelle ist generell geschl., Besichtigung nur von außen

Auf einem Hügel in 216 m Höhe südwestlich von Calvi wacht die Statue der Notre Dame de la Serra mit einem Bilderbuchblick über die Zitadellenstadt. Zu Fuß ist man in ca. 1,75 Std. oben (am Super U in die Rte. de Santone, hinter der Résidence Casa Vecchia rechts bergauf). Mit dem Auto folgt man der Küstenstraße nach Süden. Nach ca. 4 km geht es links zur Kapelle hinauf (ausgeschildert).

Unterwegs passiert man imposante Tafoni-Felsen.

Halbinsel La Revellata 8

Die Halbinsel La Revellata ist nur von einer Piste erschlossen, die für Pkws nicht geeignet ist. Von der Parkbucht am Abzweig 5 km südlich von Calvi hat man einen schönen Blick. Die ›Eroberung‹ per pedes ist nur wirklich sonnenresistenten Wanderern zu empfehlen.

Es locken schöne Ausblicke und anstrengende, aber lohnende Ab-

Vom Meer her offenbart die Hafenstadt Calvi die ganze Schönheit ihrer Lage

stiege zu kleinen, zwischen steilen Felsen ›eingeklemmten‹ Badebuchten. Die **Grotte des Veaux Marins** ist nur mit dem Boot zu erreichen (s. S. 136).

Übernachten, Essen

In der Saison ist es schwierig, ein Zimmer zu ergattern, deshalb unbedingt vorher reservieren! Die Website www.calvi-location.fr stellt vier Hotels vor, die man direkt reservieren kann.

Bezahlbarer Luxus – **Hôtel Le Magnolia** 1: Rue Alsace Loraine (Pl. du Marché), Tel. 04 95 65 19 16, Restaurant-Tel. 04 95 65 08 02, www.hotel-le-magnolia.com, DZ ab 70/120 €, Menü ab 24 €. In einem Belle-Epoque-Haus im Herzen von Calvi liegt das 3-Sterne-Hotel mit großem schattigen Garten. Die charmant eingerichteten, ruhigen Zimmer sind z. T. mit Blick aufs Wasser.

Übernachten

Gediegen – **Hôtel Solemare** 2: Pointe St-François (an der Spitze der Sackgasse), Tel. 04 95 65 09 50, www.hotel-calvi.com/fr/hotel-sole-mare-a-calvi.cfm, April–Okt., DZ ab 59/102 €. Das kleine Hotel bietet eine nahe Bademöglichkeit an der Plage de Roncu und ist mit einem Pool ausgestattet, an dem man frühstücken kann.

Familienfreundlich und zweckmäßig – **Feriendorf Zum störrischen Esel** 3: an der N 197 gelegen, 300 m vom Strand, Tel. 04 95 65 98 00, www.korsika.com, April–Okt., pro Pers. und Woche mit Flug ab 698 €. Das Feriendorf (deutschsprachig) im Unterkunftsgürtel vor der Stadt ist ideal für Familien geeignet. 124 zweckmäßig eingerichtete Bungalows, Jugend- und Familienzelte stehen zur Wahl. Umfangreiches Sportangebot, Animation und Fahrradverleih.

Jugendliche willkommen – **Relais International de la Jeunesse U Carabellu 4**: Rte. de Pietramaggiore, 4 km vom Zentrum hinter Supermarkt Casino im Kreisel rechts in die Rte. du Docteur Massoni, dann links in die Rte. Pietramaggiore, Tel. 04 95 65 14 16, www.clajsud.fr, April–Nov., 20 € pro Pers. Jugendherberge mit angenehmen 3- bis 5-Bett-Zimmern (mit/ohne Bad) und Schlafraum. Unbedingt reservieren!

Essen & Trinken

Einmal im Leben – **La Signoria 1**: abseits der D 81 Richtung Flughafen (ausgeschildert), Tel. 04 95 65 93 00, www.hotel-la-signoria.com, April–Okt., nur abends, Menü 58–90 €. Reservierung empfohlen. Das nobelste und schönste Restaurant der Gegend, weithin für seine raffinierte Küche bekannt. In einem alten, geschmackvoll gestylten Herrenhaus in einem großen Park.

Für Pizza-Fans – **Captain'Resto 2**: Port de Plaisance, Rue Maréchal Joffre, Tel. 04 95 65 11 70, www.captainresto.com, Pizza 12 €, Menü 20 €, Tellergerichte ab 14 €. Auch Salate, Muscheln und vieles mehr. Schneller Service, große Portionen. Das Resto ist sehr beliebt bei jungen Leuten.

Perfekter Service – **U Calellu 3**: Quai Landry, Tel. 04 95 65 22 18, im Sommer tgl. geöffnet, sonst Mo und Nov.–Febr. geschl., Menü ab 25 €. Der frische Fang ist die Basis der Küche, deren Karte in der Saison bei gleichbleibender Qualität wechselt. In der HS unbedingt reservieren.

Feine Küche – **U Fanale 4**: 500 m vom Zentrum an der Küstenstraße nach Süden, rte. de Porto par la Côte, Tel. 04 95 65 18 82, www.ufanale.com, Mitte März–Okt. tgl. außer Di mittag, Nov./Dez. nur abends geöffnet, Menü 16/23 €. Herrlicher Blick auf die Halbinsel La Revellata. Jedes Gericht ist wie ein kleines Kunstwerk angerichtet. Tipp: *La Daurade Royale Façon Millefeuille* (Goldbrasse mit Langustinen).

Für Süßmäuler – **A Scola 5**: 27, Chjappata San Ghjuvani, in der Zitadelle gegenüber der Kirche St-Jean, Tel. 04 95 65 07 09, Mai–Okt. tgl. 10–20 Uhr. Ein charmantes Teehaus mit kleinen Speisen und exzellenten hausgemachten Kuchen wie *Moelleux à la Châtaigne* (Kastanien-Cremespeise). In der HS unbedingt reservieren, da nicht nur bei Einheimischen beliebt.

Legendäre Pasteten – **Traiteur Chez Annie 6**: 5, rue Clemenceau, Tel. 04 95 65 49 67, www.annietraiteur.com, im Sommer tgl. 6–23 Uhr, Dez. geschl. Der besondere Service ist hier der Imbiss mit vielen köstlich zubereiteten Pasteten, auch zum Mitnehmen für das Picknick am Strand. Auch Online-Versand.

Von Fisch bis Wildschwein – **Restaurant Santa-Maria 7**: Pl. de l'Eglise, Tel. 04 95 65 04 19. In der Unterstadt neben der Kirche. Riesenteller Fisch-Friture 16,50 €.

Einkaufen

Open-Air-Einkauf – **Märkte 1**: Landwirtschaftliche Erzeugnisse gibt es jeden Morgen am Marché Couvert in der kleinen überdachten Markthalle. Der Kunsthandwerksmarkt findet jeden 1. und 3. Do im Monat statt. Am frühen Morgen, wenn die Fischerboote ankommen, gibt es einen Fischmarkt am Hafen vor dem Salzturm.

Korsische Köstlichkeiten – **A Loghja 2**: 3, rue Clemenceau, Tel. 04 95 65 39 93, in der Saison bis 20 Uhr, im Juli/Aug. noch länger geöffnet. Eine gute Auswahl korsischer Spezialitäten.

Messerscharf – **Coutellerie d'Art Pol Demongeot 3**: Festung Mozzello, am Friedhof, 300 m vom Rathaus, Tel. 06 12 10 14 66 und 04 95 65 32 54. Bitte Termin vereinbaren. Traditionelle Messer.

Aktiv

Bootsausflüge – **Colombo Lines 1:** Quai Landry, Tel. 04 95 65 32 10, www.colombo-line.com, März–Nov., sonst auf Anfrage. Fahrten zum Naturreservat von Scandola, nach Ajaccio und zur **Grotte des Veaux Marins**.
Wracktauchen – **Tauchklubs 2**: Am Hafen wetteifern gleich drei Tauchschulen um die Kunden. Für Erw./Kinder ab 8 J., Infos zu den Anbietern: www.epic-plongee.com, www.plongeecastille.com und www.calviplongee2b.com. Besonders beliebt sind versunkene Wracks.

Abends & Nachts

Im Sommer ist die **Place Crudeli** vor der Kirche Sainte-Marie-Majeure in Calvi ein lebendiger Treffpunkt. Auf der Kirchentreppe spielen Musikgruppen.
Lounge & Disco in einem – **Club Kfé et Club 24 1**: Port de Plaisance, Tel. 04 95 60 57 44, ganzjährig außer Febr.–Mitte März. Livemusik und DJs laden zum Clubbing. Viel Andrang auf der großen Terrasse und in der modernen Lounge.
›Der‹ Ausgehtipp – **Chez Tao 2**: Citadella di Calvi, Tel. 04 95 65 00 73, Ende Mai–Okt. tgl. 19 Uhr bis in die frühen Morgenstunden, im Restaurant ca. 40 €. 1924 kaufte der russische Balletttänzer Prinz Tao Kanbey de Kerekow den Bischofspalast in der Zitadelle und funktionierte ihn zu einem Klub für die Schönen und Reichen um. Heute ist Chez Tao ein stimmungsvoller Musik- und Jazzklub mit Tradition, der Blick von den Terrassen über die nächtliche Bucht trägt zur Atmosphäre bei.

Infos & Termine

Infos

Office de Tourisme: Port de Plaisance, Tel. 04 95 65 16 67, www.balagne-corsica.com, im Sommer tgl. außer So Nachmittag 9–12.30, 15–18.30, außerhalb der Saison Mo–Fr 9–12, 14–17 Uhr. Im Sommer öffnet eine Zweigstelle im Tor zur Zitadelle. Ein Audioguide (auch auf Deutsch) sowie die Broschüre »Guide Calvi-Loisir« informieren umfassend.

Anreise und Weiterkommen

Flugzeug: Der Flughafen Ste-Catherine (www.calvi.aeroport.fr) ist 7 km außerhalb von Calvi. Es gibt keinen Flughafentransfer, nur **Taxen:** Taxi de Calvi, Tel. 04 95 65 03 10, oder Taxi Calvais, Tel. 04 95 65 30 36; ca. 15 €.
Inselbahn: stdl. zu den Stränden der Balagne bis nach L'Ile-Rousse, 2 x tgl. nach Bastia/Ajaccio über Ponte Leccia.
Bus: Verbindungen nach Bastia, Ajaccio, Porto, Porto-Vecchio. Auskunft im Office de Tourisme.

Termine

Festival de Jazz: letzte Juniwoche, www.calvi-jazz-festival.com. Mit Gästen aus aller Welt. Nachmittags Gratis-Freiluftkonzerte, abends in Sälen.
Calvi on the Rocks: Juli, Festival für moderne Musik.
Rencontres Polyphoniques: Mitte Sept. Seit 1989 findet mitten in der Zitadelle ein jährliches Gesangsfestival mit korsischen und internationalen Chören und Solisten statt.
Festiventu: letzte Okt.-Woche, www.lefestivalduvent.com. Originelles Fest für Groß und Klein, bei dem es um alles Windgetriebene geht: Modellflugzeuge, Ballons, Drachen. Im Begleitprogramm sind Theater, Konzerte und Tagungen.

Mein Tipp

Ausflug zum Forêt de Bonifatu ▸ C/D 4
Wer dem Trubel der quirligen Stadt Calvi entfliehen möchte, ist mit einer Wanderung zum **Cirque de Bonifatu** richtig beraten. 22 km geht es zunächst über die D 81 und D 251 in das Inselinnere. Die Straße führt am linken Ufer der Figarella ins Land. Schon bald schiebt sich der Wald näher an die kurvige Straße, Badegumpen im Fluss laden zum Hinunterklettern ein. An der **Auberge de la Forêt** (536 m hoch; Tel. 04 95 65 09 98, www.auberge-foret-bonifatu.com, April–Sept., HP pro Pers. im DZ 64/72,50 €, im Gîte HP pro Pers. 43 €) endet die Straße. Ein breiter Wanderweg führt weiter flussaufwärts in einer halben Stunde zur Basis des grandiosen Cirque de Bonifatu. Auf dem rotweiß markierten, steilen Weg wandert man in etwa fünf Stunden hin und zurück nach **Spasimata**, zum **Refuge de Carozzu** (1392 m; Übernachtg. 10 €/Pers. bzw. 5 €/Pers. im Biwak, Reservierung nur über www.parc-corse.org) und über eine abenteuerliche Hängebrücke.

Gründonnerstag: Die Prozession führt von der Kirche Ste-Marie-Majeure zur Kirche St-Jean-Baptiste, wo die Segnung der *canistrelli* (trad. Plätzchen) stattfindet.
Karfreitag: Prozession Granitola in spiralförmigen Figuren, bei der barfüßige Büßer mit schweren Kreuzen und der in Trauer gekleideten Madonna von der Kirche St-Jean-Baptiste zum Hafenviertel ziehen. Sehr beeindruckend!

Balagne Déserte

▸ B/C 4/5

Von Calvi nach Galéria (38 km) erstreckt sich eine raue Karstlandschaft mit stellenweise spärlicher Macchia und steiler Felsküste, mit wenigen Kieselstränden an kleinen Flussmündungen. Ein Traum ist die enge, sehr kurvige Küstenstraße D 81b, die westlich von Calvi beginnt und sich am Fango mit der D 81 vereinigt.

Plage d'Argentella ▸ B 4

An der **Bucht von Crovani** liegt der 1 km lange geschwungene Kiesstrand Plage d'Argentella mit kristallklarem Wasser. Strand wie Bergmassiv dahinter heißen nach einer bis zum Jahr 1914 ausgebeuteten silberhaltigen Bleimine.

Übernachten

Markante Lage – **Auberge Ferayola:** 25 km südl. Calvi an der D 81b (Küstenstrecke), L'Argentella, Tel. 04 95 65 25 25, www.ferayola.com, Mai–Sept., DZ 60/96 €. Hoch über dem Meer liegt die Auberge, die neben komfortablen Zimmern einen Pool und Tennisplätze bietet. Es gibt auch Chalets (99 €).

Galéria ▸ B 5

Abgeschieden liegt der kleine Fischerort Galéria an dem wilden Golf gleichen Namens, der herrliche Tauch- und

Segelgründe bietet. Außerhalb der Hochsaison schaukeln die Fischerboote in einer beschaulich ruhigen Bucht. Galérias Strände sind aus feinen dunklen Kieselsteinen, der schönere liegt am Genueserturm ca. 10 Min. vom Ortszentrum an der Fango-Mündung und einer Süßwasserlagune.

Fango-Tal ▶ B/C 5

Das Fango-Tal (Fangu) und die umliegende **Region Filosorma** (▶ C 5) genießen als Teil des Parc Régional Naturschutz. Einzige Erschließungsstraße ist die D 351, die nach 16 km bei Bardiana endet und nur noch als Forstweg, zu Fuß oder mit dem Mountainbike, weiter in die Berge hineinführt. Entlang der Straße zeigen mehrere Parkplätze an, wo Badestellen liegen. Besonders beliebt sind die tiefen Gumpen unter der alten Brücke Ponte-Vecchio, über die der Fußweg nach Tuarelli führt.

Schon von einigen Aussichtspunkten im unteren Tal sieht man die

Der Fango eignet sich hervorragend zum Kajakfahren

beiden beherrschenden Gipfel **Capo Tafonato** (2343 m) und das Matterhorn Korsikas, die häufig als schönster Berg der Insel bezeichnete **Paglia Orba** (2525 m). Der Legende nach ist der Krater des Tafonato bei einem Wutanfall des Teufels entstanden, als er eine Pflugschar vom Niolo Richtung Meer warf. Vom Krater bietet sich ein traumhaftes Panorama über das Fango-Tal bis zum Meer.

Übernachten

Frisch renoviert – **Hôtel Le Filosorma:** Rte. du Bord de Mer, Galéria, Tel. 04 95 34 44 47, www.hotel-filosorma.com, April–20. Okt., DZ ab 63/106 €. Das Hotel liegt nur 30 m vom Strand entfernt an der Hauptstraße. Die 20 Zimmer sind vor einigen Jahren renoviert worden und haben alle Meerblick, teilweise einen Balkon.
Sympathisch – **Hôtel A Farera:** am Fango, 6 km östlich von Galéria, Tel. 04 95 62 01 87, DZ ab 55/70 €. Frau Molinari begrüßt ihre Gäste herzlich in familiärer Atmosphäre. Saubere Zimmer und ein idyllischer Garten.
Spartanisch – **Idéal Camping:** Galéria, 300 m vom Meer, Tel. 04 95 62 01 46, www.hotel-stagnolo.fr, April–Okt., ca. 16 € für 2 Pers. mit Zelt und Auto. Ein großer Campingplatz, auf dem viele Wanderer Halt machen. Im hinteren Teil schattig, manchmal nicht allzu gepflegt. Mit Restaurant und Imbiss.

Aktiv

Kanufahren auf dem Fango – **Delta du Fangu en Canoë:** Reservierung Tel. 06 22 01 71 89, www.delta-du-fangu.com, Juni–Sept. Dauer ca. 1 Std., 6 € pro Pers. Eine Tour auf dem Fango ist ein Erlebnis: Den ruhigen Fluss entlangpaddeln und dabei Schildkröten beim Sonnenbaden zuschauen, bleibt lange in Erinnerung. Am Parkplatz des Strandes mit dem Genueserturm dem Weg rechts folgen (ausgeschildert).
Wassersport – **L'Incantu:** Rte. Calca, 800 m vom Strand im Ort, Tel. 04 95 62 03 65, www.incantu.com. Tauchzentrum mit Segelboot- und Kajakverleih. Wochenweise kann man auch ein Studio (360/610 €) mieten.
Wandertouren – Sehr lohnend ist der **Wanderweg,** der von Monte-Estremo über das obere Fango-Tal oder vom Ende der Piste D 351 zum Col de Capronale (1329 m) aufsteigt. Von dort gibt es sowohl die Möglichkeit, auf den Col de Cocavera (1475 m) zu wandern, als auch den steileren Weg in die Berge zu wählen und über die Bocca di Guagnerola (1837 m) auf den GR 20 zu stoßen. Diese Tour nur mit Wanderkarte gehen!
Küste und Berge erwandern – **Tra Mare e Monti:** Der Wanderweg führt nach Süden Richtung Girolata am Rand der geschützten Halbinsel Scandola (▶ B 5), nach Norden über Tuarelli in die Berge. Beide Strecken sind auch als Einzeletappen sehr zu empfehlen.

Infos

Syndicat d'Initiative: 4 km außerhalb von Galéria an der Kreuzung mit der D 81 neben der Fango-Brücke gelegen, Tel. 04 95 62 02 27, Mai–Ende Sept. Mo–Sa 9.30–12, 15–18, Juli/Aug. 9–12, 14–17 Uhr.
Maison de la Mer: Am Strandende von Galéria gibt es hier Informationen über Flora und Fauna im Naturschutzgebiet La Scandola (▶ B 5).
Parken: Caravans und Autos können am Eingang von Galéria kostenpflichtig (20–8 Uhr) geparkt werden, allerdings gibt es hier weder Strom und Wasser noch Schatten.

Fahrt durch die Balagne

Balagne Fertile ▸ D 4

Belgodère ▸ D 4

Belgodère ist ein Dorf mit Läden und Kneipen um einen großen Dorfplatz vor der Eglise Saint-Thomas (16. Jh.). Die Atmosphäre des Ortes und der Blick vom Fort inspirierten die Malerin Suzanne Valadon und ihren Sohn Maurice Utrillo 1912 bis 1913 zu einer Serie von Gemälden. Im Juli, August finden regelmäßig klassische Konzerte statt.

Abstecher nach Palasca ▸ D 4
Ein Abstecher von etwa 6 km über die N 197 und nach 3 km links führt in das Kunsthandwerkerdorf Palasca, das wegen seiner Abgeschiedenheit weniger überlaufen ist als die üblichen Höhepunkte der Balagne.

Einkaufen

Süße Versuchung – **GAEC de Lozari:** an der N 197 Kreuzung Richtung Belgodère, tgl. 17–19 Uhr, und auf dem Markt in L'Ile-Rousse. Feiner Honig von mildem bis herbem Geschmack, außerdem Honigessig und Met.

Termine

Für Liebhaber der Klassik – **Konzertreigen:** 10. Juli–Ende Aug.

Speloncato ▸ D 4

7,5 km hinter Belgodère steigt die D 63 (später D 663) in engen Kurven nach Speloncato (Speluncatu) auf, dessen Zentrum um einen schroffen Felsen angelegt ist. Die Aussicht in das Regino-Tal ist berauschend. Spelunca ist Korsisch und bedeutet ›Felshöhle‹. Namengebend für den Ort ist ein großes Loch in einem Tafoni-Felsen am gegenüberliegenden Hang, durch das die Sonne zweimal im Jahr, Anfang April und Anfang September, ein paar Minuten, nachdem sie gegen 18 Uhr hinter dem Berg verschwunden ist, noch einmal einen langen Strahl auf das Dorf wirft. Zu erspähen ist das Loch vom Gässchen rechts der Kirche.

Die D 63 führt Richtung Osten über den Pass **Bocca di a Battaglia** (1099 m) ins Giussani. Vom Pass und dem leichten Wanderweg zum Gipfel des **Monte Tolo** (1332 m) hat man eine fantastische Aussicht auf die Berge, aus denen der Monte Padro am höchsten aufragt, und bis hinunter zum Meer.

Übernachten

Wie ein Museum – **A Spelunca:** am Dorfplatz, Tel. 04 95 61 50 38, www.hotel-a-spelunca.com, April–Okt., DZ ab 65/85 €. Die Salons und das Treppenhaus der einstigen Sommerresidenz eines Kardinals sind im Stil des 19. Jh. erhalten geblieben. Die 14 Zimmer sind einfach, aber sehr geräumig. Toller Blick auf Berge oder Meer.

Essen & Trinken

Für Romantiker – **U Paisanu:** zwischen Speloncato und Monticello gelegen, Gare de Regino, Tel. 04 95 61 50 48, Mai–Ende Sept. tgl. mittags und abends, Menü 17–30 €. Korsische Küche, immer frische Gartengemüse.

Hausmannskost – **Le Gallieni:** Pl. de l'Eglise, Tel. 04 95 61 51 76, März–Okt. tgl. mittags und abends, Menü 17–23 €. Deftige korsische Küche wird hier liebevoll zubereitet. Bei den üppigen Portionen geht keiner hungrig nach Hause.

Feliceto und Muro ▸ D 4

In einer Nische im Hang an der D 71 liegt das grüne, von Obstgärten umgebene **Feliceto** (Filicetu) hinter Bougainvilleen und Feigenbäumen. Beim Gang durch die Gassen bieten sich immer wieder schöne Blicke über die Gegend. Auf einem Felsen über dem Dorf (1 Std. Fußweg, ausgeschildert) steht die Maison du Bandit, in der einst ein Bürgermeister des Ortes Banditen Unterschlupf gewährt haben soll.

Im nahen **Muro** hat man die alten Arkadenhäuser restauriert, die Kirche ist von Pilgern viel besucht, weil das Gesicht des Gekreuzigten sich 1730 mit Blut überzogen haben und in hellem Licht erstrahlt sein soll. Heute bietet die Kirche eine ausgesprochen prächtige spätbarocke Innenausstattung mit viel Marmor, Blattgold und bemalten Statuen. Unterhalb der D 71 lohnt ein Abstecher in das Dörfchen **Avapessa**, dessen alte Gassen nur zu Fuß begangen werden können.

Mein Tipp

Auf alten Schäferrouten

Calenzana ist der Ausgangspunkt für den neuen Wanderweg **Le Sentier de la Transhumance** (▸ C 4–E 5). Er führt in sechs Etappen von Calenzana nach Santa Regina. Die Route zeichnet den Weg der Schäfer bei ihrem Almauftrieb nach. Die Route ist mit orange-violetten Markierungen gekennzeichnet. Die Strecke folgt Teilabschnitten der Wege Mare a Mare und Mare e Monti, wo er orange ausgezeichnet ist. Die einzelnen Etappen: Calenzana–Bonifatu 4,75 Std., Bonifatu–Monte Estremo 6,5 Std., Monte Estremo–Puscaghja 5 Std., Puscaghja–Albertacce 6,5 Std., Albertacce–Corscia 3 Std., Corscia–Santa Regina 2 Std.

Übernachten

Legendär – **Hôtel Mare e Monti:** Feliceto-Dorfmitte, Tel. 04 95 63 02 00, www.hotel-maremonti.com, April–Okt., DZ ab 105/134 €. In einer ›Amerikaner-Villa‹ aus dem 19. Jh. fühlt man sich wegen der Einrichtung in die damalige Zeit zurückversetzt. Die sauberen Zimmer verfügen allerdings über alle Annehmlichkeiten des 21. Jh.

Essen & Trinken

Der Wirt singt mit – **Osteria U Mulinu:** östl. Ortseingang von Feliceto, Tel. 04 95 61 73 23, nur abends, Juli/Aug. Di geschl., April–Juni, Sept.–Nov. nur Fr–So geöffnet, reservieren, Einheitsmenü mit Aperitif, Wein und Digestif 32 €. In einer alten Ölmühle bieten Joseph Ambrosini und Frau ganz besondere Stimmung. Der Wirt ist bekannt für (bisweilen vulgäre) Witze, fliegende Teller, musikalische Unterhaltung und ausgezeichnete ländliche Speisen. An einigen Abenden wird sogar getanzt – viel Spaß.

▷ S. 146

Lieblingsort

Wie ein Adlerhorst … ▶ D 4
Klitzeklein klebt **Speloncato** am Steilhang. Darüber lässt sich am Himmel ablesen, welches Wetter im Hochtal des Giussani herrscht. Wie zu einer Festung gruppiert scharen sich die zeitlosen Häuser um einen wuchtigen Granitkegel. Im Dorf selbst trifft man auf ein Labyrinth aus gepflasterten Gässchen und Schleichwegen. Ein einladender Dorfplatz mit Café, Restaurant und Brunnen bringt Einheimische und Besucher zusammen (von Belgodère über die D 63, später D 663 in engen Kurven zu erreichen).

Auf Entdeckungstour: Alles vom Feinsten – im Dorf der Kunsthandwerker

In Pigna sind Vorzeigeläden entstanden, die mit dem Feinsten aufwarten, was die Insel zu bieten hat – von der Ziegenhornflöte über Marroni in Schnaps bis zum Filzhut.

Reisekarte: ▶ D 4

Anfahrt: ab Südende L'Ile-Rousse auf die D 151, über Corbara, ca. 7 km; Parken rechts unterhalb des Kirchplatzes.

Öffnungszeiten: ab Ostern–Ende Okt. tgl. außer So, Fei 10.30–12.30, 15.30–18.30, Juli/Aug. bis 20 Uhr.

Infos: www.casa-musicale.org – Sammel-Website des Dorfs auf Korsisch, Französisch und teilweise Englisch.
Casa Musicale: Tel. 04 95 61 77 31, www.casa-musicale.org, 7 Zimmer, DZ ab 65/95 €, gute Landesküche.

Pigna liegt weithin sichtbar in knapp 400 m Höhe über der Ebene von Algajola zwischen Corbara und Aregno. Es gehört zum Kranz der Wohndörfer der Balagne, in klimatisch erträglicher Höhe und fernab der Gefahren von Sarazenenüberfällen und Sklavenjagden errichtet, die bis ins 17. Jh. zum Alltag gehörten. Das Dorf rühmt sich heute, mehr Kinder als Rentner zu zählen. Es hat keine Zufahrt für Touristenbusse.

Die treibende Kraft dahinter

In jeder Gasse gibt es Läden, die von der Corsicada ins Leben gerufen wurden, ein zwischenzeitlich aufgelöster Zusammenschluss von Kleinerzeugern mit Qualitäts-Charta. Das Ziel der Corsicada, Absatzmöglichkeiten für die hochwertigen Produkte der Mitglieder zu schaffen, gilt als erfolgreich umgesetzt. Treibende Kraft hinter der Idee war Toni Casalonga, ein kultivierter Mensch und Künstler, der jahrelang im Korsischen Wirtschafts- und Sozialrat engagiert war und sich heute ausschließlich seiner unverwechselbaren Aqua-Forte-Kunst (Radierungen) widmet. Seine **Gallerìa** ist am Spätnachmittag geöffnet.

Bummel durchs Dorf

Pignas liebevoll gepflasterte Gassen sind äußerst fußgängerfreundlich. Der Spaziergang führt links vom Kirchplatz an der **Casa Cumuna (1)** (Wechselausstellungen von Kunst und Handwerk) vorbei. Rechts davon und weithin sichtbar präsentiert sich der Kuppelbau des **Auditoriums (2),** der architektonisch innovativ aus mit Kalk stabilisierter Lehmerde errichtet wurde. Ob seiner herausragenden Akustik nutzen ihn korsische Gruppen für Musikaufnahmen. Oberhalb rechts trifft man auf die **Vaccaghja (3), den** früheren Kuhstall, heute als Freilichttheater genutzt.

Hübsche Keramikschildchen verraten die korsisch-französischen Namen der Lädchen. In der auf hochwertige Lebensmittel spezialisierten **Casa Savelli (4)** gibt es einen Lageplan vom Dorf, der den Überblick erleichtert. Das enge Lädchen selbst ist eine wahre Kaverne des Ali Baba. Die Eigentümerin vertreibt nur Produkte lokaler Kleinsterzeuger: Honigessig, Haselnussöl, Kastanienschnaps, kandierte Zedratfrüchte, Schoko-Feigen-Konfitüre ... Es gibt bestes Olivenöl (Verkostung), Rohmilch-Schafskäse, Wurstwaren aus den Bergen, eine Auswahl bester Weine, Liköre, Aperitife der Insel und überall Plakate von Dorfkünstler Toni. 5 m weiter liegt rechts der **Laden des Kunsthandwerks (5).** Hier ist ebenfalls alles vom Feinsten: Hirtenmesser mit Horngriffen, Musik und Literatur, auch Kochbücher und Bildbände, Töpferei und Flechtwerk, Filzhüte und gegerbte Schaffelle, Ölessenzen aus Lumio, Edelholzkugelschreiber aus Fozzano und Schmuck jeglicher Art.

Beim weiteren Stöbern finden sich ein **Saiteninstrumentenbauer (6),** Tonis Sohn Ugo, spezialisiert auf die *cetera,* ein lautenähnliches zwölfsaitiges Folkloreinstrument, das frühere Dorfwaschhaus, Keramiker, Gravurkünstler, Mosaikleger und die **Casa Musicale (7)** (mit Ess- und Übernachtungsmöglichkeit; s. links), in der sich die Musikanten der Gegend treffen. Zu empfehlen ist der frisch gepresste Orangensaft im **Casarella Café (8)** mit Blick ins Tal. Und falls die **Dorfkirche** mit ihren gedrungenen Türmen offen ist, lohnt sich ein Blick in den anheimelnden Kirchenraum.

Einkaufen

Für Weinkenner – **Domaine Renucci:** Feliceto, Probierstube unterhalb des Mare e Monti, Tel. 04 95 61 71 08, Mo–Sa 9–12, 14–18 Uhr. Angesehene A.O.C-Weine, hochwertiges Olivenöl.
Wein mit Tradition – **Domaine Maestracci/Clos Reginu:** von Feliceto D 213 Richtung Sta Reparata, Tel. 04 95 61 72 11, Anmeldung erwünscht, Mo–Sa 9–12, 14–19.30 Uhr. Renommierte Weine.
Beim Glasbläser – **Verrerie d'art:** Feliceto, unterhalb der Kirche, Tel. 04 95 61 73 05, tgl. 10–12, 15–18.30 Uhr, Mo, Mi, Fr Vorführungen. Die preisgekrönten Glasbläser fertigen Vasen, Lampen und Gefäße aus farbigem Glas.

Cateri ▸ D 4

In Cateri lohnt sich ein Bummel durch die gepflegten Gassen unterhalb der D 71. Dort locken gut erhaltene Granithäuser und hübsche Ausblicke nach Aregno und Sant'Antonino. Cateri ist ein Verkehrsknotenpunkt in der Balagne. Ab hier hat man zwei Möglichkeiten, der D151 zu folgen. Fährt man Richtung Süden, erreicht man Calvi über Montemaggiore und Calenzana. Die Tour nach Norden führt über Aregno, Pigna, Corbora nach L'Ile-Rousse.

Übernachten, Essen

Für den großen Appetit – **Chez Léon:** am Ortsausgang Richtung Couvent de Marcasso, Tel. 04 95 61 73 95, DZ 76/ 92 €, Menü 28 €, in der HS reservieren. Opulente korsische Speisen, im Abendmenü in sechs Gängen serviert. Von der Terrasse und den etwas nüchternen Hotelzimmern hübscher Blick.

Einkaufen

Kulinarische Spezialitäten – **A Lataria:** 11, San Cesariu, am Dorfende Richtung Aregno, Tel. 04 95 61 71 44, Juni–Sept. Mo–Sa 9.30–14, 17–20 Uhr. Verkauf von hausgemachten Konfitüren, Olivenöl, Maronengebäck und anderen Köstlichkeiten in der alten Molkerei.
Canistrelli – **Biscuiterie Salvatori:** 18, Hameau Saint Césaire, kurz vor dem Dorfausgang Richtung Lavatoggio rechts an der Straße, Tel. 04 95 61 73 83. Hier gibt es köstliche Kekse, die äußerst schmackhaften *canistrelli* (trad. Plätzchen) – auch mit ungewöhnlichen Gewürzen wie Thymian.

Von Cateri nach Calenzana ▸ C/D 4

Folgt man der D 151 Richtung Süden erreicht man den Col de Salvi (509 m), der von Gleitschirmfliegern gern als Startpunkt genutzt wird. Unter den vielen hübschen Orten auf der Route lohnt das auf einem Bergsporn thronende **Montemaggiore** (▸ C 4) einen Halt, insbesondere in der Abendsonne. Vom Kirchplatz hat man einen wundervollen Blick über die Ebene und die Bucht von Calvi.

Das große, gepflegte Dorf **Calenzana** (Calinzana; ▸ C 4) in schöner Lage unter dem Monte Grosso ist als Ausgangspunkt der beiden **Fernwanderwege GR 20** und **Mare e Monti** bekannt. Die Geschäfte des Ortes sind auf letzte Proviantkäufe, ein Büro des Naturparks auf notwendige Auskünfte vor der großen Tour eingerichtet. Das lokale Handwerk blüht.

Am imposanten, ein wenig altersschwachen Barockturm der Kirche

Saint-Blaise gedenkt eine Plakette eines Ereignisses aus der Zeit, als Calenzana sich als Bastion des korsischen Widerstands gegen Genua hervortat. 1732 wurden hier 500 deutsche Söldner getötet, die im Auftrag Genuas die Stadt erobern sollten. Sie sind auf dem Campo Santo dei Tedeschi begraben. Bemerkenswert waren die eingesetzten Waffen: brennende Stiere und Bienenkörbe.

Sainte-Restitude ▶ C 4
1 km vor Calenzana an der D 151 steht die Kirche Sainte-Restitude (Santa Restituta), eine der bedeutendsten Pilgerstätten der Insel. Dort ruhen die Gebeine der hl. Restituta, einer Korsin, die 303 im Zuge der Christenverfolgung mit fünf Begleitern in Neapel enthauptet wurde.

Der aus dem 15. Jh. stammende Bau (erweitert im 18. Jh.) ersetzte die im 14. Jh. zerstörte romanische Kirche, die ihrerseits über einem römischen Friedhof errichtet wurde. Das Grab der Heiligen wurde erst 1951 bei Umbauarbeiten freigelegt, der Marmorsarkophag aus dem 4. Jh. steht heute in der Krypta unter dem Chor (Schlüssel in der Drogerie mit Tabac im Zentrum von Calenzana gegen Hinterlegung des Personalausweises).

Übernachten, Essen

Für Feinschmecker – **A Flatta:** 2 km über eine Piste hinter Calenzana, Tel. 04 95 62 80 38, www.aflatta.com. Restaurant Ostern–Mitte Nov. tgl., DZ 95/125 €, Hauptgerichte ab 20 €. Einsam am Rand zum Hochgebirge, mit Weitblick nach Westen, in der Nähe ein Flüsschen. 5 schöne Zimmer, Pool. Im Restaurant werden erlesene Gerichte durch original korsische Küche ergänzt.

Übernachten

Einfach und preiswert – **Gîte d'Etape Municipale:** Calenzana, Pian d'Aregno, Tel. 04 95 62 77 13, April–Mitte Sept., 15 €/Pers. Wanderherberge am Beginn der Wanderwege GR 20 und Mare e Monti, 4-Bett-Zimmer. Außerdem Platz für 50 Zelte.

Essen & Trinken

Deftige Küche – **Bar-Restaurant Le Calenzana, Chez Michel:** 7, cours Saint-Blaise, Calenzana. Tel. 04 95 62 70 25, 15. Jan.–15. Febr. geschl., Nov., Dez. Mo geschl., Menü ab 17 €. Gute korsische Küche wie Wildschweinragout und leckere Pizza. Ein gute Adresse, bevor die Wanderung beginnt.

Einkaufen

Natürliche Ölvielfalt – **U Fragnu:** in Lunghignano ca. 2 km Richtung Zilia, www.ufragnu.com, April–Okt. tgl. Geduldig trottet ein Esel in der alten Ölmühle beständig im Kreis. Hier werden neben kalt gepresstem Öl auch verschiedene Seifen, Essigessenzen, Nougat, Honig und Maronenkonfitüre angeboten.
Backwarenspezialitäten – **E Fritelle:** Lieu-dit Chjassu Longu, Calenzana, im Sommer Mo–Sa 7–18 Uhr und So vormittag. Die kleine Bäckerei ist über Calenzana hinaus für Krapfen (8–12 Uhr) und Kastanienkekse bekannt.

Infos & Termine

Gîte d'Etape Municipale: s. Übernachten, Info-Tel. 04 95 62 87 78. Im Gîte d'Etape gibt es von Mai–Okt. jeden Nachmittag Infos zum Wetter, Wanderkarten und gute Beratung.

Fête de Sainte-Restitude: 21. Mai, in Calenzana Fest zu Ehren der hl. Restitude mit Prozessionen.
Foire de l'Olivier: Mitte Juli, in Montegrosso Jahrmarkt rund um die Olive mit Handwerkern, Kinderprogramm, Abendkonzerten.
Rencontres de Calenzana: musical-calenzana.com. Festival der klassischen und zeitgenössischen Musik.

Von Cateri nach Corbara

▶ D 3/4

Sant'Antonino ▶ D 4

Zufahrt über die D 413, die unmittelbar vor Cateri von der D 151 abzweigt

Von Cateri lohnt sich ein Abstecher nach Sant'Antonino (Sant'Antuninu). In einer Höhe von 500 m über dem Meer thront das einst zum Schutz vor den Sarazenen gegründete Festungsdorf, das kreisförmig um eine Felsspitze angelegt ist, eines der ältesten und schönsten Dörfer der Insel – und im Hochsommer entsprechend überlaufen. Am besten kommt man abends, wenn die Reisebusse weg sind. Zu Fuß geht's über lange Treppen in die malerischen Gassen, in denen sich zahlreiche Handwerks- und Spezialitätenlädchen angesiedelt haben.

Einen Heidenspaß macht die Dorfbesichtigung von Sant'Antonio auf dem Rücken eines Esels. Völlig cool trotten die Grauen die steilsten Gassen empor. In der Hauptsaison kann man nachmittags diese 30-minütige Tour am unteren Parkplatz des Ortes buchen.

Essen & Trinken

Rustikal – **La Voûte:** oben an der Treppe zum Dorf, Tel. 04 95 61 74 71, April–Ende Sept., Hauptgericht ca. 12 €. Mit Erzeugnissen aus eigener Herstellung wird im La Voûte lecker und zu annehmbaren Preisen gekocht.
Saftladen – **La Maison du Citron:** am Dorfeingang rechts, direkt am Parkplatz, April–Okt. Seine Spezialität aus frisch gepresstem Zitronensaft mit Wasser, Eis und Zucker belebt auch den müdesten Wanderer.
Noch mehr Säfte – **Casa Corsa:** vom Parkplatz links hoch, 50 m sanfte Steigung. Dort gibt es Pomelosaft und mehr.

Aregno ▶ D 4

Am oberen Ausgang des Dorfs Aregno, auf dem Friedhof, steht das pisanische Kirchlein **La Trinité** aus dem 12. Jh., gefügt aus großen polychromen Quadern, die vergleichbar sind mit der Kirche San Michele bei Murato im Nebbio (s. S. 119). Die Portalseite ist mit naiven Menschenskulpturen geschmückt, jeweils einer männlichen und einer weiblichen am Eingang, eine dritte, männliche, ziert den Giebel. Über den schmalen Fenstern der Seitenfassaden sind harmonische Flachreliefs zu sehen. Fresken aus dem 15. Jh. schmücken das Innere.

Couvent de Saint-Dominique

▶ D 3/4

Zwischen Pigna und Corbara an der D 151, Tel. 04 95 60 06 73 und 06 43 39 25 05, www.stjean-corbara.com, Führungen tgl. nach Anmeldung 15–17 Uhr

1465 von Franziskanern gegründet, blickt das Kloster auf eine wechselvolle Geschichte zurück. Zu besichtigen sind die Anlage, in der Hermann-Schildkröten frei gehalten werden, und die Räume des im 19. Jh. eingerichteten theologischen Seminars.

Corbara ▸ D 3

In dem großen, an den Hang geschmiegten Dorf Corbara (Curbara) beschlossen die Adligen der Gegend 1758, Genua treu zu bleiben und Pasquale Paoli die Nutzung des Hafens von Algajola zu verwehren. So gaben sie den Anlass zur Gründung von L'Ile-Rousse. Lohnend ist der Spaziergang hinauf zum **Castel de Corbara** und der Blick von der kleinen Kapelle. In den Gassen mit den rot gedeckten Häusern und am Kirchplatz laden Bars, Restaurants und das kuriose, von Guy Savelli mit historischen Fundsachen liebevoll ausgestattete **Petit Musée Corse** (Tel. 04 95 60 06 65, Mitte April–Ende Sept. tgl. 15–18 Uhr, Eintritt frei) unterhalb der Kirche ein.

Essen & Trinken

Omas Rezepturen – **Cantina:** Dorfmitte, Tel. 04 95 60 19 69, Bar ganzj., Restaurantbetrieb nur im Juli/Aug., Abendmenü mit Wein ca. 22 €. Korsische Hausmannskost in angenehmer Atmosphäre, viele Stammgäste. Mittags *assiette de pays* mit Schinken, Käse, Kartoffeln und Landwein 12 €.

Haute Balagne ▸ D 4

Zwischen die etwa 1000 m hohe Bergkette hinter den Dörfern der Balagne Fertile und das zentrale Bergmassiv schmiegt sich ein Hochtal mit herrlichen Wäldern und Flüssen: die Mikroregion **Giussani** (Ghjunsani) mit dem im Jahr 2003 durch einen Waldbrand geschädigten **Forêt de Tartagine** und **Forêt de Melaja.** Vom Asco-Tal durch die imposante Kette mit dem Gipfel des **Monte Padro** (2393 m) getrennt, liegen die Orte der Region auf 700 bis 800 m Höhe. Die beiden größten, von Kastanien umgebenen, **Pioggiola** und **Olmi-Capella** (mit kleinem Supermarkt und Bar) an der D 963, sind von Speluncato über die Bocca di a Battaglia (D 63) oder von der N 197 über Belgodère zu erreichen.

Wanderparadies

In fantastischer Natur versteckt sind die Dörfer **Vallica** (an der Stichstraße D 463) und **Mausoléo** (an der D 563). Von dort führen Rundwanderungen durch das Tal des Tartagine und des Melaja, zwei Flüsse, in denen sich wunderbar baden lässt. Auch ins Asco-Tal oder nach Calenzana führen Wege durch die Berglandschaft. Die D 963 endet an der **Maison Forestière de Tartagine** mitten im Wald unterhalb des Capo a Dente (2032 m) und des Monte Corona (2143 m).

Wandern im Tal der Tartagine ▸ D 4

Länge: 7,8 km, Dauer: 4 Std.,
Karte: IGN 4249 OT,
Einkehrmöglichkeiten: keine;
Besonderheiten dieser Tour: keine Quellen, viel Wasser mitnehmen, außerdem gutes Schuhwerk und Badesachen

Der Weg beginnt ganz unten im Dorf **Olmi-Capella.** Parken kann man an der Kirche mitten im Dorf, dann geht es die Straße runter und an der Bar des Amis vorbei zum tiefsten Punkt des Dorfs. Links beginnt eine betonierte Piste. Nach 50 m versperrt ein Eisentor den Weg, das sich aber leicht öffnen lässt. Dann 300 m geradeaus bis zu einem Schuttabladeplatz mit zerfallenen Stallungen.

Hier beginnt ein uralter gepflasterter Weg, dürftig in Orange markiert,

Mit der Ziegenherde unterwegs

der in Serpentinen hinab ins Tal führt. Rechts unterhalb in der Schlucht rauscht der **Francioni-Bach;** gegenüber taucht bald das Dorf Mausoléo auf, über das es später zurück geht. Nach 45 Min. ist eine Weggabelung erreicht. Später geht es hier nach rechts, nach Mausoléo.

Doch jetzt führt die Route erst einmal nach links, eine erste **Genueserbrücke** wird überquert. Anschließend geht es bergauf und über einen kahlen Hügel ist nach 30 Min. das **Tal der Tartagine** und mit ihm eine zweite **Genueserbrücke** erreicht. Diese Brücke nicht überqueren, sondern nach links flussabwärts halten. Hier laden schöne **Badegumpen** zur Pause ein.

Nach etwa 10 Min. ist eine erste **Mühlenruine** zu sehen, nach weiteren 10 Min. eine zweite. Der Weg führt z. T. durch die alten Wasserzulaufgräben. Nach weiteren 10 Min. macht der Fluss eine scharfe Linkskurve, welcher der Wanderer nicht folgt, sondern an einigen Walnussbäumen vorbei links nach oben steigt.

Der orangefarbenen Markierung folgend, stößt man kurz darauf auf einen **Dreschplatz.** Hier links bergauf zu einer Furt (10 Min.) gehen, bei der man den Francioni-Bach überquert.

50 m weiter stößt man auf den bereits bekannten Herweg. Erst geht es 15 Min. durch eine imposante Schlucht, dann folgt der rund 20-minütige Aufstieg nach **Mausoléo.** An einem markant an den Fels gebauten Haus geht es nicht links hoch ins Dorf, sondern nach rechts hinunter, wieder zum **Francioni-Bach.**

Nach 10 Min. ist eine weitere **Genueserbrücke** überquert. Der Weg führt geradeaus und dann in Serpentinen 30 Höhenmeter nach oben, durch Steinmännchen (orangefarbene Markierungen) bezeichnet. Nach 150 m geradeaus zweigt die Tour nach links ab: Folgt man der orangefarbenen Markierung weiter, ist nach 25 Min. steil bergauf der Parkplatz erreicht.

Angenehmer ist es aber, an der Abbiegung geradeaus zu gehen, Mausoléo rechts im Blick, leicht ansteigend, erreicht man, an einem alten Waschplatz vorbei, nach 25 Min. das Unterdorf. Dann geht es an der Bar des Amis vorbei wieder zum Auto.

Essen & Trinken

Das beste Restaurant der Gegend – **U Furnellu:** Capella, in Olmi Capella. Tel 04 95 57 94 49, April–Okt., mittags und abends. Menü 12–25€, einfache traditionelle korsische Küche von hoher Qualität. Krosse Holzofenpizzas, Terrasse, familiäre Atmosphäre.

Einkaufen

Korsische Kekse – **Biscuiterie U canistrellu:** in Olmi-Cappella, Tel. 04 95 61 91 76, tgl. 9–12, 15–19 Uhr. Seit 1895 wird hier gebacken, heute sind die *cuccioles, canistrelli, croquets* über die Insel hinaus bekannt.

Aktiv

Auf dem Rücken eines Esels – **Balagn'Ane:** oberhalb der Kirche in Olmi-Cappella, Tel. 06 63 33 02 39, www.rando-ane-en-corse.fr. Ganzj. Verleih von Packeseln für das Wandergepäck oder fußmüde Kinder.

Infos

Office de Tourisme du Giussani: Dorfmitte von Olmi-Capella, Tel. 04 95 47 22 06, März–Sept., im Sommer Mo–Fr 9–12.30, 14.30–17.30 Uhr, sonst eingeschränkte Öffnungszeiten.

Wandern im Tal der Tartagine

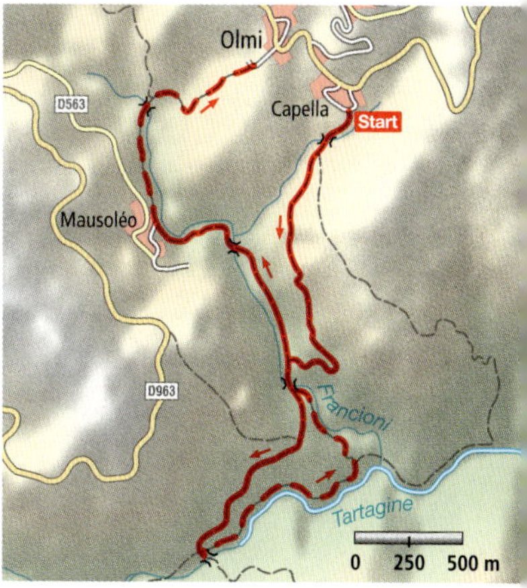

Das Beste auf einen Blick

Der Westen

Highlights!

Calanche de Piana: Wie ein Märchenwald aus purpurfarbenem Granit sehen die bizarren Felsformationen zwischen Porto und Piana aus. Wind und Wasser formten skurrile Türme, Säulen und Spitzen. S. 158

Ajaccio: Modern, pulsierend und weltoffen wirkt die kulturelle Metropole des Westens. In der Kaiserstadt kann man auf den Spuren Napoleons wandeln, eines der zahlreichen Museen besichtigen oder einfach nur über den schönsten Wochenmarkt am Square César Campinchi schlendern. Und in der Abendsonne an der Pointe de la Parata den herrlichen Ausblick auf die blutroten Iles Sanguinaires genießen. S. 169

Auf Entdeckungstour

Im Geburtshaus des Kaisers: Unterwegs auf den Spuren Napoleon Bonapartes in seiner Geburtsstadt Ajaccio. Intarsien und Halbedelsteine, dickleibige Könige und Heiligenverehrung: ein Sammelsurium aus Dramen und Glossen rund um den Kaiser. Interessant und vielschichtig! S. 172

›Straße der wahren Genüsse‹: Messer und Maronen – zwei Stationen auf der spannenden Route des Sens Authentiques. Ob geschliffener Carbonstahl oder Damaszenerklinge: ein sorgfältig aus Stahl und Holz oder Tierhorn handgefertigtes Messer aus der Werkstatt in Cuttoli-Corticchiato ist ein Souvenir mit Charakter und Gebrauchswert. Und die kandierten Maronen aus Zevacu schmecken nicht nur zur Weihnachtszeit ... S. 186

Kultur & Sehenswertes

Musée Fesch in Ajaccio: Italienische Meister in der bedeutendsten Kunstsammlung Korsikas bewundern. S. 175

Schildkrötenfarm A Cupulatta: Einzigartig in Europa ist diese Aufzucht- und Schutzstation im Gravona-Tal. S. 181

Aktiv unterwegs

Strandleben am Golf von Porto: Spektakulär schön sind die Strände hier, egal, ob man tauchen, schnorcheln oder einfach nur plantschen möchte. S. 155

Aufstieg zum Capu d'Ortu: Am Ausgang der Calanche nach Piana beginnt der Aufstieg – die Mühsal wird durch grandiose Blicke belohnt. S. 159

Unterwegs mit dem Petit Train: Eine Stunde lang geht es mit der Mini-Bummelbahn vom Col de Cricheto einen kleinen Entdeckungspfad entlang – traumhafte Ausblicke auf die Iles Sanguinaires garantiert. S. 185

Genießen & Atmosphäre

Gorges de Spelunca: Bei einer Wanderung durch die Schlucht von Spelunca begeistert die wilde Schönheit der Natur. S. 158, 161

Cascade du Voile de la Mariée: Am Brautschleierwasserfall erstaunt die Wucht der Wassermassen, die sich in 150 m Tiefe ergießen. Die Atmosphäre ist einmalig. S. 182

Abends & Nachts

Le Pavillon Bleu: Am Cours de Général Leclerc in Ajaccio kann korsischen Sängern und Musikern zuschauen und zuhören, wer mag. S. 180

Der Westen der Insel ist ein Fest für die Augen und verzaubert mit bizarren Landschaften, reizvollen Stränden und ursprünglichen Dörfern im Hinterland. Der Verlauf der Höhenzüge mit ihrem teils steilen Abbruch zum Meer formt die stark gegliederte, meist schmale und felsige Westküste. Zwischen den felsigen, schroffen Vorgebirgen verwandeln sich die Täler zu breiten Buchten. Die Mischung aus Klippen, Riffs, Kiesel- und Sandstränden eröffnet eine Vielzahl an interessanten Tauch- und Wassersportmöglichkeiten.

Die wohl malerischsten Golfe der Insel

Dem Golf von Porto mit steil aufragenden roten Felsen, tiefblauem Meer und grandiosen Sonnenuntergängen kann sich niemand entziehen. Im Norden, wo die Natur bis ins Meer hinein geschützt ist, jagen noch Fischadler. Die kleinen Orte – Porto am Inneren des Golfs, Piana über der bizarren Felswelt der Calanche, Evisa auf halber Strecke zwischen Golf und Hochgebirge – ordnen sich in das große Schauspiel ein.

Zwischen Cargèse und dem Capo di Feno erstreckt sich der weite Golf von Sagone, reich an herrlichen Sandstränden, teils in tiefen Felsbuchten, teils lang gestreckt dem Meer geöffnet. Ein Badeurlaub bei Cargèse oder in Sagone lässt sich ideal mit Ausflügen in das malerische Hinterland kombinieren: in die Berge, Wälder, Dörfer und an die Flüsse der Region Cinarca und Deux Sorru.

Der Golf von Ajaccio kokettiert mit einer gewaltigen Bergkulisse im Hinterland. Er gehört zu den wärmsten und windstillsten der großen korsischen Buchten. Gesellschaftlicher Mittelpunkt mit Sitz des Parlaments ist Ajaccio, die Geburtsstadt Napoleon Bonapartes. Auch kulturell geizt Ajaccio nicht mit seinen Reizen. Zahlreiche Galerien, Theater und Museen wie das Musée Fesch oder Musée a Bandera laden ein zum kulturellen Austausch. Urlauber genießen die Nähe der weltläufigen Hauptstadt, die langen weißen Strände und den Blick zu den Iles Sanguinaires, hinter denen abends die Sonne oft blutrot im Meer versinkt. Das Hinterland des Golfes von Ajaccio kokettiert mit wunderschönen Berglandschaften, Tälern und Dörfern. Das Gravona-Hochtal ist eingebettet in eine majestätische Landschaft aus riesigen Kastanienbäumen und im wilden Prunelli-Tal erfährt der Besucher ein Stück korsische Geschichte im Dorf Bastelica, dem Geburtsort des Freiheitshelden Sampiero Corso.

Infobox

Internet

www.ouestcorsica.com: Die Seite informiert über Unterkünfte, Restaurants, Sehenswertes, Veranstaltungen, Dienstleistungen, Transport, die Straße der Handwerker und Möglichkeiten der Freizeitgestaltung wie Wanderungen am Golf von Porto und am Golf von Sagone sowie in der Region Cinarca und im Kanton Deux Sorru.

www.ajaccio-tourisme.com: Infos über den Golf von Ajaccio und die Stadt.

Anreise und Weiterkommen

Flughafen Ajaccio: Tel. 04 95 23 56 56, www.ajaccio-sudcorse.cci.fr. Bustransfer (Linie 8) nach Ajaccio, Abfahrt Flughafen tgl. außer 1. Mai: 5.35–23.20, Abfahrt Stadt *(gare routière)* tgl. außer 1. Mai 5.35–23.20 Uhr (So 5.10–22.50 Uhr), 4,50 €, Dauer 20 Min. Taxen und Mietwagen vorhanden. www.bus-tca.fr.

Der Golf von Porto

Der nördliche Golf von Porto ▶ B 5–C 6

An der dramatischsten der korsischen Buchten stürzen die Felsen fast senkrecht ins Meer, das seiner Tiefe wegen hier dunkler blau leuchtet als anderswo – ein wunderhübscher Kontrast zum Rot der Felsen und Grün der Macchia. Als Teil des Parc Régional ist die Bucht im Ganzen naturgeschützt, die nördliche Halbinsel La Scandola mit dem Meer davor so streng, dass sie nur eingeschränkt zugänglich ist, Flora wie Fauna zu Lande und zu Wasser ungestört bleiben. Am innersten Punkt des tiefen Einschnitts mündet ein Fluss, der aus Aitone und Onca gebildet, auf den letzten Kilometern Porto heißt. Links der Mündung hat er einen breiten Kieselstrand aufgeschüttet, rechts liegt das Hafenstädtchen Porto. Es ist die einzige größere Siedlung an der Bucht, mit dem Dorf Girolata, das nur zu Fuß oder mit dem Boot zu erreichen ist, auch die einzige Siedlung am Wasser.

Die hohen Granitwände der Bucht gestatten nur an wenigen, von Wasserläufen gegrabenen Stellen den Zutritt zum Meer, dort führen auch Straßen hinunter: nördlich von Porto von den Dörfern Serriera, Partinello und dem unterhalb des Col de la Croix gelegenen Osani, an der südlichen Bucht nur westlich von Piana zur Bucht von Ficajola. Von Norden kommend öffnet sich der erste Blick über die weite Bucht am **Col de Palmarella** (408 m). Man sieht hinab nach **Girolata**, das auf seiner Halbinsel im dunkelsten Blau des Meeres liegt. Kurz hinter dem Pass kreuzt der Wanderweg Mare e Monti, auf dem man über den Strand von Tuara nach Girolata laufen kann (ca. 2 Std.). Am **Col de la Croix** (269 m) lohnt der zehnminütige Aufstieg zum Aussichtspunkt. **Capu Senino** mit dem spitzen Monte Senino (619 m) ragt weit in die Bucht hinein. Der Blick nach La Scandola, Girolata und über den südlichen Golf ist superb.

… und seine Strände

Auch vom Col de la Croix führt ein Weg hinunter an die Bucht von **Tuara** (▶ B 5; 1,25 Std. hin & zurück). Von Osani aus erreicht man den Kieselstrand von **Gradelle** (▶ B 6), spektakulär schön nach Porto und zu den roten Felsen der Calanche ausgerichtet. Die **Plage de Caspio** (▶ B 6; D 324 von Partinello), ebenfalls Kieselstrand, bietet nach Süden hin herrliche Schnorchelgründe (am Strand eine Taverne). Am größten ist der Kieselstrand von **Bussaglia** (▶C 6), mit Taverne und Kanuvermietung – und weiteren kleinen, leicht zu erkletternden Felsbuchten nach Süden. Eine gewisse Vorsicht ist geboten. Vor allen Stränden wird das Wasser schnell tief, Nichtschwimmer haben es schwer.

Porto ▶ C 6

Porto (Portu) ist der Küstenableger des mittlerweile viel kleineren Ota, das 5 km landeinwärts hinter der ersten, fast 1000 m hohen Bergwand über dem Fluss thront. Das Hafenstädtchen hat im Winter kaum 600 Einwohner, im Sommer wächst die Zahl auf 8000 an: Porto ist ein beliebtes Standquartier. An der Durchgangsstraße D 81 ist das Alltagsleben konzentriert. Das Zentrum des Fremdenverkehrs liegt an der Porto-Mündung. Eine lange Eukalyptusallee führt am Fluss entlang. Dort, wo sich aus dem Halbrund der Hotels, Restaurants und Läden zwischen den roten Felsen ein zum Meer hin offener Platz gebildet hat, ist die Atmosphäre zu Sonnenuntergang, wenn Berge und Felsen im Spätlicht glutrot aufleuchten, am schönsten.

Genuesischer Turm

Tel. 04 95 26 10 05, April–Juni, Sept. tgl. 11–19, Juli/Aug. tgl. 9–19 Uhr, 3 €, Kinder unter 12 J. gratis, Kombiticket Turm/Aquarium 6,50 €

Ziert viele Postkarten: der eckige Wachturm auf der Landspitze – das Wahrzeichen Portos. Der restaurierte Turm ist auf zwei Ebenen begehbar. Eine feste Ausstellung thematisiert die Befestigungen an der korsischen Küste.

Musée de la Bruyère

Eintrittspreis/Öffnungszeiten s. o., Genueserturm

Unterhalb des Genueserturms befindet sich in einem kleinen Häuschen ein Museum der besonderen Art. Auf engstem Raum gibt es eine bunte Zusammenstellung über einen ungewöhnlichen Strauch, die Baumheide. In der Region galt sie als wichtiger Werkstoff für das Kunsthandwerk. Insbesondere die Wurzel nutzte man für die Herstellung von Tabakpfeifen.

Aquarium de la Poudrière

Gegenüber dem Office de Tourisme, Tel. 04 95 26 19 24, im Sommer tgl. 8–20, im Winter 10–19.30 Uhr, 5,50 €, Kinder (7–12 J.) 3 €

Im alten Pulverturm an der Marina zeigt das Aquarium Fauna und Flora der Unterwasserwelt des Golfs von Porto, UNESCO-Welterbe, und des Naturschutzgebiets La Scandola. Es beherbergt über 150 Arten, die alle im Golf von Porto gefangen wurden.

Plage de Porto

Zum dunklen Kieselstrand führt eine Brücke auf die andere Seite des Flusses, in der Mündung liegt der Bootshafen, von dem auch die Ausflugsboote starten. Der hintere Teil des Strandes ist künstlich mit Sand ›verschönert‹ worden, 500 m breit nach Süden bis an die Felswand. Durch die schnell zunehmende Wassertiefe ist das Baden bei starker Brandung riskant. Vom Südende führt ein halbstündiger Pfad zu einer weiteren Badestelle am alten Hafen von Castagna – feste Schuhe und Trinkwasser sind vonnöten.

Übernachten, Essen

An der Marina von Porto liegen die Hotels dicht an dicht. Im Sommer oft ausgebucht, machen sie einander in der Nebensaison kräftig Konkurrenz und bieten günstige Rabatte.

Einfach und freundlich – **Le Porto:** Rte. de Calvi (D 81) im Ort, Tel. 04 95 26 11 20, www.hotel-leporto.com, April–Okt. DZ ab 50 €, HP 26 €, Menü ab 17 €. 28 einfache, gepflegte, geräumige Zimmer mit Bad. Passables Restaurant.

Einfach cool – **Chez Félix:** in der Ortsmitte von Ota, 4,5 km von Porto, Tel. 04 95 26 12 92, www.gite-chez-felix.com, Mehrbettzimmer 17 €, DZ 50/60 €, Tagesgericht ab 17,50 €. Altbekannte Wanderherberge mit Restaurant, die korsische Küche nach Omas Rezepturen bietet. Terrasse mit Ausblick.

Übernachten

Gediegen – **Le Romantique:** Rte. de la Marine, unweit der Fußgängerbrücke zum Strand, Tel. 04 95 26 10 85, www.hotel-romantique-porto.com, April–Mitte Okt. DZ 70/98 €. Das komfortable

Rot die Felsen, tintenblau das Meer: Der Golf von Porto ist atemberaubend schön

kleine Hotel verfügt über 8 klimatisierte Zimmer. Das Restaurant ist nur mäßig, daher ist HP nicht zu empfehlen.

Essen & Trinken

Porto im Hochsommer ist nicht der ideale Ort zum Essengehen. Wer ein Auto hat, fährt lieber in die Umgebung, z. B. nach Ota (Chez Félix, s. S. 156 oder Bussaglia (s. auch rechts).

Idyll – **Restaurant Mare Chiare:** am Strand von Bussaglia, 6 km nördl. von Porto, Serriera, Tel. 04 95 26 11 86, www.hotel-corsica-porto.com/restaurant. Weit weg vom Trubel Portos, idyllisch am Meer gelegen, 15–30 €, auch gutes Eis zum Nachtisch.

Fusion Cuisine – **Les Galets:** in Bussaglia, Stichstraße D 724 von der D 81 ca. 5 km nördl. von Porto, Tel. 04 95 26 10 49, 15. April–30. Sept., Gerichte 9–24 €.

Am Strand mit einer Terrasse zum Meer gibt es sowohl mediterrane und exotische Kost als auch gute Pizzen.
Landestypisch – **Le Belvédère:** Port de Porto, Tel. 04 95 26 82 13, www.hotel-le-belvedere.com, April–Mitte Okt. tgl., Menü ab 18 €. Die korsisch-mediterrane Küche mit gegrillten Fisch- und Fleischspezialitäten lockt Einheimische wie Touristen gleichermaßen an. Sehr schön sitzt man auf der Terrasse.

Aktiv

Schiff ahoi – **Schiffsausflüge:** Den Golf befahren Ausflugsboote zuhauf, auch des Nachts. Eine teure, interessante Variante bieten Glasbodenboote, die in die geschützte Zone um die Halbinsel La Scandola fahren. Ab 23 € aufwärts. Infos www.porto-tourisme.com.
Wo das Plantschen Spaß macht – **Badebecken im Hinterland:** In die Granitberge hinter Porto haben Flüsse tiefe Schluchten geschnitten. Durch ihre schmalen Täler winden sich Wege rasch in die Höhe. Wo sich das Gelände abflacht, bilden sie schöne, klare Becken aus. Am Straßenknick in der D 124 hinter Ota (▶ C 6) fließen Onca und Aitone zusammen, in beiden lässt sich gut baden. Die größten Becken liegen unter der genuesischen Brücke ein Stück flussabwärts (am Fußballfeld vorbei).
Auf Schusters Rappen – **Wanderwege im Hinterland von Porto:** Zum Wandern gibt es eine Fülle von Möglichkeiten, am bekanntesten ist der Aufstieg durch die imposante Schlucht **Gorges de Spelunca** nach Evisa (▶ C 6; auch als Abstieg zu empfehlen). Ausgangspunkt von unten ist der Straßenknick mit Brücke an der D 124. Bis zum Zusammenfluss von Aitone und Tavulella (ca. 1 Std.) ist der Weg leicht, dann steil, anfangs Bademöglichkeit im Fluss, Gesamtlänge 8 km. Sehr zu empfehlen, nur mit Wanderkarte!, ist der ca. 8-stündige Rundweg über Berg und Tal von Ota (▶ C 6) durch die Gorges de la Lonca über die Bergeries von Corgola und Larata, zurück auf der Teilstrecke des Mare e Monti, der von Serriera am nördlichen Golf nach Ota führt.

Infos

Office de Tourisme: Pl. de la Marine, Tel. 04 95 26 10 55, www.porto-tourisme.com, März–Sept. Mo–Fr 9–17, Juli–Aug. Mo–Sa 9–19 Uhr.
Bus: Die aktuellen Busfahrpläne für Verbindungen nach Ajaccio, Calvi, Ota und Corte gibt es bei der Tourismus-Information, auch auf deren Website.
Schiff: Im Sommer kann man bei gutem Wetter auf Boote nach Cargèse, Sagone, Calvi zusteigen.
Minibus und Taxis: Service von Chez Félix, in Ota, Tel. 04 95 26 12 92.

Der südliche Golf von Porto

Calanche de Piana ! ▶ B/C 6

Zwischen Porto und Piana tut sich plötzlich eine völlig eigene Welt auf, die Calanche. Wo überall sonst am Golf die Granitfelsen massiv aufragen, sind sie hier von Wind und Wasser zu den skurrilsten Formen zerfressen. Die sogenannten Tafonifelsen bilden dünne Säulen, abenteuerliche Köpfe, spitze und abgeplattete Türme von bis zu 300 m Höhe, schmale Gänge um baumartige Gebilde, Höhlen und Löcher in schier märchenhafter Vielfalt, die Schriftsteller wie Maler inspiriert – so hat u. a. M. C. Escher die bizarre Landschaft eingefangen. Nach gut 3 km ist alles wieder vorbei: Die Calanche beginnt 8 km hinter Porto und endet kurz vor Piana, erstreckt sich jedoch weit links und rechts der Straße. Gesehen haben will sie eigentlich jeder, deshalb staut sich in der Saison der Verkehr.

Am besten lässt sich die Calanche zu Fuß erschließen – das Licht ist abends am schönsten, wenn leuchtendes Rot die Felsen in eine brennende Wüste zu verwandeln scheint. Zum Wandern bieten sich die frühen Morgenstunden an, wenn die Luft klar und vergleichsweise kühl ist.

Oberhalb der Straße führt der alte Maultierpfad, der **Sentier Muletier** (ca. 1 Std.), teils durch Kastanienwald und eröffnet immer wieder die tollsten Blicke über die Felswelt. Die kürzeste, ziemlich sonnige Etappe führt zwischen der Marienstatue an der D 81 und dem Abzweig zur Mühle *(moulin)* in die Felsen über der Straße.

An den Roches Bleues (gegenüber dem Kiosk, dort herrscht stets Massenbetrieb) führt der Weg **La Corniche** (ca. 1 Std.) erst hinauf und dann 200 m oberhalb der Tête de Chien hinunter.

Vom Parkplatz am Tête de Chien geht der am wenigsten anstrengende Weg zu einer Fels-›Burg‹, **Château Fort** (ca. 45 Min.), in imposanter Lage.

Mein Tipp

Grandiose Aussichten – Tour de Turghio ▸ B 6

Eine Wanderung an sonnigem Abhang durch niedrige Macchia führt zur Landspitze Capo Rosso, dann folgt ein steiler Aufstieg auf den roten Porphyrfelssporn, auf dem gut 300 m über dem Meer der Turm von Turghio thront. Der Blick von oben reicht südlich bis Cargèse, nördlich über den ganzen Golf und ist atemberaubend schön. Die D 824 von Piana 6 km bis zum Knick am Terrassenlokal, dann gut 3 Std. hin und zurück. Unbedingt Wasser mitnehmen.

Wanderung zum Capu d'Ortu ▸ C 6

Länge: 12 km, Dauer: Aufstieg mind. 3 Std., Abstieg 2,5 Std., Karte: IGN 4150 OT, keine Einkehrmöglichkeit, genügend Wasser, Kopfbedeckung, Karte und Handy mitnehmen

Achtung: Es handelt sich bei dieser Wanderung um eine alpine Tour, die bei Nässe und Nebel gefährlich ist. Ab Mittag können Dunstwolken vom Meer her den Blick verschleiern – früh starten!

2 km nördlich von **Piana,** kurz vor der Calanche, führt eine kleine Straße rechts zum Sportplatz *(stade).* Parkmöglichkeit. Den Platz nach links überqueren und jenseits des Baches nach rechts Richtung Capu d'Ortu gehen (dürftig grün/blau markiert). Später kommt man hier von links zurück. Zuerst folgt der Weg dem Bach **Piazza Moninca.** Danach führt er in Windungen nach oben aus dem Wald heraus. Man erreicht eine erste Weggabelung: nach links geht es zu den Roches Bleues (blau), nach rechts zum Capu d'Ortu (grün) – dieser folgen. Jetzt geht es 300 m leicht bergab.

Ein Schild verspricht, nach 50 Min. den Gipfel zu erreichen – was nicht stimmt (knapp 1,5 Std.)! An dieser Weggabelung links halten.

Jetzt beginnt der Aufstieg zum Gipfel. Hier fängt ein wenig Kletterei an, die aber nirgends wirklich schwierig ist. Der Weg schlängelt sich zwischen zwei felsigen Ausläufern nach oben,

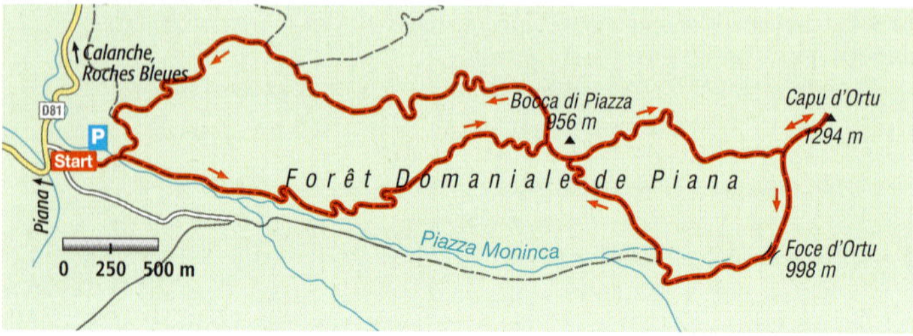

Wanderung zum Capu d'Ortu

Steinmännchen weisen die Richtung. Man umgeht einen der Vorgipfel nach links auf einem **Mini-Plateau** und erklimmt über geneigte Riesenfelsplatten den **Gipfel** mit tollem Blick in den Golf von Porto, auf Capu Rossu und Paglia Orba.

Zurück geht's über Foce d'Ortu zur bereits passierten zweiten Weggabelung. Dann weiter Richtung »Roches Bleues« (blau). Der Weg steigt hier leicht an und führt durch eine wunderbare Felslandschaft und einen magischen Kastanienhain. Kurz danach die Abzweigung nach »Dispensa« rechts liegen lassen; dann am Waldrand den Weg zu den Roches Bleues verlassen, der nach rechts abbiegt.

Weiter geht es geradeaus (grüne Markierungen) und in einer großzügigen Schlaufe zurück zum Sportplatz. Vorsicht auf dem letzten Wegstück: Wegen herumliegender Baumstümpfe besteht Stolpergefahr!

Piana ▸ B 6

Stolz trägt das Dorf das Etikett »un des plus beaux villages de France« – und es liegt wirklich wunderschön über den roten Felsen, 434 m über dem Meer. Ein guter Ausgangspunkt für Wanderer und Radfahrer und ein lebendiger Marktflecken. Zu den Stränden allerdings müssen längere Anfahrten in Kauf genommen werden. Am schönsten liegt die **Anse de Ficajola** am südlichen Golf. Man erreicht den Kieselstrand nach äußerst steiler Kurvenfahrt und 10 Min. Fußweg – abends verschwindet die Sonne früh hinter Felsen. Der einzige Sandstrand der Gegend, die **Plage d'Arone,** erstreckt sich südlich des Golfs. An seiner sichelförmigen Bucht liegen Restaurants und ein Campingplatz, Läden gibt es keine.

Übernachten, Essen

Traumhafte Lage – **Hôtel-Restaurant Les Roches Rouges:** nördl. Ortsausgang, Tel. 04 95 27 81 81, www.lesrochesrouges.com, März–Nov., DZ ab 120 €, HP ab 89 €/Pers., Menü ab 39 €. Das schön renovierte Haus von 1912 punktet mit einmaliger Lage und denkmalgeschütztem Speisesaal. 30 große Zimmer stehen zur Wahl. Das erlesene Restaurant verfügt über eine Terrasse mit perfekter Aussicht.

Idylle inbegriffen – **Gite Giargalo:** über Piana gelegen, an der alten Straße nach Ota, Tel. 09 84 58 40 18, www.giargalo.com, DZ nur mit HP 72,50 €/Pers. (man muss 2 Monate im Voraus reservieren). Malerisch gelegene Herberge und Pension mit liebevoll eingerichteten Zimmern. Alle Speisen aus biologischem Anbau.

Infos & Termine

Syndicat d'Initiative: oberhalb der D 81 im Rathaus, Piana, Tel. 04 95 27 84 42, www.sipiana.com, April/Mai/Sept. Mo–Fr 8.30–11.30, 13–17, Juni auch Sa 9–13, Juli/Aug auch So 9–13, Okt.–März nur Mo, Di 8.30–11.30, 14–16 Uhr.
Foire du Brocciu: Ende April, Dorffest rund um den Weichkäse.

Evisa und Umgebung

▶ C 6

Das große Dorf **Evisa** inmitten von Kastanienwäldern, ein beliebtes Ausflugsziel 580 m über dem Golf von Porto, bietet neben landschaftlichen Verheißungen zwei kleine Supermärkte, Cafés, geruhsame Bars und Übernachtungsmöglichkeiten.

Durch die wilde **Schlucht von Spelunca** geht ein Wanderweg hinunter nach Ota. Oberhalb, Richtung Col de Vergio (D 84), beginnt der ausgedehnte Wald **Forêt d'Aitone** mit herrlichen Schwarzkieferbeständen, der sich bis ins Hochgebirge hinaufzieht. Hier gibt es zahlreiche Möglichkeiten zum Wandern und Verweilen. Die beliebtesten Wege führen von Evisa über den **Mare a Mare Nord** oder oberhalb von der D 84 zum Aussichtspunkt **Belvédère** bzw. zu klaren, glitzernden Badebecken und Wasserfällen in der Aitone – **Piscine Naturelles d'Aitone** – (ausgeschildert). In der Saison sehr frequentiert. Sehr hübsch ist auch die Fahrt über die D 70 Richtung Vico, am Col de Sevi (1101 m) bietet sich ein spektakuläres Panorama vom Monte Cinto bis über den gesamten Golf – am schönsten, wenn man die Piste hochläuft.

Übernachten, Essen

Zünftig – **Hôtel Aitone:** am nördl. Ortsausgang, Tel. 04 95 26 20 04, www.hotel-aitone.com, Febr.–Nov., DZ 58/70 €, Menü ab 16 €. 32 gepflegte Zimmer in rustikalem Ambiente. Mit Pool, Spielplatz und Terrassenrestaurant.
Einfach und preiswert – **La Châtaigneraie:** am Ortsausgang nach Porto, Tel. 04 95 26 24 47, www.hotel-la-chataigneraie.com, April–Mitte Okt., DZ ab 49/69 €, Menü 22 €. Altes Natursteingebäude mit 12 kleinen, renovierten Zimmern. Jene zur Straße hin sind etwas laut. Gutes Restaurant mit authentischer ländlich korsischer Küche.
Typisch korsisch – **Hotel-Restaurant Scopa Rossa:** am oberen Dorfeingang links, Tel. 04 95 26 20 22, www.hotelscoparossa.com, DZ 52/75 €, Menü 17 €. Ausgezeichnete Landesküche, freundliche Wirtsleute.
Spartanisch – **Camping L'Acciola:** an der D 70, 500 m vom Ort, Tel. 04 95 26 23 01, www.acciola.com, Mitte Mai–Sept. 19,40 € für 2 Pers. mit Zelt und Auto. 70 Stellplätze, z. T. nicht sehr schattig, liegen in landschaftlich schöner Umgebung von Kastanienbäumen. Einfache, aber saubere sanitäre Anlagen mit warmem Wasser. Der gute Ruf der Pizzeria (Pizza ab 8 €) lockt auch Nicht-Gäste.

Infos & Termine

Bus: 2 x tgl. über Vico nach Ajaccio bzw. Richtung Calacuccia und Corte, nach Porto nur im Juli/Aug.
Kastanienfest: Mitte Nov., Jahrmarkt rund um die Esskastanien von Evisa mit gerösteten Maronen.

Der Golf von Sagone

Cargèse ▸ B 7

Auf einer breiten, von einem Turm gekrönten Landspitze schmiegt sich Cargèse in einen Südhang, dessen Fuß einen Hafen umschließt. Die neueren Ausläufer des Städtchens ziehen sich über den Sattel landeinwärts. Eine belebte Durchgangsstraße mit Cafés und Geschäften bildet das Zentrum des Geschehens, unterhalb und seitlich verlaufen rasterförmig die Gassen des alten Ortskerns – ein für Korsika unübliches Straßenmuster. In dem schmucken Städtchen wohnen weniger Badegäste als an den umliegenden Buchten. Man kommt in den Ort, um ein wenig zu flanieren und die Betriebsamkeit zu beobachten – am besten bei einem kühlen Drink von einer Bar aus.

Eglise Grecque

9–18 Uhr

In der griechischen Kirche aus dem 19. Jh. sind alte Ikonen – so der geflügelte Johannes vom Berg Athos aus dem 16. Jh. – um neue, 1990 von italienischen, französischen, russischen und schweizerischen Freskenmalern entworfene und ausgeführte Großfresken ergänzt. Die älteste Ikone, sie stammt aus dem 13. Jh., zeigt Maria mit dem Kinde und die Heiligen Nikolaus und Spiridion, den Schutzheiligen Cargèses.

Eglise Latine

9–18 Uhr

Die ebenfalls im 19. Jh. entstandene römisch-katholische Kirche beeindruckt durch ihre Stilmischung aus reich verziertem, nachempfundenem Barock, Volkskunst und Klassizismus.

Umgebung und Strände

In Cargèse endet die letzte Etappe des **Mare a Mare Nord.** In umgekehrter Richtung läuft man vom Ort in knapp einer Stunde über den Kamm an einen Bergsattel mit fantastischem Blick nach Norden und Süden. Eine Menhirstatue und die Ruinen einer kleinen Kirche zeigen an, dass es sich seit Urzeiten um eine besondere Stätte handelt.

Die Serie schöner Sandstrände beginnt 6 km nördlich Cargèses mit der **Plage de Chiuni** an einer tiefen Bucht mit feinem hellem Sand, einst einsam, heute zu einem Teil von einem Club Med besetzt, mit Boots- und Jetskiverleih. Gleich nördlich des Ortes erstreckt sich die belebte, aber nicht überfüllte **Plage de Pero**. Südlich folgen die zwischen Felsen gebetteten Strände von Ménasina, Capizollu und Stagnoli.

Übernachten, Essen

Strand vor der Zimmertür – **Ta Kladia:** am Nordende der Plage de Pero, Tel. 04 95 26 40 73, www.motel-takladia.com, Ostern–Anfang Nov., Studio für 2 Pers. ab 65/135 €, Gerichte 8–20 €. Die Studios für 2–4 Pers. und ein nettes Terrassenlokal (Spezialitäten: Fisch und Meeresfrüchte) liegen malerisch am Strand. Auf kleinem Raum bieten die Zimmer ausreichend Komfort.

Schlicht und schön – **Hôtel Bel' Mare:** D 81 südl. Ortsausgang, Tel. 04 95 26 40 13, www.belmare.net, März–Okt., DZ 65/90 €, Menü ab 18 €. Die schöneren der 15 Zimmer haben eine Loggia mit Meerblick. Von der Terrasse des passablen Restaurants (12–15, 18–22 Uhr) hat man ebenfalls eine tolle Aussicht.

Der Golf von Sagone zählt zu den 250 schönsten Tauchplätzen der französischen Mittelmeerküste

Übernachten

Freundlich – **Hôtel Thalassa:** am Südende der Plage de Pero, Tel. 04 95 26 40 08, www.hotel-le-thalassa.com, Mai–Sept., DZ 95/130€ bzw. 175/185 € inkl. HP, Kinderermäßigung. Das Haus liegt in ruhiger Lage hinter dem Sandstrand. Der erholsame Garten lädt zu eine Siesta bei Meeresrauschen im Hintergrund ein.

Essen & Trinken

Originelle Küche – **Le Cabanon de Charlotte:** am Hafen, Tel. 06 81 23 66 93, März–Okt. tgl., Gerichte ab 12 €. In dem Restaurant gibt es mit Finesse zubereitete korsische Küche und leckere frische Fische. Alles schmeckt köstlich! Jeden Do Abend korsische Livemusik.

Auf dem Wasser unterwegs – **Bootsausflüge:** Tages- und Halbtagesfahrten in den Golf von Porto, nach Girolata und um die Halbinsel La Scandola gibt es von verschiedenen Anbietern. Tagesausflug ca. 9.30–16.30 Uhr um 46 €.
Mit dem Drahtesel unterwegs – **Fahrradverleih:** beim Hotel Punta e Mare, D 181 Ortsrand Richtung Paomia.
Abwechslungsreiche Wanderungen – **Schöne Ausflüge** auf dem Fernwanderweg bieten sich auch von Revinda (B 6, 600 m, 12 km nördl. über D 81/ D 481, Weg orange markiert). Von dort geht es in ca. 6 Std. hinab an die Küste oder weiter in die roten Berge hinein, z. B. an einer alten Kupfermine vorbei in 3,5 Std. zum Pass Bocca Acquaviva (1102 m), Rückweg ebenfalls 3,5 Std.

Kürzere Spazierwege führen zur Plage de Pero (▶ B 7), zum Turm über dem Dorf oder als Rundweg von Puntiglione über die Landspitze und den Hafen wieder in den Ort.

Romantisches Farbspiel – **Wanderung zur Tour d'Omigna:** Der Wehrturm an der nördlichen Spitze des Golfs von Pero (▶ B 7) steht auf einem weit vorgelagerten Granitsporn und wechselt mit dem Licht seine Farbe. Die umliegenden Felsen bieten eine leicht zugängliche bizarre Kletterwelt, schön auch für einen Picknickaufenthalt. Der Weg beginnt nördlich des Strandes von Pero, dort geht das Küstensträßchen an einer Pforte in einen Weg über, der in 1 Std. zum Turm führt, besonders schön zu Sonnenuntergang.

Infos & Termine

Office de Tourisme: Ortsmitte, Rue du Docteur Dragacci, Cargèse, Tel. 04 95 26 41 31, www.cargese.net, 15. Juni–15. Sept. Mo–Sa 9–13, 15–19, So 9–13, 16. Sept.–14. Juni Mo–Fr 9–12.30, 14–17, Sa 9.30–12 Uhr.

Bus: Mo–Sa 2 x tgl. nach Ajaccio und Porto (in HS auch So 1 x tgl.)

Mariä Himmelfahrt: 15. Aug., feierliche Prozession zur griechischen und römisch-katholischen Kirche, Volksball und Feuerwerk zu Ehren der Jungfrau Maria.

Mein Tipp

Konzert von I Muvrini

Bei der bekanntesten Musikgruppe Korsikas verschmelzen traditionelle Gesänge mit modernen Instrumenten. Die Gruppe berührt mit ihrer Musik die Herzen der Zuhörer. Sie tourt im August über die ganze Insel. Zu sehen ist sie beispielsweise in Cargèse. www.muvrini.com.

Sagone ▸ C 7

Eine Straße mit Hotels, die direkt hinter einem breiten Sandstrand aufgereiht sind, ein paar Feriensiedlungen, einige Häuser von Einheimischen, gute Einkaufsmöglichkeiten und ein paar Cafés – damit ist der beliebte Badeort charakterisiert. Einst Bischofssitz und prosperierender Handelsort – die Ruine der Kathedrale aus dem 12. Jh. ist der einzige verbliebene Rest aus dieser Zeit –, wurde es durch Sarazenenüberfälle vom 9. Jh. an allmählich zerstört. Im 16. Jh. verlegte man auch den Bischofssitz nach Vico. Das Land versumpfte und wurde erst im 20. Jh. wieder besiedelt. Zur Ruine der Kathedrale führt eine Brücke über den Sagone-Fluss, dann ein Feldweg – sehenswert wegen des in die Mauer eingefügten Menhirs.

Strände

Feinsandig und breit ist der **Strand von Sagone** die wesentliche Attraktion des Ortes. Nach Süden schließen sich entlang der Straße kleinere Strände mit schöner Brandung an. Imposant sind die kilometerlangen, wild belassenen Strände **San Giuseppe** und Liamone an der Liamone-Mündung. Bei starker Brandung ist Vorsicht geboten, die Wellen donnern mit enormer Wucht auf den harten grobkörnigen Sand.

Übernachten, Essen

Sympathisch – **Hôtel La Marine:** an der D 81 südl. der Gabelung nach Vico, Strandseite, Tel. 04 95 28 00 03, www.hotellamarinesagone.com, März–Nov. DZ ab 70/80 €. Kleines Strandhotel mit angenehmer Atmosphäre und Restaurant im Haus. Die einfacheren der 15 Zimmer sind mit Toilette auf der Etage, die Zimmer zum Strand ruhiger und teurer.

Übernachten

Familientauglich – **Sagone Camping:** 2 km von Sagone an der D 70 nach Vico, Tel. 04 95 28 04 15, www.camping-sagone.com, 28. März–17. Okt. 19/32 € für 2 Pers. mit Zelt und Auto. Großer schöner Platz mit Schatten am Fluss. Auch Bungalowvermietung, Supermarkt, Pizzeria, Waschmaschinen, Internet.
Viel Schatten – **Camping U Sommalu:** südl. Liamone-Mündung an der D 25 Richtung Casaglione, Tel. 04 95 52 24 21, www.usommalu-camping.fr, April–Sept. 18/25 € für 2 Pers. mit Zelt und Auto, keine Reservierung möglich. 700 m vom Strand entfernt liegt das schattige Gelände mit 135 Stellplätzen. Schwimmbad, Tischtennis, Spielplatz, Tischfußball und Strandvolleyball.

Essen & Trinken

Feine Küche – **L'Ancura:** am Turm von Sagone, Tel. 04 95 28 04 93, April–Okt. tgl., à la carte ca. 35 €. Charmantes Hafenlokal mit holzüberdachter Terrasse am Wasser. Köstliche Langusten und Fisch für die Gourmets.
Perfekter Service – **Le Grand Large:** Plage d'Esigna, Tel. 04 95 28 02 20, April–Sept. tgl., Menü 15 €. Strandrestaurant mit knackigen Salaten, köstlichen Fischgerichten und knuspriger Pizza. Reservieren!

Aktiv

Schiffsausflüge – **Nave Va:** Tel. 04 95 28 02 66, www.naveva.com. Bootsausflüge nach Ajaccio oder La Scandola, ca. 50 €, Kinder 5–10 J. 35 €. Vom Hafen von Sagone startet die Tagesfahrt um 9 Uhr (Rückkehr 17.30 Uhr). Auf der Tour besichtigt man die Calanche, Capo Rosso und La Scandola mit Zwischenstopp in Girolata.
Wassersport – **Surfen, Tauchen:** dem Hôtel Cyrnos (Ortsmitte am Strand) ist ein Tauchclub angegliedert (Tel. 06 12 17 05 74) ist ein Klub angegliedert, der Kurse bietet und Surfbretter sowie Tauchausrüstungen verleiht. Die Tauchfahrten gehen in die Gründe um Cargèse und den Golf von Porto.

Infos

Office de Tourisme Sagone-Vico: Rte. de la Plage, Tel. 04 95 28 05 36, www.golfedesagone.net.

Golf von Liscia ▸ C 7

Die hübsche, in sich geschlossene Felsbucht mit großem Ferienangebot verfügt über mehrere belebte Strände. Der einzige Ort, **Tiuccia,** ist wie Sagone kein gewachsener Ort, sondern erst mit dem Tourismus entstanden und war ursprünglich nur ein Ableger des Cinarca-Dorfes **Calcatoggio.** Der schönste Badestrand des Golfs liegt südlich der Liscia-Mündung (Zugang neben dem Hotel Les Sables Blancs de la Liscia). Durch den steilen Abfall ins Wasser kann das Baden bei starker Brandung gefährlich sein.

Übernachten

Strand vor der Zimmertür – **Hôtel Les Sables Blancs de la Liscia:** Rte. de Sagone, Calcatoggio-Plage, Tel. 04 95 52 51 50, www.hotel-sables-blancs-liscia.com, April–Nov., DZ ab 65/145 €, Apartment (2–3 Pers.) ab 490/990 € pro Woche. Als Teil einer herrschaftlichen Residenz liegt das Hotel auf

einem Felsen, der über dem Golf von Liscia emporragt. Direkter Zugang zum hoteleigenen Strand. Freizeitangebote wie Tauchen, Paragliding und Reiten in der Nähe.
Familientauglich – **Camping A Marina:** Calcatoggio, Tel. 04 95 52 21 84, www.camping-amarina.com, April–Okt., 25/30 € für 2 Pers. mit Auto und Zelt. Gemütlicher, teils schattiger Campingplatz mit gepflegten sanitären Anlagen, Lebensmittelgeschäft und Bar. Kinderspielplatz, Tischtennisplatten.

Golf von Lava ▸ B 8

Die südlichste der Buchten des Golfe de Sagone liegt abgeschieden: ein langer heller Sandstrand mit Feriendorf, kleinem Einkaufsladen, einer Pizzeria mit einem einfachen Campingplatz – noch findet man dort (nahezu) das Korsika vergangener Zeiten. Zu erreichen über die D 381, die nördlich des Col de Listincone (▶ C 8) von der D 81 abzweigt.

Zum Rocher de Gozzi ▸ C 7/8

3 Std. hin und zurück, Anfahrt über die D 81, am Col de Listincone auf die schmale Straße nach Appietto
Der Fels (708 m) thront über dem malerischen Dorf **Appietto** (▶ C 7) und bietet eine schöne Möglichkeit, den Golf von Sagone und den von Ajaccio von oben zu sehen. Vor dem Dorffriedhof geht's rechts auf einen Feldweg (dort an der Kapelle parken). Dann links vom Funkmast bergauf, vorbei an der **Ruine des Kastells Capraia,** in dem im Mittelalter die Grafen der Cinarca residierten, und hinauf auf den Gipfel.

Rundfahrt durch die Cinarca ▸ C 7

Das fruchtbare Liscia-Becken und die umliegenden Berghänge bilden die wildromantische Mikroregion Cinarca. Sie ist geprägt von typischen Dörfern, die über schmale Straßen miteinander verbunden sind. Von alters her brachten Oliven, Mandeln, Feigen, Nüsse und Wein den Bauern Wohlstand, die Grafen der Cinarca gehörten zu den mächtigsten Herren der Insel. Die Dörfer legte man hoch an den Hängen an, um sich gegen Piratenüberfälle zu schützen und um dem ungesunden Klima der malariaverseuchten Küste zu entgehen.

Eine Rundfahrt durch die Cinarca führt von der D 81 am Liamone-Strand auf die D 25, über das Dörfchen **Casaglione** mit seinem hübschen Waschhaus am Brunnenplatz. Kurz vor Ambiegna geht es auf die D 1 Richtung **Sari-d'Orcino**, vorbei an der Domaine d'Alzeto. Sari-d'Orcino ist in Ober- und Unterdorf geteilt, lohnend der Abstecher durchs Oberdorf.

Von dort führt ein schöner Weg in die Berge. Weiter über die D 101 via Cannelle und das herrlich gelegene **Calcatoggio**. Über Ambiegna führen Straßen weiter in die Bergregion **Deux Sorru** – wunderschön ist die Fahrt auf der D 1 nach Norden, über den Liamone, zu den Felsen, durch die sich der Fluss den Weg gegraben hat, und durch dichten Wald nach Vico (▶ C 6).

Einkaufen

Wein in hohen Lagen – **Clos d'Alzeto:** an der D 1 zwischen Casaglione und Sari-d'Orcino, Tel. 04 95 52 24 67, im Sommer Mo–Sa 8–12, 14–19.30 Uhr. Seit 1820 ist das höchstgelegene Weingut Korsikas im Besitz einer Familie. Sonnenbegünstigte Südwesthanglage und althergebrachte Reifungsmethoden führten zu vielen Medaillen. Die Roten, Weißen und der Rosé sind gleichermaßen begehrt. Ebenso das Olivenöl aus eigener Herstellung.

Vico & Canton des Deux Sorru ▸ C/D 6/7

Vico ▸ C 6

Vico (Vicu), von hübschen Laubwäldern umgeben, liegt am Schnittpunkt alter Handelsstraßen – heute die D 70 über den Col de Sevi, die dem Lauf des Sagone an die Küste folgt, die D 1 am Liamone entlang nach Süden und die D 23 in die Berge. Im 16. Jh. wurde Vico Bischofssitz und hat seither eine zentrale Funktion inne. Dem Besucher bietet sich das Bild eines großen traditionellen Dorfes mit hohen schmucklosen Granitfassaden. Um den Brunnen- und den Rathausplatz des liegen einladende Cafés, die Preise in den Geschäften sind niedriger als in den Badehochburgen, die Waren mit einheimischem Bedarf gemischt.

Am Rathaus steht eine Bildtafel mit Wandervorschlägen, für den Fall, dass das Infobüro am Brunnenplatz geschlossen hat.

Couvent Saint François
Etwa 1 km außerhalb,
Tel. 04 95 26 83 83, tgl. 14–18 Uhr
Das inmitten von Kastanienbäumen weithin sichtbare weiß getünchte Kloster wurde im Jahr 1489 gegründet und ist wirklich sehenswert. Noch heute wird es von einigen Mönchen bewohnt. Die aktuelle Form ist typisch für die italienische Klosterarchitektur des 17. Jh. Das Holzkreuz italienischer Herkunft aus dem 15. Jh. in der Kirche ist das älteste der Insel. Räumlichkeiten zur Unterbringung sowie für Retreats sind vorhanden.

Mein Tipp

Märchenhafte Idylle – Lac de Creno ▸ C/D 6/7
Von Soccia, 19 km hinter Vico auf D 23 und D 123, führt eine einfache, gelb markierte Höhenwanderung, beginnend auf 1020 m am Parkplatz über dem Ort (ausgeschildert), in gut 1 Std. zum Seerosensee (1310 m), der zauberhaft im Wald versteckt liegt. Von dort geht es weiter ins Gebirge hinein, nach einer Pause direkt – oder mit einem Umweg auf den Monte Eliseo – zurück nach Soccia.

Canton des Deux Sorru

▸ C/D 6/7

Zwei lange, durch bis zu 1600 m hohe Gipfel getrennte Flusstäler ziehen sich von Vico Richtung Hochgebirge. Jäh aufragende grandiose Felsgipfel kennzeichnen das erste. Sie steigen über dem Liamone und dem Cruzzini auf, vielerorts so steil und mit einzelnen Bäumen bestanden, dass sie an chinesische Tuschezeichnungen erinnern.

Eine aberwitzig kurvige Straße schlängelt sich an der Bergwand entlang in das wenig erschlossene Gebiet, das derzeit als Geheimtipp gilt. 5 km hinter Vico, in **Murzo,** biegt man in einem scharfen Knick von der D 23 auf die D 4. Für die 13 km bis **Rosazia** kann man getrost eine halbe Stunde rechnen. 7 km hinter Murzo wird das verlassene Dorf **Muna** (▶ C 7) erreicht, die Geisterstadt liegt oberhalb der Straße vor der imposanten Kulisse der Punta di a Spusata (1191 m).

Bei dem Dorf **Salice** (▶ D 7) – überraschend das rosa Rathaus neben dem gelben Postgebäude – kann man den Wasserfall **Cascade de l'Ancone** erwandern (vor Salice links hoch). Hinter Azzana wird der Cruzzini erreicht, mit Badebecken an der Brücke. Zurück geht es über die D 125 in die Cinarca oder über die gewundene D 4 zur N 193 im Gravona-Tal. (Rundfahrt Vico–Vico 68 km.)

In das obere Liamone-Tal führt die D 23 über **Murzo** (▶ C 6), bekannt für seinen Honig. Schon bald beginnt der Wald, der sich über den Talboden bis hoch an die Bergwände zieht, immer wieder öffnet sich der Blick auf die Zweitausender, die Straße führt rasch an den Rand des Hochgebirges. Im Thermalbad von **Guagno-les-Bains** (▶ D 6, bis 2017 geschlossen) suchten schon die Bonapartes Linderung für rheumatische Beschwerden.

Das blühende Dorf Soccia liegt über einem tiefen Abgrund und überblickt das Tal bis fast zur Küste hinab. Von dort, von **Orto** und **Guagno** (alle ▶ D 6), gibt es hübsche Wanderwege in die Berge und von Dorf zu Dorf. Sie führen auf langen Strecken durch Wald und kreuzen die Flüsse Fiume Grosso, Liamone oder deren Zuflüsse, in denen man sich erfrischen kann, sodass die Wege auch im Hochsommer begehbar sind. Eine Variante des **Mare a Mare Nord** verbindet die Dörfer des Tals.

Übernachten, Essen

Zimmer mit Aussicht – **L'Auberge des Deux Sorru:** 13 km östl. von Vico vor Guagno-les-Bains, Tel. 04 95 28 35 14, www.hoteldesdeuxsorru.com, DZ 57/72 €, Restaurant außerhalb der HS So abends und Mo geschl., Tellergerichte ab 9 €. Kleine Zimmer in modernem, gepflegtem Haus. Einen herrlichen Blick hat man von der Restaurantterrasse, auf der köstliche Brocciu- und Fischgerichte aufgetischt werden.

Übernachten

Der Gast ist König – **Hôtel U Paradisu:** Rte. du Couvent Saint-François, Vico, Tel. 04 95 26 61 62, www.hotelupa radisu.com, Jan.–Okt. DZ ab 71/99 €, Juni–Sept HP 76 €/Pers. Bei familiärer Atmosphäre in einem modernisierten korsischen Haus mit Pool und Garten fühlt sich der Gast wohl. Sehr gastfreundlich.

Essen & Trinken

Der Klassiker – **Auberge U Fragnu:** 5 km östl. von Vico, in Murzo, Tel. 04 95 26 69 26, April–Dez., So abend und Mo außerhalb der Saison geschl., Menü 17,50/23 €. Stimmungsvolles Lokal in alter Ölmühle, mit ausgefallenen Rezepten aus ursprünglichen Zutaten. Auch schmackhafte Canelloni und knusprige Pizza.

Aktiv

Kühles Nass – **Baden im Liamone:** ca. 3 km von Vico Richtung Murzo kreuzt die D 23 den Fluss, die schönsten Badestellen sind ein Stückchen flussabwärts.

Termine

U Mele in festa: Sept., Markt in Murzo rund um korsischen A.O.C.-Honig und andere typische Erzeugnisse.

Der Golf von Ajaccio

Ajaccio ! ▶ C 8

Als Verwaltungszentrum der Insel und Hauptstadt von Corse du Sud befindet sich Ajaccio, Sitz des gesamtkorsischen Regionalparlaments, des korsischen Gerichtshofs und der meisten Behörden, mit Bastia im steten Kopf-an-Kopf-Rennen um die Position als größte Stadt der Insel (64 306 Einw.). Ihre in warmen Gelb- und Goldtönen gehaltenen Häuser, die Palmen und nicht zuletzt die von weißen Stränden gesäumten Ufer unterstreichen das südländische Flair. Obwohl die Gewerbegebiete und großen Supermärkte Richtung Mezzavia ausgelagert sind, hat sich der Autoverkehr kaum verringert. Außerhalb der Siesta kommt man nur schrittweise voran. Am besten stellt man sein Fahrzeug ab (s. S. 181) und begibt sich zu Fuß ins lebhafte Treiben.

Straßencafés, Schaufensterauslagen, klassizistische Großbauten an überaus prächtigen Boulevards wecheln mit schmalen, hoch bebauten, manchmal dunklen Gässchen von korsischer Ausstrahlung. Ajaccio ist eine schöne Stadt, so empfanden es bereits im 19. Jh. englische Touristen, die Korsikas Ruhm als Reiseziel in aller Welt verbreiteten und sich in erklecklicher Zahl in Ajaccio niederließen – so empfinden es stolz die Einheimischen. Ihnen geben die heutigen Überwinterungstouristen Recht, die oft wochenlang bleiben und neben dem milden Klima vor allem das kulturelle Angebot genießen.

Ajaccio war wie so viele Städte an der Küste durch Sarazenenüberfälle und Malaria in Bedeutungslosigkeit gesunken, als 1492 die genuesische Bank des hl. Georg entschied, am heutigen Ort der Zitadelle eine Festung zu errichten und 100 ligurische Familien anzusiedeln. 1553 eroberte Sampiero Corso die Stadt, die 1559 wieder unter genuesische Herrschaft fiel. Von dieser Zeit an durften Korsen in die zunächst Ligurern vorbehaltene Stadt zuziehen – in die eigens für sie gegründete Vorstadt, das Borgo, das dort lag, wo heute die Rue du Cardinal Fesch verläuft. 1592 erhielten sie die vollen Bürgerrechte und die Hafenstadt, in der Korallenfischerei und der Handel mit Olivenöl, Wein und anderen landwirtschaftlichen Erzeugnissen zu wichtigen Erwerbszweigen wurden, wuchs schon bald auf 2500 Bewohner an.

1715 wurde Ajaccio die Verwaltung des korsischen Südens übertragen. 1769, nur ein Jahr, nachdem Frankreich die Insel von Genua gekauft hatte, kam dort Napoleon Bonaparte zur Welt – der seine Geburtsstadt 1811, als Kaiser von Frankreich, zur Hauptstadt der ganzen Insel ernannte und damit den Keim für die Rivalität mit Bastia legte, die bis in die Gegenwart andauert.

Mein Tipp

Romantischer Blick

Wer die Innenstadt aus größerer Entfernung bestaunen will, fährt zur Landspitze **Pointe d'Aspreto** (▶ C 8) gegenüber der Altstadt. Das Licht ist am schönsten kurz nach Sonnenaufgang oder bei Sonnenuntergang.

Ajaccio

Sehenswert
1 Zitadelle
2 Notre-Dame-de-la-Miséricorde
3 Casa Buonaparte
4 Salon Napoléonien
5 Musée Fesch
6 Chapelle Impériale
7 Assemblée Régionale de Corse
8 Musée a Bandera

Übernachten
1 Hôtel les Mouettes
2 Hôtel San Carlu
3 Hôtel Kalliste
4 Hôtel du Palais
5 Hôtel Marengo
6 Camping Les Mimosas

Essen & Trinken
1 L'Amirauté
2 Le Grand Café Napoléon
3 Da Mamma
4 Le Serra's
5 London Café

Einkaufen
1 Casa Napoléon
2 La Marge
3 Rapsodie
4 La Maison du Corail
5 Boulangerie Galéani
6 Les Pierres de Corse

Aktiv
1 Nave Va
2 Chemin des Crêtes
3 Ajaccio Equitation
4 Corsica Outdoor
5 Club de Plongée
6 Corseus Hélicoptères
7 Ajaccio Vision
8 Marie-Madeleine

Abends & Nachts
1 Casino Municipal
2 Le Pavillon Bleu
3 Le Pigale
4 Aghja

Seines berühmtesten Sohnes erinnert sich Ajaccio gern. Napoleon I. wird nicht nur alljährlich zu seinem Geburtstag am 15. August mit einem großen Stadtfest gefeiert, Straßen und Plätze tragen seinen Namen, Gedenkstätten und Statuen, vor allem aber die Produkte der Souvenirindustrie halten das Gedächtnis an ihn wach. Als korsischer Patriot hat sich der Kaiser indes zu Lebzeiten nicht erwiesen. Statt Neuerungen oder Reformen einzuleiten, stärkte er die französische Zentralmacht, erhob Französisch zur ersten Landessprache, ließ mit harter Hand gegen Paoli-Anhänger durchgreifen und junge Korsen zwangsrekrutieren. Ajaccio besuchte er zuletzt 1799.

In der Politik der Stadt spielten lange Zeit sowohl die Parti Bonapartiste, die bis 2001 53 Jahre lang den Bürgermeister stellte, als auch der Stammhalter der kaiserlichen Familie eine Rolle: Der Sozialist Charles Napoléon, der 2001 zweiter Bürgermeister der Stadt wurde, trug u. a. für den Tourismus die Verantwortung. Inzwischen lebt er wieder auf dem Festland.

Orientierung

In die Innenstadt führt eine doppelreihige Allee an der Bucht entlang. Am Wasser reihen sich Sporthäfen, Handels- und Fährhafen aneinander, vor der Zitadelle liegt der vornehmste der Jachthäfen, Port de Plaisance Tino Rossi, und am Inneren der Mole der Fischerhafen Port Abri.

Altstadt

Die Gassen der genuesischen Altstadt sind vor allem abends lebendig. Den schönsten Blick auf Zentrum und Golf hat man von der Spitze der Jetée de la Citadelle. Die **Zitadelle** 1 selbst ist nur im Rahmen der organisierten Führung »Les Causeries de L'Eté« durch das Tourismusbüro zu besichtigen.

Notre-Dame-de-la-Miséricorde 2

Rue du Roi de Rome, 11.30–14.30 Uhr und So Nachmittag geschl.
Hinter der schlichten Außenfassade erhebt sich die große Kuppel der von 1587 bis 1593 errichteten, ▷ S. 175

Eglise des Franciscaines
Av. C. d'Ornano
Propriano, Flughafen
Jetée du Margonajo
Montée Sainte-Lucie
Avenue de la Grande Armée
VILLETA
Bd. J. et B. Maglioli
R. Hyacinthe Campiglia
Gare
Square P. Griffi
Place P. Colonna d'Istria
Avenue Beverini-Vico
Av. Jean Lévie
Cours Napoléon
Rue de la Pietrina
Palais de Justice
Av. P. Paoli
Bd. Masseria
Place Abbatucci
PIETRINA
Avenue Napoléon III
Rue Comte Bacciochi
Boulevard Sampiero
Quai du Commerce
Golfe d'Ajaccio
Rue de la Barrière
Rue du Cardinal Fesch
Rue J. B. Marcaggi
Parc Sébastiani
Rue des Trois Marie
Jetée des Capucins
Quai de l'Herminier
Gare maritime
Marseille, Nizza, Toulon, Genua, Porto Torres
Avenue de l'Impératrice Eugénie
Rue de l'Oliveto
Avenue Cunéo d'Ornano
Rue Lorenzo Vero
Rue Sebastiani
Pass. Guinghetta
Bd. du Roi Jérôme
Sq. Elisa
Palais des Congrès
R. M. Lambroscini
R. Ottavi
Rue de l'Assomption
Rue des Halles
Informationsbüro Parc Naturel Régional de la Corse
OLIVETO
Rue Sergent Casalonga
Square Campinchi
Quai de la République
Rue Maglioli
Préfecture
Rue D. Stepanopoli
Hôtel de Ville
Mémorial de la Résistance
Rue Général Lévie
Rue Général Campi
Rue Emmanuel Arène
Napoléon
Av. Serafini
Place M. Foch
Touristenbahn
Iles Sanguinaires
Rue Général Fiorella
Rue de la Porta
Rue Bonaparte
Pozzo di Borgo
Port Tino-Rossi
Avenue de Paris
Cours Grandval
Place Général de Gaulle (Place du Diamant)
Av. E. Macchini
Rue du Roi-de-Rome
Rue St-Charles
R. Notre Dame
Port Abri
Jetée de la Citadelle
Boulevard Pascal Rossini
Rue Forcioli Conti
Bd. Danielle Casanova
Plage Saint-François
Bd. Lantivy
Golfe d'Ajaccio
0
100
200 m

Auf Entdeckungstour: Europäische Geschichte – im Geburtshaus des Kaisers

Zwar gibt es in der Casa Buonaparte 3 in Ajaccio keine Relikte aus Napoleons Kindheit zu sehen – dazu verlief die Geschichte des Gebäudes zu stürmisch. Trotzdem kommen Interessierte um einen Besuch des Gebäudes nicht herum, denn es gibt Einblick in dramatische Momente der europäischen Geschichte.

Lage: im Zentrum an der Pl. Letizia

Infos: Tel. 04 95 21 43 89, www.maison-bonaparte.chateau-malmaison.fr, April–Sept. Di–So 10.30–12.30, 13.15–18, Okt.–März Di–So 10–12, 14–16.15 Uhr, 7 €, im Winter 6 €, unter 26 J. kostenlos, Verleih von Audioguides.

Touristengruppen drängeln sich in der schmalen Gasse. Das Geburtshaus Napoleons zählt im Jahr mehr als 60 000 Besucher. Gegenüber dem Eingang, in einem schön angelegten Ziergarten, steht die Bronzebüste des einzigen Sohns des Kaisers mit Marie-Luise von Habsburg, König von Rom und Herzog von Reichsstadt. Aus dem ›kleinen Adler‹ hätte eigentlich Napoleon II. werden sollen. Der Junge sah seinen Vater dreijährig zuletzt; er starb mit 21 Jahren an einer ohne Eifer behandelten Lungenentzündung im Goldenen Käfig in Österreich. Damit hatte das Problem, was aus dem einzigen Erben des Herren

Europas werden sollte, eine ›natürliche‹ Lösung gefunden.

Rette sich, wer kann!

Kommoden, Lüster, Sitzmöbel und Spieltische – alle Möbel wurden erst nach der Plünderung und Brandschatzung des Hauses 1793 angeschafft. Die Familie Bonaparte hatte sich die Sympathie der Nachbarschaft verscherzt, nachdem Napoleons jüngerer Bruder Lucien den Helden der Korsen, Pasquale Paoli, beim Pariser Konvent angeschwärzt und ihm die Schuld am Scheitern des Sardinien-Feldzugs gegeben hatte. Eine solche Denunziation war damals lebensgefährlich, Paoli tauchte unter und wurde für vogelfrei erklärt. Rachedurstig stürmten seine Anhänger das Haus Bonaparte, Mutter Letizia entkam mit ihren Kindern nach Toulon. Für die Plünderung wurde sie 1796 reich entschädigt. Ihr Sohn (1769–1821) setzte als siegreicher Brigadegeneral die Zahlung von 96 000 Goldfrancs durch; die Mutter kaufte eine Haushälfte hinzu und ließ Stilmöbel aus Italien kommen.

Karriere unter neuer Herrschaft

Die Bonapartes waren schon länger nicht sehr beliebt gewesen, genau gesagt seit 1769. Nach der Niederlage von Ponte Nuovo gegen die Franzosen hatte Vater Carlo, während der Unabhängigkeit Privatsekretär des Staatschefs Paoli und glühender korsischer Patriot, die Fronten gewechselt und sich mit dem Grafen Marbeuf angefreundet, Militärchef der neuen Herren, der bald in der Casa Buonaparte aus- und einging. Durch seinen Einfluss wurde Carlo geadelt, seine beiden ältesten Söhne erhielten staatliche Stipendien und durften in Frankreich die Schule besuchen. Mit neun Jahren verließ Napoleon die Enge seines Elternhauses und studierte fortan Militärwesen in Brienne in der Champagne.

Beengte Verhältnisse

Damals bewohnte die Familie mit vier Kindern die beiden ersten Räume im zweiten Stockwerk, wo die Führung beginnt. Ihre direkten Nachbarn waren die Pozzo di Borgo. Steinerne Treppen ersetzten die originalen Holzstiegen. Mutter Letizia zeigt sich dem Besucher gleich zweimal, einmal als Marmorbüste, einmal in Öl, ebenso ihr stattlicher Ehemann Carlo. Er starb mit 39 Jahren an Magenkrebs, sie mit 86 Jahren als Mutter von zwölf Kindern, von denen acht am Leben blieben. Ebenfalls in Öl der pausbäckige Onkel Fesch, Halbbruder Letizias. Napoleon zwang den Vatikan, aus dem einfachen Priester einen Erzbischof und Kardinal zu machen, Primas von Gallien und Ritter vom Goldenen Vlies. Durch Kunsthandel reich geworden, starb dieser 76-jährig in seinem Palast in Rom. Fast alle Kirchen Korsikas bergen Schätze aus seiner Sammlung, z. T. Beutekunst aus den Kriegen Napoleons.

Vom Spielgefährten zum Todfeind

Im zweiten Raum prangt in der Vitrine in der Mitte eine Darstellung Pozzo di Borgos. Der kleine Nachbar Charles-André war Spielkamerad Napoleons und später als russischer Staatsrat Todfeind seiner Politik. Ihm hatte der Kaiser seinen Exilort St. Helena mitten im Atlantik zu verdanken, wo er ab 1815 seine letzten sechs Lebensjahre am Rand der Depression verlebte.

Raum drei zeigt Miniaturabbildungen der Bonapartes. Unter der Lupe ist die schöne Schwester Pauline zu erkennen, die sich als einzige wirklich bemühte, Napoleon auf St. Helena zu besuchen, sowie Jérome, der ›König Lustig‹ von Westphalen. In Öl über dem Kamin das traurige Antlitz seines Bruders Louis, der früh an Gelenkrheuma erkrankte. Er war König von Holland, Vater des künftigen Napoleon III. – und der einzige der Brüder, der freiwillig abdankte. – Im Empirebett kann der Kaiser bei seinem letzten Besuch nach der Rückkehr aus Ägypten 1799 nicht geschlafen haben, das kam erst später hinzu. Darüber jedenfalls: ›Er‹ in Öl.

Im Nebenraum finden sich zwei wenig vorteilhafte Ölbilder von Bruder Joseph, König von Spanien. Er setzte sich 1815 in die USA ab, mit 2 Mio. Goldfrancs in den Koffern …

Ein Fluchtweg für alle Fälle

Im ersten Stock nun der Empfangssalon: fleckige Spiegel, Lüster, Spieltische, Louis-XV-Stühle und zwei Dreieckstischchen im Direktoriumsstil, schlicht und funktional. Hier wurde der Kontakt zu Marbeuf vertieft. Durch das Arbeitszimmer Carlos geht es ins ›Geburtszimmer‹ mit der in zitronengelbem Damast bezogenen Chaiselongue. Die Weihnachtskrippe aus Mahagoni, Ebenholz und Elfenbein stammt aus Deutschland, nicht aus Ägypten, wie fälschlich angegeben. Die Galerie, 1799 unter Letizia erbaut, schließt sich an, ein großer Saal mit Walnussparkett, Direktoriumsstühlen, halbedelsteinbesetzten Kommoden und pfiffigem Beleuchtungssystem aus gegenüberliegenden Wandspiegeln, vor denen Kerzen entzündet wurden – der Besucher befindet sich hier in der 1798 hinzugekauften Haushälfte. Danach trifft man auf den beleibten Bruder Joseph in Marmor – er hätte sicher nicht durch die Bodenfalltür gepasst, über die ein Fluchtweg direkt in den Keller führt.

Eine Generation später

Weiter zu Napoleon III., 1852 bis 1871 Kaiser der Franzosen. Er schaffte es, sich über ein Plebiszit zum Kaiser wählen zu lassen. Aus Dank für die 98 % der korsischen Ja-Stimmen umgab er sich in Paris mit Korsen und ermöglichte diverse Karrieren für Senatoren, Minister und Räte. Damals fassten die Korsen definitiv Fuß in den inneren Zirkeln der Staatsmacht. – Die letzten Räume füllen dann Devotionalien: Totenmasken, ein Reliquienmedaillon, ein Stammbaum der Familie, das Kranzgebinde aus St. Helena und erste Darstellungen des Kaisers als Herrenmensch, mit Adlernase und harten Kanten im Gesicht.

Wer übrigens am 15. August zu ›Seinem‹ Geburtstag in Ajaccio ist, erlebt die kaiserliche Blaskapelle in Uniform mit viel Dschingderassabum. Mit den Orden der Ehrenlegion behängte alte Herren kämpfen mit den Tränen, aus den Lautsprechern kitscht Ajaccios Heldentenor Tino Rossi: »Auf die Knie, Bürger der Welt, sein Schatten kommt auf uns herab. Erneut hat sich Gott als Mensch offenbart.« Was der Kaiser wohl zu all dem starken Tobak sagen würde? Vermutlich seinen Lieblingsspruch: »Vom Erhabenen zum Lächerlichen ist nur ein Schritt!«

kreuzförmig angelegten Kathedrale. 1771 wurde Napoleon I. in dem Marmortaufbecken rechts des Hauptportals getauft. Der Hauptaltar, ebenfalls aus weißem Marmor, wurde auf Anordnung von Napoléons Schwester Elisa aus einer Kirche im italienischen Lucca entfernt und hier eingebaut. In der ersten Kapelle zur Linken wird der »Vierge du Sacré Cœur« von Eugène Delacroix gehuldigt. Die rote Marmortafel an der ersten Säule links hält den letzten Wunsch Napoleons wach, er wolle, wenn Paris mit seinem Leichnam ebenso verfahre wie mit seiner Person, in der Kathedrale zu seinen Ahnen gelegt werden. Dazu kam es nicht, seine Überreste ruhen seit 1840 im Invalidendom zu Paris.

In der parallel gelegenen Rue Bonaparte kann man sich in der **Casa Buonaparte** 3 (s. S. 172) länger dem großen kleinen Mann widmen.

Place Maréchal Foch

Der Platz ist die Schnittstelle zwischen der genuesischen Altstadt und Borgo. Um den von dem Korsen Gerolamo Maglioli geschaffenen Löwenbrunnen mit dem **Standbild von Napoleon** als erstem Konsul treffen sich die Einheimischen zum Päuschen im Schatten. In einer Fassadennische an der Ecke Avenue Serafini/Rue Bonaparte steht die **Madonnuccia,** eine 1656 geweihte Statue der Schutzheiligen von Ajaccio, von der es heißt, sie habe die Stadt vor der Pest gerettet.

Salon Napoléonien 4

15. Juni–15. Sept. Mo–Fr 9–11.45, 14–17.45, 16. Sept.–14. Juni Mo–Fr 9–11.45, 14–16.45 Uhr, Fei geschl., Erw. 2,30 €, Kinder (bis 15 J.) gratis

Im Rathaus, **Hôtel de Ville,** aus dem 19. Jh. befindet sich in der ersten Etage der Salon Napoléonien mit Ölgemälden der Familie Bonaparte sowie dem Taufschein und der Totenmaske Napoleons und Münzen, Skulpturen und Medaillen, die an die kaiserliche Zeit erinnern.

Musée Fesch 5

50, rue du Cardinal Fesch, Tel. 04 95 21 48 17, www.musee-fesch.com, Mai–Sept. Mo/Mi/Sa 10.30–18, Do/Fr/So 12–18, Juli/Aug. auch Fr 12–20.30, Okt.–April Mo/Mi/Sa 10–17, Do/Fr 12–17, jeden dritten So im Monat 12–17 Uhr, Erw. 8 €, Kinder 5 €

Das Museum besitzt die bedeutendste Sammlung italienischer Kunst in Frankreich nach dem Louvre. Kardinal Joseph Fesch, Onkel von Napoléon I. und von seinem Neffen in der Karriere gefördert, war leidenschaftlicher Kunstsammler. Bei seinem Tod erbte die Stadt Ajaccio gut 5000 Gemälde, darunter Werke italienischer Meister wie Botticelli, Bellini, Tizian und Veronese. Ein Teil der Sammlung umfasst die berühmten italienischen Primitiven (Zeit der Vor-Renaissance), antike Gemälde auf Holztafeln gemalt. Das Erdgeschoss ist der Gegenwartskunst mit wechselnden Ausstellungen neuer Bilder und der Bibliothek gewidmet.

Die kaiserliche Kapelle **Chapelle Impériale** 6 (Öffnungszeiten s. oben Musée Fesch, 1,50 €) befindet sich im rechten Flügel des Palais Fesch. In der von Napoleon III. erbauten, in prächtigem polychromen Marmor gehaltenen, 1860 geweihten Kapelle ruhen die Eltern von Napoleon Bonaparte sowie Kardinal Fesch.

Neustadt

Place Général de Gaulle

Am westlichen Ende der Place Général de Gaulle, auch **Place du Diamant** genannt, beginnt die Neustadt mit der eleganten Avenue de Paris, die nach wenigen Schritten in den Cours Grandval übergeht. Zu den Prachtbauten an der Straße gehört u. a. das einstige Parkhotel Continental, heute Sitz des Parlaments, der **Assemblée Régionale de Corse** 7.

Musée a Bandera 8

1, rue du Général Levie, Tel. 04 95 51 07 34, www.musee-abandera.fr, Juli–15. Sept. Mo–Sa 10–19, So 10–13, 16. Sept.–Juni Mo–Sa 10–17, Erw. 5 €, Kinder bis 10 J. 3 €.

Das Historische Museum konzentriert sich auf die Geschichte Korsikas im Spiel der Besatzungsmächte, von prähistorischen Zeiten bis in die Gegenwart. Dies veranschaulichen Originalstücke, Schaukästen, Modelle, Münzen, Wappen, lebensgroße Puppen. Gedacht wird neben den großen Freiheitskämpfern vergangener Epochen auch des korsischen Widerstands während der italienisch-deutschen Besatzung 1942/1943. Zusätzlich gibt es temporäre Ausstellungen zu verschiedenen Themen. Der Besuch des Museums ist ein guter Einstieg, um die Kultur Korsikas kennenzulernen.

Place d'Austerlitz

Der Cours Grandval geht in den Cours de Général Leclerc über und mündet in die Place d'Austerlitz. Von dem erhabenen Standort blickt Napoleon (das Standbild ist eine Kopie der bekannten Statue im Invalidendom) über ›seine‹ Stadt. Auf der großen schrägen Platte sind Stationen seiner Karriere eingemeißelt. In der nahen Grotte der Tafonifelsen soll er als Kind gespielt haben. Dieser Teil der Stadt war im 19. Jh. das bevorzugte Wohngebiet der Engländer, daran erinnern Namen wie ›Bois des Anglais‹ und die anglikanische Kirche am Cours Général Leclerc, in der heute klassischer Tanz gelehrt wird.

Strände

Die Liste der Strände in Ajaccio und westlich zur Pointe de la Parata (▶ B/C 8) ist lang, sie alle haben herrlich feinen hellen Sand. Nach den Stadtstränden Plages Saint-François (an der Zitadelle) und Trottel (Bd. Albert-1er) folgen entlang der Straße Barbicaja, Ariadne, Neptune, Palm Beach, Girelles, Marinella, Scudo, Week-End, Macumba, Goéland und nördlich der Landspitze der Lieblingsstrand der Gegend, wild und mit traumhaftem Wasser, die Plage de Grand-Capo (▶ B 8).

Nahe Umgebung von Ajaccio ▶ B/C 8

Le Parc des Milelli ▶ C 8

Vom Cours Napoléon bergan in die Montée Saint-Jean, dann Rte. Alata (D 69), dann ausgeschildert, ca. 5,5 km

Das Landhaus der Bonapartes, Les Milelli, liegt in einem herrlichen Garten inmitten von Olivenhainen über der Stadt und ist nur im Rahmen einer organisierten Führung der Vereinigung APIEU zu besichtigen (das Tourismusbüro erteilt hierzu Auskunft). Trotzdem lohnt die Fahrt schon des Ausblicks und des Arboretums wegen.

Der auf dem Weg passierte Aquädukt wurde unter Napoleon III. gebaut. Etwas höher liegt das **Château de la Punta,** Eigentum der Familie Pozzo di Borgo, Rivalen der Bonapartes.

Pointe de la Parata ▶ C 8

Rte. des Sanguinaires (D 111) 12 km am Golf entlang Richtung Westen

In einer Villa an der Route residiert noch heute die Familie des Ajacciner Schlagerstars Tino Rossi, der auf dem Nouveau Cimetière zur letzten Ruhe gebettet liegt. Ein 20-minütiger Rundweg, der als **Naturlehrpfad** angelegt

Ajaccio liegt vor einer gewaltigen Kulisse auf der Landspitze

ist, verläuft unterhalb des Genueserturms. Besonders schön ist der Weg, wenn im Frühjahr alles in Blüte steht. Den besseren Blick hat man direkt vom Turm, den man bei einem kleinen Spaziergang erreicht. Er bietet eine spektakuläre Aussicht auf die Felsküste des südlichen Golfes von Sagone und die vorgelagerten **Iles Sanguinaires,** die sich in der Abendsonne blutrot einfärben. Die Grande Sanguinaire schließt die Inselgruppe mit einem Leuchtturm ab, in dem sich im 19. Jh. der französische Schriftsteller Alphons Daudet für kurze Zeit aufhielt.

Übernachten

Die meisten Reisenden kommen in den strandnahen Hotels außerhalb unter, entlang der Route des Sanguinaires nach Westen oder in Porticcio und am südlichen Golf.

Bezahlbarer Luxus – **Hôtel les Mouettes** **1**: 9, cours Lucien Bonaparte, Tel. 04 95 50 40 40, www.hotellesmouettes.fr, März–Dez., DZ ab 95/220 €. Für einen Luxusaufenthalt ist man in diesem charmant ausgestatteten Haus genau richtig. Ein eigener Strand, ein Pool zum Relaxen und der Blick über den Golf – schöner kann man in Ajaccio nicht wohnen!

Schlicht und schön – **Hôtel San Carlu** **2**: 8, bd. Danielle Casanova, Tel. 04 95 21 13 84, www.hotel-sancarlu.com, Febr.–20. Dez., DZ ab 60/95 €. Mit dem Blick auf die Zitadelle und der unmittelbaren Nähe zum nur 100 m entfernten Plage St-François kann das ordentliche Hotel punkten. Je nach Kategorie bieten die 40 Zimmer unterschiedlichen Komfort.

Der Gast ist König – **Hôtel Kalliste** **3**: 51, cours Napoléon, Tel. 04 95 51 34 45, www.hotel-kalliste-ajaccio.com, DZ ab 80/95 €. Das betagte Gebäude von 1864 wurde gründlich renoviert, die 29 Zimmer sind etwas klein, aber modern eingerichtet und klimatisiert. Das Personal ist sehr um das Wohl der Gäste besorgt und stets freundlich.

Freundlich – **Hôtel du Palais** 4: 5, av. Beverini-Vico, Tel. 04 95 22 73 68, www.hoteldupalaisajaccio.com, DZ ab 65/85 €. Das modern eingerichtete Hotel mit 8 Zimmern wirkt gediegen und ansprechend mit maritimen Touch. Es stehen Studios zur Verfügung.

Sympathisch – **Hôtel Marengo** 5: 2, rue Marengo, Tel. 04 95 21 43 66, www.hotel-marengo.com, April–Nov. DZ ab 68/76 €. Eine ruhige Adresse in einer kleinen Sackgasse nicht weit von der Plage Trottel. Die 16 einfachen Zimmer sind klimatisiert, mit TV und teilweise mit Balkon. Frühstück gibt es auf der kleinen Terrasse oder auf dem Zimmer. Kostenloser Parkplatz (50 m entfernt).

Für den kleinen Geldbeutel – **Camping Les Mimosas** 6: Rte. d'Alata (ca. 3 km von der Innenstadt), Tel. 04 95 20 99 85, www.camping-lesmimosas.com, April–Okt., 18 € für 2 Pers. mit Auto und Zelt. Stadtnah, mit 70 größtenteils schattigen Plätzen unter Eukalyptusbäumen, ist dieser Platz angenehm ruhig mit einfachen sanitären Anlagen und Duschen mit heißem Wasser. Es sind auch wochenweise Bungalows und Caravans für je 4 Pers. zu mieten.

Essen & Trinken

In den Gassen der Altstadt locken abends allenthalben die kleinen Tische der Restaurants – eine Warnung nur vor den ›Touristenfallen‹ um den Hafen, wo günstige Preise gleichbedeutend sind mit liebloser Küche. Einige der besten Lokale liegen in der weiteren Umgebung, im Gravona-Tal und am südlichen Golf. Einheimische essen ihre Muscheln und Pizzen in der Amirauté direkt am Quai des Jachthafens.

Üppig & gut – **Restaurant l'Amirauté** 1: Port de Plaisance Charles Ornano, Tel. 04 95 22 48 22, www.restaurant-amiraute-ajaccio.com, So mittag geschl., außerhalb der Saison auch So abend und Mo, Pizza 11–17 €, Muscheln 13 €. Hier trifft sich mittags halb Ajaccio. Pizza, große Auswahl an Salaten, Muscheln – alles sehr reichlich und gut.

Auf Napoleons Spuren – **Le Grand Café Napoléon** 2: 10, cours Napoléon, Tel. 04 95 21 42 54, www.grandcafenapoleon.com, 2. Jan.–23. Dez., Sa abend und So geschl., Küche 12–14, 19.30–22 Uhr, (interessantes) Mittagsmenü 16 €, abends Menü 28 €, 35 €, 45 €. Hier wird die Ära Napoleons lebendig. In einem der ältesten Lokale der Stadt lädt der Chef Emmanuel Primot in einem großen Raum zu feiner mediterraner Küche ein. Das beste Preis-Leistungs-Verhältnis in Ajaccio. Gute Adresse für ein gepflegtes Glas Wein am Abend.

Wie bei Mama – **Da Mamma** 3: Passage Guinghetta, Gässchen zw. Rue Fesch und Cours Napoléon, Tel. 04 95 21 39 44, Febr.–Dez., tgl. 12–14, 19.30–22 Uhr, im Sommer So, Mo mittags geschl., sonst So geschl., Menü 12–26 €, korsisches Menü 23 €. Die Tische unter einem schattigen Feigenbaum in der Passage oder im Gewölbekeller sind seit Jahren bei Einheimischen wie Reisenden beliebt. Fischgerichte und korsische Spezialitäten.

Klein und fein – **Le Serra's** 4: 6, rue de l'Assomption, Tel. 04 95 51 00 81, Mo–Sa, Tagesgerichte ab 12 €. In einer schmalen Seitengasse speist man auf der kleinen Terrasse oder in klimatisierten, stilvoll eingerichteten Räumen. Die mediterrane Küche, besonders die Gerichte der Tageskarte, sind zu empfehlen.

Für den kleinen Hunger – **London Café** 5: 8, cours Grandval, Tel. 04 95 24 76 98, www.londoncafeajaccio.fr, Salate etc. 11–13 €. Angesagtes Brunch-Café. Und völlig unüblich für Ajaccio: keine kaiserlichen Preise! Einfache Speisen, Tee, heiße Schokolade. Korrekte Preise, britisches Flair. Salate, Crêpes, Torten und Süßes.

Einkaufen

In der Fußgängerzone Rue Cardinal Fesch befinden sich einige kleine Boutiquen und Geschäfte für Accessoires.

Beeindruckende Vielfalt – **Märkte:** Place Foch, Di–So 8–13 Uhr. Der schönste Markt der Insel mit Obst, Gemüse, Gebäck, Käse, Schinken und Wurst. Fisch gibt es in der Halle an der Ostseite des Rathauses. Im Sommer sind Blumenstände auf der Pl. Foch und am Wochenende wird auch Kleidung angeboten. So 8–12 Uhr findet der Flohmarkt an der Waterfront am Bd. Pascal Rossini (hinter der Plage St-François) statt.

Korsische Spezialitäten – **Casa Napoléon** 1: 3, rue Cardinal Fesch (Filiale auch in Porticcio), Tel. 04 95 21 47 88, www.corsicagastronomia.com. Hier gibt es Käse, Wurst, Schinken, Weine, diverse Spirituosen, Gebäck und Olivenöle von den besten Erzeugern der Insel sowie aus eigener Herstellung Konfitüren, Nougat, Wild- und andere Fleischpasteten.

Beim Bücherwurm – **La Marge** 2: 4, rue Emmanuel Arène. Die Buchhandlung bietet eine große Auswahl an Literatur über Korsika.

Korsische Chansons – **Rapsodie** 3: 4, rue Cardinal Fesch. Alles, was an korsischer Musik auf dem Markt ist, und eine große Auswahl an Reiseführern über Korsika.

Schmuckstücke – **La Maison du Corail** 4: 1, rue Cardinal Fesch. Ausgesuchter Korallenschmuck, z. T. aus den tiefroten Korallen, die um Korsika gefunden werden.

Für Naschkatzen – **Boulangerie Galéani** 5: 3, rue Cardinal Fesch. In der Boulangerie gibt es hausgemachte korsische Kuchen und hervorragende *canistrelli* mit Zitronen-, Anis- oder Weißweingeschmack.

Korsische Fundstücke – **Les Pierres de Corse** 6: 36, rue Cardinal Fesch, www.lespierresdecorse.com. Geschmack voll und erschwinglich in Gold und Silber gefasste korsische Steine und Korallen.

Aktiv

Bootsausflüge – **Nave Va** 1: Kiosk am Vieux Port, Tel. 04 95 51 31 31, www.naveva.com. Anbieter von Tagesfahrten nach La Scandola (mit der Calanche de Piana), Bonifacio und Halbtagesfahrt nach Porticcio.

Wanderfreuden – **Chemin des Crêtes** 2: leichter Kammwanderweg (3 Std.) von Ajaccio nach Westen mit tollen Ausblicken auf Stadt, Golf und die Iles Sanguinaires. Den Ausgangspunkt erreicht man mit Buslinie 7 bis zur Haltestelle Bois des Anglais, Rückfahrt mit Buslinie 5 an der Rte. des Sanguinaires.

Für Pferdenarren – **Ajaccio Equitation** 3: Plaine de Campo dell'Oro, Rte. de Bastia, Tel. 04 95 23 03 10, www.ajaccio-equitation.com, Do geschl., im Sommer 8–12, 16–21, im Winter 8–12, 14–19 Uhr. 10 km östl. vom Zentrum in Flughafennähe. Das Hinterland von Ajaccio lässt sich ideal auf dem Rücken der Pferde erkunden, zusätzlich Reitschule und Strandausritte.

Multisportanbieter – **Corsica Outdoor** 4: 40, cours Napoléon, Tel. 06 78 72 34 17, www.corsicaoutdoor.fr. Der universelle Anbieter von Outdooraktivitäten: Kajak, Rafting, Radwandern, geführte Wanderungen.

Unterwasserwelten – **Club de Plongée E. Ragnole** 5: 12, cours Lucien-Bonaparte, Tel. 04 95 21 53 55, www.eragnole.com. Anbieter von geführten Tauchgängen.

Über den Wolken – **Corseus Hélicoptères** 6: Flughafen Campo dell'Oro, Tel. 04 95 22 77 07, www.corseus-helicopteres.fr, ab 5 x 89 €/20 Min.

Hubschrauberrundflüge über die Calanche de Piana, Bonifacio, Golf und Bergland von Ajaccio.

Sightseeingtour – **Ajaccio Vision 7**: www.ajacciovision.fr, Tel. 06 20 17 50 33, Kartenverkauf Pl. Foch, an der Meerseite, Dauer 80 Min. für 10 €. Stadttour 45 Min. 7€. Im offenen Bus durch die Stadt bis zur Westseite des Golfs, Aussichtshalt an der Parata-Landspitze und zurück, alles mit Audio-Text auf Deutsch. Eine stressfreie Art, die Stadt weitläufig kennenzulernen! Auch Bootstouren.

Fischen im Golf – **Marie-Madeleine 8**: Abfahrt 7.30 Uhr vom Bootsableger Pl. Foch, um 8 Uhr ab Porticcio, Angelpartie bis 12/12.30 Uhr, auf der Marie-Madelaine (7 Plätze), 60 € pro Pers., Tel. 06 33 81 82 55. Fischer Charles kennt die besten Fanggründe. Ruten und Köder werden gestellt.

Abends & Nachts

Gepflegtes Spiel – **Casino Municipal d'Ajaccio 1**: Bd. Pascal Rossini, Tel. 04 95 50 40 65, tgl. ab 13 Uhr. Bei den einarmigen Banditen, Roulette und Blackjack kann man sein Glück versuchen. Im Sommer (Mo–Sa ab 23 Uhr) legt DJ Jean-Paul bis in die frühen Morgenstunden in der Piano-Bar auf. Mitunter Livemusik.

Autogramme erwünscht – **Le Pavillon Bleu 2**: 26, cours du Général Leclerc, Tel. 04 95 51 12 90, tgl. 6.30–2 Uhr. 1949 gegründet und von Fußballstar Charly Taverni geführt, gibt es regelmäßig Live-Auftritte bekannter korsischer Sänger und Musiker.

Ein Hauch von Paris – **Le Pigale 3**: 6, av. Paris, Tel. 04 95 21 20 46, Mo–Sa 8–23 Uhr. Drinnen lässt man sich von der Musik berieseln, auf der Terrasse kann man bei einem Drink unter schattigen Platanen das Nachtleben an sich vorüberziehen lassen.

Für Insider – **Aghja 4**: 6, chemin de Biancarello, Tel. 04 95 20 41 15, www.aghja.com. Junges Theater mit jungen Künstlern bietet ein buntes Programm aus Sprech-, Tanz- und Marionettentheater, Musik aus aller Welt, Zirkus.

Infos & Termine

Office Municipal de Tourisme: 3, bd. du Roi Jérôme, gegenüber dem Markt am Rathaus, Tel. 04 95 51 53 03, www.ajaccio-tourisme.com. Juli/Aug. Mo–Sa 8–20, So 9–13,16–19, April–Juni, Sept.–Okt. Mo–Sa 8–19, So 9–13, Nov.–März Mo–Fr 8–12.30, 14–17, Sa 8.30–12.30, 14–17 Uhr. Gute Auskünfte über Ajaccio und Umgebung. Gratis-»Guide Pratique Pays d´Ajaccio« und kostenloser Internetzugang.

Informationsbüro des Parc Naturel Régional de la Corse: 2, rue Major Lambroschini, Tel. 04 95 51 79 10, www.parc-naturel-corse.com, Mo–Fr 8.30–12, 14–17 Uhr. Fachkundige Beratung über Fuß- und Radwanderwege, Umweltschutz im Naturpark. Verkauf von Wanderkarten für alle Regionen.

Anreise und Weiterkommen

Flughafen: www.ajaccio-sudcorse.cci.fr, 6 km außerhalb von Ajaccio Richtung Porticcio. Vom Busbahnhof *(gare routière)* am Fährhafen gehen Busse (Linie 8, detaillierte Angabe der Abfahrtzeiten s. S. 154, ca. 20 Min., 4,50 € pro Fahrt) zum Flughafen.

Stadtbus: Fahrkarten und Routenpläne gibt es in der Boutique TCA (Transports Collectifs Ajacciens), 75, cours Napoléon, oder im Monte Cristo, 10, cours Napoléon.

Bahn: vom Bahnhof, Pl. de la Gare, verkehren regelmäßig, morgens und nachmittags, Züge Richtung Ponte Leccia, Bastia, Calvi.

Touristenbahn: 2, quai Napoléon, Tel. 04 95 51 13 69, www.petit-train-ajaccio.

com, April–Okt., Abfahrt Place Foch. 2 Touren (auch auf Deutsch): City Tour mit Altstadt und Stopp an der Grotte Napoléon, Erw. 7 €, Kinder (3–10 J.) 3 €, Dauer ca. 45 Min. Tour Iles Sanguinaires mit Stopp beim Turm de la Parata, Erw 10 €, Kinder (3–10 J.) 4 €, Dauer ca. 90 Min. Alternativ fährt ab der Pl. Foch auch ein Panoramabus.
Bus: Vom Busbahnhof *(gare routière)* am Fährhafen gehen Busse zum Flughafen, nach Corte und Bastia, in die kleinen Orte der Region und an den Golfe de Valinco.
Parken: Parkmöglichkeiten gibt es unter der Pl. du Général-de-Gaulle (Pl. du Diamant), am Quai L'Herminier oder am Bd. Sampiero.

Termine

Shopping de Nuit: Jeden Freitagabend sind im Juli und Aug. alle Geschäfte der Innenstadt bis 24 Uhr geöffnet. Zusätzlich gibt es musikalische und schauspielerische Unterhaltung.
La Relève de la Garde Impériale: Jeden Do ab 19 Uhr kann man im Juli und Aug. an der Pl. Foch die Wachablösung der kaiserlichen Garde genießen. Ein Spektakel!
Polyphonies d'Eté: Jeden Mi im Sommer kann man ab 19 Uhr den typisch korsischen Gesängen in der Kirche St-Erasme, Bd. Lantivy nahe der Zitadelle, lauschen.
Marienfest: 18. März, Fest mit Prozessionen und großem Pomp zu Ehren der Notre-Dame-de-la-Miséricorde – liebevoll »La Madonnuccia« genannt.
Fest des hl. Erasmus: 2. Juni, Messe und malerische Hafenprozession zu Ehren des Heiligen der Fischer.
Nationalfeiertag: 14. Juli, Feuerwerk und Volksball an der Pl. Foch.
Napoleons Geburtstag: 13.–15. Aug., Stadtfest mit Großfeuerwerk.

Im Hinterland von Ajaccio ▸ B/C 8

Gravona-Tal ▸ C 8–E 7

Durch das Tal der Gravona führt die N 193, die schnellste Verbindung zum östlichen Teil der Insel. An der nördlichen Talwand haben Brände im Juli 2003 über 4000 ha Wald und das Umland der Dörfer zerstört. In einem von ihnen, **Afa** (▸ C 8, ca. 15 km außerhalb an der D 161), lebt und arbeitet der Bildhauer Noël Bonardi (www.noelbonardi.com), Schöpfer einer Vielzahl von Statuen aus korsischem Gestein, so auch des monumentalen »Christ Roi« am Col de Verghiu.

A Cupulatta ▸ D 7

www.acupulatta.com, Tel. 04 95 52 82 34, 1. April–15. Mai tgl. 10–17.30, 16. Mai–15. Sept. tgl. 9–19, April, 16. Sept.–31. Okt. tgl. 10–17.30 Uhr, Besichtigung ca. 1 Std., Erw. 11 €, Kinder (4–10 J.) 8 €.
20 km von Ajaccio an der N 193 in Vignola bei Vero liegt die **Schildkrötenstation**. In der Aufzucht- und Schutzstation sind mehr als 3000 Schildkröten (170 Arten) von allen Kontinenten zu sehen, darunter auch die korsische Hermann-Schildkröte. Im Winter schlafen die Tiere, in der heißen Jahreszeit besucht man sie am besten morgens, bevor sie sich verkriechen.

Wandern im Tal ▸ D 7

Von **Tavaco** (rechts des Flusses) und **Ucciani** (linksseitig) führen Wanderwege in die Berge und von Dorf zu Dorf. Die Eisenbahn macht es möglich, bei Wanderungen auf der linken Flussseite nur eine Strecke zu laufen und zurück den Zug zu nehmen.

Lieblingsort

Brautschleierwasserfall ▶ D 7

Der höchste Wasserfall Korsikas, die **Cascade du Voile de la Mariée**, prallt aus 150 m auf einen Felsen. Dabei bildet er eine lebendige Formation, die wie der Schleier oder das Haar einer Braut aussieht. Am intensivsten ist der Eindruck, wenn nach der Schneeschmelze die Wassermassen angestiegen sind (Anfahrt: am südlichen Ortsausgang von Bocognano dem Schild auf die D 27 folgen, nach ca. 3,5 km führt ein Weg an eine Brücke, Wasserfall ist ausgeschildert, in 10 Min. auf ein kleines natürliches Steinplateau nahe dem Wasserfall; der Wasserfall ist von der Brücke aus bereits zu sehen).

Bocognano ▶ D 7
Das Dorf am Tor zum Hochgebirge (34 km von Ajaccio) liegt auf 624 m. Von dort lassen sich zwei Naturschauspiele erwandern: die **Cascade du Voile de la Mariée** (s. links) und die **Clue de la Richiusa.** Beide sind ausgeschildert. Für Letztere überquert man die Gravona in der Nähe des Parkplatzes und erreicht schnell die Cardiccia, die von der Punta Migliarello herab zwischen zwei 60 m hohen Felswänden in ein glitzernd grünes Becken stürzt.

Stolz sind die Einwohner von Bocognano auch auf ihren gut erhaltenen historischen Bahnhof.

Übernachten, Essen

Für den großen Appetit – **Auberge U Licettu:** an der D 1 Richtung Plaine de Cuttoli und Bastelicaccia, 15 km nordöstl. von Ajaccio über die N 193, Tel. 04 95 25 61 57, www.u-licettu.com, Febr.–Dez., Restaurant Mo geschl., DZ ab 75/ 85 €, Menü 40 €, nur auf Reservierung. Sieben Gänge, kreativ und liebevoll zubereitet, in einem abgeschiedenen rustikalen Landhaus.
Herzlich willkommen – **Hôtel Beau Séjour:** in Bocognano, Tel. 04 95 27 40 26, www.hotelbocognano.com, Mai–Anfang Okt., DZ 66 €, Menü ab 16 €. Das einfache, ruhige Hotel ist ein guter Ausgangspunkt für Wanderungen. Die Zimmer sind rustikal eingerichtet. Im Restaurant regionale Küche.

Übernachten

Oase der Ruhe – **Camping Les Eaux Vives:** abseits der N 193 bei Suaricchio, Tel. 04 95 52 81 09, April–Sept. 17 € für 2 Pers. mit Zelt und Auto. Bewaldeter Platz für 33 Zelte und Wohnmobile am Ufer der Gravona, die auch im Sommer genug Wasser für Erfrischungsbäder führt. Mit Imbisslokal. Mobilhomes und Bungalows können gemietet werden.

Essen & Trinken

Typisch korsisch – **L'Auberge d'Afa:** im Dorf Afa, Tel. 04 95 22 92 27, Di–So 12–14, 19–22 Uhr, Menü 20/27 €, Reservierung erwünscht. Traditionelle korsische Küche, derart dekorativ serviert, dass das Auge mit Wonne ›mitisst‹. Dazu klassische Inselweine, bei deren Auswahl Rosalba und Alain Malaclet gerne behilflich sind.
Bodenständig – **Ferme-Auberge A Tanedda:** Bocognano, am Kriegerdenkmal, Tel. 04 95 27 42 44, talseits der N 193, Mai–Okt., Menü ab 21 €, Reservierung empfohlen. Ländliche Küche aus regionalen Produkten in modernem Haus. Von der Terrasse verzaubert der umwerfende Blick in die Berge.

Aktiv

Reitausflüge – **Ferme Equestre Gravona Equitation:** Tavaco (▶ D 7), Abzweig in den Ort von der N 193, dann ausgeschildert, Tel. 06 70 87 40 15, www.centre-equestre.com. Ein- und mehrtägige Ausritte.
Kletterpartien – **Rêves de Cimes:** Domaine de Suartello (▶ D 7), von der N 193 links auf D 4 nach Vero abbiegen, Tel. 04 95 21 89 01, Ostern–Mitte Okt., Mitte Juni–Mitte Sept. tgl. 10–19 Uhr, sonst nur am Wochenende. Wie Tarzan schwingt man sich im Abenteuerpark zwischen den Baumwipfeln von Ast zu Ast. Kletterpartien oder Canyoning sind aufregende Alternativen (www.corse-rand-eau.ht.st/).

Infos & Termine

Office de Tourisme Intercommunal de la Haute Gravona: Bocognano, Pl. de

la Mairie, Tel. 04 95 27 41 86, www.gravona.com. Gute Infos zu Wanderwegen und zur Region.
Inselbahn: www.ter-sncf.com; morgens und abends verkehren je 2 Züge Richtung Ajaccio und Corte, mit Halt in Mezzana, Carbuccia, Ucciani, Tavera und Bocognano. Die Ausgangspunkte der Wanderwege im Gravona-Tal kann man z. T. mit dem Zug erreichen.
Fiera di a Castagna: Mitte Dez. in Bocognano. Das Kastanienfest dauert 3 Tage und ist der größte korsische Markt für landwirtschaftliche Produkte und Kunsthandwerk überhaupt, mit jährlich mehr als 30 000 Besuchern.

Bastelica und Prunelli-Tal ▶ C 8–E 7

Ein schönes Nahziel ist das große Bauerndorf Bastelica (764 m) am Tor zum Hochgebirge. Eine Rundfahrt beginnt an der N 196, wo man Richtung Bastilicaccia abbiegt und die D 3 Richtung Ocana nimmt. Man passiert die spektakulären **Gorges du Prunelli** (Schluchten) und den Stausee **Lac de Tolla** (beide ▶ D 8). Letzterer versorgt Ajaccio mit Wasser.

Bastelica ▶ D 8

Auf dem Dorfplatz zeigen Tafeln an der großen Statue von Sampiero Corso Episoden aus dem Leben des Freiheitskämpfers, der 1498 hier geboren wurde. Er verließ Korsika, um in Frankreich als Soldat zu dienen. Dort rettete er Dauphin Heinrich II. das Leben, der ihn nach seiner Krönung zum Generaloberst ernannte. 1553 kämpfte Sampiero an der Seite der französischen Truppen für die Befreiung Korsikas, bis die Insel 1559 erneut den Genuesen zufiel. Als er 1567 nach Korsika zurückkehrte, um zum Aufstand gegen Genua aufzurufen, wurde er aus einem Hinterhalt ermordet. Sein Geburtshaus liegt im oberen Ortsteil Dominicacci. Der große Ort wird durch einen rollenden Krämerladen versorgt – im Ort gibt es weder Bäcker noch Metzger, also entsprechend Vorsorge treffen.

Von Bastelica führen viele **Wanderwege** hinauf in die Berge, zu Wasserfällen, Graten und Gipfeln. Besonders schön ist der Aufstieg am Prunelli-Fluss entlang zum von Zweitausendern umstandenen **Lac de Vitelaca** (▶ E 7).

Die Rückfahrt über die D 27 an die Küste ist schneller und trifft in Cauro (▶ D 8) wieder auf die N 196.

Übernachten

Einfach und preiswert – **Le Sampiero:** Bastelica, gegenüber der Kirche, Tel. 04 95 28 71 99, Jan.–15. Okt. DZ 63/68 €. Ein ländliches 2-Sterne-Hotel mit nettem Service. Die 26 ruhigen Zimmer sind einfach ausgestattet und haben teilweise einen Balkon zu den Bergen.
Natur pur – **Camping Minocchi:** 4 km von Bastelica an der D 27 Richtung Bocognano, Tel. 04 95 28 70 27, Mitte Mai–Mitte Sept., 14 € für 2 Pers. mit Zelt und Auto. Zelten auf dem Bauernhof unter Kastanien am Flüsschen. Die sanitären Einrichtungen sind einfach und ordentlich.

Essen & Trinken

Essen mit Aussicht – **Chez Paul:** Tel. 04 95 28 71 59. Prima korsische Küche am obersten Dorfrand. Auch Studios.
Omas Rezepturen – **Auberge du Prunelli:** in Pisciatello, N 196, 12 km südl. von Ajaccio, an der Brücke über

den Prunelli, Tel. 04 95 20 02 75, Di geschl., Menü 19,50 €. Das Gemüse der Auberge kommt aus dem eigenen Garten.

Einkaufen

Alles Käse – **François Vincenti:** hinter Bastelicaccia an der Straße D 3 Richtung Ocana, Jan.–Sept. 9–12 Uhr. Direktverkauf von echtem A.O.C.-Brocciu.

Betörende Düfte – **GAEC Corsicapam, Maison des Senteurs de la Corse:** 5 km von Bastelicaccia in Richtung des Dorfes Ocana, www.corsicapam.com, Tel. 04 95 23 81 88, Jan.–Nov. Mo–Fr 8–12, 14–18 Uhr. Besichtigung der Herstellung ätherischer Öle und Direktverkauf. Myrte, Rosmarin, Eukalyptus, Lavendel, über ein Dutzend Pflanzen werden destilliert. Die Öle werden bei der Aromatherapie eingesetzt oder in der Kosmetik.

Aktiv

Wanderfreuden – Wer von Bastelica weiterfährt bis zur Skistation Val d'Ese (▶ E 7), die im Sommer außer von Schafen, Ziegen, Schweinen verlassen ist, kann in ca. 4 Std. hin und zurück zur Punta Scaldasole (2101 m), zu den Bergeries de Pozzi oder, in 7 Std. hin und zurück, auf den Monte Renoso wandern. Vorher Wetterbericht einholen, Karte mitnehmen.

Entdeckungsfahrt – **Sarl Col de Cricheto:** Tel. 04 95 28 41 36, www.colcricheto.com, Zugfahrt 13 €, Entdeckungsweg 6,50 €, Kinder (2–10 J.) zahlen die Hälfte. Eine Tour mit dem kleinen Zug mit herrlichen Panoramablicken und durch Kastanienwälder (▶ D 8). Alternativ kann man auf Schusters Rappen den informativen Pfad ergründen.

Der südliche Golf von Ajaccio ▶ C 8/9

Die fantastischen Strände des südlichen Golfs locken die Urlauber in großer Zahl an. Die Skala reicht von Rentnern, die den Sommer im Wohnwagen verleben, bis zu Luxustouristen, die sich im Thalassa-Hotel in Form bringen lassen. Sie teilen sich die Gegend mit wohlhabenden Sommerhausbesitzern.

Den längsten, breitesten Strand hat **Porticcio** (▶ C 8), ein großer Badeort ohne gewachsenen Kern mit guter Infrastruktur und sogar einem Abenteuerbad für jene, denen Meer und Flüsse der Insel nicht reichen.

Südlich folgt die weite Bucht vor der Halbinsel Isolella mit der langen **Plage d'Agosta**, in der nächsten Bucht dann die zwischen Felsen gelagerte sehr feinsandige **Plage de Ruppione** (Zugang vom Südende).

Auch der Strand **Mare e Sole** bei Port de Chiavari und die **Plage de Portigliolo** (alle ▶ C 9) liegen in hübschen Buchten mit Blick auf die Iles Sanguinaires und sind weniger überlaufen als die Strände weiter nördlich.

Von der D 155 führt bei Acqua Doria (6 km südl. von Portigliolo) eine Straße zur südlichen Spitze des Golfs, **Capo di Muru** (▶ B 9). Der Spaziergang zum Genueserturm auf der Landspitze ist zur Blütezeit (ab Febr.) umwerfend schön.

Rundfahrt über die Route des Cols ▶ C/D 8

Als Rundfahrt von Ajaccio ca. 85 km; auch für Radfahrer wunderschön

Lohnend ist auch ein Ausflug hinauf nach **Coti-Chiavari** (▶ C 9, ▷ S. 189

Auf Entdeckungstour: Offene Werkstätten – auf der ›Straße der wahren Genüsse‹

Routes des Sens Authentiques – unter diesem Titel haben die Landwirtschaftskammern Süd- und Nordkorsikas eine ausgezeichnete Idee realisiert: landwirtschaftliche und kunsthandwerkliche Kleinerzeuger treffen direkt auf entdeckungslustige Reisende. Die Produzenten öffnen interessierten Touristen bereitwillig ihre Maronenwerkstätten, Ziegenställe, Ölpressen und Schmieden.

Reisekarte: ▶ D 8

Infos: Zehn Faltpläne mit Adressen und Telefonnummern der Anbieter, Wegbeschreibung und Querverweisen zu touristischen Highlights gibt's unter www.gustidicorsica.com, per Post kostenlos über: ODARC, Av. Paul Giacobbi, BP 618, F-20601 Bastia Cedex, oder vor Ort bei den Fremdenverkehrsvereinen. Zurzeit gibt es Faltpläne zu folgenden Landesteilen: Balagne/Nebbiu, Capicorsu, Custera/Dui Sevi, Dui Sorru, Cinarca/Costa Serena/Taravu/Valincu, Rocca, Sartinesi/Alta Rocca Sud/Castagniccia/I Tre Vaddi/ Centru di Corsica.

Von allem nur das Beste

Entlang der Route des Sens Authentiques stößt man auf traditionelle Landwirtschaftsprodukte wie Olivenöl, nach verschiedenen Rezepten erzeugten Schafs- und Ziegenkäse, Wurstwaren und Schinken, Honig und Nougat,

Wein, Liköre, Schnäpse, Kastanienmehl und Konfitüren, Haselnussmehl, Plätzchen und destillierte Macchiaessenzen. Darüber hinaus gibt es in manchen Regionen Handwerker wie Glasbläser, Töpfer, Flechterinnen, Lederschneider, Tischler, Pfeifendrechsler, Messerschmiede, Wollverarbeiter und Instrumentenbauer, aber auch Künstler, u. a. Maler, Steinmetze, Holzskulpteure, Korallenschnitzer, Treibholzbastler etc.

Die Faltpläne zur Route des Sens Authentiques verweisen außerdem auf Restaurants mit traditioneller Küche, Unterkünfte in Privatherbergen oder auf Campingplätzen, Aktivitäten wie Wildwassersport, Flussfischerei, Touren zu Pferd oder mit dem Packesel oder geführte Spaziergänge im Hinterland.

Um wenigstens einen Teil des vielfältigen Angebots ausprobieren zu können, braucht man Zeit, manchmal Pfadfindertalent und in jedem Fall Detailkarten (mind. IGN 73/74) und muss sich unbedingt am Vortag anmelden.

Unterwegs zum Messerschmied

So auch bei den **Biancuccis** in **Cuttoli-Corticchiato** (ab Ajaccio 30 Min., zuerst N 193 Richtung Corte, nach ca. 10 km nach rechts auf D 1; im Dorf parken und den Schildern folgend 200 m nach unten laufen). Vater Jean und Sohn Paul sind inselweit bekannt als Hersteller traditioneller korsischer Taschenmesser, deren Kennzeichen die Form ist, die der Krümmung des Tierhorns entspricht. Im Untergeschoss ihres uralten Wohnhauses (Tel. 04 95 25 64 72, www.itrevaddi.fr) herrscht produktives Chaos: Der große Raum beherbergt nicht nur wandhohe Regale mit abgelagertem Holz und Bergen von Ziegenhörnern, die in Olivenöl erhitzt und manuell gepresst werden und ebenfalls als Griffe genutzt werden, sondern auch Gründerzeitmaschinen wie eine Handpresse und im Nebenraum eine gewaltige Hammerschlagmaschine. Die langen Arbeitstische sind übersät mit Griffrohlingen, die noch gekerbt werden müssen, um die handgeschliffenen Klingen aufzunehmen. Um eine Klinge von Hand aus einem Stahlband zu schleifen, braucht Jean gut zwei Stunden. Ein 15-minütiger Videofilm zeigt den Herstellungsprozess.

Arbeiten bei 1200 °C

Noch aufwendiger ist das Schmieden von Damaszenerstahl; Paul schneidet den Importstahl aus Frankreich, der in dünnen Bändern geliefert wird, in 10-cm-Stückchen und packt die Stahlbänder abwechselnd mit Nickelmetallstreifen in neun Schichten aufeinander. Dann wird richtig eingeheizt und der Block bei 1200 °C rotglühend gehämmert, gedehnt und gefaltet; jetzt besteht er aus 18 Schichten Mischmetall. Dieser Vorgang wird so lange wiederholt, bis das Stückchen Metall aus 500 bis 2000 (!) hauchdünnen Streifen besteht. Zuletzt wird er bei 800 °C in Olivenöl getaucht und dadurch gehärtet.

Die breite und extrem schmale Klinge ist an der Schneide stark gerundet und verschwindet beim Einklappen fast im Griff mit seiner Sichelform. Aufgeklappt hat das Messer die Form von einem lang gezogenen »S«. Der Rücken der Klinge ist mit Einkerbungen versehen, die scharf geschliffen werden können und beim Schnitzen von Holzobjekten zum Fräsen dienen.

Die Biancuccis stellen im Jahr bis zu 600 einfache Hirtenmesser her; mit Bestellungen für Sonderanfertigungen sind sie auf drei Jahre ausgebucht. Jedes Messer ist ein Einzelstück; der Basispreis liegt bei 70 €, die meisten kosten um die 130 €. Ein nützliches Souvenir mit Charakter! – Das nächste Ziel liegt im Taravo; also zurück nach Ajaccio.

Maronen im oberen Taravo-Tal

Von Ajaccio geht es über die N 196 nach Süden bis Grosseto, dann auf die D 83 Richtung Campo und Frassetto. Im Dörfchen Zévaco führt nach dem Kriegerdenkmal ein Sträßlein links zur 30 m höher gelegenen Maronenwerkstatt, dort wartet bereits Véronique Leoni, eine von drei Zuckerbäckerinnen Korsikas. Seit 1994 ist sie Chefin der **Casa di a castagna** (Tel. 04 95 24 47 63, www.casadiacastagna.fr), ihre Spezialität sind kandierte Maronen.

Ein Gruß aus der Heimat

Startschuss zur Hochsaison ist Ende Oktober, wenn die Früchte ihrer 4-Hektar-Pflanzung reif zu Boden fallen. In den beiden betagten ofengroßen Maschinen werden die Maronen vorbereitet. Die erste knackt die harten Außenschalen und entfernt diese, die zweite bürstet die dünne Körperhaut in warmem Wasser ab. Doch damit nicht genug: Zuletzt säubern Frau Leoni und eine Gehilfin jede einzelne Kastanie manuell mit dem Küchenmesser. Nur bei peinlich sauberer Vorbereitung ist gewährleistet, dass keine säurehaltigen Hautreste dem Endprodukt einen bitteren Geschmack geben. Die größten Früchte werden kandiert, d. h. eine Woche lang bei kleiner Flamme in Zuckersirup gekocht. Danach wird jede Marone einzeln verpackt und als weihnachtliches Naschwerk verkauft, teilweise an Korsen fern der Heimat.

Aus den kleinen Maronen macht Frau Leonie Kastanienmus. Die Zuckerbäckerin verweist auf die Farbe, ein ins Rötliche gehendes warmes Braun, der anzusehen ist, wie fein die verarbeiteten Früchte geschält worden sind (je dunkler das Mus, umso schlechter sind die Früchte geschält). Sie arbeitet ohne jegliches Geliermittel. Zwar müsse sie die Maronen dann nicht fünf Minuten, sondern zwei Stunden kochen, aber dafür esse man nur die Frucht, in Zucker gekocht und ohne Zusätze.

Arbeiten fernab jeder Hektik

Insgesamt verarbeitet die energische Mitvierzigerin in ihrem Betrieb weit über 1 t Maronen pro Jahr. Neben ihrem Verkaufsschlager kandierte *marrons* gibt es diese auch noch in Schnaps eingelegt, außerdem Konfitüren von Feigen, Clementinen und Zitronatzitronen. Die unbehandelten Früchte kommen aus der Ostebene. Ihre Produktion setzt Frau Leoni problemlos ab: durch Direktverkauf, Versand und auf dem Weihnachtsmarkt von Bucugnà. Mehr will sie nicht herstellen, vielmehr möchte sie ihr gemütliches Arbeitstempo beibehalten.

486 m über der D 55a) durch den größten Eukalyptuswald der Insel, auf dem sich die Schönheit des rasch aufsteigenden Hinterlandes erschließt.

Zu einem Tagesausflug ausgedehnt, beginnt man die Fahrt am besten andersherum: Bei Pisciatello (▶ C 8) von der N 196 auf die D 302 über die **Route des Cols** – den Col de Bellevalle (552 m), hinter Bisinao am Col d'Aja (600 m) auf die D 55 und über weitere Pässe hinunter nach Coti-Chiavari (bei Gradello auf der D 55 bleiben; ▶ C 9). An der Küste geht es zurück.

Übernachten, Essen

Schlicht und schön – **Hôtel-Restaurant Le Belvédère:** 800 m nördl. von Coti-Chiavari an der D 55, Tel. 04 95 27 10 32, www.lebelvederedecoti.com, März–Anfang Nov., DZ mit HP ab 55 €/Pers., Frühstück 6 €, Menü 28 €. Restaurant nur abends geöffnet, So auch mittags. Wer die Einsamkeit sucht, ist an diesem Ort genau richtig. Das moderne Haus mit überwältigendem Panoramablick verfügt über 13 kleine einfache Zimmer (jedes nach einer anderen Blume benannt) mit Dusche und Balkon.

Für Sparsame – **Gîtes rureaux/Gîte d'étape de Bisinao La Fontaine – »Chez Dominique«**, Bisinao, am Mare e Monti Sud, D 302 (Abzweig von der N 196 in Pisciatello oder südl. des Col Saint-Georges), Tel. 04 95 24 21 66, www.giteafuntana.com, 16/19 €/Pers., Frühstück 7 €., Menü 20 €. Anmeldung im Haus über der Dorfquelle. Auch kleiner Campingplatz und empfehlenswerte Apartments.

Übernachten

Spa-orientiert – **Sofitel Thalassa:** Domaine de la Pointe, Tel. 04 95 29 40 40, www.sofitel-thalassa-porticcio.com, DZ ab 185/460 €. Das Luxushotel auf einer Landspitze mit Privatstrand und Meerwasser-Pool lässt keine Wünsche offen. Mit umfassendem Wellness- und Kurangebot für die Gäste, die hier (k)urlauben.

Gute Aussicht – **Hôtel Céline:** Portigliolo, links vor dem Dorf (ausgeschildert), Tel. 04 95 25 41 05, http://hotelrestaurantceline.com, Mai–Sept., DZ ab 130/150 € inkl. Frühstück. Ordentliches Hotel mit 20 Zimmern nur 300 m vom Strand entfernt in ruhiger Lage am Hang. Die Zimmer zum Meer mit Balkon ermöglichen den Blick auf den Golf von Ajaccio.

Familienfreundlich – **Camping Le Sud:** Ruppione-Plage, 8 km südl. von Porticcio, Tel. 04 95 25 40 51, www.camping-le-sud.com, April–Sept. 19 € für 2 Pers. mit Zelt und Auto, auch Bungalows für max. 4 Pers. (340/620 €). HP 25 €. Schattiger, terrassierter Platz für 200 Zelte und Wohnwagen. Der Campingplatz, nur 200 m vom Strand entfernt, verfügt über einen Supermarkt sowie eine Pizzeria mit Blick übers Meer. Bushaltestelle (Richtung Ajaccio) vor dem Platz.

Einfach und preiswert – **Camping La Vallée:** Verghia, nahe der Gabelung der D 55/D 155, Tel. 04 95 25 44 66, www.camping-la-vallee.com, Mai–Sept., 17/19 € für 2 Pers. mit Zelt und Auto. 50 m vom kleinen Hausstrand entfernt liegt der schlichte und schattige Campingplatz.

Infos

Office de Tourisme: am Bootsanleger, Porticcio, Tel. 04 95 25 10 09, www.porticcio-corsica.com, Mai–Okt. 8.30–12.30, 14–19, Nov.–April 9–12, 14–18 Uhr.

Verkehr: nach Ajaccio in der Saison 5 x tgl. Boote und 2–5 x tgl. Busse.

Das Beste auf einen Blick

Das Zentrum

Highlight!

Die Altstadt von Corte: Ein Besuch der Altstadt von Corte ist wie ein Gang durch die Geschichte Korsikas. Die Vielfalt der historischen Sehenswürdigkeiten ist einmalig. In kleinen Kunsthandwerksgeschäften darf man Künstlern über die Schulter schauen. S. 200

Auf Entdeckungstour

Wolle und Schildpatt: Man sollte nicht an Ponte Leccia vorbeifahren, ohne Lana Corsa, dem einzigen Schafswolleverarbeiter auf Korsika, einen Besuch abzustatten. Hier treffen sich Qualität und Geschmack. Nur zehn Minuten weiter in Richtung Asco fährt, wer die einzige Landschildkrötenart der Insel kennenlernen möchte. Es lohnt sich! S. 194

Kultur & Sehenswertes

Musée de la Corse: Das Museum in Corte präsentiert die Geschichte der Insel bis in die Gegenwart – mit akustischem Abstecher In die korsische Musik. S. 201

Aktiv unterwegs

Wanderung zum Lac de Nino: Diese schöne Tour ins Herz der korsischen Hochgebirgslandschaft ist nur etwas für Trittsichere. S. 198

Wanderung zu den Cascades des Anglais: Der schönste Wanderweg im Parc Naturel Régional de la Corse durch schattige Buchenwälder am Col de Vizzavona führt nach einer halben Stunde zu eindrucksvollen Wasserfällen mit ausgespülten Badebecken. S. 210

Abenteuerpark: Am Col de Vizzavona wie Tarzan zwischen den Bäumen schwingen. Steile Felswände zu erklimmen, kann eine positive Grenzerfahrung sein. S. 211

Genießen & Atmosphäre

Bahnfahrt mit dem U Trinighellu: Die Fahrt mit der Schmalspurbahn führt von Ponte Leccia aus über Viadukte durch unzugängliche Gegenden. Fantastische Ausblicke! S. 192

Relais des Lacs – Chez César: Unter freiem Himmel an rustikalen Tischen köstliche fangfrische Forellen genießen. Der Wirt erteilt nützliche Ratschläge über das Restonica-Tal. S. 207

Abends & Nachts

Sternenhimmel am Monte Cinto genießen: Ist schon der Anblick des Sternenhimmels am Meer überwältigend, so ist er am Monte Cinto gewaltig. Cassiopeia, die Milchstraße und der große Wagen scheinen so nah. S. 197

Im Landesinneren

Der Kontrast zu den mediterranen Küstengebieten Korsikas könnte kaum größer sein. Keine Autostunde von den Stränden entfernt ragen mehr als 70 alpine Gipfel von über 2000 m Höhe in den Himmel – vom Monte Padru (2393 m) im Norden bis zum Monte Incudine (2134 m) im Süden. Es locken Wälder und Flüsse, Schluchten, Hochtäler und Felswände sowie abgeschiedene Dörfer. In der Bergwelt lernt man das wahre Korsika kennen. Hirtentradition, Landschaft und Architektur verleihen der Insel auch heute noch einen Großteil ihrer kulturellen Identität. Bestandteile dieser Tradition sind die Freiheitsliebe, Gastfreundschaft und die authentische korsische Küche.

Das majestätische Asco-Tal ist mit einem Wildbach ein eingetragenes Tierreservat. Corte, die heimliche Hauptstadt der Insel und Zentrum der geistigen Kultur, die einzige Zitadellenstadt im Herzen der Insel, ist mit der malerischen Altstadt und den engen, steilen Gässchen nicht nur touristischer Höhepunkt, sondern als einstige Hauptstadt des unabhängigen Korsika auch historischer Mittelpunkt. Viele verbinden einen Besuch von Corte mit einem Ausflug in das wildromantische Restonica-Tal.

Östlich von Corte liegt die verwunschene Region Bozio mit ihren romanischen Kapellen. In Venachese, dem Hochland der Hirten südlich von Corte, wachsen die berühmten korsischen Schwarzkiefern. Im Gebiet von Ghisoni und Zicavo, Teil des oberen Taravo, führen wundervolle enge Straßen durch bewaldetes Gebiet.

Westlich von Corte geht es durch die Schlucht von Scala di Santa Regina in die Landschaft Niolo, einem Hochplateau, das von den höchsten Gipfeln Korsikas umschlossen ist und dessen Hauptort Calacuccia idealer Ausgangspunkt für Wanderungen ist.

Das Zentrum der Insel ist Teil des 1972 geschaffenen Naturparks, Parc Naturel Régional de la Corse, der sich über fast 40 % der Insel erstreckt. Ziel ist der Natur- und Landschaftsschutz sowie die Unterhaltung der Wanderwege, der Feuerschutz und die wirtschaftliche Förderung der 145 Dörfer, die sich in dem Parkgebiet befinden.

Das Landesinnere ist auch das Zentrum für alle Outdoor-Sportaktivitäten. Wanderern und Bergsteigern bieten sich vielfältige Möglichkeiten für Touren, Badeurlauber genießen die Erfrischung in den vielen Flüssen und Seen, Abenteurer wagen den Sprung ins Wasser beim Canyoning.

Infobox

Infos

Office de Tourisme Centru di Corsica: in der Zitadelle von Corte, Tel. 04 95 46 26 70, www.corte-tourisme.com, Juli–Aug. Mo, Mi, Sa 10–17, Di, Do, Fr 10–19, sonst Mo–Fr 9–12, 14–18 Uhr. Das Touristenbüro von Corte hält Informationen zu Wanderungen und den umfassenden Guide d'Accueil »Centru di Corsica« über das Zentrum der Insel bereit.

Anreise und Weiterkommen

Die Bahn **U Trinighellu** (s. auch S. 56) führt durch das Zentrum der Insel. Corte ist 4 x tgl. mit Ajaccio und Bastia und 2 x tgl. mit Calvi verbunden. Bahnhof Corte, Tel. 04 95 46 00 97, www.cf-corse.fr.

Asco-Tal ▶ D 4/5–E 4

Der Name **Asco** (Ascu) steht für einen Fluss, die tiefe Schlucht, die er gegraben hat, für ein Dorf am Tor zum Hochgebirge und für einen Talkessel auf 1422 m, der von den Bergen des Cinto-Massivs umrandet und dessen höchster Punkt, der Gipfel des Monte Cinto, mit 2706 m zugleich der höchste Punkt Korsikas ist. Die Einfahrt zum Tal (D 147) liegt an der Mündung des Asco in den Tartagine, der nur 2 km weiter seinerseits in den Golo mündet. Zunächst ist das Tal breit, ein trockenes, mit Macchia und Steineichen bewachsenes Gebiet mit weniger als 500 mm Niederschlag im Jahr.

Das Dorf **Moltifao** (▶ E 4) schmiegt sich nördlich an die Berge, die Asco- und Tartagine-Tal trennen. Eine kleine Attraktion vor seinen Toren ist das Schildkrötengehege **Village des Tortues** (s. S. 196). Ein Besuch lohnt sich morgens, ehe sich die Tiere in der Tageshitze verziehen. Nördlich von Moltifao sieht man bereits aus der Ferne die mit Grün überwucherten Ruinen des Klosters **San Francesco di Caccia** (▶ E 4), das im 16. Jh. von den Genuesen zerstört wurde. Hier berieten sich damals die korsischen Nationalisten.

Hinter Moltifao verengt sich das Tal zur wilden Schlucht: Die **Gorges de l'Asco** (▶ D/E 4–5) sind in Granitberge eingeschnitten, die sich bis zu 1000 m über dem Fluss erheben. Am Zufluss des Pinara-Baches weitet sich die Schlucht, und das hübsche Dorf **Asco** (▶ D 5) breitet sich als einzige größere Siedlung des gesamten Tales über einen Berghang aus.

Weiter stromaufwärts – der Fluss heißt nun Stranciacone – wird die Vegetation üppiger. Es locken Plätze zum Picknick, Schilder verweisen auf Wege zur **Bocca di l'Ondella** und über die **Bergerie di Manica** (▶ D 5) ins Cinto-Massiv. Die Straße endet nach steilem Aufstieg auf einem hässlichen Parkplatz vor der alten Skistation, die 1992 durch einen Bergsturz zerstört wurde. Seitdem tummeln sich hier in den Wintermonaten nur noch ein paar Schneewanderer. Im Sommer ist **Haut-Asco** (▶ D 5) ein beliebter Ausgangspunkt für Tageswanderungen. Die Schönheit des Asco-Tals tut sich auf, sobald man ein paar hundert Meter in die Berge läuft und die dunkle Röte des Rhyolit und Porphyrgesteins, die Riesenkiefern, der Zwergwacholder und die Bäche an den imposanten Bergwänden ihre Wirkung entfalten. In **Ponte Leccia** (▶ E 4) begegnen sich die Hauptverbindungsstrecken der Insel, die Bahnstrecke und Autostraßen in die größeren Städte sowie in die Castagniccia und die Region Nebbio. Für Korsen ist Ponte Leccia ein zentraler Geschäftsort.

Übernachten, Essen

Jedes Zimmer ist anders – **Auberge L'Acropole:** Asco (das erste Haus im Ort), Tel. 04 95 47 83 53, www.acropole-asco.com, April–Okt., DZ ohne Frühstück ab 75 €. Restaurant tgl., Hauptgericht ab 15 €. 6 liebevoll eingerichtete Zimmer. Ein Pool lädt zum Baden ein. Im angeschlossenen Restaurant mit korsischer Küche wird über dem offenen Feuer gegrillt.

Einkaufen

Süße Biene – **Honig:** Im Dorf Asco erhält man Honig direkt von den Erzeugern. Wer früh im Jahr kommt, ergattert vielleicht noch ein Glas des berühmten Wacholderhonigs *(miel de genévrier).*

Aktiv

Auf Schusters Rappen – **Wanderungen:** Vom westlichen Ausgang ▷ S. 197

Auf Entdeckungstour:
Wolle und Schildpatt – bei Ponte Leccia

Ponte Leccia gilt als unattraktiver Verkehrsknotenpunkt zum Durchstarten nach Calvi, Ajaccio oder Porto. Dabei gibt es in der Umgebung Interessantes zu entdecken: Wolle und etwas weiter ein lebendes Fossil …

Reisekarte: ▶ E 4

Lana Corsa: Anfahrt von Ponte Leccia Richtung Francardo. Nach 3 km links in Richtung San Lorenzu abbiegen. 30 m hinter der Brücke über den Golo rechts das Auto abstellen und runterlaufen. Tel. 04 95 48 43 79, www.lana-corsa.com, Mo–Sa 9–19 Uhr, Eintritt frei; Museum April–Sept., Führung tgl. auf Anfrage, 5 €;

Le Village des Tortues: bei Moltifao, 7 km von Ponte Leccia Richtung Asco-Tal, beschildert, Tel. 04 95 47 85 03, 20. Mai–15. Sept., Besuch nur nach Anmeldung (ggf. über Mittag geschlossen), Tel. 04 95 47 85 03, Erw. 5 €, Kinder 2 €.

Korsisches Kulturgut

Zwischen Ponte Leccia und Francardo liegt auf halber Strecke das Strick- und Webatelier **Lana Corsa,** der einzige korsische Betrieb, der heimische Wolle weiterverarbeitet. Angegliedert ist ein kleines Museum, das seit dem Jahr 2005 existiert. Auf engstem

Raum widmet sich das Haus mit einer interessanten und anschaulichen Ausstellung dem Thema »Vom Schaf zum Wollknäuel«.

Bei einem Teil der jeden Nachmittag geführten Besucher handelt es sich um Schulklassen, die so im direkten Kontakt einen Aspekt ihres kulturellen Erbes kennenlernen. Jedes Schulkind darf ausprobieren, auf einer kleinen Handspindel kratzige Ziegenwolle zu verspinnen – was alles andere als einfach ist, wie man beim Selbstversuch schnell feststellt!

Vom Schaf zum Pullover

Gleich hinter dem Produktions- und Verkaufsraum liegt das **Museum,** in dem es ausschließlich um Wolle geht. Jährlich werden hier 2 von 80 t korsischer Schafwolle verarbeitet. Schwer vorstellbar: Den Rest werfen die Schafhalter einfach als Abfall weg. Die Berge frischer Schur werden zuerst mit Seife gewaschen und dann nach Farben sortiert, von Grau bis Braun, Schwarz oder Beige. Oft trägt ein Tier mehrere Farben. Ein Lamm bringt übrigens ca. 400 g Wolle, ein erwachsenes Schaf etwa das Doppelte. Da es auf Korsika keine Spinnerei gibt, wird die Wolle nach dem Scheren nach Sardinien gebracht, wo man sie maschinell kartätscht und spinnt. Im Laden wird die Wolle dann verstrickt und verwoben, teilweise pflanzlich eingefärbt, teilweise naturbelassen.

Im Eingangsbereich liegen die Endprodukte zum Verkauf aus: Pullover, Schals, Ponchos, Socken, Hüte, Decken, Teppiche. Sanfte Natur- oder dezent-bunte Farben dominieren hier. Stricksachen mit außergewöhnlich schönen Strickmustern – von Pisaner Kirchenschmuckmotiven bis zu römischen Mosaiken – fallen dem Betrachter angenehm ins Auge.

In drangvoller Enge stehen im hinteren Raum die Strickmaschinen, an denen die vier Frauen arbeiten, die den Laden seit 25 Jahren schmeißen.

Eine Spindel zur Verlobung

Der zweite große Raum zeigt eine liebevoll zusammengetragene Dauerausstellung rund um Schaf und Wolle. Man sieht Dutzende Wolltypen von ebenso vielen Schafrassen aus aller Welt, einfachste Holzspindeln, die traditionellerweise ein Verlobungsgeschenk für die jungen Frauen waren, Spinnräder, transportable Webrahmen und Scheren für die Schur. Eine Wand ist dem pflanzlichen Färben gewidmet: Sie zeigt die getrockneten Pflanzen und stellt die damit erzielten Farben vor, nebst einer kurzen Beschreibung, wie's geht. Auf einer anderen Wand werden die Arbeit des Schäfers und die Vielfalt der Rassen erläutert, anschaulich mit vielen Fotos und wenig, aber interessantem Text. Wuchtig ist der Riesenwebstuhl aus Holz, der einen nicht unbedeutenden Teil des Museums besetzt.

Und noch etwas erfährt der Besucher hier: Nur die *tundera* (Schur) und das Spinnen von Ziegenhaar waren Männersache, alle andere Verrich-

tungen – Waschen, Kartätschen, Spinnen, Färben, Stricken, Weben – stets Frauenarbeit.

Den Besuch rundet ein winziger **Schaugarten für Färbepflanzen** hinter dem Museum ab, wo Rubia, Klettenkrapp, Steinflechten und andere Pflanzen zu sehen sind.

Zu Gast bei der Hermann-Schildkröte

Wer jetzt noch immer entdeckungslustig ist, kann den Nachmittag im **Schildkrötendorf** fortsetzen (Le Village des Tortues). 300 sogenannte Hermann-Schildkröten werden dort naturnah auf 2 ha Land gehalten. Der Bau des Dorfes – und auch seine Finanzierung – sind dem Regionalen Naturpark Korsika zu verdanken. Ziel der Einrichtung ist es, die letzte Landschildkröte Frankreichs natürlich aufzuziehen und gezielt in die Natur zu entlassen.

Eine Million Jahre alt

Die Hermann-Schildkröte gibt es nur noch auf Korsika und vereinzelt im Maurenmassiv in Südfrankreich; ihr Aussterben konnte im Rahmen diverser Artenschutzabkommen verhindert werden. Anders als im privat betriebenen Erlebnispark Cupulatta bei Ajaccio (s. S. 181), wo diverse exotische Arten ausgestellt sind, geht es hier einzig um Aufzucht und Erhaltung dieser einen Art.

Auf einem **Lehrpfad** erfahren die Besucher alles über dieses lebende Fossil. Diese Art hat 1 Mio. Jahre auf dem Buckel, Verzeihung: auf dem Panzer.

Die kleinen Hermann-Schildkröten können hundert Jahre alt werden

des Dorfs **Asco** über die genuesische Brücke zur **Bergerie de Pinnera** (▶ D 5) gibt es einen leichten sechsstündigen Rundweg. Im Talkessel unter dem Monte Cinto locken zahlreiche Wanderwege, die nur mit Karte und bei angemessenem Wetter zu empfehlen sind.

Abenteuersport – **In TerraCorsa:** Bahnhof von Ponte Leccia, Tel. 04 95 47 69 48, www.interracorsa.com, Mai–Sept. Viele Möglichkeiten, sich sportlich zu betätigen, hält dieser Anbieter bereit: Kajak, Mountainbike, Rafting, Canyoning, Klettern, Wandern, begleitetes Klettern in der Via Ferrate di a Manicella, einem Klettergebiet am Asco.

Infos

Bus: Vom 1. Juli bis 15. Sept. verkehrt vormittags vom Bahnhof Ponte Leccia nach Haut-Asco ein Bus.

Niolo ▶ D 5/6

Durch den oberen Golo geformt und durch Gebirgsbarrieren von mehr als 1500 m zu allen Seiten abgeschirmt, hat das Niolo-Becken seine Ursprünglichkeit bewahrt. Bis Ende des 19. Jh. waren seine auf 800–1000 m Höhe gelegenen Dörfer nur über Maultierpfade zu erreichen, die Bewohner lebten von Viehzucht, ihre Schaf- und Ziegenherden überwinterten im Tiefland und wurden im Mai in die Berge getrieben. Im Westen bedeckt der ausgedehnte **Forêt de Valdu-Niellu** (▶ D 6) die Hänge, Flussbecken laden zum Erfrischungsbad ein. Das Hochtal ist von Wanderwegen durchzogen und bietet im Sommer Abwechslung zur Hitze der Küstenregionen. Der östliche Zugang zum Niolo (Niolu) führt durch eine zerklüftete, 15 km lange Granitschlucht, deren Name **Scala di Santa Regina** (›Treppe der heiligen Königin‹; ▶ D 5) auf eine Legende zurückgeht. Hier hat einst die Jungfrau Maria einen Kampf zwischen Sankt Martin und dem Teufel – bei dem die Felsbrocken nur so geflogen sein müssen – zugunsten des Heiligen entschieden. Ein betörend schöner Zugang zum alten Maultierpfad ist von einer Parkbucht an einem vorspringenden Felsen zu finden, 8 km von Ponte Castirla rechts der Straße. Nach wenigen Metern linker Hand öffnet sich der Blick auf fünf Wasserfälle.

Calacuccia ▶ D 5

Der Hauptort (830 m) des Niolo ist ein ideales Standquartier für Wanderungen in die Berge, sei es auf den Monte Cinto oder im Süden zur Bocca a l'Arinella und darüber hinaus. Am **Monte Cinto** erwartet den Besucher ein wunderschöner Sternenhimmel. Der Stausee **Lac de Calacuccia** dient sowohl der Stromgewinnung als auch der Bewässerung des östlichen Schwemmlands. Nicht weit von seinem südlichen Ende liegt **Casamaccioli,** ein verträumtes Bergdorf, das einmal im Jahr im September zum Zentrum des größten Volksfestes der Insel wird (s. S. 198). **Albertacce** hat eine hübsche alte Dorfstraße, in die sich der 1967 errichtete Brunnen schön einfügt. Hinter dem Ort führt die D 318 zum höchstgelegenen Dorf Korsikas, **Calasima** (1095 m).

Übernachten

Gediegen – **L'Acqua Viva Hotel:** am oberen Ortsausgang an der D 84 Richtung Col de Vergio, Calacuccia, Tel. 04 95 48 06 90, www.acquaviva-fr.com, ganzj., DZ 62/77 €. Das Hotel ist eine gute Adresse für diejenigen, die nach einer anstrengenden Bergwanderung etwas komfortabler wohnen möchten.

Im ehemaligen Kloster – **Gîtes d'Etape et Chambres d'Hôtes Couvent Saint-François:** 2 km westl. von Calacuccia, oberhalb D 84, Tel. 04 95 48 00 11, ab 15 Uhr, Dez./Jan. geschl., DZ ab 49,50 € (Dusche/WC), Mehrbettzimmer 18 € pro Pers. Nichtraucher-Herberge mit Gästezimmern, Schlafsälen und einer Gemeinschaftsküche.

Einkaufen

Souvenir – **Sucré-salé:** gleich neben dem Info-Point, Tel. 04 95 46 15 66, April–Okt. Der Dorfladen hat feinste Regionalprodukte im Angebot. Außerdem führt er einen umwerfenden Schwarz-Weiß-Fotoband mit alten Korsika-Ansichtskarten (ca. 20 €).

Infos & Termine

Infos

Syndicat d'Initiative du Niolu: Rte. de Cuccia, Richtung Corte, Calacuccia, Tel. 04 95 48 05 22, www.office-tourisme-niolu.com, Mo–Fr 9–12, 14–17 Uhr.

Verkehr

Bus: Juli–Mitte Sept. Mo–Sa 1 x tgl. von Corte nach Calacuccia.

Termine

Santa di Niolu: Am 8. Sept. gibt es in Casamaccioli eine Prozession und ein großes Volksfest zu Ehren der Jungfrau Maria. Nach einer Messe im Freien wird die Schutzheilige in Gestalt einer kleinen Statue zum Jahrmarkt getragen, dann geht es drei Tage rund, u. a. mit Verkaufsbuden und Schießständen.

Col de Vergio ▸ C/D 6

Der 1484 m hohe Pass Col de Vergio (Bocca di Verghju) bildet das westliche Tor des Niolo. Er erhebt sich über dem **Forêt de Valdu-Niellu,** mit 4600 ha der größte Wald der Insel, zu 70 % aus Lariciokiefern gebildet, von Buchen und Birken durchsetzt. Die Lariciokiefern können 1000 Jahre alt und bis zu 50 m hoch werden.

Am Pass kreuzt der GR 20. Wer diesem ein Stündchen nach Norden folgt, ein wenig über die Bergeries de Radule hinaus, gelangt nahe der **Cascade de Radule** (▸ C 6) zu wundervollen Badegumpen im noch jungen Golo. Hier befindet man sich auf einem der alten Maultierpfade.

Wanderung zum Lac de Nino ▸ D 6

Länge: 14 km, Dauer: 6 Std., Karte: IGN 4251 OT, keine Einkehrmöglichkeit, Proviant und Trinkwasser mitnehmen; Achtung: es kann bis Anfang Juni Schnee liegen

Bis zur Bergerie de Colga bequem ansteigender Waldweg, danach folgt eine steile Passage im Fels; für trittsichere Wanderer und bei trockenem Wetter ungefährlich. Anschließend schöner Gratweg (GR 20) – für Schwindelfreie ein Genuss.

Mit dem Auto auf der Passstraße D 84 zum Forsthaus *(Maison forestière)* von Poppaghia, 10 km hinter Albertacce und 13 km unter dem Col de Vergio. Gegenüber dem **Forsthaus von Poppaghia** begrüßt ein großer Waldparkplatz die motorisierten Wanderer mit dem Schild »Lac de Nino 2h45«. Hier dem breiten, gelb markierten Weg durch den Hochwald folgen.

Nach 10 Min. ist links das Rauschen des **Colga-Baches zu hören,** dem die Route auf steilerem, steinigerem Weg nach oben folgt, ohne ihn je zu queren. Nach 30 Min. geht es jedoch durch das erlenbestandene Bachbett eines Seitenzuflusses. Die Szenerie wird wildro-

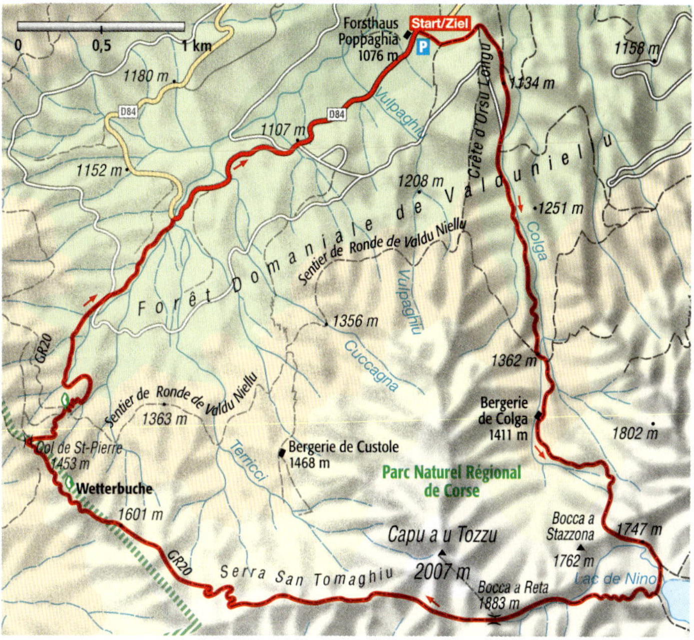

Wanderung zum Lac de Nino

mantisch, der Weg führt nun über Felsplatten und umgestürzte Baumriesen. Nach gut 1 Std. ist über blanken Stein die Waldgrenze erreicht, die Passhöhe gerät in den Blick. Sie liegt unter dem **Capu a u Tozzu** (2007 m) in dem gewaltigen Felsenrund, das über den langen Grat der **Punta Artica** (im Osten, 2327 m) weit nach Osten reicht.

Es heißt jetzt aufpassen, denn der Weg verliert sich leicht im Erlengebüsch. Gleich nach der letzten, abgebrochenen Kiefer den Wasserlauf ein letztes Mal nach rechts queren (gelbe Markierung auf dem Stein) und in das flache Hochtal hinein wandern, vorbei an der **Bergerie de Colga.** Jetzt beginnt der steile Aufstieg in den glatt geschliffenen Fels (Hände zur Hilfe nehmen!). Hier genau auf Markierungen und Steinmännchen achten. Nach 30 Min. Kletterei ist flacheres Terrain erreicht. Zweimal ein Bächlein überqueren, bevor es zwischen Korsischem Edelweiß eine Rinne hochgeht. Rechts halten, dann ist nach wenigen Minuten – 2 Std. nach Aufbruch – die Passhöhe erreicht.

Die **Bocca a Stazzona** (2,25 Std.) ist eine riesige Felsterrasse; die Aussicht auf den **Nino-See** ist überwältigend. Den Hintergrund bildet die Hochgebirgskette des Campotile. Man steigt zum Nino-See hinab und quert nach rechts die moorigen Graspolster, bis man am Nordwestufer auf den **GR 20** stößt (2,5 Std.). Wer mag: Eine Umrundung des Sees dauert etwa 20 Min.

Jetzt der rot-weißen Markierung des **GR 20** auf die **Bocca a Reta** hinauf folgen. Der Weg führt in Serpentinen durch Erlengebüsch, mit herrlichen Blicken auf die nördlichen Gipfel: das Capu Tafunatu (mit dem Felsenloch), die Paglia Orba (daneben), das Cinto-Massiv (weiter rechts). Über Matten ist die Passhöhe **Bocca a Reta** erreicht (3 Std.). Im Westen ist nun der Col de Vergio zu sehen. Der sanfte Abstieg erfolgt über einen schönen Gratweg. 30 Min. hinter der Bocca a Reta steigt man – über der Bergerie de Custole – in Kehren ein Stück hinunter, um dann wieder auf den Grat zurückzukehren. Rechts an einer **Wetterbuche** (mit Steinbänken) vorbei auf die Hochspannungsmasten zusteuern, dann gelangt man direkt zum **Col de Saint-Pierre** (4,25 Std.).

Am Bildstock nach rechts abbiegen und dem GR 20, der in Serpentinen hinunter führt, 15 Min. folgen; diesen dann verlassen und den gelben Markierungen bergab nachgehen. Der Weg kreuzt eine Erdpiste, folgt zuletzt dem San-Petru-Bach und führt an die D 84 und den Carolinen-Brunnen. Unter der Straßenbrücke gibt es schöne Badestellen! Der Straße D 84 nach rechts folgen, nach 2 km ist das Forsthaus wieder erreicht.

Aus: DuMont Wanderführer Korsika von Alo und Nikolaus Miller

Corte ▸ E 6

Sitz der einzigen Universität der Insel und 1755–1769, während der kurzen Zeit der Unabhängigkeit, Hauptstadt der Nation, hat Corte (Corti) heute 6700 Einwohner und etwa 4000 Studenten. Über dem Zusammenfluss von Restonica und Tavignano wächst die Altstadt an einem Felsen empor, auf dessen Spitze eine alte Festung thront. Dahinter eine gewaltige, von den Flusstälern zerschnittene Bergkulisse, nach vorne eine 600 m hohe, weite Senke, in die sich die heutige Stadt erstreckt.

Auch jetzt noch wesentlich von Nationalstolz geprägt, hat sich Corte der Kulturpflege verschrieben: Das bezeugen das Museum, das Musikzentrum in der Maison-Tour, traditionsbewusste Kunsthandwerker und der korsische Radiosender Radio Corti Vivu (FM 92.6). Die 1981 wieder gegründete, stetig wachsende Universität ist auf Gebäude in der Alt- und Neustadt verteilt. Gelehrt werden neben Jura und Wirtschaftswissenschaften vor allem Umweltstudien und korsische Sprache, Geschichte und Literatur. Die Universität macht es sich zur Aufgabe, der korsischen Gesellschaft lebendige Impulse zu geben, etwa durch Tagungen, die sich der Entwicklung aller großen Inseln im Mittelmeer widmen.

Der **Cours Paoli,** die bevölkerte Haupt- und Flanierstraße der Stadt, hat etwas sehr Alltägliches. Bröckelnde Fassaden, Geschäfte für den täglichen Bedarf, Banken, aber auch auf Wanderer spezialisierte Buchläden und Bäcker, in deren Fenster beignets und *falculelli* zum Verzehr locken.

Der Cours Paoli mündet in die **Place Paoli,** den Knotenpunkt von Ober- und Unterstadt. Auf dem lebendigsten Platz der Stadt thront in der Mitte die Statue des »Babbu di a patria‹ Pasquale Paoli«, der von Corte aus die Insel regierte. Die Statue aus dem Jahr 1864 posiert herrschaftlich mit dem Blick in Richtung Cours Paoli. Drumherum Verkehrsgetöse und Restaurants. Seitlich bergan führt die Rue Scoliscia zur Place Gaffori.

Altstadt !

Einen Stadtbummel durch die historischen Gassen der Altstadt lässt den Betrachter die Geschichte förmlich spüren. Der **Parcours Patrimonial** führt zu den wichtigsten Sehenswürdigkeiten. In vielen kleinen Kunsthandwerksgeschäften kann man den Künstlern bei der Arbeit über die Schulter schauen.

Place Gaffori

Mitten auf dem Platz steht die **Bronzestatue von Jean-Pierre Gaffori**, dem ›General der Nation‹. Der korsische Unabhängigkeitskämpfer setzte sich als militanter Wegbereiter für den später durch Pasquale Paoli geschaffenen demokratischen korsischen Staat ein. Ein Bildrelief am Fuß der Statue des Generals zeigt dramatische Ereignisse aus den Freiheitskämpfen um 1750, als sein Haus belagert wurde und seine Frau Faustina mutig ihr Leben aufs Spiel setzte. Die Einschusslöcher in der Fassade der **Maison Gaffori** 1, dem großen Haus mit der Terrasse und Sonnenuhr, halten die Erinnerung an die Kanonenkugeln wach, die während der Belagerung abgefeuert wurden.

Eglise de l'Annonciation 2

Pl. Saint-Théophile, tgl. 9–17 Uhr

Die Verkündigungskirche von 1450 und deren Fassade mit dem Hauptportal aus dem 17. Jh. gehört mit zu den ältesten Bauten Cortes. In der Kirche wurde der Schutzheilige der Stadt, Sankt Théophile von Corte, getauft. Der hl. Théophile war der erste Korse unter den Heiligen der katholischen Kirche. Das **Oratorium** Saint-Théophile steht hinter der Kirche und wurde an der Stelle des Geburtshauses des hl. Théophile errichtet. An seinem Todestag, dem 19. Mai, findet eine Messe auf dem Vorplatz des Oratoriums statt, am Vorabend eine Prozession zu seinem Gedenken (s. S. 206).

Belvédère 3

An der Verkündigungskirche vorbei führt eine Gasse zum ausgeschilderten Aussichtspunkt am Südende der Zitadelle, den man sich nicht entgehen lassen sollte. Von hier eröffnen sich ein herrliches Panorama der Berge rings um Corte sowie der tiefe Blick ins Tal, wo die drei Flüsse Tavignano, Restonica und Orta unterhalb der Stadt zusammenfließen.

Palais National 4

Rue du Palais National

Der Palais National ist der einzig verbliebene zivile Bau genuesischer Architektur auf der Insel und einstiger Sitz des genuesischen Statthalters. Das Gebäude wurde 1755–1769 von Pasquale Paoli als Sitz der Zentralregierung des unabhängigen Korsikas und als Residenz genutzt. Gleichzeitig war es ab 1765 Universitätsort. Heute ist das Palais Sitz des Präsidenten der Universität. Außerdem beherbergt es die geisteswissenschaftliche Fakultät und das Institut für korsische Sprache.

Zitadelle 5

Über die Place d'Armes gelangt man zur Zitadelle. Seit dem 11. Jh. wird der Felsen über der Stadt als Festung genutzt, der älteste heute noch stehende Teil, der Nid d'Aigle – Adlerhorst – genannte Turm am äußersten Felsrand wurde im Jahr 1420 durch Vincentello d'Istria errichtet. Öffentlich zugänglich ist das Innere der Anlage erst seit dem Auszug der Fremdenlegion, die 1962–1983 dort residierte. In der Zitadelle befindet sich außer dem Musée de la Corse (s. u.) auch das Tourismusbüro. Der Besuch der Zitadelle ist an den Eintritt des Musée de la Corse gekoppelt.

Musée de la Corse 6

Tel. 04 95 45 25 45, www.musee-corse.com, Nov.–März Di–Sa 10–17, April–21. Juni Di–Sa 10–18 (Fei geschl.), 22. Juni–20. Sept. tgl. 10–20, 21. Sept.–31. Okt. Di–So 10–18 Uhr,

Corte

Sehenswert
1 Maison Gaffori
2 Eglise de l'Annonciation
3 Belvédère
4 Palais National
5 Zitadelle
6 Musée de la Corse
7 Fontaine des Quatre-Canons
8 Chapelle Sainte-Croix

Übernachten
1 Hôtel du Nord et l'Europe
2 Hôtel Duc de Padoue
3 Hôtel HR
4 Restonica
5 Alivetu
6 U Sognu
7 Chez Bartho
8 U Tavignano

Essen & Trinken
1 Le Pascal Paoli
2 U Museu
3 U Paglia Orba
4 L'Oliveraie

Einkaufen
1 Poterie Leonelli
2 Boutique Passerelle
3 U Granaghju
4 Librairie Flore
5 Casa di u Legnu
6 La Vieille Cave
7 Bauernmarkt

Aktiv
1 Equiloisirs F.A.E.
2 Altipiani
3 Wanderung im Tavignano-Tal

Abends & Nachts
1 Rex Lounge
2 Le Café du Cours

31. Dez.–14. Jan. geschl. Erw. 5,30 €, Kinder unter 10 J. frei
Das vom italienischen Architekten Andrea Bruno entworfene Museum öffnete 1997 und bietet einen Rundgang durch die Geschichte der Insel. Die informative Ausstellung beleuchtet die Entwicklung und die Wirtschaft Korsikas bis in die Gegenwart. Das Museum verfügt über eine Phonotek für korsische Musik mit einem separaten Raum zum Musikhören. Beim Rundgang durch das Museum entdeckt man unter anderem die Vielfalt des korsischen Handwerks einschließlich der Bergerie. In der Phonothek des Museums können Musikfans hunderte Stunden historischer Musikaufnahmen anhören.

Fontaine des Quatre-Canons 7

Ruelle de la Fontaine
Der kolossale Brunnen, unter Louis XV. erbaut, diente der Versorgung der Oberstadt in Zeiten der Belagerung und wird von einer Quelle unweit des Orta gespeist, aus der selbst im Sommer 950 l Wasser pro Minute fließen. Eigensinnig wirkt die Gestaltung des pyramidenförmigen Brunnens, auf dessen Spitze eine löchrige Kanonenkugel ruht.

Chapelle Sainte-Croix 8

Rampe Ste-Croix, tgl. 9–17 Uhr
Eine Treppe zwischen Cours Paoli und Rue Colonel Feracci führt zur Kapelle Sainte-Croix aus dem 17. Jh., deren Fassade schon etwas beschädigt ist. Sehenswert im Inneren ist die italienische Orgel, ein barocker Altaraufsatz und Freskenreste, die unter der Feuchtigkeit gelitten haben.

Übernachten

Zentrale Lage – **Hôtel du Nord et l'Europe 1**: 22, cours Paoli, Tel. 04 95 46 00 68, www.hoteldunord-corte.com, ganzj., DZ ab 72/104 €. Direkt im Herzen des Cours Paoli befindet sich das älteste Hotel des Ortes. Die 13 Zimmer haben verschiedene Standards, sind renoviert und für die Gäste freundlich eingerichtet.

Oase der Ruhe – **Hôtel Duc de Padoue 2**: 2, pl. du Duc de Padoue, Tel. 04 95 46 01 37, www.ducdepadoue.com, ganzj., DZ 75/92 €. 11 einfache, saubere Zimmer im Zentrum. Eine gute Adresse für Gäste mit kleinem Budget.

Einfach und preiswert – **Hôtel HR 3**: Allée du 9 Septembre, Tel. 04 95 45

150
300 m
Castirla
Rue de la République
Pont de l'Orta
Bastia
Souspréfecture
CASINO
PANATE
L'Ortu
Hôtel de Ville
Cours Paoli
Avenue du Baron Mariani
Avenue du Général de Gaulle
Place du Duc de Padoue
APUCCINI
Rue Saint-Joseph
Rue Colonel Feracci
siehe Detailkarte
Rampe Ste-Croix
Rampe Pozza
R. Dr. Gambini
Badello
Avenue Jean Nicoli
Av. Xavier Luciani
itadelle
Place d'Armes
Place Paoli
Place Gaffori
R. J.-B. Fontanarosa
R. Prof. Santiaggi
R.C. Penciolelli
Av. du Président Pierucci
Place Saint-Théophile
Chemin de Baliri
Pont Tavignano
Tavignano
Passerelle
Université Pasquale Paoli
PERU
Aléria
Piscine
Gare
Rue Pont Vieux
Restonica
Avenue du 9 Septembre
PORETTE
ARAFAGLIE
Faubourg Scaravaglie
Pont Restonica
FAUBOURG SAINT-ANTOINE
Université Pasquale Paoli
Gorges de la Restonica
Ajaccio
Ajaccio
Av. Jean Nicoli
Cours Paoli
Rue Saint-Joseph
Rue Colonel Feracci
Rampe Pozza
Rampe Ste-Croix
Av. X. Luciani
Ruelle de la Fontaine
Place Paoli
R. Scoliscia
HAUTE VILLE
Place d'Armes
Place Gaffori
R. J.-B. Fontanarosa
R. Prof. Santiaggi
Place Saint-Théophile
R.C. Penciolelli
Av. du Président Pierucci
Chemin de Baliri
Pont Tavignano

Über der Stadt Corte thront die Zitadelle

11 11, www.hotel-hr.com, April–Sept., DZ ab 56 €. Die bessere Jugendherberge mit Fitnessraum und Sauna ist bei Wanderern beliebt. Die teureren Zimmer haben einen Blick auf den schönen Garten. Es gibt auch Mini-Apartments mit Küchenzeile.

Spartanisch – **Camping:** Außer den beiden groß angezeigten Plätzen am Restonica-Fluss **Restonica** 4 (Faubourg St-Antoine, Tel. 04 95 46 11 59,15, Mai–30. Sept., ca. 25 €) sowie **Alivetu** 5 (Faubourg Saint-Antoine, Tel. 04 95 46 11 09, www.camping-alivetu.com, April–Mitte Okt., ca. 24 €) gibt es 3 einfache, gepflegte Plätze zu Füßen der Altstadt, **U Sognu** 6 (D 623 Richtung Restonica-Tal, Tel. 04 95 46 09 07, April–Okt., 21 €), **Chez Bartho** 7 (Chemin de Baliri, Tel. 04 95 46 02 30, www.campingcabanella.com, Juni–Sept., 19 €) und **U Tavignano** 8 (hinter der Stadt am Tavignano-Fluss, Tel. 04 95 46 16 85, April–Okt., 14 €). Die angegebenen Preise aller Plätze gelten für 2 Pers. mit Auto und Zelt.

Essen & Trinken

Für Pizzafans – **Le Pascal Paoli** 1: 2, pl. Pascal Paoli, Tel. 04 95 46 13 48, Mo–Sa 12–14.30, 19–22.30 Uhr, Juli/Aug. auch So, Menü ab 16,50 €. An der geschäftigen Pl. Pascal Paoli sind in diesem Haus Pizza und Pasta eine Alternative zur traditionellen korsischen Küche.

Der korsische Klassiker – **U Museu** 2: Rampe Ribanelle, neben dem Eingang zur Zitadelle, Tel. 04 95 61 08 36, www.restaurant-umuseu.com, tgl., Okt.–Mai So geschl, Menü 15 €. Auf einer schönen von Bäumen überdachten Terrasse über den Dächern der Stadt wählt man cortesische Spezialitäten sowie Pizza und Salate.

Bodenständig – **U Paglia Orba** 3: 5, av. Xavier-Luciani, Tel. 04 95 61 07 89, So Mittag und Fei geschl., Menü 18 €. Die Räumlichkeiten sind eher bescheiden, dafür entschädigt ein freundlicher Service, es wird köstliche korsische Küche serviert, wie die Cannellonis au Brocciu oder den Flan à la Châtaigne.

Omas Rezepturen – **L'Oliveraie** 4: lieu-dit Perru, Tel. 04 95 46 06 32, www.loliveraie.com, außerhalb der Saison Mo Abend und um Weihnachten geschl., Menü 12–27 €. Etwas außerhalb auf dem Weg zur Universität liegt dieses Restaurant mit einer gemütlichen Schattenterrasse. Traditionelle, hervorragende Küche zu günstigen Preisen lockt viele Studenten zum Mittagessen.

Einkaufen

In der Altstadt gibt es allerlei kleine Handwerksläden zu entdecken, die sich auch als Ateliers verstehen und Besucher gern schauen lassen, von der Messerschmiede über den Holzspielzeugladen bis zur Töpferei.

Feuerfest – **Poterie Leonelli** 1: 4, rue Chiostra, Tel. 04 95 46 19 53, März–Nov. In einem hellen Gewölbe präsentiert die Töpferei ihr feuerfestes Geschirr, welches mit umweltfreundlichen Glasuren in schönen Farben gebrannt wurde, während im Nebenraum fleißig für Nachschub gesorgt wird.

Insel-Geschenkideen – **Boutique Passerelle** 2: 7, rue Scoliscia, März–Okt. 9–19 Uhr, schöne Mitbringsel & Schmuck, auch aus korsischen Gesteinen.

Korsische Spezialitäten – **U Granaghju** 3: 2, cours Paoli, Juli–Aug. tgl. 9–21 Uhr. Ein Spezialitätengeschäft für die vorzüglichsten Produkte der Insel. Liköre, Wein, Konfitüren, Honig, Nougat, Kastanienmehl und Schinken.

Beim Bücherwurm – **Librairie Flore** 4: 5, cours Paoli, Tel. 04 95 46 06 85. Gut sortiert in puncto Korsika-Literatur, Straßen- und Wanderkarten.

Holzwaren – **Casa di u Legnu** 5: 1, pl. Gaffori, Tel. 06 08 31 83 28, Mitte März–Anfang Okt. Tolle Holzspielsachen aus Olivenholz, Holzschalen und Korbwaren lohnen einen Blick.

Für Weinkenner – **La Vieille Cave** 6: Ruelle de la Fontaine. In einer kleinen Seitengasse liegt versteckt ein kleiner Kellerladen mit Weinfässern. An rustikalen langen Tischen kann man die Weine der Region konsumieren und kaufen.

Frisch vom Acker – **Bauernmarkt** 7: Jeden Fr findet von 8–12.30 Uhr ein Markt mit Gemüse, Obst, Wurst und Kleidung auf dem Parkplatz am oberen Ende der Av. Jean Nicoli statt.

Aktiv

Reiterfreuden – **Equiloisirs F.A.E.** 1: Pont de Papineschi, Tel. 04 95 61 09 88, www.equiloisirs-fae.com. Etwas außerhalb von Corte kommen Pferdefans voll auf ihre Kosten. Mehrtägige Ausritte in die Berge oder zum Meer sowie einzelne Reitstunden oder kurze Ausritte (3 Std. 39 €).

Aktivsport – **Altipiani** 2: 2, pl. Paoli, Tel. 06 86 16 67 91, www.altipiani-corse.com. Mit Canyoning, Fahrradverleih, Klettertouren und Wanderungen die Vielfalt der Berge entdecken.

Wandern und Erfrischen – **Tavignano-Tal** 3: In dieses Tal führt keine Straße. Wenn man dem Hauptwanderweg folgt, der hinter der Zitadelle beginnt, ist man gut 1 Std. direkt der Sonne ausgesetzt, bis man in die Felswannen des Flusses tauchen kann. Belebter sind die Bademöglichkeiten hinter der Stadt, wo es nach kurzem Weg am Ufer tolle Wasserbecken und Sprungfelsen gibt. Der orange gekennzeichnete Weg führt ins Hochgebirge, wo er auf den GR 20 trifft. Eine wunderschöne zweitägige Rundwanderung führt durch das Tavignano-Tal hinauf und durch das Restonica-Tal wieder hinunter nach Corte.

Abends & Nachts

Chillen – **Rex Lounge** 1: 1, cours Paoli, Tel. 04 95 46 08 76, Mo–Sa, tagsüber

Straßencafé mit Eisvariationen, wird die Lounge abends ein Ort zum Chillen oder zum Tanzen nach heißen Rhythmen der DJs.

Studententreff – **Le Café du Cours** 2: 22, cours Paoli, Tel. 04 95 46 00 33, http://cafeducours.free.fr, Mo–Sa bis 2 Uhr. Im Winter Di und Do Livemusik. Das älteste Café Cortes ist der Szenetreff für Studenten. Am Samstag legt ein DJ auf. Mit Internetzugang.

Infos & Termine

Infos

Office de Tourisme Centru di Corsica: in der Zitadelle, Tel. 04 95 46 26 70, www.corte-tourisme.com, Juli/Aug. Mo, Sa 10–13, 15–18, Di–Fr 9–19, sonst Mo–Fr 9–12, 14–18 Uhr. Verleih von Audioguides und eine kostenlose (auch deutsche) Broschüre »Parcours Patrimonial« zur Stadterkundung.

Verkehr

Petit Train (U Trenu): Eine kommentierte Tour mit der Touristenbahn durch die Altstadt startet im Juli und August vor dem Office in der Zitadelle, sonst in der Nähe des Bahnhofs. Die Fahrt dauert 30 Min. Erw. 6 €, Kinder 2 €.

Termine

Cavall'in Festa: 2. Juni-Wochenende. Regionaler Pferdemarkt mit Rennen, Wettspielen und einer Prozession mit Musik durch die Straßen der Stadt.

Grand Raid Inter-Lacs: Anfang Juli startet das zwei Tage dauernde Wettwandern zu den sieben schönsten Seen der Insel. Information über www.centru-corsica.com oder bei der Association Rinascita, 7, rue du Colonnel Ferracci, BP 1, Corte, Tel. 04 95 61 14 36.

Christ Mort: Am Gründonnerstag windet sich die Prozession von der Chapelle Ste-Croix durch die Straßen und Gassen der Oberstadt.

Saint-Théophile-Prozession: In Gedenken an den hl. Théophile findet am Abend des 18. Mai eine Prozession statt.

Restonica-Tal ▶ D/E 6

Die Gorges de la Restonica (A Restonica) sind für ihre paradiesische Schönheit berühmt und heute Naturschutzgebiet. In der engen Schlucht führt die D 623 durch ein verwunschenes Waldgebiet mit den besonderen Corte-Kiefern. An vielen Stellen lädt der Fluss zum Baden ein, im Frühjahr tummeln sich die Kajakfahrer im wilden Gewässer.

Das Tal hat unter seiner Beliebtheit zu leiden. Im unteren Teil zerstörte im Jahr 2000 ein Brand Hunderte von Hektar Wald, er ist erst vom Campingplatz Tuani an noch so schattig wie einst. Von Juni bis September wird der Autoverkehr eingeschränkt. Dann ist das Parken am oberen Ende, an der **Bergerie de Grotelle** (dort gibt es einen Imbiss sowie leckeren Käse und Honig), gebührenpflichtig (5 €). Außerdem wird in dieser Zeit ein Pendelbus stündlich eingesetzt (8–12 hinauf, 14–17 Uhr hinab, Erw. 4 €, Kinder 2 €). Von der Bergerie führt ein anspruchsvoller Wanderweg mit gelben Markierungen je nach Kondition und Erfahrung in 1–3 Std. zu den Bergseen **Melo** (400 m, s. S. 209) und **Capitello** (weitere 40 Min. und 200 Höhenmeter). Feste Schuhe und Trinkwasser nicht vergessen.

Übernachten

Für Gutbetuchte – **Hôtel Dominique Colonna:** D 623, 2 km von Corte (neben der Auberge de la Restonica), Tel. 04 95 45 25 65, www.dominique-colonna.com, März–Mitte Nov., DZ ab 90/145 €. Gründer Dominique Colonna war ehemaliger Keeper in der französischen Nationalelf und später Trainer der Kameruner Mannschaft. Unter der Leitung des Sohnes verfügen die Zimmer über einen guten Komfort mit Minibar, Terrasse oder Balkon.

Natur pur – **Camping Tuani:** D 623, 6 km von Corte an der Restonica, Tel. 04 95 46 11 65, Ostern–Ende Sept., 22 € für 2 Pers. mit Auto und Zelt. Der einfach ausgestattete Platz für 90 Zelte liegt traumhaft mitten in einem Kiefernwald am Fluss. Der Harzduft und das Bachrauschen sind kostenlos.

Essen & Trinken

Für Feinschmecker – **Auberge de la Restonica:** Restonica-Tal, D 623, 2 km von Corte, Tel. 04 95 46 09 58, www.aubergerestonica.com, April–Okt. tgl., sonst nur auf Reservierung ab 10 Pers., Menü 23 € und 26 €. Das Spezialitätenrestaurant bietet eine raffinierte Küche in einem alten, rustikalen Natursteinhaus mit Kamin.

Für den kleinen Hunger – **Relais des Lacs – Chez César:** Restonica-Tal bei der Pont de Tragone, Tel. 06 74 97 26 59, www.chezcesar.com, April–Sept. 12–16 Uhr, Menü 19 € und 25 €. Das rustikale Waldrestaurant bietet deftige Küche vom Holzkohlengrill an. Genau das Richtige nach einer anstrengenden Wanderung im Restonica-Tal.

Bozio ▸ E/F 5

Fast noch ein Geheimtipp ist die Bergregion östlich von Corte. Enge gewundene Straßen, neben denen es oft jäh in die Tiefe geht, machen den Reisenden eine rasche Eroberung schier unmöglich. Man begreift, warum die Gegend bis ins 20. Jh. weitgehend von der Außenwelt abgeschottet war. Sie ist geprägt von Wäldern und urtümlichen Dörfern mit schiefergedeckten Natursteinhäusern. Die Kirchen und Kapellen sind für ihre wunderschönen Fresken aus dem 15. bis 18. Jh. bekannt, an hohen Feiertagen wird dort zur Messe noch die *paghjella a capella,* der traditionelle polyfone Männergesang (s. S. 37), angestimmt. Ausgelassen feiern lässt es sich in den lauen Sommernächten auf den zahlreichen Soirées der einzelnen Dörfer.

Überall gibt es Wanderwege von Dorf zu Dorf, die auf alten Maultierpfaden verlaufen, mit herrlicher Aussicht über Berge und Täler. Einen Eindruck bekommt man auf einer Fahrt, die von Corte auf der N 193 nach Norden führt. Am Collo di San Quilico geht es über die D 41 ins Herz des Bozio bis **Sermano** (▶ E 5), wo ein 15-minütiger Fußweg zur Kapelle San-Nicolao lohnt. Von dem aus Ober- und Unterdorf bestehenden **Bustanico** (▶ F 5) ging 1729 der korsische Freiheitskrieg aus, als ein alter Bewohner, der seine Steuern nicht zahlen konnte und dafür nicht in den Schuldenturm wandern wollte, die Bürger zur Rebellion anstachelte.

Die D 39 windet sich nach Norden durch eine einsame Gegend, die schöner wird, je näher man dem Monte San Petrone (1767 m) kommt. Bald hinter Cambia geht rechts eine Straße nach Loriani und zur Passkapelle von **San Quilico** (▶ F 5) aus dem 13. Jh., sehenswert wegen der aus Schiefer gehauenen naiven Darstellungen aus der biblischen Geschichte. Von San Lorenzo kann man der D 39 und dem Fluss Casaluna Richtung Ponte Leccia folgen oder der noch einmal engeren D 639 nach Morosaglia. Die Fahrt ist für Wohnmobile und Campinganhänger nicht geeignet.

Venachese ▸ E 6/7

Eine besonders reizvolle Art, die Region Venachese kennenzulernen, ist eine Fahrt mit der Eisenbahn, die hier über

Lieblingsort

Am Melo-See im Restonica-Tal ▶ D 6

Der Wanderweg, der in weitem Bogen von der Bergerie de Grotelle zum Melo-See hochführt, ist **nicht** – wie in den Broschüren der regionalen Touristeninformationen beschrieben – relativ einfach in 60 Minuten zu bewältigen, sondern erfordert eine gute Kondition und Bergerfahrung sowie unbedingt festes Schuhwerk und ausreichend Trinkwasser. Je nach Voraussetzungen kann der Aufstieg bis zu mehreren Stunden dauern. Auf 1711 m befindet sich der stahlblaue Gletschersee, umrahmt von einer prächtigen Bergkulisse. Korsika offenbart sich hier in seiner wildromantischen Ursprünglichkeit. Hartgesottene nehmen ein erfrischendes Bad im kalten Wasser. Bei einem Picknick mit Baguette und korsischem Ziegenkäse genießt man die Atmosphäre. Es ist möglich, dass der Weg im April/Mai noch nicht schneefrei ist.

abenteuerliche Viadukte schwankt, durch Tunnel rattert und schöne Blicke über Täler und Höhen gestattet. Der höchste und längste der Viadukte, **Pont du Vecchio,** wurde 1888 von Gustave Eiffel konstruiert, dem Erbauer des Pariser Eiffelturms. Über die alte Straßenbrücke von 1827, die den Vecchio mit einem einzigen Bogen überspannt, floss sämtlicher Verkehr bis 1999. Sie wurde von der großen neuen Brücke abgelöst, auf der man nun an der imposanten Schlucht vorbeirauscht.

Venaco (Venacu) (▶ E 6) und seine Weiler liegen in Kastanienwäldern an den Hängen des Monte Cardo (2453 m). Die Region ist bekannt für Bergforellen, erlesenen Schafskäse und erfrischende Sommerkühle. Gut ausgearbeitete Wanderwege führen bergan oder in die kleinen Flusstäler. Im Sommer lohnt der Besuch des Dorffestes. Auf unkomplizierte Weise werden Tische und Bänke aufgestellt, Musik spielt auf, in ausgelassener Atmosphäre wird getanzt bis frühmorgens.

Knapp 10 km entfernt thront der Luftkurort **Vivario** (▶ E 6) über der Vecchio-Schlucht, im Winter eine gern genutzte Station für Skilangläufer. 1770 bauten die Franzosen hier das Fort de Pasciolo zur Überwachung des Tals, die Ruinen sind oberhalb der Bahnstrecke zu besichtigen. Südöstlich liegen die abgebrannten Hänge des einst dichten Waldes um den Col de Sorba.

Vizzavona (▶ E 7) ist der Name für einen riesigen Kiefern- und Buchenwald, die höchste Bahnstation der Insel auf 900 m und den Pass (1163 m), der den Osten mit dem Westen verbindet und von der Eisenbahn in einem 4 km langen Tunnel unterquert wird. Auch der GR 20 kreuzt den Pass, nördlich führt er an die **Cascades des Anglais** (▶ E 7), eine Serie von atemberaubend schönen Wasserfällen und Badebecken im Agnone, die – daher ihr Name – schon bei englischen Sommerfrischlern Ende des 19. Jh. beliebt waren.

Geocaching

Eine neue Art, die Insel zu entdecken, ist **Geocaching.** Dabei wird ein Schatz mithilfe eines GPS-Empfängers gesucht. Die Koordinaten des Schatzes erfährt man nach vorheriger Anmeldung aus dem Internet unter **www.geocaching.com**. Danach begibt man sich querfeldein auf die Suche nach dem Schatz, der mit unterschiedlichen Schwierigkeitsgraden an ungewöhnlichen Plätzen versteckt wird, z. B. bei den **Cascades des Anglais.** Geocaching gibt es seit dem Jahr 2000. Damals wurde die Genauigkeit von GPS-Systemen stark verbessert.

Übernachten, Essen

Fusion Cuisine – **Monte d'Oro:** N 193, Col de Vizzavona, Tel. 04 95 47 21 06, www. monte-oro.com, Mai–Okt., Refuge 14 €/Pers., Gîte 19 €/Pers., DZ ab 86/95 €. Restaurant 12–14.30, 19.30–22 Uhr, ab 15 €. Schönes altes Hotel in ruhiger Waldlage am Pass mit einer einfachen Herberge (4-Bett-Zimmer) im Anbau. Wer möchte, kann sich auf Wunsch vom Bahnhof in Vizzavona abholen lassen. Das romantische Restaurant mit efeubehangenem Speisesaal bietet leckere Speisen à la carte in stilvollem Ambiente.

Übernachten

Rustikal und freundlich – **Casa Mathéa:** 20250 Poggio-di-Venaco (▶ E 6), Tel. 04 95 47 05 27, www.auberge-casamathea-corse.com, App. 25 m2 55/67 €, 70 m2 75/83 €, HP zzgl. 24,50 €. Gute Küche, kleiner Pool, schöne Aussicht. WLAN überall.

Idylle inbegriffen – **Camping Le Soleil:** 150 m entfernt vom Bahnhof von Tattone (▶ E 7), Halt auf Verlangen, Tel. 04 95 47 21 16, Mai–Okt., 16 € für 2 Pers. mit Zelt und Auto. Die Stellplätze für die Zelte befinden sich unter Kirsch- und Apfelbäumen mit Blick auf den Monte d'Oro. Insider sprechen von der besten Pizza der Gegend, die man in der zugehörigen Pizzeria erhält.

Essen & Trinken

Wo Mama kocht – **Restaurant De la Place:** Pl. du Pont, Zentrum von Venaco, Tel. 04 95 47 01 30, Juli/Aug. tgl., sonst Mi und 22.–28. Dez. geschl., Menü ca. 18 €. Das korsische Familienrestaurant bietet traditionelle Küche wie Lammgerichte, die mit den Kräutern der Macchia gewürzt sind – sehr lecker.

Aktiv

Abenteuer pur – **Parc Aventure:** Col de Vizzavona, Tel. 04 95 10 83 16, www.corsicanatura.fr, Mitte Juni–Mitte Sept. tgl. 9–19 Uhr, sonst nur auf Reservierung. Am Fuße des Monte d'Oro auf 1100 m gelegen, locken Kletterpartien zwischen den Bäumen an Seilen und über Hängebrücken sportlich Aktive. Der Veranstalter bietet auch Radtouren, Canyoning und Wanderungen an (jeweils 4,5 Std.), z. B. von Mo–Fr zwischen dem Vizzavona- und dem Bavella-Massif.

Infos & Termine

Inselbahn: Bahnanschluss 4 x tgl. in Venaco, Vivario, Vizzavona.
A Fiera di u Casgiu: Anfang Mai zieht der Käsemarkt in Venacu zahlreiche Besucher an. Infos unter www.fromage-corse.org.

Von Ghisoni nach Zicavo ▶ E 7/8

Ghisoni (670 m) (▶ E 7), einst Hauptort des Küstenablegers Ghisonaccia, ist heute Standquartier für Wanderer: ein stilles Dorf in einem Tal, aus dem der Fium'Orbu nach Osten hinausführt. Wer in andere Richtungen will, muss hohe Pässe überwinden, nach Nordwesten, Vizzavona, den Col de Sorba (1311 m), nach Süden den Col de Verde (1289 m). Die südliche Strecke sei Liebhabern der Berge ans Herz gelegt. Die gut 60 km bis hinunter nach **Aullène** (▶ D/E 9) bieten eine Fülle fantastischer Landschaften, die allenthalben von Wanderwegen durchzogen sind.

Am **Col de Verde** (▶ E 7) (dort auch Imbiss und Möglichkeit zum Zelten) kreuzt der GR 20. Bis **Cozzano** (Cuzzá) (▶ E 8), wo der Wanderweg Mare a Mare Centre quert, und weiter nach **Zicavo** (▶ E 8) verläuft die Straße auf der Hauptwasserscheide der Insel durch Kiefern- und Buchenwald. Beide Orte beeindrucken durch ihre aus Granit gebauten Häuser und die Ursprünglichkeit ihrer Atmosphäre.

Übernachten, Essen

Einfach, aber zentral – **Hôtel Le Kyrié:** Ghisoni, Ortsmitte, Tel. 04 95 57 60 33, www.hotelkyrie.com, März–Okt., DZ 55/70 €. Restaurant tgl. 12–14, 19.30–22 Uhr, Menü ab 23 €. Schlichtes Hotel mit 30 Zimmern. Im rustikalen Restaurant gibt es korsische Spezialitäten wie Bergforelle.
Sympathisch – **Du Tourisme:** Zicavo, Tel. 04 95 24 40 06, www.tourisme-zicavo.com, ganzj., DZ ab 70 €. Restaurant tgl. 12–14, 20–22.30 Uhr, Menü ab 15 €. Hotel mit 15 Zimmern, familiäre Atmosphäre, schlichte Küche. Bei Fuß- und Radwanderern beliebt.

Lieblingsort

Canyonkulisse am Fium' Orbu bei Ghisoni ▶ E 7

Ca. 1,5 km südlich von Ghisoni auf der D 344 Richtung Ghisonaccia steht an der Talseite der Straße eine auffällige Kiefer in Y-Form mit einem dicken Stamm. Von dort folgt man dem natürlichen steinigen Pfad und hält sich links. Nach rund 10 Minuten steht man vor einer schmalen Brücke ohne Geländer. Auf der anderen Seite der Brücke kann man zu den Gumpen hinunterklettern. Sie sind von Kiefern umgeben und an den flachen Stellen schimmern Steine durch das Wasser. Dahinter erhebt sich ein herrliches Bergpanorama. Die Felsen sind von den Sonnenstrahlen aufgeheizt und bieten wunderschöne Sonnenliegeplätze. Bei Hochwasser kann das Baden gefährlich werden – es können sich Strudel bilden.

Das Beste auf einen Blick

Die Ostküste

Auf Entdeckungstour

Essenzielle Öle: Im destillierten Öl steckt das Konzentrat aus den natürlichen Wirkstoffen der Pflanzen. Ein Besuch auf dem Bordeo-Hof bei Moriani-Plage beweist: Gegen fast alles ist ein Kraut gewachsen! S. 218

Besuch im Völkerkundemuseum: Das schönste Museum Korsikas im uralten Bischofskollegium von Cervione gibt Einblick in das Alltagsleben früherer Zeiten. Alles liegt offen herum; man könnte hier Tage verbringen und hätte doch nicht alles gesehen. S. 224

Kultur & Sehenswertes

Couvent d'Orezza: Die Ruinen des einstigen Franziskanerklosters erinnern an den Geburtsort des unabhängigen Korsika. S. 223

Source d'Orezza: Der Besuch der Quelle zeigt, mit welchem Aufwand das kohlensäurehaltige Quellwasser konserviert wird, um seine unnachahmliche Frische zu erreichen. S. 223

Aktiv unterwegs

Mare a Mare Nord: Von Moriani führt dieser einfache Wanderweg quer über die Insel in zwölf Tagen nach Cargèse durch dichte Wälder sowie atemberaubende Schluchten. Ein Natur pur-Erlebnis der Extra-Klasse! S. 220

Kanutour auf dem Tavignano: Auf dem ruhigen Fluss paddelt man z. B. ab Cateraggio bis zum Meer. Wilde Brombeeren am Ufer dienen als schmackhafte Wegzehrung. S. 230

Genießen & Atmosphäre

Muscheln schmausen am Etang d'Urbino: Frisch und lecker sind die Muscheln oder Austern im schwimmenden Restaurant. S. 230

Entspannung in der Thermalquelle von Pietrapola: In urigen alten Badewannen oder im unterirdischen Schwimmbad kann man wunderbar entspannen. S. 237

Abends & Nachts

Am Wasserfall Ucelluline bei San-Nicolao: Romantik pur am beleuchteten Wasserfall, der zwischen den massiven Felsen zweier roh behauener Tunnel eingekesselt ist. Die Sicht auf die Ebene besticht mit illuminierten Dörfern. S. 220

Konzert von Paps: Mit Paps begibt sich der Zuhörer auf eine musikalische Weltreise. Seine Stimme groovt beschwingt. Paps tritt im Sommer jede Woche in Ghisonaccia auf. S. 236

Die Ostküste Korsikas hat mit endlosen feinen Sandstränden, Feriendörfern und Wassersportmöglichkeiten ihren ganz besonderen Reiz. Zwischen Bastia und Solenzara gibt es fast 100 km Strand, vielerorts von Dünen und Pinienhainen gesäumt, unterbrochen nur von Flussmündungen und großen Lagunen. Im ausgedehnten Flachland dahinter, dem einzigen der Insel, werden Wein, Zitrusfrüchte, Obst und Gemüse angebaut.

Die **Costa Verde** bezeichnet sich zu Recht als ein grünes Paradies, denn ausgedehnte Wälder, Wiesen, Felder und kleine Flüsse durchziehen das Inland. Die Region erstreckt sich von der Gemeinde Taglio-Isolaccio im Norden bis zur Mündung des Alistro im Süden. Moriani-Plage bildet das touristische Zentrum. Sanft abfallende, kinderfreundliche Strände und ein gebirgiges, sattgrünes Umland, prägen die Region. In kürzester Zeit erreicht man die in der Nähe liegenden Berge mit urwüchsigen Dörfern wie San-Nicolao.

Infobox

Infos

Office de Tourisme de la Costa Verde: Ortsmitte von Moriani-Plage, Tel. 04 95 38 41 73, www.costaverde-corsica.com, im Sommer tgl. 9–13, 15–20, sonst Mo–Fr 9–12, 14–18 Uhr. Gute Infos über Wanderungen und Ausflüge sowie Dokumentationen über die Mikroregion der Costa Verde.

Anreise und Weiterkommen

Der **Flughafen Poretta** bei Bastia (s. S. 22) ist der nächstgelegene. Busse verbinden 2 x tgl. die Küstenorte an der RN 198 miteinander. Es gibt keinen Zugverkehr für die Ostküste.

Hinter der Schwemmlandebene der Costa Verde ragen die Berge der **Mikroregionen** Castagniccia und Casinca auf. Ein dichter wilder Kastaniendschungel mit idyllischen kleinen Dörfern, die über ein Netz enger Landstraßen verbunden sind, prägt noch heute das Bild der Castagniccia. Lange war die Kastanie, die der Castagniccia ihren Namen gab, Grundnahrungsmittel der Korsen, nachdem die Genuesen den korsischen Bauern 1584 die Anpflanzung dieser und anderer Nutzbäume befohlen hatten. Ende des 18. Jh. waren 70 % der Fläche in der Castagniccia mit Kastanienbäumen bepflanzt. Als Reiseziel zu Unrecht vernachlässigt, bietet die Casinca als Verlängerung der Castagniccia im Nordosten eine wunderschöne Gartenlandschaft mit sonnenverwöhnten Terrassen voller Reben, Olivenhainen und Kastanienbäumen.

Die **Costa Serena** ist ohne Zweifel das bedeutendste Agrargebiet von ganz Korsika. Sie erstreckt sich über den Küstenabschnitt zwischen den Flüssen Alesani und Solenzara. Wo einst die Malaria grassierte, prägen heute Obstplantagen, Weinfelder, Weiden und saftige Wiesen das Bild. Die Urbarmachung geht zurück auf die Einfuhr von Eukalyptusbäumen aus Australien und den massiven Einsatz von DDT 1944 durch die Amerikaner, die zur Vernichtung der Anopheles-Mücke führte.

Geschichtlich besonders interessant ist die Stadt Aléria, in der die Antike durch die Ausgrabungsstätte und das Museum im Fort de Matra gegenwärtig wird. Vom Küstenort Ghisonaccia gelangt man in das wasserreiche Gebiet des Fiumorbo mit malerischen Natursteindörfern wie Prunelli-di-Fiumorbo und dem Kurort Pietrapola. Eine herrliche Zeit voller Entspannung und Entdeckung wartet also im Osten.

Costa Verde

Die Costa Verde ist das Land der Campingplätze und Ferienanlagen. Die Küstenorte wie z. B. **Moriani-Plage,** bis heute verwaltungstechnisch nur Ableger ihrer im Binnenland gelegenen Hauptorte, mausern sich zu attraktiven Ferienorten. Architektonischen Reiz haben sie nicht, ihr Plus sind die Strände, ausgezeichnete Wassersportmöglichkeiten und das schöne bergige Hinterland mit pittoresken Dörfern wie **San-Nicolao.** Sie sind schnell zu erreichen und verzaubern mit herrlichen Ausblicken auf Land und Meer.

Moriani-Plage ▸ G 5

Der Badeort ist das Zentrum der Region mit vielen Geschäften und Wassersportmöglichkeiten. Früher wurde er als Hafen der Castagniccia genutzt. Heutzutage boomt die Ortschaft touristisch, weil sie, als eine der wenigen der Ostküste, direkt am Meer liegt. Apartments und Hotelanlagen befinden sich im Bau, die für weitere 2500 Gäste Platz bieten. Es bleibt abzuwarten, wie sich diese Entwicklung auf den Verkehr auswirkt, da sich viele Autos schon jetzt in der Hochsaison auf der einzigen Hauptstraße im Dorf stauen. Südlich bei Taverna liegt der größte Jachthafen der Region, **Port de Campoloro.** Von Prunete bis kurz vor Bravone sind die schönsten Strände in der Hand der großen FKK-Siedlungen.

Strände

Am Strand von **Moriani-Plage** ist im Sommer Hochbetrieb. Beliebte Sportarten sind Surfen, Baden, Bootfahrten und Jetski. Besonders schön und selbst im Hochsommer nicht überlaufen ist die **Plage d'Alistro** gut 14 km südlich von Moriani. Von den Stränden aus kann man bei klarer Sicht die Inseln Isola di Montecristo und Isola Pianosa in der Ferne erspähen.

Übernachten

Sympathisch – **Hotel Costa Verde:** Moriani-Plage, Tel. 04 95 38 50 41, www.hotel-costaverde.fr, Mitte März–Ende Okt. DZ ab 65/90 €. 200 m südlich vom Zentrum liegt das familiär geführte Hotel mit 15 im mediterranen Stil gehaltenen Zimmern (TV und Telefonanschluss nur in den teureren).

Familienfreundlich – **Camping/Caravaning Merendella:** am südl. Ortsende von Moriani-Plage, zwischen N 198 und Meer, Tel. 04 95 38 53 47, www.merendella.com, April–Okt. 23/27 € für 2 Pers. mit Zelt und Auto; Mindestverweildauer 3 Tage. Direkt am Meer gelegen, bietet der schattige 4-Sterne-Platz mit 196 Plätzen einen Kinderspielplatz, Tischtennisplatten und ein Volleyballfeld. Bungalows oder Mobilhomes sind wochenweise zu mieten.

Einfach und preiswert – **Camping Calamar:** in Prunete, südl. des Abzweigs nach Cervione, Tel. Vorsaison 04 95 38 03 94, sonst 04 95 38 03 54, www.campingcalamar.com, April–Okt. 12 € für 2 Pers. mit Zelt und Auto. 27 Plätze unter Bäumen, Kräutergarten, Waschmaschinen und morgens ein Bäckerservice. Tiere sind erlaubt und kostenfrei.

Essen & Trinken

Für den großen Appetit – **Ferme-Auberge A Mandria:** 9 km nördl. von Moriani-Plage, 1,5 km von der N 198 landeinwärts, ausgeschildert, Tel. 04 95 38 04 82, März–Dez. Fr und Sa Abend, So Mittag, Mo geschl., Menü ▷ S. 220

Auf Entdeckungstour: Essenzielle Öle – auf dem Bordeo-Hof bei Moriani-Plage

Essenzielle Öle sind die Quintessenz aller in den Pflanzen vorhandenen Kräfte, die Konzentration der korsischen Natur schlechthin, und lindern die unterschiedlichsten Gebrechen.

Reisekarte: ▶ G 5

Anfahrt: an der Kreuzung in Moriani-Plage (39 km südl. von Bastia) auf der D 34 landeinwärts, kurz nach dem Dorfende links, ca. 1,5 km. Den Schildern folgen (Bordeo, Essences Naturelles Corses), Parkplatz vorhanden.

Infos: www.essences-naturelles-corses.fr, Führungen Juni–Sept. Mo, Mi, Fr um 10 (frz.) und um 10.30 Uhr (dt.); Verkauf Juni–Sept. Mo–Sa 10–12.30, 15–19, sonst Mo–Fr 10–12, 14–17 Uhr, Tel. 04 95 38 46 04, enc@enc.fr.

Seit 1960 besitzt die Familie von Kayserlingk 17 ha Land in bester Lage, auf den Schwemmlandböden im Hinterland der Ostebene. Auf dem damals unkultivierten Gelände begann der Vater des heutigen Eigentümers mit dem Anbau von Clementinen und Kiwis. Nach der Übernahme des Hofs 1984 stellte der Sohn um: auf biodynamische Landwirtschaft mit ersten Aromapflanzen. Heute ist Bordeo der größte Anbieter ätherischer

Öle in Demeter-Qualität auf der Insel. Teilweise sind bis zu 20 Sammler für den Hof beschäftigt. Ganzjährig arbeiten drei Personen im Betrieb.

Steffis Corsica 1704

Eine von ihnen ist Steffi, die seit 1991 auf dem Hof ist und auch die deutschsprachigen Führungen leitet. Die Boutique bleibt erst einmal links liegen, stattdessen stehen Wasserdampfdestillieranlage (2000 l), Trockenschuppen und Extraktionslabor auf der Agenda. Geduldig erklärt Steffi alles, was es zu erklären gibt: den Unterschied von Blüten-, Blatt- und Schalenöl, die unterschiedliche Ausbeute der Pflanzen im Promillebereich, was auch die Preisunterschiede erklärt (Inula 0,3 ‰ – das bedeutet auf 100 kg Trockenmasse 30 g Öl! Myrte 1,8 ‰, Mastix 0,7 ‰, dagegen Eukalyptus 8 ‰, Rosmarin 5 ‰. Die essenziellen Öle sind die Quintessenz der in den Pflanzen vorhandenen Kräfte, ein reines Naturprodukt, durch Dampf gelöst und in der Abkühlspirale kondensiert, die Konzentration aller vorhandenen Wirkstoffe.

Steffi lässt alle an dem von ihr kreierten Eau de Cologne Corsica 1704 schnuppern und erklärt, die Zeit der Wildsammlung sei vorbei, nicht mehr mengengerecht, sie habe jetzt Verträge mit Bauern und lasse auf 30 ha Immortelle anbauen (Ausbeute 2 ‰). Der Kilopreis wird jährlich neu verhandelt. Die Produktpalette des Hofs hat sich in den letzten Jahren erweitert: Sie umfasst auch alkoholische Extrakte aus Vanille (Uganda), Kaffee und Kakao (Peru), die bei Unterdruck zum Konzentrat verdampfen und als Geschmacksgeber bei Eiscreme und zur Lippenstiftherstellung genutzt werden. Spätestens beim Blick auf die Flachbildschirmgalerie im Büro wird klar, dass es sich um einen sehr modernen Betrieb handelt.

Gegen (fast) alles ist ein Kraut gewachsen

Im kleinen Schaugarten stehen Mastix, Myrte, Rosen und Zedrat (Zitronatszitrone) neben Exoten wie Kumquat und Bergamott sowie typisch korsischen Düften von Nepita (Wildminze) und Citronelle (Zitronengras). Die Broschüre zur Aromatherapie klärt auf über die medizinischen Qualitäten der diversen Essenzen und ihre Anwendung. Von Aggression (Verbena) bis Zerrungen (Lorbeer) geht es quer durchs Alphabet. Es gibt ätherische Öle gegen Durchblutungsstörungen, Gallenerkrankungen, Migräne, Stress, Schwindel, Nachtschweiß, zum Einreiben, zur Massage mit Trägeröl, für Bäder, zur Diffusion in der Raumluft, Inhalation, für Spülungen oder Kompressen.

Bepackt mit Eukalyptus zur Konzentrationsförderung, Lorbeer für die Verdauung, Myrte zum Einschlafen, Immortelle gegen die Krampfadern, Rosmarin gegen Haarausfall und Minze für die Rückreise (falls das Schiff schlingert) verabschieden sich die Gäste von Steffi. Wohl bekomm's!

Tipp: Es gibt noch einen Betrieb vergleichbarer Qualität bei Lumio (Region Calvi, Führungen auf Französisch, Tel. 04 95 60 62 94, www.astratella.com).

inkl. Wein 28 €. Reservierung empfohlen. Das üppige korsische Menü ist bei den Einheimischen beliebt. Schöner Blick aufs Meer. Auch Pizza-Grill.

Chillig – **Le Flibustier:** Port de Taverna (▶ G 5), Tel. 06 29 53 05 17, www.le-flibustier.com, April–Okt. tgl. mittags und abends Restaurant, nachmittags Eiscafé, Hauptgericht ab 15 €. Am Hafen von Taverna liegt das kleine stylish eingerichtete Restaurant mit großer Terrasse, dessen schicke Sessel zum Relaxen einladen.

Perfekter Service – **U Catagnu:** am südlichen Ende von Moriani-Plage, Tel. 04 95 38 52 24, tgl., Hauptgerichte ab 14 €. Im modernen Interieur wird köstliche Mittelmeerküche serviert. Empfehlenswert ist das Goldbrasse-Filet gefüllt mit Schinken und Mozzarella.

Aktiv

Von Küste zu Küste – **Mare a Mare Nord:** Moriani ist der Ausgangspunkt des einfachen Wanderwegs, der in zwölf Tagen durch den Wald von Aitone und Valdu-Niellu, sowie durch die atemberaubenden Schluchten des Tavignano bis nach Cargèse führt.

Strandleben – **Bleu Sports Loisirs:** Plage Centrale, Moriani-Plage, Tel. 06 08 22 70 14, Juli/Aug., tgl. ab 9 Uhr, (5 €/Std./Pers.). Der kleine Aquapark mitten im Meer lädt zum Planschen und Klettern ein. Bleu Sports bietet auch Campingplätze und Bungalows an.

Pädagogischer Bauernhof – **Capra Parc:** Petrignani, Santa Lucia di Moriani, etwas außerhalb gelegen, Tel. 06 79 17 14 62, www.capra-parc.fr, ganzj. mit Reservierung, 12 €/Pers. Bei der Besichtigung einer Bergerie werden Ziegen gemolken. Man kann mit der Herde durch die Macchia laufen und Käse verkosten.

Abends & Nachts

Für Nachtschwärmer – **Dubai Café:** Port de Taverna (▶ G 5), Tel. 06 13 43 89 61, im Sommer durchgehend 14–2 Uhr. Am Jachthafen gelegen, verwandelt sich das Eiscafé abends in eine Bar.

Einfach cool – **Le Klub Caravelle:** Rte. de la Plage, nördl. von Moriani-Plage, Tel. 06 13 43 89 61, Juni–Sept. Mi–Sa abends, sonst Fr/Sa abends. Mit einem Fuß tanzt man fast im Wasser, so nah ist die Freilufttanzfläche an das Meer gebaut. Jeden Abend vibrieren die Körper nach Rhythmen von gestern und heute.

Infos

Bus: Haltestelle in der Ortsmitte von Moriani-Plage, 2 x tgl. nach Bastia und Porto-Vecchio.

San-Nicolao ▶ G 5

Das romantische Terrassendorf San-Nicolao und die anschließende Weiterfahrt über die Corniche de la Castagniccia bieten tolle Eindrücke auf dem Weg ins Hinterland von Moriani-Plage. Mittelpunkt von San-Nicolao ist die wunderschöne Barockkirche mit ihrem ausdrucksvollen Glockenturm.

Fährt man die Corniche de la Castagniccia (D 330) gen Süden Richtung Santa-Maria-Poggio, liegt zwischen zwei Tunnel in einer Kurve der Wasserfall von **Ucelluline** (▶ F 5). Von hier hat man einen herrlichen Ausblick auf das Meer. Beleuchtet bietet der Wasserfall nachts ein nachhaltiges Spektakel. Weiter geht es auf der D 330, bis man kurz vor Cervione einen Weg einschlagen kann, der zur **Chapelle Sainte-Christine** mit sehenswerten Fresken aus dem 15. Jh. führt.

Mikroregion der Castagniccia und Casinca

Die Mikroregion Castagniccia, geografische und politische Einheit der Gemeinden Alesani, Orezza und Ampugnani, ist die einstige ›Kornkammer‹ der Insel. Besonders reizvoll ist die Region im Herbst im prächtig leuchtenden Farbspiel des Herbstwaldes. Urkorsische Dörfer, kulinarische Spezialitäten aus Kastanien wie Likör, Gebäck und Konfitüre, sowie Wanderwege durch eine verwilderte Natur, die größtenteils zum Parc Naturel Régional de la Corse gehört, gilt es zu entdecken. In der angrenzenden Casinca lohnt ein Abstecher in die malerischen Dörfer. Die Küstenorte Querciolu, Arena und vor allem Folelli haben eher wirtschaftliche Bedeutung.

Castagniccia ▸ F 5

Einst war die Castagniccia eine Wiege fortschrittlichen Denkens. Im Kloster von Alesani nahe **Valle-d'Alesani** und im Kloster von Orezza bei Piedicroce versammelten sich im 18. Jh. die Freiheitskämpfer, um Befreiungsstrategien und die Ordnung für die ersehnte Republik auszuarbeiten. Hier wurde der einzige König von Korsika, Theodor von Neuhoff (s. S. 67) ernannt. Von Cervione aus versah König Theodor 1736 während seiner kurzen Regentschaft die Geschäfte. Morosaglia ging als Geburtsort des Freiheitskämpfers Pasquale Paoli in die korsische Geschichte ein. Heute sind die Dörfer weitgehend entvölkert – im Winter halten vielerorts weniger als ein Dutzend Bewohner die Stellung. Mehrmals die Woche kommen rollende Kaufläden und versorgen sie mit dem Notwendigsten. Hier und da beleben Initiativen das Bild, mit Geschäften für Kunsthandwerk und regionale Erzeugnisse will man Reisende anlocken. Wo der Verfall unausweichlich

Campodonico – ein verlassenes Dorf inmitten der Castagniccia

schien, tauchen frisch geputzte Fassaden auf. Unvergesslich schön ist die Landschaft: Kastanienwälder, überragt von den Bergen **Monte San Petrone** (1767 m) und **Punta de Caldane** (1724 m), Dörfer wie graue Inseln im Blätterwald, verteilt auf Sporne, Kämme, Täler des unendlich zergliederten Gebirges.

Die Straßen gehören zu den kurvigsten der Insel, für einen Ausflug sollte man einen ganzen Tag oder eine Übernachtung einplanen, damit Zeit bleibt, die Gegend auch zu Fuß oder per Rad zu erkunden. Eine ganze Reihe von *gîtes ruraux* ermöglichen den Aufenthalt in dieser abgeschiedenen Region. Die gängigste, sehr schöne Route führt über die D 71 von Prunete nach Ponte Leccia (71 km), wer Abstecher wählt, findet mehr Einsamkeit.

Mein Tipp

Wasserfall von Carcheto ▶ F 5
In Carcheto am Vorplatz der Kirche folgt man dem Schild »Cascade«. Dann geht's am Friedhof vorbei für ca. 15 Min. auf dem naturbelassenen Weg weiter, an dem links ein steinerner Torbogen, die Quelle **Funtana di L'Onda,** steht. Der Weg führt links mehrere Stufen hinab zum Wasserfall mit einem natürlich entstandenen eiskalten Badebecken. Dieser kleine Wasserfall ist noch unbekannt, sodass man ihn im Sommer allein genießen kann. Wem die kurze Wanderung nicht ausreicht, der kann noch etwas weiter den Fluss entlanglaufen und die frische Waldluft, das Gezwitscher der Vögel und das Rauschen des Flusses genießen.

In Cervione (Cervioni) (▶ G 5) sind die große Barockkathedrale Saint-Erasme und das historisch-ethnographische Museum (s. S. 224) zu sehen. Bei schönem Wetter lohnt der Aufstieg zum Hausberg Punta de Nevera (815 m).

In **Carcheto** (Carchetu) (▶ F 5) ist die Kirche im Ort mit den naiven Wandmalereien sehenswert.

Essen & Trinken

Für den großen Appetit – **U San Petru:** Valle d'Alesani, D 71, 16 km hinter Cervione, Tel. 04 95 35 94 74, Juli/Aug. tgl., sonst telefonisch nachfragen, Menü ab 15 €. Es gibt jeden Tag zwei Menüs mit typischen, sorgfältig zubereiteten Gerichten. Die Portionen werden auf einer angenehmen Schattenterrasse oberhalb der Straße serviert.

Einfach und freundlich – **Auberge de l'Alisgiani:** Lieu-dit Ortale, Tel 04 95 39 15 43, Menü 18–22 €, Wildschweingulasch 15 €, Omelette 9,50 €. Beste korsische Landesküche, freundliche Wirte.

Infos & Termine

Syndicat d'Initiative de la Castagniccia: Folelli (▶ G 5), an der RN 198, im Gebäude vor der Post, Tel. 04 95 35 82 54, www.castagniccia.fr, im Sommer Mo–Sa 9–12, 14–18, im Winter Mo, Di, Do, Fr 9–12, 14–17 Uhr. Eine Zweigstelle befindet sich in Piedicroce. Es werden Wanderkarten für die gut ausgearbeiteten Wege von Dorf zu Dorf und auf den Monte San Petrone angeboten.

Le Petit Marche d'Arcarotta: Am Col d'Arcarotta, ca. 3 km vor Carcheto von Cervione kommend, findet im Juli und August von 10 bis 18 Uhr immer sonntags ein kleiner Markt mit landwirtschaftlichen Erzeugnissen und Kunsthandwerk aus der Region statt.

Piedicroce ▸ F 5

Über dem Orezza-Tal liegt Piedicroce und beeindruckt mit der imposanten Barockkirche **Eglise Saint-Pierre et Saint-Paul.** Folgt man der D 71, stößt man auf die Ruinen des **Couvent d'Orezza,** wo 1735 die korsische Unabhängigkeit ausgerufen wurde. Aufgegeben nach der Französischen Revolution, zerstörten es die Deutschen endgültig im Zweiten Weltkrieg.

Unbedingt lohnend ist ein Abstecher zur Mineralwasserquelle **Source d'Orezza** (s. S. 223) und zum schmucken, etwas abseits gelegenen Taldorf **La Porta** (A Porta d'Ampugnani) mit der gepriesenen Barockkirche Saint-Jean-Baptiste. Von dort führt eine Straße durch das Fium'alto-Tal zurück an die Küste. Die D 71 erreicht den Col de Prato, den Ausgangspunkt für eine Gipfelwanderung zum Monte San Petrone, die in ca. 5 Std. hin und zurück über weite Strecken durch schattigen Buchenwald verläuft.

Übernachten, Essen

Einfach und preiswert – **Le Refuge:** Piedicroce, Tel. 04 95 35 82 65, www.hotel-le-refuge.com, April–Mitte Okt., DZ 52 €, Menü 19 €. An der Durchgangsstraße im Ort befindet sich das Hotel mit 20 einfachen und sauberen Zimmern. Das Preis-Leistungs-Verhältnis stimmt, und auf der doppelstöckigen Terrasse mit Sicht auf das Tal kann man ein deftiges Menü zu sich nehmen.

Essen & Trinken

Der Klassiker – **Restaurant de l'Ampugnani Chez Elizabeth:** La Porta, am Kirchplatz, (in Nocario auf die D 515 oder kurz vor dem Col de Prato auf die D 205), Tel. 04 95 39 22 00, im Sommer tgl. mittags und abends, außerhalb der Saison nur mittags und auf Anfrage, Mo und Jan./Febr. geschl., Menü 12–25 €. Mit ausgesuchten Zutaten der Saison wird hier raffiniert gekocht. Es ist eine der besten Restaurantadressen der Insel.

Morosaglia ▸ F 5

Am nordwestlichen Rand der Castagniccia liegt das stille Bergdorf Morosaglia (Merusaglia). Korsikas ▷ S. 227

Source d'Orezza ▸ F 5

Die bekannteste Heilquelle Korsikas liegt in der Nähe von Piedicroce. Schon die Römer wussten das eisen- und kohlensäurehaltige Wasser zu schätzen. 1856 wurde es als Heilwasser zugelassen. Dank seines hohen Eisengehalts setzte man es bei Blutarmut, Nervenkrankheiten, Leber- sowie Gallenleiden und sogar gegen Malaria ein. Jährlich werden bis zu 7 Mio. Flaschen abgefüllt. Betriebsführungen bzw. ein Film geben Einblicke in den Bearbeitungsprozess von der Enteisungsstufe über Qualitätskontrollen bis zur Abfüllung. Auch wenn die Tore geschlossen sind, kann man vor dem Eingangsportal an einem Brunnen das Heilwasser abfüllen. Anfahrt: von der N 198 bei Folelli Richtung Penta-di-Casinca, der D 506 für 19 km Richtung Piedicroce folgen, dann auf die D 46 Richtung Rapaggio. Tel. 04 95 39 10 00, www.orezza.com, April–Mitte Okt. Mo–Sa 8–20, So 9–20, Mitte Okt.–Ende März Mi–So 8–18 Uhr. Führungen nur außerhalb der Saison ab 10 Pers. nach Terminabsprache, sonst Filmvorführung in der Boutique, Eintritt frei.

Auf Entdeckungstour: Korsischer Alltag damals – Besuch im Völkerkundemuseum

Das wohl schönste Museum der Insel in Cervione bietet ein überwältigendes Spektrum an Objekten aus dem Alltagsleben der Inselbewohner des 19. und frühen 20. Jh. Die meisten Stücke sind nicht hinter Vitrinenglas verschanzt, sondern liegen für die Besucher zum Anfassen aus.

Reisekarte: ▶ G 5

Anfahrt: von Bastia auf der N 198 46 km nach Süden, in Prunete 5 km landeinwärts auf der D 71, in Campuloru links nach Cervione abbiegen.

Infos: Le Musée Ethnographique de l'ADECEC, Öffnungszeiten Mo–Sa 10–12, 14–18, Juli/Aug. 19 Uhr, Fei geschl.; Eintritt 3 €, mit Walkman (Audioguide, auch Deutsch) 5 €, Kinder 2 €/2,50 €; Tel. 04 95 38 12 83, www.adecec.net.

Dem Verein ADECEC (Verein zur Erforschung der Archäologie, Geschichte, Sprache und Natur im östlichen Zentrum Korsikas) ist die Einrichtung dieses wohl einzigartigen Museums in Cervione zu verdanken. Weitere Einrichtungen des seit 1975 existierenden Vereins sind eine Datenbank für korsische Sprache sowie das Lokalradio Voce Nustrale.

Allein die Aussicht lohnt

Cervione liegt 300 m über der Ostebene, ein großes Dorf, bunt mit Blumen bepflanzt. Wie auf einem Balkon wird der Blick frei aufs Tyrrhenische Meer, bei guter Sicht bis zur Insel Montecristo. Der Ort besteht aus einer Ansammlung massiger Herrschaftshäuser und war Sitz der Bischöfe von Aléria.

Der Aufstieg zur durchaus besichtigungswerten Kathedrale Saint-Erasmus ist leicht. 20 m oberhalb liegt der Eingang zur früheren Priesterschule. Das Gebäude, das heute das Museum beherbergt, stammt aus dem Jahr 1578. Während der Revolte der Korsen war es zeitweise Heerlager der Soldaten König Theodors. In dem gewaltigen Bauwerk sind auf drei Stockwerken in 14 hohen und lichten Sälen 2000 Objekte ausgestellt, die Einblick geben in die frühere Alltagswelt und die Vielfalt der korsischen Kultur.

Buntes Sammelsurium

Den Besucher erwartet zunächst ein Durcheinander diverser Ausstellungsgegenstände hinter Glas ohne erkennbaren roten Faden. Interessant sind Obsidianstücke und ein Zunderholzschwamm, das Feuerzeug der Steinzeit. Doch gibt es auch thematisch geordnete Vitrinen, sie zeigen in der Mitte des Raums die Gesteinsarten der Insel, vielfältig und bunt. Ein Begleitheft animiert Neugierige zum genaueren Studium. Kurios: Eine Vitrine mit unterschiedlichst genutzten Tierhäuten zeigt einen Weinschlauch aus dem Leder einer Ziege, deren verknotete Beinhaut als Tragegriffe diente. Vorbei an einer Sammlung geklöppelter (Reiz-)Unterwäsche aus dem 19. Jh. geht es in den Nebenraum, und da herrscht thematisch Ordnung.

Im Weinberg und beim Schmied

Es geht um Weinbau, wie gewaltige hölzerne Pressen, Pflanzbohrer, Verkorkungsmaschine, Rückenspritzen und diverse Schnapsbrenner aus Kupfer mit ihren Destillierspiralen, heute noch begehrtes illegales Kaufgut auf dem Lande, demonstrieren. Gleich daneben befindet sich die voll ausgerüstete Schmiede mit Hunderten von Werkzeugen zum Anfassen. Hier gibt es Essen, riesige Blasebälge, Amboss, Tischbohrmaschinen, handgeschmiedete Nägel, eine Kerzenmanufaktur und, als Schocker gleich am Eingang, die Zahnausreißzange links an der Wand. Dazu muss man wissen: Der Schmied war nebenbei auch der Mann für faule Zähne …

Am Eingang zur ersten Etage wird man mit den drei verbreitetsten Arten der Dachdeckung bekannt gemacht: Tonziegeln (die Halbschalen wurden über menschliche Oberschenkel geformt!), Schieferplatten und Schwarzkieferschindeln. Die beiden benachbart stehenden lebensgroßen Holzfiguren der Dorfheiligen scheinen auf alles einen wachen Blick zu haben.

Die Hausfrau ist gerade mal weg

Im ersten Raum links sieht es aus, als sei die Hausfrau aus dem 19. Jh. mal eben ausgegangen: Vielleicht saß sie gerade noch an der Singer-Nähmaschine oder am Webrahmen? Ih-

ren harten Alltag illustrieren auch Scheren zur Schafschur, Kartätschkämme, Spindeln, holzkohlebefeuerte Bügeleisen, sorgfältig gebügelte Leinenhemden, Hutspanner, ein aus Ziegenhaar gewebter Hirtenmantel *(pellone),* Ton-Asbest-Geschirr (die Mischung war schon in der Steinzeit bekannt, um feuerfestes Geschirr herzustellen) und Käseabtropfkörbchen aus Binsengeflecht. Ein I-Tüpfelchen der Ausstellung ist sicherlich die nicht unbedingt als solche zu erkennende Waschmaschine mit hölzerner Abtropfschüssel und einem Korkmantel als Wandung, in dem die Wäsche mit Holzasche bedeckt so lange mit heißem Wasser übergossen wurde, bis die Ablaufbrühe klar war.

Vom Landwirt zum Schuster

Im nächsten Raum wird auf einer kleinen Wandfläche links detailfreudig beschrieben, wie man den Griff an einer Sichel befestigt. Dazu muss ein gerade gewachsenes Stück Nussbaumwurzel noch fällfrisch in den Sicheldorn getrieben werden, damit sich der Griff beim Trocknen zusammenzieht und eine feste Verbindung entsteht. Eine große Wand ist allein Schlossmechanismen gewidmet. Die Armen, die sich kein geschmiedetes Metallschloss leisten konnten, bauten sich findig aus Holz schließende Mechanismen.

Vorbei an Wandausfachungen aus Lehmerde und Schilfrohr, Gesellschaftsspielen, Rasselinstrumenten und einer Haselnuss-Sortierzentrifuge geht es weiter zu Tierfesseln aus Wein-, Wildbrombeer- und Weidenranken. Furcht einflößend ist das Kastriereisen für Stiere. Doch danach wird es heimelig, der Wohnraum der Castagniccia ist erreicht, mit ›Trachtenmannequin‹ und dem *fucone,* dem Herd zum Kochen und Heizen mitten im Raum.

Einen Seitengang weiter gibt es Haumesser, Tierfallen, Gartenwerkzeuge. Eine Wand beschreibt die Herstellung von Patronen mit Gießformen und Pulverhorn und auf nur 1 m^2 Fläche ist eine komplette Schusterwerkstatt aufgebaut. Jetzt harrt noch die Urform eines Bienenstocks aus Kork auf die Besichtigung, Lastsättel, eine Sense und manches mehr. Es wartet aber noch ein Stockwerk.

Tischler, Drucker, böse Geister

Die ausgetretene Steintreppe führt in eine Tischlerwerkstatt mit Hobelbank und Dutzenden von Bohrern, Hämmern, Beiteln, Zweimannsägen. Im rechten Nebenraum ist die Druckerei des 173. Infanterieregiments mit Letternkästen und Pressen untergebracht. Liturgischer Schmuck und Lärminstrumente zum Vertreiben der bösen Geister warten im vorletzten Raum, außerdem eine Prozessionsmonstranz aus vergilbten Palmblättern, eine Christusfigur mit beweglichen Gliedmaßen zum Nachspielen der Kreuzigung und ein Gebetsstuhl mit aufklappbarer Sitzfläche zum Niederknien.

Der König im letzten Winkel

Hier stößt man auch auf deutschsprachige Zeitungsausschnitte über König Theodor, der 1736 acht Monate lang König der Korsen war. Leider darf man sich, jetzt doch etwas ermüdet und mit schweren Beinen, nicht aufs Bett im Hinterzimmer setzen, auch nicht in die Kupferbadewanne, geschweige denn einen der Potschamber (Nachttöpfe) benutzen – dafür gibt's eine Toilette unten am Eingang. Wer mag, geht nun zurück zum Kirchplatz und trinkt dort in lauschiger Atmosphäre einen Cap Corse mit Eis. Und weiß Kaffeemaschine und anderen modernen Schnickschnack förderhin zu schätzen ...

berühmtester Freiheitskämpfer, Pasquale Paoli, erblickte hier am 6. April 1725 das Licht der Welt. Getauft wurde der ›Vater des Vaterlandes‹ in der Kirche Santa Reparata. Im Londoner Exil gestorben, wurde seine Urne aus der Westminster Abbey in die Kapelle bei seinem Geburtshaus überführt.

Maison Natale de Pasquale Paoli
Tel. 04 95 61 04 97, www.haute-corse.fr, April–Sept. tgl. 9–12, 13–18, sonst Mo–Sa 8–12, 13–17 Uhr, Fei geschl., Eintritt 2 €
Ein Museum ist im Geburtshaus von Pasquale Paoli untergebracht mit Exponaten aus der Geschichte des Unabhängigkeitskampfes und persönlichen Erinnerungsstücken Paolis. Ein 10-minütiger Video dokumentiert Paolis Leben und Wirken. Der Freiheitsheld der Korsen ist in der Kapelle bestattet. Als Philosoph und Staatsmann formulierte er 1755 die erste demokratische Verfassung der Welt mit Gewaltenteilung und jährlich vom Volk zu wählenden Abgeordneten und gründete Schulen in den Dörfern. Nach dem Sieg der Franzosen lebte er 21 Jahre in London, kam nach dem Sturz des Alten Regimes kurzzeitig zurück, überwarf sich mit den Bonapartes und starb im Exil.

Casinca ▸ F 4

Die kleine Region ist dank der Nähe zu Bastia nicht vom Bevölkerungsschwund betroffen, sodass die natürliche Schönheit der Gegend noch durch belebte Dörfer und gepflegtes Umland unterstrichen wird. In der Casinca versorgen sich die Küstenbewohner mit günstigem Schinken und Aufschnitt, die in fast jedem Dorf in der *charcuterie* angeboten werden.

Hauptort ist Vescovato (Viscovatu), von 1269 bis 1570 Bischofssitz, ein verwinkeltes Städtchen, dessen zentraler Platz zugleich den Kindern als Schulhof dient. Unbedingt lohnend ist ein Bummel durch die alten Gassen um die Barockkirche San Martino. Von **Venzolasca** (Venzulasca), idyllisch auf einem Bergsporn über die Ebene hingestreckt, tun sich wunderschöne Blicke auf. Kultivierte Terrassen komplettieren das Bild des Dorfes **Penta-di-Casinca** mit der schönen Barockkirche.

In **Loreto-di-Casinca**, wo die Schiefersteinhäuser hoch am Berg eine Kirche umlagern, die von einem Fels zu Tal blickt, ist das Panorama auf das Meer und die Costa Verde grandios. Markierte Wanderwege führen in knapp zwei Stunden auf den **Monte Sant'Angelo**.

Essen & Trinken

Einheimische Kost – **Indè Titinu:** in Loreto-di-Casinca, am Dorfplatz, Tel. 04 95 36 10 21, Juni–Sept. tgl. mittags und abends, Gerichte ab 12 €. Ausgezeichnete regionale Küche und ein Fernblick, der seinesgleichen sucht.

Einkaufen

Für Weinkenner – **Cave Coopérative de la Casinca:** RN 198, Arena, Vescovato, Tel. 04 95 36 51 45, Fax 04 95 36 50 26, Mo–Sa 8.30–12, 14–17.30 Uhr. Die alteingesessene Genossenschaftskellerei bietet die renommierte Weinsorte Président an und lädt zur Verkostung ein.

Infos

Communauté des Communes de la Casinca (Gemeinschaft der Gemeinden): RN 198, Arena, Vescovato, Tel. 04 95 30 61 09, Mo–Fr 8.30–12, 14–17 Uhr, www.casinca.fr.

Costa Serena

Die Costa Serena steht für schöne, kilometerlange Strände, fischreiche Lagunenseen und fruchtbare Obstplantagen, Olivenhaine und Rebstöcke. Die RN 198 verläuft dicht hinter der Küste, kleine Stichwege führen an feine, helle, piniengesäumte Strände, die sich zu beiden Seiten weit erstrecken und Anziehungspunkt für viele Badeurlauber sind. Kulinarische Routen sowie Wanderwege wie der Mare a Mare Centre bewirken ein langsames Wiedererstarken der bevölkerungsarmen Dörfer im Hinterland. Besonderen Reiz – auch für Radfahrer – haben die kleinen Straßen ins gebirgige Binnenland.

Aléria ▸ G 7

Der im fruchtbaren Mündungsgebiet des Tavignano gelegene Ort besteht eigentlich aus zwei Dörfern: aus **Aléria** südlich des Tavignano und dem mittlerweile zum Zentrum herangewachsenen **Cateraggio** nördlich an der N 200, der Hauptverbindung von der Küste nach Corte. Aléria ist von Weinmonokulturen umgeben, die von den *pieds-noirs* bewirtschaftet werden.

Das alte Aléria thront strategisch günstig auf einem 40–60 m hohen Plateau über dem Südufer des Tavignano. Es blickt auf 2600 Jahre wechselvolle Geschichte zurück. Gegründet wurde es 565 v. Chr. von Phokäern, einem griechischen Stamm aus Kleinasien, der wegen der Bedrohung durch die Perser zu neuen Ufern aufbrach. Später diente Alalia als Handelsstützpunkt und Ausgangspunkt für Beutezüge, als Umschlagplatz für Waren aus dem ganzen westlichen Mittelmeer. Auch der natürliche Reichtum der Insel wurde ausgebeutet, Kupfer und Eisen abgebaut, Holz für den Schiffsbau geschlagen. 280 v. Chr. eroberten die Karthager die Stadt, 259 v. Chr. wurden sie von den Römern abgelöst, die von dort aus ganz Korsika

Reste der Römerstadt Aléria

unterwarfen, ein Prozess der in hundert Jahren fast der Hälfte der korsischen Bevölkerung das Leben kostete.

Lange Zeit Hauptstadt der römischen Provinz Corsica, war Aléria in seiner Blüte eine Stadt von mehr als 20 000 Einwohnern inmitten kultivierter Landschaft. Mit dem Niedergang Roms schwand seine Bedeutung. Im 5. Jh. n. Chr. wurde die Stadt von den Vandalen zerstört. Siedlung und Ebene, seit der Spätzeit der Römer malariaverseucht, fielen in mehr als tausendjährigen Schlaf – als der deutsche Kulturhistoriker Ferdinand Gregorovius 1852 Aléria besuchte, begegneten ihm gerade noch zwei Einwohner.

Das alte Aléria zieht heute geschichtlich interessierte Besucher an. Im Zentrum, Cateraggio, herrscht eher Durchgangsverkehr, die Korsen kaufen hier Güter des täglichen Bedarfs ein. Der Strand ist hingegen touristisch geprägt mit einem großen Campingplatz und verschiedenen Restaurants.

Musée Jérôme-Carcopino

Tel. 04 95 57 00 92, 16. Mai–30.Sept. Mo–Sa 8–12, 14–19, Okt.–Mitte Mai Mo–Sa 8–12, 14–17 Uhr, Eintritt 2 €

Im Fort de Matra auf dem Hügel ist das Museum ansässig, in dem die Geschichte von Aléria und Korsika über zehn Jahrhunderte zu spüren ist. In mehreren Räumen befindet sich eine bemerkenswerte Sammlung antiker Fundstücke der seit 1958 durchgeführten Ausgrabungen. Freigelegt sind große Reste der Römerstadt: Forum, Tempel, Kapitol und öffentliches Badehaus sowie Mauern von Privathäusern. Zugang hat man links über einen Weg neben dem Museum.

Strand

Die sandige lange **Plage de Padulone** zwischen der Tavignano-Mündung und dem Turm am Eingang zum Etang de Diane ist die einzige Bademöglichkeit in Aléria. Ein Fußpfad schlängelt sich vom Ort durch Weinfelder und die Macchia bis zum Turm.

Übernachten, Essen

Schöner Rundblick – **Salon de Thé La Tour:** 12 km nördl., Stichstraße zur Marine de Bravone, Tel. 04 95 38 81 54, www.latourbravone.com, Mitte Mai–Mitte Okt., Mi geschl., DZ ab 68/78 €. Die Studios der deutschen Wirtin sind häufig von Stammgästen belegt – unbedingt reservieren.

Übernachten

Riesengroß – **Camping Marina d'Aléria:** N 200 Richtung Meer, Plage de Padulone, Tel. 04 95 57 01 42, www.marina-aleria.com, Mitte April–Mitte Okt, 20–42 € für 2 Pers. mit Auto und Zelt. Inmitten von Pinien und Eukalyptusbäumen nahe dem Strand liegen die 150 gepflegten Campingplätze und 136 Bungalows/Mobilhomes. Wassersport, Tennis, Minigolf, Beachvolley, Tischtennis, Animation und Mini-Klub (Juli/Aug.), Billard, Kanu- sowie Fahrradverleih sind möglich. Das Restaurant mit Pizzeria hat appetitlich angerichtete Speisen, besonders empfehlenswert das Carpaccio vom Rind.

Nur für FKKler – **Centres Naturistes:** Die bekanntesten FKK-Feriendörfer sind **Corsica Natura** (nördl. von Bravone), Tel. 04 95 38 91 30, www.corsica-natura.com, April–Okt. Bungalow pro Tag für 2 Pers. ab 38/47 €, und **A Bagheera** bei Bravone (▶ G 6), Tel. 04 95 38 80 30, www.bagheera.fr, April–Okt. Bungalow pro Tag für 2 Pers. ab 66/127 €; **Riva Bella** (10 km nördl. von Aléria), Tel. 04 95 38 81 10, www.rivabella-corsica.com, Mai–Sept. Bungalow pro Tag für 2 Pers. ab 99/145 €. In allen Feriendörfern Camping möglich.

Essen & Trinken

Korsische Köstlichkeiten – **L'Osteria:** bei der Shelltankstelle in Aléria, Tel. 04 95 33 36 02, ganzjährig geöffnet, im Sommer mittags und abends, außer Saison Mi/Sa Mittag geschl., Hauptgerichte ab 12 € (Muscheln mit *frites*), *menu découverte* 16 €. Eigene Terrasse. Gute korsisch-traditionelle Küche.
Perfekter Service – **Restaurant Corsica-na:** Club Corsicana, Linguizzetta (▶ F 6), Tel. 04 95 38 85 76, www.restaurant-corsicana.com, Mai–Sept. Mo–So 12–14, ab 18 Uhr, Menü 19,50 €. Nördlich von Bravone findet man dieses Restaurant im gleichnamigen FKK-Klub. Unter deutscher Leitung wird mediterrane Küche in stilvollem Ambiente angeboten. Köstliche hausgemachte Desserts, insbesondere der Chagallteller.

Einkaufen

Exklusiver korsischer Whisky – **Domaine Mavela:** U Licetto, an der D 343 südl. von Aléria, Tel. 04 95 56 60 30, www.domaine-mavela.com, Ende März–Mai und Sept.–Mitte Jan. Mo–Sa 9–12, 14–18, Juni–Aug. Mo–So 9–20 Uhr. Die Brennerei, die als einzige korsischen Whisky herstellt, lädt in einen Gewölbekeller ein. Dort kann man *eau de vie*, in diesem Fall Obstler aus selbst angebauten Himbeeren und Williams-Birnen, aus Kastanien und Myrte sowie korsische Spezialitäten probieren und kaufen.
Fangfrische Delikatessen – Liebhaber von ganz frischen Austern und Muscheln kommen am **Etang de Diane** und am **Etang d'Urbino** im schwimmenden Restaurant in uriger Atmosphäre oder beim direkten Kauf dutzend- bzw. kiloweise voll auf ihre Kosten.
Korsisches allerlei – **Wochenmarkt:** An der RN 198 in Bravone findet im Sommer Do 8–13 Uhr ein Markt mit vielfältigem Angebot statt. Neben typisch korsischen Erzeugnissen der einheimischen Produzenten gibt es hier auch Schmuck, Edelsteine, Antiquitäten und Bilder regionaler Künstler.

Aktiv

Paddeln ahoi – **An der Brücke des Tavignano in Cateraggio** können Kajaks und Kanus gemietet und an einer Rampe zu Wasser gelassen werden. Nach Voranmeldung unter Tel. 06 67 26 52 49; 1 Std. 13 €, halber Tag 28 €, ganzer Tag 38 €.
Kajaks vermietet auch die **Tauchschule** 10 km nördlich im **Tropicana**, Tel. 06 82 57 65 79, www.amadreperla.com.
Mit dem Drahtesel unterwegs – **Radtouren:** Reizvolle Routen ins gebirgige Binnenland sind die D 17/ D 42, die südlich des Leuchtturms von Alistro am Stausee vorbei in die alten Dörfchen Canale-di-Verde (▶ F 6) und Linguizzetta führen; die D 16/D 116, die sich nach einer langen Geraden durch die Ebene nach Tallone und hinauf zur Punta di Mangaio schlängeln; die D 14, die von der N 200 abgeht und hoch über dem Tavignano ins Bozio führt, oder die D 43 über Antisanti und Vezzani nach Vivario.

Infos & Termine

Infos

Office de Tourisme: an der N 198 gegenüber der Post, Cateraggio, Tel. 04 95 57 01 51, www.corsica-costaserena.com, im Sommer Mo–Sa 9–19, ansonsten Mo–Fr 8.30–12, 13.30–17 Uhr.

Am Etang de Diane ist die Frische des Muschel- und Austernfangs garantiert

Verkehr

Bus: 2 x tgl. Richtung Bastia und Porto-Vecchio, Abfahrt an der N 198 nördl. der Tavignano-Brücke.

Termine

Festa Antica: Anfang Aug. wird die N 198 zur Bühne eines Historienspektakels. Der Jahrmarkt und die Schausteller in römischen Kostümen erinnern an das antike Aléria. Es gibt einen Kunsthandwerkermarkt, Musikanten, Wettspiele, Wein. Die Geschäfte haben bis weit in den Abend geöffnet.

Tavignano-Tal ▸ F 6

Hinter Aléria im unteren Vallée du Tavignano (Valle di Tavignanu) erstreckt sich Natur pur. Viele rauschen mit ihren Autos über die gut ausgebaute N 200, die als Verkehrsachse die West- und Ostküste verbindet. In deren Verlauf war die genuesische Bogenbrücke bei Altiani (s. S. 232) aus dem 17. Jh. (Erweiterung im 19. Jh.), lange ein berühmtes Nadelöhr für den Verkehr. Auf die Höhen über dem Tal führen die D 314 zu den verschlafenen Balkondörfern des auslaufenden Schiefergebirges, die D 143 nach Venaco oder Vezzani in die Wälder des Granitmassivs.

Übernachten, Essen

Herzlich willkommen – **Ferme-Auberge U Sortipiani:** an der N 200 in Pont de Piedicorte (▶ F 6), ca. 22 km von Aléria, Tel. 04 95 48 81 67, www.sortipiani.com, Hotel ganzj., DZ 60 €, Stellplätze für Zelte vorhanden. Restaurantbetrieb März–Okt. tgl., sonst auf Anfrage für Gäste, die nicht im Hotel nächtigen, Menü 26 €, Kindermenü 11 €. Patron Xavier Corazzini empfängt seine Gäste in traditioneller Gastfreundschaft. Ein ruhiger Ort mit schmackhaftem, deftigem Essen – die meisten Zutaten stammen aus eigener Produktion. Reservieren.

Lieblingsort

Genueser Brücke bei Altiani – Natur und Geschichte ▶ F 6

Schon von Weitem ist die genuesische Bogenbrücke bei Altiani zu sehen. Wie aus dem Bilderbuch ragt sie über dem Tavignano empor und fügt sich in das Schauspiel der wildromantischen Natur ein. In schimmernden Farben spiegelt sich die Brücke aus dem 17. Jh. im Fluss wider. Das Ufer lädt zum Verweilen ein, um die Seele baumeln zu lassen, dem Zwitschern der Vögel und dem Zirpen der Grillen zu lauschen. Im Hintergrund ziehen Schafherden vorbei. Man fühlt sich im Einklang mit der Natur. Die Brücke erreicht man nach ca. 31 km auf der N 200 von Aléria Richtung Corte.

Mein Tipp

Notre Dame de Pancheraccia – im korsischen Lourdes ▶ F 6
Die Kapelle Notre Dame de Pancheraccia ist ein Ort der Besinnlichkeit und der vollkommenen Stille. Es riecht nach frischen Blumen, die in der Kapelle aufgestellt sind. Hier fällt es leicht, in sich zu gehen. Ehrfurchtsvolles Schaudern setzt ein beim Gedanken daran, was sich einst hier zugetragen haben soll: Einem Mädchen war im 18. Jh. die Jungfrau Maria erschienen. Sie ließ eine Wasserquelle entspringen und rettete es vor dem Verdursten. Das kristallklare Wasser sprudelt heute noch rechts vor dem Eingang der Kapelle und darf abgefüllt werden. Die Quelle soll Wunder bewirken. Jedes Jahr am 7. und 8. September versammeln sich am einzigen Ort Korsikas, wo die Jungfrau Maria erschienen sein soll, zahlreiche Pilger. Von Aléria fährt man auf der N 200 Richtung Corte und biegt dann nach links ab auf die D 14 Richtung Pancheraccia. Am Ortseingang von Pancheraccia führt links ein Kreuzgang hoch bis zur Kapelle.

Termine

Fiera di u Legnu: Im Juli findet bei Vezzani im Herzen eines Lariciokiefernwaldes der Jahrmarkt rund um Holz und Walderhaltung statt. Ein unentbehrlicher Treffpunkt für Fachleute und Liebhaber des Waldes. Bildhauer, Drechsler, Maler, Hersteller von Spielzeug aus Holz, Holzfäller und Handwerker stellen ihre Produkte aus – auch für Besucher ist das ein schöner Termin im Urlaubskalender.

Ghisonaccia ▶ F 7

Das kleine Städtchen Ghisonaccia (Ghisunaccia) in Küstennähe ist der Hauptort der Costa Serena. Die N 198 verläuft quer durch den Ort und ist zugleich die Geschäftsstraße des Ortes mit Restaurants und Boutiquen. Die D 144 führt vom Ortskern zum lang gezogenen Sandstrand mit kleinem Kletterpark. Dank seiner zentralen Lage wählen ihn die Touristen als Ausgangspunkt für Tagesausflüge.

Für die Korsen ist die Region das landwirtschaftliche Zentrum der Ostküste, wo Pampelmusen, Clementinen, Kiwis, Avocados und Trauben für Qualitätsweine angebaut werden.

Vom Zentrum führt die D 344 nach Ghisoni durch die beiden imposanten, vom Fluss Fium'Orbu gegrabenen Schluchten Défilé de l'Inzecca und Défilé des Strette. Im Fluss zu baden ist erst oberhalb des zweiten Stausees erlaubt, an dem es auch hübsche Plätze zum Picknicken gibt.

Übernachten

Riesengroß – **Camping Arinella Bianca:** Rte. de Mer, Ghisonaccia, Tel. 04 95 56 04 78, www.arinellabianca.com, April–Mitte Okt., 23/45 € für 2 Pers. mit Zelt und Auto. Der riesige Platz mit 532 Stellplätzen verfügt über einen Swimmingpool und eine optimale Ausstattung. Auch Bungalows stehen wochenweise zur Verfügung.

Essen & Trinken

Schneller Service – **Au Cintra:** an der N 198, Südeingang von Ghisonaccia, Tel. 04 95 56 13 44, tgl. 12–14, 19–23 Uhr, Menü mittags ab 15 €, abends ab 29 €. Das Lokal an der Straße, in dem man alles bekommt, für den großen und den kleinen Hunger zu annehmbaren Preisen lädt zu einem Zwischenstopp ein.
Markante Lage – **Ferme d'Urbino:** auf der gleichnamigen Lagune, 3,5 km nördl. von Ghisonaccia rechts ab zur Lagune (3 km, ausgeschildert), Tel. 04 95 57 30 89, Menü 19/22 €, Muscheln & Pommes 12 €. Dort gibt's mittags und abends Fisch und nochmal Fisch. Direkt auf den See gebaute Holzterrasse, die Fische schauen beim Essen zu ... Frische Muscheln und Austern, Zeris und Calamares. Einfacher, gut trinkbarer offener Weißwein, korrekte Preise.

Aktiv

Für Wanderfans – **Mare a Mare Centre:** 2 km südl. von Ghisonaccia auf der N 198 an der Brücke über den Abatesco beginnt der Wanderweg, der in sieben Tagen über den Inselrücken nach Porticcio führt. Die erste Etappe ist in 3,5 Std. über 460 Höhenmeter nach Serra-di-Fiumorbo zu bewältigen.
Sport in allen Variationen – **Fun Orizonte:** Rte. de la Mer, Ghisonaccia, Tel. 04 95 57 33 37, 06 13 04 30 95, www.fun-orizonte.fr. An der Plage de Vignale wird alles geboten, was das Herz des aktiven Urlaubers begehrt: Quad, Jetski, Kajak, Tretboot und Katamarane.
IA so nah – **L'Ecole des Anes:** Casa Accinta, Ghisonaccia, Tel. 06 17 94 95 60, www.ecoledesanes.com. Nach 2,4 km auf der D 344 Richtung Ghisoni führt eine Straße nach links zur Eselfarm, die Ausflüge auf dem Esel in die Berge oder am Strand anbietet.
Kletterpartien – **Indian'Forest Parc:** D 344, Rte. de Ghisoni, Tel. 04 95 57 63 42, www.indian-forest-corse.fr, Mai–Sept. tgl. 9.30–19 Uhr, letzter Kletterstart 17 Uhr, Erw. 22 €, Kinder 12 €. Erwachsene klettern in 20 m Höhe zwischen Baumwipfeln auf dem großen Parcours der ehemaligen Bleimine. Ein Kinderparcours lässt die Herzen der Kleinen höher schlagen, während die Eltern auf Liegen entspannen und ihren Sprösslingen zusehen können.

Abends & Nachts

Disko-Restaurant – **Bar Le Ribalta:** Route de la Mer, Ghisonaccia, Tel. 04 95 31 54 75. Seit der Schließung der Großdisko nebenan trifft sich hier die Jugend jeden Abend ab Mitternacht zum Abhotten. Am Abend Restaurant.

Infos & Termine

Office de Tourisme: an der N 198, Tel. 04 95 56 12 38, www.corsica-costaserena.com, Juni–Sept. Mo–Sa 9–12.30, 14–20, So 9–12, ab Okt. Mo–Fr 9–12.30, 14–17.30 Uhr. »Guide Pratique« über die Costa Serena mit tollen Wandervorschlägen.
Markt: Am zweiten Donnerstag im Monat findet morgens ein Markt (u. a. Kleidung) auf dem Rathausplatz statt.
Shopping de Nuit: In den Monaten Juli und August wird die Hauptstraße von Ghisonaccia jeden Freitagabend zur Vergnügungsmeile mit Straßentheater und Musikdarbietungen. Alle Geschäfte sind bis Mitternacht geöffnet

Mein Tipp

Afrikanisches Feeling an korsischen Stränden

Typisch korsisch sieht er wahrhaftig nicht aus und seine Musik hat nichts mit den traditionellen melancholischen Klängen der korsischen Polyfonie zu tun. Trotzdem gehört der Musiker **Paps,** der im Senegal geboren wurde, zur Ostküste Korsikas wie die *beignets* und der *brocciu.* Er spielt sich mit einem umfassenden Repertoire von Reggae, Rock'n'Roll, R'n'B über Swing, Jazz, Blues bis zu Love Songs in die Herzen seiner Zuhörer. Paps versteht es als guter Showmann mit seiner rauen Stimme, der Gitarre und Mundharmonika die Leidenschaft zu transportieren. Von Ende Juni bis Mitte September spielt er regelmäßig in Ghisonaccia im Restaurant **Les Deux Mats** (Plage de Vignale, Tel. 04 95 56 25 65).

und ein kostenloser Shuttle-Service verkehrt zwischen den Feriendörfern am Meer und dem Stadtzentrum.

Hinterland von Ghisonaccia

Fiumorbo ▸ F 7

Bereits während der Besetzung der Genuesen war der Fiumorbo (Fium' Orbu) eine Bastion des Widerstandes, später weigerte man sich, Steuern zu zahlen und sich der militärischen Autorität zu beugen. 1815 fanden die Agenten Napoleons hier glühende Unterstützung für dessen letzten Griff zur Macht. Noch bis in die 1930er-Jahre war der Fiumorbo eine unzugängliche Gegend mit dem Ruf besonderer Eigenständigkeit. 1943 leistete die Bevölkerung mit ihrem Widerstand einen wichtigen Beitrag zur Vertreibung der deutschen Besatzung, immer wieder hielten sich Banditen in den Wäldern versteckt.

Den reizvollsten Teil des Gebietes, das die Einzugsgebiete der Flüsse Fium'Orbu und Abatesco umfasst, bildet die in sich geschlossene Region um den Abatesco.

Prunelli-di-Fiumorbo ▸ F 7/8

Wie ein Wachposten thront das Dorf Prunelli-di-Fiumorbo (Prunelli-di-Fium' Orbu) über dem Eingang zum Tal. Besonders im Abendlicht hat man von ihm einen tollen Blick über Tiefland, Küste und die an die Hänge des Zweitausenders Punta di a Capella geschmiegten Dörfer. Sehenswert ist Santa-Maria, eine Wehrkirche im klassischen Stil, und das Museum Mnemosina.

Für eine Rundtour durch das Fiumorbo-Gebiet lohnt sich die Weiterfahrt nach **Isolaccio-** und **San-Gavino-di-Fiumorbo** (▶ E 8), wo orange markierte Wanderwege ins Hochgebirge und von Ort zu Ort führen. In den Einschnitten schießen Bäche zu Tal. Die Dörfer dösen beschaulich zwischen üppigem Grün, vor allem im Sommer ein frischer Kontrast zur Küste.

Musée Mnemosina

Pl. de la Résistance, Tel. 04 95 56 73 67, www.musee-mnemosina.sitew.com, geöffnet nur Sa 15–18 Uhr, mittwochs auf Anfrage, 2 €, Kinder frei
Das ethnografische Museum gehört zum F.A.C., dem Kulturverein der Region Fiumorbo. Hier werden historische und kulturelle Begebenheiten der Region im Wandel der Zeit ausgestellt. In neun Sälen werden die Themen Archäologie, Volkskunst und Tradition, Widerstand, Nachrichtenübermittlung präsentiert. Zu Letzterem wird die Entwicklung der Kommunikation von der Antike bis heute gezeigt.

Pietrapola ▶ F 8

Der Ort besteht aus hübschen alten Häusern aus Granit. Das quadratisch angelegte Gebäude im Ortskern war Sitz der kaiserlichen Gendarmerie unter Napoleon III. Am L'Occhiera, einem Felsen in Form einer Augenklappe am Ortseingang, bekreuzigten sich Menschen mit Augenproblemen und beteten zur hl. Lucia, währenddessen sie ihre Augen mit dem Wasser spülten, das sich in der Vertiefung des Felsens befand.

Bekannt geworden ist Pietrapola durch seine schwefelhaltigen **Quellen** (55 °C), die seit der Römerzeit bei rheumatischen Leiden genutzt werden. Behandlungen werden heute nur auf Reservierung im Hotel-Restaurant I Bagni durchgeführt.

Übernachten, Essen

Legendär – **Hôtel I Bagni:** Pietrapola, Tel. 04 95 56 70 03, www.pietrapolalesbains.com, Mai–Nov. Das Hotel öffnet wohl nicht vor 2016. Die Preise waren bei Drucklegung des Buches noch nicht bekannt. Die Bäder sind geöffnet.

Übernachten

Weit ab vom Schuss – **Farm Terramadre:** Maison Pierraggi, Rte. du Moulin (zwischen Aléria und Ghisonaccia im idyllischen Hinterland, ▶ F 7), Tel. 04 95 38 53 41, http://ferme.terramadre.free.fr, Zeltplatz 20 €/Nacht für 2 Pers., Jurten mit Küchenecke für 4 Pers. 400/550 €/Woche. Biogarten für den Abendtisch, Fluss zum Baden, Pferde, Esel, Enten, Hühner, Clementinen. Ideal für Familien mit Kindern auf der Suche nach Entspannung.

Solenzara ▶ F 9

In Solenzara (Sulinzara) ist das südliche Ende der Schwemmlandebene erreicht, die Küste wird felsig, eine Hügelkette steigt unmittelbar auf gut 600 m an. Nördlich der Solenzara-Mündung zieht sich der Strand von **Scaffa Rossa** (▶ F 8) gen Norden, nördlich des Travo liegt ein großer Militärflughafen. Die dort stationierten französischen und belgischen Einheiten fliegen auch Einsätze bei Unfällen und Waldbränden, etwa mit Maschinen, die Meerwasser tanken, um aus der Luft zu löschen.

Der Ort mit seinem großen Jachthafen bietet eine gute touristische Infrastruktur und für Feriengäste eine günstige Lage zwischen den langen nördlichen Stränden, den Sandbuchten der Côte des Nacres und den imposanten Bergen des Hinterlands.

Strände

Nördlich der Solenzara-Mündung erstreckt sich 20 km lang die **Plage de Scafa Rossa**, südlich liegen die von Fels umrandeten Buchten von **Cannella** (8 km, Campingplatz am Wasser), **Favone** (12 km), **Tarco** (14 km) und **Fautea** (Campingplatz mit kleinen Sandstränden).

Solenzara-Tal

Das wildromantische Solenzara-Tal ist ein Juwel inmitten einer wunderschönen Landschaft. Es bietet fast für jeden etwas: Wanderwege, Wildwasser-, Kanu- und Raftingfahrten in kristallklarem Wasser. Das Panorama auf das Bavella-Massiv ist überwältigend. Herrlich erfrischend ist eine Abkühlung im Solenzara-Fluss, wo sich große Badebecken gebildet haben. Die ersten leicht zugänglichen befinden sich knapp 7 km landeinwärts an der D 268. Parkende Autos am Rand sind ein Indiz für weitere Badestellen.

Übernachten

Bezahlbarer Luxus – **La Solenzara:** Quartier du Palais, am nördl. Ortsausgang, Tel. 04 95 57 42 18, www.lasolenzara.com, März–Okt. DZ inkl. Frühstück 85/120 €. Eine genuesische Villa mit modernem Anbau aus dem 18. Jh. mit Swimmingpool und Whirlpool in einem weiten Garten. Von den 28 Zimmern haben die schönsten einen Blick auf die Solenzara-Mündung. Mit Wellnessraum.

Einfach cool – **Camping U Rosumarinu:** 7 km landeinwärts an der D 268, Tel. 04 95 57 47 66, www.urosumarinu.fr,

Badevergnügen am Solenzara-Fluss

Mai–Sept. ca. 20/22,50 € für 2 Pers. mit Zelt und Auto. Romantischer, einfacher Platz mit Snackbar, an einem natürlichen Badebecken im Solenzara-Fluss gelegen.

Essen & Trinken

Deftige Küche – **A Mandria de Sébastien:** an der Brücke nördl. von Solenzara, Tel. 04 95 57 41 95, März–Dez. außerhalb der Saison So abends und Mo geschl., Menü 28 €. Eine alte Schäferei, die in ein sympathisches Restaurant verwandelt wurde. Im urigen Ambiente wird traditionelle Küche aufgetischt.

Omas Rezepturen – **Ferme-Auberge A Pinzutella:** an der D 268, ca. 5 km Richtung Bavella-Massiv, Tel. 04 95 57 41 18, www.auberge-apinzutella.com, Mitte April–Sept. Di–So, sonst auf Bestellung, Menü ab 24 €. Deftiges Essen in einem bäuerlichen Betrieb. Das Fleisch der Ziegen, Kälber und Rinder kommt vom Hof und wird mit ausgezeichnetem Gemüse und eigenem Käse serviert. Von der Terrasse hat man einen herrlichen Blick auf die Bavellaspitzen.

Aktiv

Kletterpark – **Adventura:** auf der N 198 an der Brücke des Solenzara-Flusses, Tel. 06 29 19 19 04, www.corse-canyoning-parc.com, April–Okt., 22 €, Baby Parc (3–7 J.) 6 €. Ein Abenteuerpark mit Kletterpartien über Hängebrücken zwischen den Bäumen.

Abenteuersport – **Corsica Forest:** 7 km von Solenzara auf der D 268 Richtung Bavella-Pass, Tel. 06 29 19 19 04, www.corsica-forest.com, Mai–Sept., Parc Aventure 17 €, Baby Parc (3–7 J.) 8 €. Canyoning nur nach vorheriger Anmeldung (40–50 €). Im Sommer kann man bei dem Anbieter einen Klettersteig besteigen, im Abenteuerpark bis zu 15 m über dem Boden schwingen und beim Canyoning in das klare Wasser der Bergflüsse springen.

Ausflug – **Bavella-Massiv:** Die an Kurven reiche D 268 führt in 30 km auf den Col de Bavella. Diese abenteuerliche Fahrt ist landschaftlich sehr lohnend.

Wanderung – **Sari-Solenzara:** Bei Cala d'Oro, 5 km südlich von Solenzara, führt ein Rundweg in vier Stunden zum malerischen Ort Sari-Solenzara am Monte Santo. Vom Ortsteil La Penna hat man eine tolle Aussicht über die Küste.

Infos

Office de Tourisme de la Côte des Nacres: an der N 198 von Norden kommend nahe Ortseingang, Tel. 04 95 57 43 75, www.cotedesnacres.com, in der Hauptsaison tgl. 9–13, 16–20, in der Nebensaison Mo–Fr 9–13, 16–20 Uhr.

Das Beste auf einen Blick

Der Süden

Highlights!

Sartène: In der »korsischsten aller korsischen Städte« das ursprüngliche Korsika entdecken, an dem Ort, wo lange Zeit die Blutrache regierte. S. 251

Oberstadt von Bonifacio: Auf einem hohen Kreidefelsen an der Südspitze Korsikas thront die 1000-jährige Festung auf einer schmalen Landspitze über dem Meer. S. 263

Bavella-Pass: Die zerklüfteten Bergspitzen bestaunen und die wunderbare Aussicht am Col de Bavella genießen. Bei einer Wanderung wie beispielsweise zum Trou de la Bombe die schroffe Bergwelt ergründen. S. 279

Auf Entdeckungstour

Zu Gast beim letzten Edelholzdrechsler der Insel: Beim letzten Bruyère-Pfeifendrechsler der Insel in Fozzano lernen Besucher ein aussterbendes Handwerk und die Vielfalt der Inselhölzer kennen. Hier wird solides Handwerk zur Kunst weiterentwickelt. S. 252

Auf Bootsfahrt in Bonifacio: »Wer Bonifacio nicht von unten gesehen hat, der hat nichts gesehen!« Mit diesem Argument lockt der Seebär Gäste auf sein Boot. Und Recht behält er! S. 266

Spaziergang durch die Jahrtausende in Cucuruzzu: Durch einen Märchenwald geht es auf den Spuren der Menschheitsgeschichte vergangener Jahrtausende. Ein Spaziergang, den man nicht so schnell vergisst! S. 284

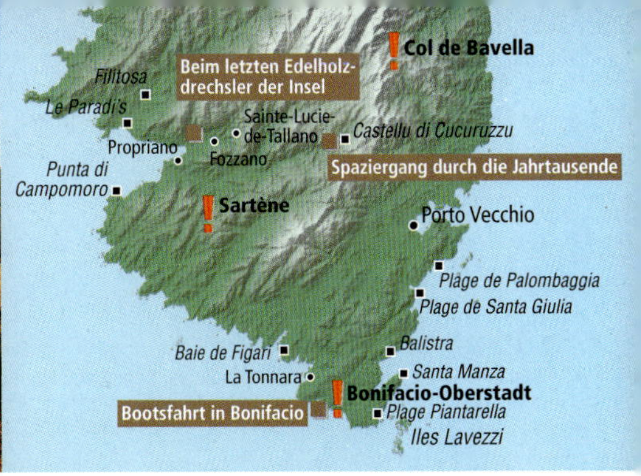

Kultur & Sehenswertes

Filitosa: Auf den Spuren der Steinzeitmenschen – als stiller Beobachter die monumentalen Zeitzeugen der alten Kulturlandschaft bestaunen. S. 248

Aktiv unterwegs

Küstenrundweg auf dem Kap von Campomoro: Die Wanderung führt mitten ins Naturschutzgebiet, vom Genueserturm die tosende Westküste entlang und auf einem Höhenweg mit tollen Ausblicken zurück zum Kap. S. 243

Tauchen: Unzählige Höhlen und Riffe ermöglichen bei kristallklarem Wasser Taucherlebnisse, die ihresgleichen suchen. Einmalig sind die Tauchgründe bei den Iles Lavezzi. S. 269

Surfen: Bei La Tonnara, Piantarella, Santa Manza, Balistra und der Bucht von Figari liegen die Windsurfspots, an denen sich die Cracks treffen oder diejenigen, die es werden wollen. S. 271

Genießen & Atmosphäre

Strandparadiese: Palombaggia und Santa Giulia heißen die Strandperlen des Südens, deren feine weiße Sandstrände und kristallklares Wasser zum (Sonnen-)Baden einladen. S. 275

Olivenöl aus Sainte-Lucie-de-Tallano: Beim Erzeuger die Produktion von Olivenöl beobachten und die verschiedenen Varianten kosten. Lecker! S. 287

Abends & Nachts

Tanzen in der Unterwelt: Discos öffnen und schließen in Propriano im Jahresrhythmus. Partygänger sollten sich nach Neuheiten erkundigen. S. 251

Via Notte: Bis in den frühen Morgen in der Megadisco Porto Vecchios zu den heißesten Scheiben der angesagtesten DJs der Insel tanzen ... S. 278

Der Süden Korsikas geizt weder mit traumhaften Stränden und bizarren Bergen noch mit alten Kulturlandschaften. Besonders die Mischung aus Natur und Kultur macht die Region so reizvoll.

Der Golf von Valinco mit dem Badeort Propriano und den Stränden an den Mündungen von Rizzanese, Baracci und Taravo ist Anziehungsmagnet vieler Badegäste. Hingegen haben Sartène und andere kleinere Orte ihre mittelalterliche Atmosphäre bewahrt. Ein ganz besonderes Ereignis ist die Karfreitagsprozession in Sartène. Nördlich und südlich des Golfs locken Entdeckungstouren zu den prähistorischen Fundstätten Filitosa und Cauria, den Zeitzeugen der Steinzeit. Mehrere der Thermalquellen, die schon bei den Römern bekannt waren, laden auch heute noch zum Wellnessvergnügen à la Antike ein. Rasanter geht es da schon beim Surfen unter ausgesprochen idealen Windbedingungen bei La Tonnara zu.

Ganz im Süden thront das malerische Bonifacio auf einem von Wellen gepeitschten Kreidefelsen – eine der zu Recht meistbesuchten Städte Korsikas. Unvergesslich schön und ein absolutes Muss ist ein Bootsausflug zu den Grotten und der Blick auf die Oberstadt Bonifacios vom Wasser aus. Traumhaft schön präsentiert sich die Unterwasserwelt um die Lavezzi-Inseln, die vor Bonifacio liegen. Bei der Beobachtung von Goldstriemen, Mönchsfischen und Zahnbrassen sorgen Gorgonien, Schwämme und Krustenanemonen für ein abwechslungsreiches Farbspiel.

Abwechslung pur

Zwischen Bonifacio und Porto-Vecchio reihen sich sichelförmige Buchten mit weißem Sand, Dünen und Schirmpinien aneinander. In Porto-Vecchio lädt die von genuesischen Befestigungsanlagen umgebene Altstadt zum Bummeln ein. Die Strände von Palombaggia und Santa Giulia in der Umgebung von Porto-Vecchio sind von fast tropischer Schönheit. Nur ihre frühere Einsamkeit ist passé. Die Küste hat einen Bauboom erlebt, man muss sich das Paradies mit anderen teilen.

Die schroffen Berge und die Wälder des Hinterlandes bieten eine vielfältige Abwechslung zum Küstenleben. Steil führen die Straßen in die Berge über der Ostküste, durch ausgedehnte Wälder, zu Bronzezeitsiedlungen der alten Kulturlandschaft und auf dramatische Pässe – am schönsten ist der Col de Bavella, dessen alpine Wiesen an bizarre Felsnadeln heranreichen. Die satten Wälder und spektakulären Berge locken mit Wanderungen jeden Schwierigkeitsgrades auf den mal mehr, mal weniger einsamen Pfaden des Hinterlandes.

Infobox

Informationen im Internet

www.sartenaisvalinco.com: Informationen über Geschichte, Bräuche, Unterkünfte und Freizeitaktivitäten zur Erkundung des Golfs von Valinco und der Region Sartène.

www.destination-sudcorse.com: Praktische Infos und Aktuelles über Bonifacio, Porto-Vecchio und das südliche Bergland.

Anreise und Weiterkommen

Flughafen in Figari: Bustransfer in der Saison nach Bonifacio und Porto-Vecchio mit der Gesellschaft Rossi, Tel. 04 95 71 00 11. Die Alternativen sind ein Mietwagen oder ein Taxi (Tel. 04 95 71 10 10).

Der Golf von Valinco und das Sartenais

Golf von Valinco

▶ C/D 9/10

An den Südosthang der Punta di Buturetto (871 m) schmiegt sich auf halber Höhe über dem Golf das große schöne Dorf Olmeto mit steilen Treppengassen zwischen hohen Granithäusern. Dort starb 96-jährig Colomba Bartoli, Heldin des Blutracheromans von Prosper Mérimée. Vom **Castello della Rocca** (▶ D 9), einer Ruine auf der anderen Talseite, ging 1376 der erste große Aufstand gegen Genua aus, bei dem es Arrigo della Rocca gelang, außer Calvi und Bonifacio die gesamte Insel an sich zu reißen und dem König von Aragon zu unterstellen. Durch **Olmeto** (Ulmetu) verläuft der Wanderweg Mare e Monti Sud, zu beiden Seiten mit reizvollen Etappen. Es lohnt ein Abstecher von der D 157, westlich des Abzweigs nach Cappiciolo, wo ein schmales Sträßchen bergan in die Macchia zum 3000-jährigen **Castello de Cuntorba** führt. **Olmeto-Plage** (▶ C 10), der Strand östlich der Taravo-Mündung, gehört wie die Weiler am nördlichen Golf zur Gemeinde am Berg.

An der Nordspitze des Golfs blickt **Porto-Pollo** (Porti Poddu) zurück über das Wasser auf die Berge, der schmale Strand ist feinsandig und mit runden Felsen durchsetzt, das Hafendorf – geografisch gesehen eher abseits gelegen – im Sommer recht bevölkert. Von der Landspitze windgeschützt, ist das Meer oft spiegelglatt. Ein gutes Stück fahren (oder den orange markierten Mare e Monti laufen) muss man zum paradiesischen Strand an der **Baie de Cupabia** (▶ C 9; über D 155, D 155a).

Der südliche Golf ▶ C 10/11

Die Fahrt führt am südlichen Golf entlang der D 121 über **Belvédère** (▶ C 10), ein kleines, höher gelegenes Dorf mit einmaligem Blick über das Wasser. Am Ende der Straße folgt eine sichelförmige Bucht, ein kleiner Badeort, eine Landspitze mit Turm.

Südlich von **Campomoro** (Campumoru) erstreckt sich, nur von Fußwegen durchzogen, eines der letzten noch menschenleeren Küstengebiete der Insel, die naturgeschützte, macchiabewachsene Region um den **Capu di Senetosa** (▶ C 11).

Küstenrundweg auf dem Campomoro-Kap ▶ C 10

Länge: 7 km, Dauer: 3,25 Std., Karte: IGN 4154 OT, Einkehrmöglichkeiten: Strandbars und Fischlokal »Bar des amis« in Campomoro, Trinkwasser, Badezeug und Fernglas mitnehmen

Gut ausgeschilderter Rundweg, im Turmbereich als Lehrpfad angelegt. Anschließend bequemer Küstenweg mit (vermeidbarem) Felsdurchstieg. Schließlich folgt ein neu angelegter Höhenweg, der gelegentlich die alte Piste kreuzt.

Die D 121 führt von **Propriano/Sartène** mit großartigen Ausblicken auf den Golf von Valinco bis **Campo-**

Küstenwanderung auf dem Kap von Campomoro

moro. Für Autofahrer ist hier Endstation. Man kann im Ort parken, der mit einladenden Strandbars eine traumhafte Badebucht säumt. Vor dem Fischlokal **Bar des amis** zeigt ein Schild zum Genueserturm. Die Straße, für den Verkehr gesperrt, führt nun durch die Villensiedlung **Calanova** und wird zur Betonpiste. Nach 15 Min. geht es rechts ab durch Macchia auf den beschilderten **Lehrpfad (Sentier u Torregianu)** zum Turm, der z. T. über Stufen aufsteigend, 10 Min. später erreicht ist.

Der **Genueserturm Campomoro,** von nachfolgenden Besatzern durch eine sternförmige Befestigungsmauer zusätzlich gesichert, war zu seiner Zeit auf Korsika von allen Wachtürmen der mächtigste. Es lohnt sich, auf die Plattform hochzusteigen und von dort den Rundblick zu genießen. Von hier oben sieht man auch den weiteren Weg, wie er sich von der zerklüfteten **Anse des Génois** in die Strandwiesen **I Pozzi** hinüberschlängelt (30 Min.). Wieder unten, am Turm links abbiegen, und in knapp 10 Min. steht man im Felsengewirr der **Genueserbucht** und kaum 10 Min. später am Südrand der Wiese vor einer Gabelung. Hier den **Küstenpfad (Sentier littoral)** rechts einschlagen.

»I Migini« markiert ein Schild den geschützten Küstenbereich, der von Myrten- und Wacholderbüschen gesäumt ist. Der bequeme Sandpfad führt leicht oberhalb der von Gischt umbrandeten Felsküste teilweise durch schattiges Unterholz. Nach 20 Min. ist die nächste Gabelung erreicht, und es besteht die Möglichkeit, links ab auf dem Höhenrücken zum Turm zurückzukehren: Dies ist die kleine Schleife **Boucle des Pozzi** (mit einer Gesamtdauer von 2 Std.). Es ist aber empfehlenswert, an diesem Etappenpunkt (1 Std.) geradeaus dem zunehmend spektakulären **Küstenweg** weiter zu folgen.

Der Fußpfad trennt sich nun vom Reitweg und führt rechts unter einem 49 m hohen Felsen durch ein Chaos von Tafoni-Bildungen. Die grüne Markierung weist in die Felsenbucht hinunter und anschließend durch einen ›Kamin‹ wieder hinauf auf den Reitweg. Wer nicht trittsicher ist, kann diesen Steig links liegen lassen, indem er auf der Pferderoute bleibt. In jedem Fall wird die **Landzunge von Scoddilonghi** passiert, hinter der die nächste Bucht mit wild umschäumten Felsinseln wartet. Im Süden begrenzt sie die **Punta di Scalonu,** eine Felsenburg, die auf dieser Wanderung rechts liegen bleibt.

Der kleine Sattel, über den es hier geht, eröffnet einen weiten Blick über die lang gestreckte **Baie de Canuseddu.** Der Weg schwenkt jetzt östlich in eine ausgedehnte Strandweide, in der zwischen dichten Wacholderbüschen die Hitze steht. Die letzte Gabelung liegt fast 45 Min. zurück, da stößt man über einem kleinen Strand erneut auf eine Abzweigung, die von der Küste weg auf den Höhenrücken führt: Dies ist die mittlere Schleife **Boucle de Canuseddu** (1,75 Std.), der die Wanderung nun folgt. An einem Mäuerchen entlang geht es landeinwärts durch die Macchia, wo man an einem Teich die alte Piste kreuzt und das hoch wachsende Gehölz in einem natürlichen Tunnel durchquert. 10 Min. nach der Abzweigung folgt die Route an einer Gabelung dem Schild links Richtung Campomoro, um nach weiteren 15 Min. Aufstieg auf den Gratweg zu stoßen. Er kommt von rechts aus der Macchia (große Schleife) und schlängelt sich links noch ein Stück bergan, bis sich ein großartiger Blick auf den Genueserturm bietet.

Durch ein Mäuerchen und über die alte Piste hinweg gelangt man an einen **Dreschplatz** (2.30 Std.). Von links kommt eine Abkürzung von der Küste hoch (kleine Schleife), rechts geht es weiter nach Campomoro. Von hier sind es noch 20 Min., bis auf dem allmählich abwärts gerichteten Höhenweg die Basis des Turms erreicht ist **(Bassa Turri).**

Wenn dieser dort auf den Rundweg stößt, geht es rechts die Treppen hoch. Oben erreicht man die Piste, die links durch die Villensiedlung führt. So schlendert man auf dem Hinweg zurück nach **Campomoro** (3,25 Std.).

Aus: DuMont Wanderführer Korsika von Alo und Nikolaus Miller

Übernachten, Essen

Freundlich – **Restaurant U San Petru:** Village, Serra di Ferro, Tel. 04 95 26 45 32, www.usanpetru.com, ganzj.,Menü ab 13 €. Es lohnt sich, zum Essen ins Dorf hochzufahren: exzellente korsische Küche, einfach, symphatisch. Im Sommer mit korsischer Folklore-Animation. Tolle Aussicht von der Terrasse, prima Essen.

Hang zur Folklore – **Hôtel-Restaurant Santa Maria (Chez Mimi):** Olmeto am Kirchplatz, Tel. 04 95 74 65 59, www.hotel-restaurant-santa-maria.com, Jan.–Okt., DZ ab 48/116 €, Mittagsmenü 16 €, Abendmenü 23 €. Ein charmantes Hotel mit 12 klimatisierten Zimmern in traditionellem Dorfhaus. In der Olivenölmühle aus dem 17. Jh. verführt Chefin Mimi mit gekonnt deftiger korsischer Küche.

Übernachten

Schlicht und schön – **Les Eucalyptus:** beim Hotel L'Escale, Porto-Pollo, Tel. 04 94 64 01 90, www.hoteleucalyptus.com, April–Okt., DZ ab 58/90 €, Juli/Aug. Frühstück inkl. Ordentliche, klimatisierte Zimmer in einer größeren

Der landschaftliche Reiz des trichterförmigen Golfs von Valinco lockt zahlreiche Segler an

Anlage mit gepflegtem Garten und Tennisplatz. Die teureren Zimmer verfügen über Meerblick.

Familienfreundlich – **Camping U Libecciu:** Rte. de Porto-Pollo, D 157 Richtung Porto-Pollo, Olmeto, Tel. 04 95 74 01 28, www.campingulibecciu.com, April–Okt. 21 € für 2 Pers. mit Auto und Zelt. 100 Stellplätze 230 m vom Strand entfernt unter Eichen und Olivenbäumen. Vielfältige Wassersportaktivitäten können gebucht werden: Kajakfahren, Katamaransegeln, Fischen, Tauchen.

Für Sparsame – **Camping Peretto Les Roseaux:** am Dorfende von Campomoro zum Genueserturm hin, Tel. 04 95 74 20 52, April–Mitte Okt., 13,40 € für 2 Pers. mit Zelt und Auto. Vorab reservieren! Nur 300 m trennen den ruhigen, terrassenförmig angelegten Platz mit viel Schatten vom Meer. Gepflegte sanitäre Anlagen, Waschmaschine.

Aktiv

Wanderung mit dem Esel – **Asinu di Figuccia:** Rte. du Maggiese, D 57 Richtung Bains de Baracci Figuccia, Tel. 06 03 28 92 00. Kinderherzen schlagen

höher, wenn sie mit einem Esel wandern dürfen. Touren zwischen 1 Std. und mehreren Tagen Dauer möglich.
Bademöglichkeiten – **Strände:** In Porto-Pollo säumt ein langer schmaler Sandstrand den Ort im Westwindschatten. Paradiesisch: der Strand an der **Baie de Cupabia** (über D 155 und D 155a; s. auch S. 243).

Infos & Termine

Office de Tourisme: Olmeto-Village, Cours Balisoni, Olmeto, Tel. 04 95 74 65 87, www.sartenaisvalinco.com, im Sommer Mo–Sa 9–20, So 9–13, sonst Mo–Fr 9–12, 14–18, Sa 9–12 Uhr.
Bus: Nur im Juli/Aug. geht von Porto Pollo 2 x tgl. ein Shuttle nach Propriano mit Ollandini-Segat, Tel. 04 95 76 05 36, danach weiter nach Ajaccio mit Alta Rocca Voyages, Tel. 04 95 51 08 19.

Taravo-Tal ▸ E 7–C 10

Der Taravo entspringt oberhalb des Col de Verde am Monte Grosso (1895 m) und mündet nach etwa 60 km in den Golf von Valinco. Wer seinem Lauf bis zur Quelle folgt, durchmisst sämtliche Vegetationszonen der Insel. Die Schwemmlandzone am Unterlauf, mit sehr heißen Sommern, war einst malariaverseucht und wurde nur im Winter als Weideland genutzt. Heute ergänzt der Anbau von Getreide den Anbau von Oliven und die Gewinnung von Kork. Auf den seitlichen Hügeln um Pratavone, Sollacaro, Casalabriva, Pila-Canale wachsen Wein, Obst und Zitrusfrüchte. Auch werden Schafe, Rinder und Schweine gezüchtet. Letztere vornehmlich in den Kastanienwäldern zwischen 400 und 800 m Höhe, die sich bis nach Tasso hinaufziehen. In den Bergen folgen dann Buchen- und Kiefernwälder und sonnige, von Felsen durchsetzte Hänge, die bis in den Frühsommer ein einziges Blütenmeer sind.

Wege durch das Taravo-Tal

Die Dörfer des Taravo-Tals sind durch ein Netz schmaler, kurviger Straßen miteinander verbunden. Sehr schön ist u. a. die Fahrt auf der D 302 über Sollacaro und Pila-Canale, dann der D 2 über Guarguale und Urbalacone und der D 102 zur N 196 folgen (▶ D 9). Für eine Fahrt in die Berge ist u. a. die

D 26 über Zigliara und Olivese, dann die D 757 oder die D 83 (bei **Santa-Maria-Siché** von der N 196) über Campo und Frasseto nach Bains de Guitera (▶ D 8/9) empfehlenswert. Am Oberlauf – dort ist Zicavo (▶ E 8) der Hauptort der Region – sind die Dörfer auch mit Wanderwegen verbunden, der **Mare a Mare Centre** etwa führt von Cozzano über Sampolo, Tasso, Guitera, Frasseto zu Tal.

Übernachten, Essen

Oase der Ruhe – **Hotel Santa Maria:** Ste-Marie-Sicché, Tel. 04 95 25 70 29, www.santa-maria-hotel.com, DZ ab 76 €, Menü ab 19 €. 22 klimatisierte Zimmer in einer Umgebung, die zum Fischen und Jagen einlädt. Empfehlenswert sind die Wurstwaren des Hauses.

Der Wirt singt mit – **Restaurant Le Moulin Farellacci:** Calvese, Tel. 04 95 74 62 28, http://lemoulinfarellacci.free.fr/, Juni–Mitte Sept. nur abends, Menü 38 €. Originelles Restaurant mit musealem Charakter. Es gibt exzellente traditionelle Küche.

Site Préhistorique de Filitosa ▶ C 9

Tel. 04 95 74 00 91, www.filitosa.fr, Ostern–Okt. tgl. 8 Uhr bis Sonnenuntergang, Nov.–Ostern auf Anfrage, kurz vor Mittag liegen die Statuen im besten Fotolicht, 7 €

Für die einen sind es nur ein paar Steine, für die anderen ein nahezu mystischer Ort. Auch wenn Filitosa im Sommer von Touristen hoch frequentiert ist, lohnt ein Besuch auf jeden Fall. Für die Erkundung sollte man sich Zeit nehmen und das Museum für den Schluss aufheben, nachdem man den Ort auf sich hat wirken lassen. In den Hügeln des unteren Taravo liegt die bedeutendste prähistorische Fundstätte Korsikas. 1946 entdeckte der Olivenbauer Charles-Antoine Cesari, Vater des heutigen Betreibers, erste Menhirstatuen auf seinem Land. Sie trugen Schwerter, hatten ausgeformte Köpfe mit Augen und Nasen, an einigen waren trotz tausendjähriger Verwitterung noch angedeutete Harnische zu erkennen. Die lokale Bevölkerung nannte sie ›Paladini‹, weil sie wie bewaffnete Wächter wirkten. 1954 begann unter der Leitung von Roger Grosjean die Ausgrabung im großen Stil.

Nach und nach kam die Struktur einer kompletten, seit 8000 Jahren bewohnten Siedlung zum Vorschein. Der Ort wirkt noch heute seltsam wohnlich, man muss die Fantasie nicht strapazieren, um sich vorzustellen, wie sich Steinzeitmenschen in den Aushöhlungen an der Unterseite der großen runden Felsen einrichteten. Die Felsgruppe auf einem kleinen Plateau bot natürlichen Schutz, die unterhalb fließenden Bäche das notwendige Wasser.

Besichtigung der Anlage

Zur Anlage führt ein Weg durch den Wald, auf dem man von der zweitgrößten Menhirstatue der Insel begrüßt wird: Trotz fehlender oberer Kopfhälfte misst sie fast 3 m: **Filitosa V** – der Name besagt, dass sie als fünfte der Statuen gefunden wurde; alle Figuren sind auf diese Weise durchnumeriert. Sie hatte seit Jahrhunderten mit dem Gesicht nach unten dagelegen und Hirten als Ruhebank gedient. Den **Hauptplatz** der Siedlung betritt man durch die Zyklopenmauer, die sie an der schmalsten Seite abschirmte. Links des Zugangs zum **Ostmonument**, wie alle ›Monumente‹ ein Torreanerbau, steht ein Taffonifelsen, unter dem man die ältesten Spuren der Besiedlung gefunden hat, auf 5850 v. Chr. datierte Keramikscherben.

Auf dem **Zentralmonument** stehen in den Mauern gefundene Oberteile von Menhirstatuen – ihrer Gesichter wegen die berühmtesten Figuren von Filitosa. Mittelstücke mit Schwertern, Dolchen und Gürteln sind zu Füßen der Mauern ausgestellt. Das Zentral- wie das größere **Westmonument** sind zu betreten, innen Feuerstellen, Kultkammern, Türstürze und Gänge. Von einer Mauer aus geschichteten Steinen umgeben, wurden die Monumente bis ca. 1200 v. Chr. zu Kult- und Verteidigungszwecken genutzt.

Um einen tausendjährigen Ölbaum unten am Barcajolo-Bach stehen malerisch gruppiert fünf Menhire, die anderswo im Tal gefunden wurden, am Hang rechts liegt ein Felsunterschlupf, der im Lauf der Jahrtausende sowohl als Wohnhöhle als auch als Grab genutzt wurde. Wer der in der gesamten Anlage klingenden Stimmungsmusik entgehen will, wappne sich mit Ohropax *(boules quies)*.

Einkaufen

Souvenirs – **Pôterie Terra e Focu:** Filitosa, Tel. 04 95 74 09 05, www.gietaravu.com. Der Laden bietet korsische Töpferwaren und Küchenutensilien aus Olivenholz an.

Infos

Service: Ein Imbiss mit Snacks und Audio-Führungen stehen zur Verfügung.

Propriano ▸ D 10

Dass Propriano (Pruprià) vor 1800 Jahren gegründet wurde, sieht man dem Ort nicht an. Er war ohne Bedeutung, bis sich nach dem Zweiten Weltkrieg der Tourismus zu entwickeln begann. Der Ort hat eine hübsche Flaniermeile zwischen Jachthafen und Mole, die vor allem abends belebt ist. Die Lage am Meer, die vielen herrlichen Strände um die Mündungen der drei Flüsse Taravo, Baracci, Rizzanese und die landschaftliche Vielfalt des Hinterlands machen Propriano und die anderen Orte am Golf von Valinco zu bevorzugten Urlaubszielen. In der Hochsaison kostet die Beliebtheit ihren Preis, dann ist die Wasserqualität im inneren Golf gelegentlich beeinträchtigt.

Der Ort ist ganz von Stränden gesäumt, der schönste ist die **Plage du Lido** hinterm Leuchtturm. Die Straße führt weiter an den herrlichen Strand von **Capu Laurosu** (▸ C 10). Ein Strand der Superlative ist auch die südlich des Rizzanese gelegene **Plage de Portigliolo**, 3 km lang, feinsandig – und einsam, man muss sich nur ein wenig vom Zugang am südlichen Ende entfernen.

Übernachten, Essen

Frisch renoviert – **Le Bellevue:** 9, av. Napoléon, Tel. 04 95 76 01 86, www.hotel-bellevue-propriano.com, DZ ab 48/61 €, Frühstück 9 €, Dîner 16 €. Das freundliche Familienhotel mit 16 Zimmern (nach vorn mit Top-Blick auf den Golf) am Hafen bietet im Lokal leckere Crêpes, Salate und Eis.

Übernachten

Über dem Golf – **Hotel Roc e Mare:** nach Dorfende 1 km Richtung Ajaccio, Tel. 04 95 76 04 85, www.rocemare.com, April–15. Okt., DZ ab 85/150 €. Kein Restaurant, Frühstücksraum Ambiente 1960er-Jahre, alle Zimmer thronen mit Blick auf den Golf, kleiner Privatstrand. Trotz der befahrenen Straße ein ruhiges Hotel.

Den Strand vor der Tür – **Le Beach:** Av. Napoléon, Tel. 04 95 76 17 74, www.beachhotel-propriano.com, April–Okt., DZ ab 56/92 €. Das korrekt geführte Hotel liegt direkt an der Plage du Lido (hinter Quai l'Herminer). 14 ordentliche Zimmer mit gutem Preis-Leistungs-Verhältnis.

Camping de Luxe – **Camping Lecci e Murta:** 8 km südl. in Portigliolo (▶ C 10) an der D 121, Tel. 04 95 76 02 67, www.camping-lecciemurta.com, April–Okt. 24/36 € (HS) für 2 Pers. mit Zelt und Auto. In wunderschöner Lage mitten im schattigen Macchiawald und nur 300 m vom smaragdgrünen Meer entfernt kann man sein Zelt aufschlagen. Bar, Restaurant, Tennisplatz und Pool lassen keine Wünsche offen.

Essen & Trinken

Für Gourmets – **Le Lido:** Av. Napoléon (am Ende), Tel. 04 95 76 06 37, www.le-lido.com, Mai–Sept., Menü 30 €, à la carte 70 €. Ein vom Wasser umgebenes Restaurant mit ausgezeichneter Fischküche. Die Zubereitung der Spezialität des Hauses, Langouste au four Noël Pittilloni, ist ein Geheimnis, das seit 1932 innerhalb der Familie weitergegeben wird.

Traditionelle Gerichte – **U San Ghjuvani:** Rte. de Baracci, Tel 04 95 76 03 31, www.san-ghjuvani.com, 1,5 km außerhalb in Richtung Bains de Baracci (beschildert), Mitte April–Okt., Mo geschl., Reservierung empfohlen, Menü ab 23 €. Traditionelle korsische Küche, bekannt in der ganzen Region. Der Abstecher lohnt sich! Terrasse mit Blick auf den Golf und das Dorf Olmeto.

Schneller Service – **Le Cabanon:** Ecke Av. Napoléon/Rue de la Marine, Tel. 04 95 76 07 76, Menü ab 20 €. Moderne bequeme Korbstühle, die Bedienung ist freundlich und schnell. Fische und Meeresfrüchte sind gerade aus dem Meer geholt und appetitlich angerichtet. Besser kann's nicht sein.

Einkaufen

Neu einkleiden – **Markt:** Jeden 1. und 3. Mo im Monat findet im Sommer ein Markt für Kleidung statt.

Lokale Spezialitäten – **Tempi fà:** 7, av. Napoléon III, Tel. 04 95 76 06 52, www.tempi-fa.com. Ausgesuchte Landesprodukte wie Schinken und Käse, gemütliche Weinbar, auch kleine Gerichte.

Keramikschätze – **Atelier de Céramique »Les Docks«:** 35, av. Napoléon III, Tel. 04 95 72 90 28. Egal ob Tasse, Vase oder Eierbecher, im Keramikatelier von Pierrette Capelle gibt es nur liebevoll verzierte Unikate.

Aktiv

Auf hoher See – **CMPV/U Paesi di u Valinco:** Port de Plaisance, Tel. 04 95 76 26 07, www.promenades-en-mer.org, ab 20 €. Kleine Ausflüge durch den Golf von Valinco, Tagesausflüge nach Bonifacio, an die wilden Felsbuchten und Strände des Südens, in den Golf von Porto und Nachtausflüge.

Für Wassersportler – **Aqualoisirs Centre Nautique:** Plage de Portigliolo, Tel. 06 09 52 24 20, Febr.–Nov. 10–18 Uhr. Ob Kajaks, Segelboote, Katamarane oder Surfbretter, hier gibt es alles zu mieten. Es werden Windsurf-Kurse auch für Anfänger angeboten. Ausrüstung wird gestellt.

Wellness – **Bains de Baracci:** 4 km östl. über D 257, Tel. 04 95 76 30 40, in der Saison tgl. 9–12 ,15–19, Juli/Aug. bis 20 Uhr. Ab 4/7 € kann man in schwefelhaltigen Thermalquellen baden, die mit 38 °C und 42 °C aus dem Boden sprudeln. Badeshorts sind hier nicht gestattet, nur anliegende Badehosen.

Das Wandern ist des Müllers Lust – **Mare a Mare Sud:** Der Endpunkt des Mare a Mare Sud von Porto-Vecchio nach Propriano durch die halbhohen Berge des Südens liegt 7 km entfernt in Burgo. Der **Mare e Monti Sud** führt von hier nach Porticcio (▶ C 8). Diese Route ist nur in der Vor- und Nachsaison zu empfehlen.

Abends & Nachts

Tanzen in der Unterwelt – **Discos:** Die Tanzlokale wechseln von Saison zu Saison. Als Dauerbrenner verbreitet die Kellerdisco Le Midnight unter der Bar Le Shangai Unterweltfeeling. Im Le King unter der Bar Kalliste wurde ebenfalls das Tanzbein geschwungen. Beide in der Innenstadt. Im Office de Tourisme nach den aktuellen Lokalen sowie den Stranddiscos fragen!

Infos & Termine

Office de Tourisme: Jachthafen, Tel. 04 95 76 01 49, www.oti-sartenaisvalinco.com, Juli/Aug. Mo–Sa 8–20, So 9–13, 16–20, Juni, Sept. Mo–Sa 8.30–12.30, 14.30–19, außerhalb der Saison Mo–Fr 9–12, 14–18 Uhr und Sa vormittag.

Bus: im Sommer nach Ajaccio mehrmals tgl. von der Pl. de l'Eglise, nach Bonifacio, Sartène, Levie, Col de Bavella 2–4 x tgl. ab Rue de Gaulle.

Festi Acqua: Mitte Sept. feiert Propriano seine Lage am Meer mit Regatten und Jahrmarkttrubel.

Sartène ! ▶ D 10

Der äußerste Südwesten gilt vielen als das urtümlichste Korsika. In dem niedrigen Hügelland westlich der N 196 stehen die ältesten Zeugnisse seiner rauen Geschichte, die Denkmäler der Megalithkultur, verstreut in der Macchia. Die Namen der Spitzen des Golfe de Valinco – Capu di Muro im Norden und Campomoro im Süden – verweisen auf den Einfluss der Mauren, die vom frühen Mittelalter bis ins 18. Jh. immer wieder tief ins Land eindrangen, Ortschaften plünderten und die Bewohner in die Sklaverei verschleppten. Politisch ist das Sartenais durch die großen Adelsclans geprägt, die hier früher alles Land besaßen und die Strukturen bestimmten. Die Bezeichnung »Terre des Seigneurs« (Land der Herren) steht für eine Gesellschaft, in der die Feudalherren das Volk ausbeuteten und mit den jeweils Mächtigen paktierten. Es ist das Land der Blutrache; mehr noch als anderswo wirken die schmalen, mehrstöckigen Häuser mit ihren Fensterlöchern wie finstre Wehrtürme.

Die »korsischste aller korsischen Städte« nannte denn auch vor 170 Jahren Prosper Mérimée Sartène (Sartè). Abweisend liegt das Städtchen auf einem Felsbuckel über dem Rizzanese-Tal. Im Sommersonnenschein wirken die hellen Granitgemäuer und die roten Dächer freundlich – als Mérimée 1840 die Gegend bereiste, war sie noch von der Vendetta heimgesucht, der letzte grausige Piratenüberfall lag erst 90 Jahre zurück, und zwischen den beiden verfeindeten Hälften Altstadt und Borgo war es noch 1830 bis 1834 zu bürgerkriegsartigen Ausschreitungen gekommen. Anfang des 16. Jh., die della Rocca waren endgültig besiegt, hatte Genua Sartène zur Festung ausgebaut. Dann gelang Sampiero Corso 1565 die Eroberung der Stadt durch Belagerung, nach seinem Tod 1567 ging sie wieder an Genua. Die Zweiteilung ist bis heute erhalten. ▷ S. 255

Auf Entdeckungstour: Unikate aus Holz – beim letzten Edelholzdrechsler der Insel

In einem uralten Granitdorf des Alta Rocca, in Fozzano, arbeitet der letzte Pfeifendrechsler der Insel. Er stellt Unikate von seltener Schönheit her.

Reisekarte: ▶ D 10

Anfahrt: von Propriano aus auf der D 19 ab Kreisverkehr Supermarkt/Casino 11 km über die Dörfer Viggianello und Arbellara ins Hinterland.

Besuch beim Drechsler: Ostern bis Spätherbst, tel. Voranmeldung erwünscht, Tel. 04 95 73 47 57, 06 52 24 04 07, www.legnunustrale.com. Unikate gibt es hier schon ab 40 €.

Das 200-Seelendorf **Fozzano** (Fuzzà) stammt aus dem 14./15. Jh. Die Gebäude sind größtenteils original erhalten und zeugen von Baukunst und Stilsicherheit der Gründergeneration. Besonders beeindruckt der 15 m hohe, gedrungene Carabelli-Turm mit Pecherkern und 1,5 m dicken Grundmauern, vor 180 Jahren Schauplatz des berühmten Vendetta-Dramas der Carabellis und Durazzos im Oberdorf. Weltweit bekannt wurde das jahrelange Morden durch die Novelle »Colomba« von Prosper Mérimé (1843), der die Hauptakteurin und Namensgeberin zur tragischen Heldin machte und sich selbst durch den Verkauf zum reichen Mann.

Heute wirkt der Ort freundlich und besitzt eine angenehme Ausstrahlung. Bei den jährlich stattfindenden Colomba-Tagen gibt es Musik, Theater, Würstchen und viel gute Laune.

Der Letzte seiner Art

Ziel ist der einzig verbliebene Pfeifendrechsler der Insel. Am Dorfeingang gabelt sich die Straße, hier der unteren folgen, die Fuzzà durchquert. Am Dorfende parken und 10 m nach unten laufen, dann steht man in der Werkstatt des Künstlers. Er sitzt am offenen Fenster, arbeitet an der Drehbank und gibt gerne Auskunft über sein Tun, während er gleichzeitig mit Holzbeitel und sicherer Hand dem rotierenden Stückchen Macchiaholz die gewünschte Form gibt.

Jeff Nicolier hat 1989 begonnen, Pfeifen aus Baumheide-Wurzelholz zu drechseln. Heute stellt er darüber hinaus auch Edelholzkugelschreiber und -parfümzerstäuber her und hat sein Handwerk zur Kunst weiterentwickelt. Sein Verkaufsraum im ersten Stock des 200 Jahre alten hohen Granitturms zeigt eine überwältigende Anzahl von Einzelstücken: Pfeifen aus Bruyère-Wurzeln *(Erica arborea)* in rotbraunen Tönen. An einer halbierten Riesenwurzel erklärt er uns, welche Rohlinge es herauszusägen lohnt und dass die Ausbeute dürftig ist. Erst ab einem Durchmesser von 20 cm sind die Wurzeln für die Pfeifenherstellung verwendbar. Die Rohlinge darf man nicht aus dem Kernholz der Wurzel sägen, denn dort ist die Spannung zu hoch, das Holz kann reißen. Baumheide gibt es zwar rund ums Mittelmeer, von Spanien bis Griechenland und auch in den Maghrebstaaten, die beste Wurzelqualität aber haben die korsischen Bäume. Ab 1850 war die Qualität der hiesigen Heidewurzeln bekannt. 30 Jahre später gab es eine erste Rohlingsfabrik auf der Insel, 1920 war die Branche auf 40 Fabrikanten angewachsen, mit 120 Sägen auf Korsika, von denen jede pro Tag 300 bis 500 kg Wurzeln verarbeitete und fünf Sammler auf Trab hielt.

Auf einer Schautafel wird die Geschichte dieser lokalen Industrie erläutert, die im Jahr 1920 4400 Personen auf der Insel ernährte, Wurzelsammler, Maultiertreiber, Arbeiter in Wurzelkochbetrieben und in Sägewerken, Drechsler. Heute ist Jeff Nicolier der letzte, der sich diesem Handwerk widmet. Selbst die Fischer profitierten damals von der Wurzelholzbehandlung: Sie nutzten den Absud der gut zehn Stunden lang gekochten Riesenwurzeln, um damit ihre Baumwollnetze rot einzufärben. Die Gerbsäure schützte diese vor dem aggressiven Salzwasser.

Vor Jahren ging der letzte Wurzelsammler Korsikas in Rente – der Berufszweig gilt hier als ausgestorben. Nicolier hat zwar Vorräte angelegt, muss sich aber langfristig anderswo nach einer neuen Rohstoffquelle umsehen.

Eine Pfeife fürs Leben

Um nicht nur französische Pfeifenraucher bedienen zu können, hat der Drechsler auch die deutsche Filtergröße im Programm und die Schaftbohrung auf 9 mm vergrößert. Dennoch musste Nicolier seine Produktpalette um Kugelschreiber und Parfümzerstäuberhüllen erweitern, denn von den wenigen Pfeifenrauchern, die sich auch nur wenige Male im Leben eine neue Pfeife kaufen, kann er nicht leben. Jede der auf Hochglanz polierten Pfeifen unterscheidet sich von den anderen in ihrem Farbton und in der Holzstruktur. Die Preisunterschiede erklären sich aus den ästhetischen Differenzen, die von der ›Flamme‹, also der Faserstruktur, der verwendeten Wurzeln abhängen. Der Kenner sieht jedem Rohling auf Anhieb an, ob die ›Flamme‹ von besonderer Struktur ist, was relativ selten der Fall ist. – In jede Pfeife werden auf Wunsch die Initialen des Rauchers graviert.

Eine neue Idee

Die Parfümzerstäuber übrigens sind industriell gefertigte kleine nachfüllbare Glaskolben mit Sprühpumpe, die der Künstler in ästhetisch gedrechselte Holzdöschen einbettet. Schöner als das nackte Glas sind sie in jedem Fall, nützlich für die Raumluft ebenfalls, aber ob das der große Renner wird, weiß man noch nicht. Genau wie die Kugelschreiber ist jede Dose ein Einzelstück mit farbigen Spielereien aus Holzarten, Metallinkrustationen und Tierhorn.

Unikate von seltener Eleganz

Alle Kugelschreiber sind Einzelstücke aus diversen lokalen Hölzern. Jeder glänzt farbig und duftet nach dem verwendeten Material. Nicolier benutzt u. a. das Holz von Bruyère und Korkeiche, Strandwacholder und Olive, Steinlorbeer und Eukalyptus, Buchsbaum und Mandel, oft kombiniert mit Einlagerungen von Messing, Silber, Kupfer, Tierhorn oder dem Galalith, einem Material aus im Formalbad gehärteten Kasein, dessen blauglänzende Farbe kunstvolle Spielereien ermöglicht.

Nicolier graviert die Kugelschreiber auf Wunsch mit den Initialen des Käufers oder des zu Beschenkenden. Zu jedem der Unikate gibt es ein detailliertes Faltblatt mit der Beschreibung der verwendeten Materialien. Wer mag, kann hier die Weihnachtsgeschenke für die nächsten Jahre erwerben – wirklich schöne Stücke. Und auch der Künstler freut sich: Seine Geduld und Erklärungsfreude haben sich ausgezahlt!

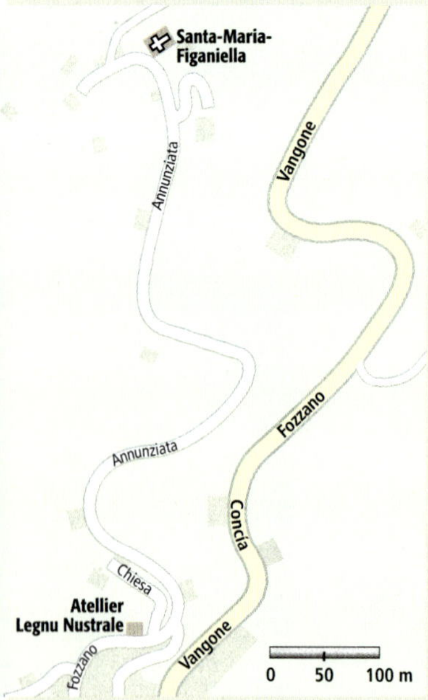

Abstecher zur Pisaner Kirche

Tipp: Am Dorfeingang von Fuzzà führt die obere Straße weiter nach **Santa-Maria-Figaniella.** Dort steht eine der schönsten Pisaner Kirchen der Insel (1160; Schlüssel im nächstgelegenen Wohnhaus, klopfen). Der Glockenturm mit der original erhaltenen Granitplattendeckung kam im 18. Jh. hinzu. Unter dem Dach verläuft ein Gesimsband; die Frontfläche ist mit einer Arkadenreihe aufgelockert, die auf skulptierten Kragsteinen steht. Die Pisaner Baumeister bedienten sich bereits des Goldenen Schnittes. Wer mag, kann das ausmessen: Seitenhöhe, Firsthöhe sowie Länge und Breite des Kirchenschiffes stehen alle in einem präzisen Verhältnis zueinander: entweder 1 : 0,618 oder 1,618 : 1!

Hinter der Kirche windet sich die Straße durch eine wunderschöne Landschaft über den Col de Siu zurück nach Prupià (1,5 Std.).

Altstadt

Die einst vornehme Altstadt, von der Place de la Libération (ehemals Pl. Portal) durch eine Passage im Rathaus zu erreichen, zeichnet sich durch schmale, bis zu achtgeschossige Häuser aus, die verwinkelten Gassen sind so eng, dass kein Sonnenstrahl nach unten dringt. Malerisch wirken sie nicht zuletzt durch die Lädchen für Touristen. Wer bei einem Bummel über die Treppen und durch die Gänge näher hinsieht, erkennt dringenden Reparaturbedarf. In der **Rue J. Codaccioni** finden sich Bürgerhäuser aus dem 19. Jh. 100 m vom Rathaus über eine Treppe bei der Post ist die **Echauguette** zu sehen, ein Türmchen in dem einzigen noch erhaltenen Stück der alten Festungsmauer.

Mein Tipp

10 km südlich von Sartène lockt die fachwerküberdachte Terrasse des **Acciola** zum Verweilen (bei der Einmündung von Giuncheto, Tel. 04 95 77 14 00, Juni–Ende Sept., einfache Gerichte 15–20 €). 6 km weiter Richtung Bonifacio können Kinder im Ortolo-Tal auf dem **Rücken ihrer Ponys** oder Esel hautnah eine weitläufige Schäferei durchstreifen (20 €/Std., 35 €/2 Std.). Für Erwachsene gibt es den 3,5-stündigen Ausritt zu Pferd auf die Höhe für 70 € (nur nach tel. Anmeldung unter 06 18 39 23 03). 2 km weiter gibt es bei der **Domaine Pero Longo** (www.perolongo.com) den besten Bio-Rotwein der Gegend: **Equilibre!** Auch Restaurant, Camping und Gästezimmer (Tel. 04 95 77 07 11).

Borgo

Im Borgo auf der anderen Seite der Place de la Libération haben sich viele kleine Geschäfte und Restaurants niedergelassen. Kaum ein Jahrhundert jünger als die ›Altstadt‹, war er lange das Armenviertel der Stadt. Die **Place de la Libération** am Schnittpunkt der beiden Stadtteile ist schon zur Frühstückszeit lebendig. Die einladenden Tische im Freien bieten einen schönen Platz für eine Pause, genutzt auch von vielen Einheimischen zum Plausch oder für wichtige Diskussionen.

Musée de Préhistoire Corse

www.cg-corsedusud.fr,
Tel. 04 95 77 01 09, tgl. Juni–Sept. 10–18, Okt.– Mai Di–Sa 10–17 Uhr, Fei geschl., 4 €, Gruppen 2 € pro Pers., unter 26 J. frei

Im ehemaligen Gefängnis befindet sich eine sehenswerte Sammlung zur Frühgeschichte der Insel von der Steinzeit über die Eisenzeit bis zum Mittelalter. Das Museum ist unbedingt sehenswert!

Eglise Santa-Maria

Öffnungszeiten unregelmäßig

In der Kirche (1768) fand 1834 die Versöhnung zwischen den verfeindeten Clans der Roccaserra und der Ortoli statt. An der Wand links neben dem Haupteingang hängt das 31,5 kg schwere Eichenkreuz, das der anonyme Büßer, der Catenacciu, während der Karfreitagsprozession auf dem Rücken trägt, um zu sühnen. Rot vermummt, mit einer 14 kg schweren Kette um die Knöchel, begleitet von einem weiß gewandeten kleinen Büßer, der ihm aufhilft, wenn er strauchelt, führt er die Prozession an, die sich zwei Stunden durch die nächtliche, nur von Kerzen erleuchtete Altstadt windet. Einst waren unter den Büßern oft Männer, die sich bei einer Vendetta schuldig gemacht hatten, oder Banditen – doch auch heute noch ist die Liste der Bußwilligen lang. Die Zuschauer kommen von weit her, um der Prozession beizuwohnen, die ein eindrucksvolles religiöses Ereignis geblieben ist.

Übernachten

Einfach und sauber – **Hotel des Roches:** Tel. 04 95 77 07 61, www.sartenehotel.fr, DZ 74/102 €, Frühstück 9,50 €, ganzjährig geöffnet. Das einfache Innenstadthotel hat 60 saubere Zimmer und ein gutes Restaurant, WLAN ist kostenlos.

Schöne Aussicht – **Hôtels Rossi und Fior di Riba:** N 196, ca. 1 km Richtung Propriano, Tel. 04 95 77 01 80, www.hotelfiordiribba.com, 15. März–Okt. DZ je nach Blick ab 89/134 €. Italienischer Landhausstil mit hellen Zimmern und Blick auf Tal und mediterranen Obstgarten, in dem auch gefrühstückt werden kann. Es gibt einen kleinen Pool.

Klösterliche Ruhe – **Couvent des Saints Côme et Damian:** Sartène, am Stadtausgang nach Bonifacio, Tel. 04 95 77 06 45, DZ 20 €/Nacht.

»Frau spricht Deitsch« – **Camping à la Ferme U Cavaddu Senza Nome:** N 196, Ranfone, 12 km Richtung Bonifacio, Tel. 06 10 39 14 29, www.ucavaddu.fr, 21/25 € für 2 Pers. mit Auto und Zelt. Eine Oase der Ruhe zwischen Bergen und Meer, außer, wenn Party ist ...

Für Sparsame – **Camping U Farrandu:** Rte. de Propriano, Tel. 04 95 73 41 69, April–Sept. 15 € für 2 Pers. mit Zelt und Auto. 20 Stellplätze mit viel Schatten unter großen alten Bäumen. Mit Tennis- und Minigolfplatz.

Essen & Trinken

Pizza!!!! – **Pizzeria A Madunnina:** Rizzanese, Rte. de Propriano, 6 km unterhalb von Sartène in Richtung Propriano, an der Wegkreuzung ins Alta Rocca, Tel. 04 95 77 16 22. Die Korsen sind Weltmeister im Verzehr von Pizza. Das versteht, wer in der Madunnina gegessen hat: riesige Portionen, reich garniert und ab 11 €. Außerdem Steaks, Salate, Fisch ... Mit zwei schattigen Außenterrassen.

Regionale Küche – Le Caramama: Rue Caramama in der Altstadt, Tel. 04 95 73 41 11, Mai–Okt., Menü 14–27 €. Familienbetrieb mit Sartèner Spezialitäten und Pizzen. Niveauvolle Küche.

Das Bilderbuchdorf Sartène macht auch heute noch einen sehr geschlossenen Eindruck

Einkaufen

Altstadtflair – **Macchia-Essenzen** aus dem Ortolo-Tal gibt es in der Altstadt bei »U Listincu«, 10 m hinter dem (einzigen) Stadttor links und unter www.casavecchiacorsa.fr. Oder man fährt gleich in die Destillerie, und zwar 13 km in Richtung Bonifacio, dann 500 m südlich des Weilers Orasi links 300 m unterhalb der Straße (Tel. 06 86 96 28 26).

Kulinarische Kostprobe – **A Cantinetta:** Rue Borgo, im Sommer tgl. 9–18 Uhr. Weingeschäft mit Imbiss für korsische Spezialitäten. Hier kann man die gerühmten Rotweine des Sartenais sowie Obst- und Kräuterliköre kosten.

Aktiv

Für die Kleinen – **Le Parc Naturel d'Olva et Sentier Botanique:** Rte. de la Castagna (D 69), 3 km außerhalb, Tel. 06 11 75 29 64, www.parc-animalier-corse.com, Juli/Aug. tgl. 9.30–19, Juni– 15. Sept. tgl.10–18, April, Mai, Okt. Di–So 10–18, 7 €, Kinder 4–18 J. 5 €. Erlebnisfarm im Park. Der pädagogische Bauernhof lässt die Kinder das Landleben entdecken. Ponyreiten, Picknickmöglichkeiten, botanischer Lehrpfad.

Infos & Termine

Syndicat d'Initiative: Cours Sœur-Amélie, Tel. 04 95 77 15 40, oti-sartenaisva linco.com, 15.Juni–15.Sept. Mo–Fr 9–19, Sa 9–18, sonst Mo–Fr 9–12, 14–18 Uhr. Auf dem Weg dorthin findet man das Atelier des frankreichweit bekannten Portraitfotografen **William Moureaux:** 4, Cours Sœur Amélie, Tel. 06 23 02 05 73, www.wmphotos.fr.

Rizzanese-Tal ▸ D 10

Das Rizzanese-Tal ist fruchtbar, im Frühjahr ein Wildblumenparadies. An der D 69 steht die restaurierte Genueserbrücke Spin'a Cavallu, »Pferderücken«. Mit 8 m hohem Rundbogen überspannt sie den Fluss, der hier und oberhalb schöne Badebecken ausgebildet hat. Von hier bieten sich als Ziel die Bains de Caldane am Fiumicicoli an, eine winzige Freiluftanlage mit 38 °C warmem schwefligem Wasser (etwa 12 km von der N 196 über D 69, D 268, D 148, Zugang von Le Vieux Moulin Caldani).

An die Zeiten der Vendetta gemahnen die Dörfer nördlich des Rizzanese. Über die D 119 (Abzweig bald hinter dem Flussübergang) erreicht man das Dorf Arbellara, dann über die D 19 nach Norden Fozzano und Santa-Maria-Figaniella mit wehrhaften Wohnhäusern aus grauem Granit. **Fozzano** (s. auch »Zu Gast beim letzten Edelholzdrechsler der Insel«, S. 252) ist der Schauplatz von Prosper Mérimées Roman »Colomba«; zu sehen sind die Häuser der verfeindeten Familien Carabelli und Durazzo sowie das Geburtshaus von Colomba selbst.

Santa-Maria-Figaniella war im Mittelalter der Sitz der Familie della Rocca. Sehenswert sind die Steinfriese am Gemäuer des romanischen Kirchleins aus dem 12. Jh. Beeindruckend ist der fantastische Blick über den Golf von Valinco und das Baracci-Tal.

Der kürzeste Weg zurück führt wieder nach Arbellara und über die D 19 nach 9 km auf die N 196 bei Propriano.

Site Archéologique de Cauria ▸ C/D 11

In der Ebene von Loreto findet sich eine Reihe von Zeugnissen der Megalithkultur, datiert auf Anfang bis Mitte des 2. Jt. v. Chr. Für die Besichtigung zweigt man von der N 196 an der Bocca Albitrina (2,5 km südl. von Sartène) ab auf die D 48 Richtung Tizzano. Die D 48a führt zu den Mégalithes de Cauria (s. S. 260) mit den drei wichtigen Monumenten Alignement de Stantari, Dolmen von Fontenaccia und Alignement de Renaju. Die Straße endet an einem Parkplatz, von dort sind die Fundstätten in jeweils 10–15 Min. zu erreichen, man muss nur dem beschilderten Weg folgen.

Über der Ebene von Cauria steht im Sommer eine unbarmherzig sengende Sonne. Eine Kopfbedeckung und Trinkwasser sind daher zwingend notwendig.

Alignement de Stantari ▸ D 11

Die beiden nord-südlich ausgerichteten, von einem Mäuerchen umfriedeten Steinreihen bestehen aus mehr als 20 stehenden und umgestürzten Menhiren und Menhirstatuen. Letztere mit angedeuteten Köpfen, einige mit Löchern in der Stirn, die vermutlich für Hörner gedacht waren. Eine Statue trägt Dolch und Schwert, die beiden größten sind die einzigen Menhirstatuen Korsikas mit angedeuteten Armen und Händen. Sie schauen alle nach Osten, dem Sonnenaufgang entgegen.

Dolmen von Funtanaccia

▶ D 11

1840 von Prosper Mérimée beschrieben, ist es der besterhaltene Dolmen Korsikas. Er steht allein auf einem Plateau und ist von der ganzen Ebene sichtbar. Die Deckenplatte ist 3,4 m lang, 2,9 m breit und wiegt mehr als 3 t. Dieses Oberschicht-Gemeinschaftsgrab wurde das ganze 2. Jt. hindurch benutzt. Bei den Korsen heißt das alte Steingrab auch »Teufelsschmiede«, **Stazzona di u Diavulu.**

300 m westlich liegt der Kultplatz von Cicali, wo allerdings nicht recht etwas zu sehen ist.

Alignement de Renaghju ▶ D 11

In einem Steineichengehölz zu Füßen des Felsenchaos von Cauria stehen und liegen 46 Menhire, teils zu einem Halbkreis angeordnet, zwei Reihen in Nord-Süd-Richtung ausgerichtet, bis vor 50 Jahren von dichter Macchia überwuchert. Die kleineren wurden um 2000 v. Chr. aufgestellt, die größeren 4500.

Zum Alignement de Palaggiu ▶ C 11

Vom Abzweig nach Cauria ca. 3 km weiter auf der D 48 in Richtung Tizzano bis zu einem Schild, hier nach rechts abbiegen

Ein Feldweg führt innerhalb von 15 Minuten zum von den Korsen als **Campu di Turchi** – ›Türkenfriedhof‹ – bezeichneten Alignements von 258 Menhiren, der größten Ansammlung von antiken Steinstatuen im ganzen Mittelmeerraum. Auch hier ist die Ausrichtung Nord-Süd mit Blickrichtung nach Osten, eine kleine Reihe steht rechtwinklig dazu.

Tizzano ▶ C 11

Das kleine Wassersportzentrum Tizzano (Tizza) war einst ein Geheimtipp: von den Römern besiedelt, von Genua mit einem Fort über dem Ort versehen, bis zum Ausbau Proprianos im 19. Jh. Hafen für Sartène und dann in Bedeutungslosigkeit gefallen. Das verbliebene Fischerdorf ist auch heute noch vergleichsweise beschaulich. Vor allem Reisende, die ein eigenes Boot dabeihaben, genießen die Schnorchelgründe um die vielen Riffs vor der Küste, die auch Ziel von Tauchschulen sind, und die kleinen einsamen Sandbuchten entlang der Felsenküste – die sich auch erwandern lassen.

Übernachten

Markante Lage – **Hôtel-Restaurant du Golfe:** gleich am Ortseingang an der Durchgangsstraße zur Meerseite, Tel. 04 95 22 02 51, www.hotel-dugolfe-tizzano.com, DZ 90/155 €. Dieses spektakulär gelegene Hotel verfügt über 17 elegante Zimmer mit Balkon zum Meer. Ein direkter Zugang führt zum malerischen Felsstrand.

Essen & Trinken

Frische Fische – **Chez Antoine:** im Ort, Tel. 04 95 77 07 25, Mai–Sept. tgl., Menü ab 20 €. Auf der Speisekarte des urigen Lokals mit überdachter Terrasse über dem Strand stehen ausgezeichneter Fisch aus eigenem Fang, köstliche Fischsuppe und Langusten, die man begutachten kann, bevor sie im Kochtopf landen.

Lieblingsort

Mystische Atmosphäre ▶ D 11
Am **Kultplatz von Cauria** herrscht Ruhe und Einkehr. Keine Konsummöglichkeit, keine Kasse, kein Lärm – nur das Hochplateau mit Blick auf die Bergkette von Cagna und seltsame Steinsetzungen aus grauer Vorzeit, die weitläufig das Hochplateau beherrschen, unverändert rätselhaft wie seit Jahrtausenden. Ein Dolmen diente vor 4000 Jahren als Gemeinschaftsgrab, bewaffnete Menhire starren seit 3300 Jahren nach Osten; die Archäologen rätseln, ob hier ein Fruchtbarkeits- oder ein Wasserkult betrieben wurde. Darüber scheinen sogar die frei laufenden Kühe zu meditieren. (Über die D 48/D 48a zu erreichen. Kopfbedeckung und Trinkwasser nicht vergessen!)

Bonifacio und die Südküste

Bonifacio ▸ E 12

Trotz der vielen Besucher bleibt Bonifacio eine der großen Attraktionen Korsikas. Die Lage der Oberstadt auf dem 60 m hohen Kreidefelsplateau und des Hafens am Ende des langen, engen Meerarms ist nun einmal betörend schön. Mittelalterlich wirkt die Oberstadt – schon wenn man sich von außen nähert und zunächst nur die hoch aufragende Festungsmauer sieht. Und da sie sich auf dem Fels nicht ausdehnen kann, ist sie ganz in der historischen Struktur erhalten.

Im Neolithikum siedelten die ersten Menschen der Gegend in Wohnhöhlen, die sie sich in den weichen Fels gruben. In einer solchen Höhle wurde das auf 6750 v. Chr. datierte Skelett der Dame de Bonifacio entdeckt, der älteste Menschenfund Korsikas, heute im prähistorischen Museum von Levie zu sehen. Griechen und Römer ließen sich nieder. Historiker meinen, in Homers Odyssee eine Beschreibung des Ortes zu erkennen, dort wo Odysseus und seine Mannen im zehnten Gesang zu den riesenhaften menschenfressenden Laistrygonen geraten und es heißt: »... wir kamen in ihren trefflichen Hafen, den steiler, ragender Stein ohne Fuge auf beiden Seiten umgürtet. Felsen springen hervor und stehn gegenüber im Meere, gehn in die Mündung hoch hinein, und eng ist der Eingang.«

Ihren heutigen Namen erhielt die Stadt 830 n. Chr. durch den toskanischen Grafen Bonifacio. Im Jahr 1187 nahm Genua die für Piraterie berüchtigte Festung durch eine List ein, siedelte mit Privilegien ausgestattete Ligurer an und verschaffte sich so einen treu ergebenen Stützpunkt. Eroberungen, Belagerungen, die Pest und neue Belagerungen kennzeichnen die Geschichte, bis die Insel 1768 an Frankreich fiel – der örtliche Dialekt und die lokale Küche sind bis heute ligurisch gefärbt.

Bonifacio erobert man am besten zu Fuß. Der Fußweg vom Hafen hinauf bietet den imposantesten Eindruck von Küste, Meer und Stadt. Wer Trubel scheut und nicht außerhalb der Hauptsaison kommen kann, wählt am besten den frühen Vormittag oder die Abendstunden. Ober- wie Unterstadt leben wesentlich vom Tourismus. Im Hafenbecken legen die Ausflugsboote zu den Grotten in den Kreidefelsen und in das Naturschutzgebiet um die Lavezzi-Insel ab. Linker Hand dann der Jachthafen, gesäumt von Restaurants und Boutiquen.

Unterstadt

Saint-Erasme 1
Es ist eine dem Schutzheiligen der Fischer geweihte Kirche, deren Apsis aus dem 13. Jh. stammt. Sie steht am Beginn der Treppe **Montée Rastello,** über die man zur Oberstadt, Ville Haute, hinaufsteigt. Die Treppe endet an einer Brüstung neben der **Kapelle St-Roch,** die 1528 errichtet wurde, als die Pest das letzte der über 4000 Opfer hingerafft hatte. Der Pestbazillus war damals per Handelsschiff aus dem Schwarzen Meer mitgebracht worden. Dort hatten die Krim-Tartaren infizierte Kleider von Pestopfern in die Festung der Genuesen geschleudert; eine bakteriologische Kriegsführung mit einfachsten Mitteln und verheerender Wirkung.

Auf halber Höhe, am **Col Saint-Roch,** hat man einen schönen Blick zurück, auf die Kreidefelssäule im Meer Grain de Sable (›Sandkorn‹) und hinauf zu den Häusern auf dem überhängenden Fels. Ein Pfad führt hinunter an den Ministrand Sutta Rocca, ein anderer nach links hoch über das Plateau zum Leuchtturm von Pertusato. Von hier hat man dieselbe Aussicht auf die Festung wie die Türken und Franzosen im 16. Jh. beim Aufstellen ihrer Kanonen mit den neu entwickelten Eisenkugeln, die die Mauern damals schwer beschädigten.

Oberstadt !

In die Oberstadt geht es durch die **Porte de Gênes** 2, das gut gesicherte, lange Zeit einzige Tor zur Oberstadt aus dem 16. Jh. An der Place d'Armes befindet sich rechts der Eingang zur **Bastion de l'Etendard** 3, einem Teil der Befestigungsanlage mit geschichtlichem Museum (April–Okt., Juli/Aug. tgl. 9–19, sonst Mo–Sa 9–18 Uhr, Eintritt 2,50 €), dem hübschen **Jardin des Vestiges** 4 und dem schönsten Blick über den Hafen.

Die Gassen der Altstadt sind rasch kreuz und quer durchwandert. Teils sind sie von alten Leitungen überbrückt, die seit dem 14. Jh. Regenwasser in die zentrale Zisterne unter dem Vorbau der Kirche Sainte-Marie-Majeure leiteten. Heute ist die Zisterne zum städtischen Konferenzsaal umgebaut. Die steilen Treppen der Häuser sind nachträglich eingefügt, einst waren unten Ställe und Vorratsräume, in die Wohnräume gelangte man über Leitern, die hochgezogen werden konnten. An der Place du Marché wird Boule gespielt, sofern sie nicht von Schaulustigen überfüllt ist, die sich an der Aussicht sattsehen wollen.

Sainte-Marie-Majeure 5

Die Rue Doria führt der Länge nach durch das Städtchen, rechts von ihr liegt der zentrale Platz mit der Kirche aus dem 12. Jh. Unter dem breiten Vordach wurde einst Gericht gehalten. Beachtenswert hier ist das restaurierte Dachgebälk aus Laricciokiefern-Pfetten und Wacholdersparren sowie der Bodenbelag aus schiefrigem Marmor.

Schräg gegenüber liegt der **Palazzo Publico** 6 (Öffnungszeiten im Office de Tourisme erfragen), in dem sich das **Centre d'Art et d'Histoire** befindet, ein heimat- und kirchengeschichtliches Museum mit Gewölben aus dem 13. Jh.

Escalier du Roi d'Aragon 7

April–Okt. tgl. geöffnet, Juli/Aug. tgl. 9–20, sonst 11–17.30 Uhr, 2,50 €

An der Pl. de Montepagano geht es links zu der in Stein gehauenen Treppe mit 187 Stufen hinunter zum Meer. Die Sage will, dass Alphons V. 1420 die Treppe im Zuge einer Belagerung der Stadt in einer Nacht bauen ließ, um endlich den Sieg zu erzwingen, sie dürfte jedoch viel älter sein.

An der Pl. Bir Hakeim endet die Stadt, in den Kasernen waren bis 1983 Fremdenlegionäre stationiert. Oberhalb des Platzes steht die gotische Kirche **Saint-Dominique** 8 (Juli–15. Sept. tgl. 14.30–20 Uhr), 1270 bis 1343 von Dominikanermönchen errichtet.

Le Bosco 9

Das kahle, im Frühsommer blumenübersäte, einst bewaldete Plateau an der Landspitze, beherbergt drei restaurierte Windmühlen und den Friedhof **Cimetière Marin** 10, auf dem die Mausoleen der wohlhabenden Bürger eindrucksvoll dicht an dicht stehen. Unweit des dahinterliegenden gotischen Klosters **Saint-François** 11 aus dem 14. Jh. führt ein in die Felsen geschlagener Tunnel zu einem Aussichts-

Bonifacio

Sehenswert

1 Saint-Erasme
2 Porte des Gênes
3 Bastion de l'Etendard
4 Jardin des Vestiges
5 Sainte-Marie-Majeure
6 Palazzo Publico
7 Escalier du Roi d'Aragon
8 Saint-Dominique
9 Le Bosco
10 Cimetière Marin
11 Saint-François
12 Caverne du Gouvernail

Übernachten

1 La Caravelle
2 Domaine de Licetto
3 Le Royal
4 Des Etrangers
5 Camping Araguina

Essen & Trinken

1 La Semillante
2 Les Quatre Vents
3 Stella d'Oro
4 U Castille
5 Cantina Doria
6 Café Servuti … in quatru é trei sette

Einkaufen

1 Galerie du Mercadial
2 Corallissimo
3 Boulangerie Faby
4 L'Oriu de Chera

Aktiv

1 Bootsausflüge
2 Barakouda
3 Golfe de Sperone
4 Phare de Pertusato
5 Cala di Paraguano
6 Unterwasserspaziergang auf der Lavezzi-Insel

punkt auf halber Höhe, die **Caverne du Gouvernail** 12 (Eintritt 2,50 €, Mai–Juni 10–17.30, Juli–Sept. 9–19.30 Uhr).

Übernachten, Essen

In und um Bonifacio kann man sehr luxuriös und teuer wohnen, hier etwas bescheidenere Adressen.

Gediegen – **La Caravelle** 1: 37, quai Comparetti, Tel. 04 95 73 00 03, www.hotelrestaurant-lacaravelle-bonifacio.com, Mitte April–Mitte Okt., DZ ab 88/143 €. Das angesehenste der Hotels am Hafen. 28 Zimmer mit allem Komfort, die zum Hafen teurer und gegen Lärm isoliert. Das ausgezeichnete Restaurant hat Tische im Freien an der Marina und in einer alten Kapelle aus dem 13. Jh.

Inmitten der Macchia – **Domaine de Licetto** 2: Rte. du Phare de Pertusato, am Parkplatz in der Unterstadt abbiegen, 2 km außerhalb, Tel. 04 95 73 03 59, www.licetto.com, DZ ab 55/90 €. Toller Blick zurück nach Bonifacio von diesem abgeschiedenen kleinen, gepflegten Hotel mit 7 Zimmern und 12 Apartments. Das sehr beliebte Restaurant bietet ein üppiges Einheitsmenü mit Aperitif und Wein für 36 €, auf jeden Fall vorher reservieren.

Übernachten

Freundlich – **Le Royal** 3: Oberstadt, 8, rue Fred Scamaroni, Tel. 04 95 73 00 51, www.hotel-leroyal.com, DZ ab 56/136 €. Komfortables Hotel mit 14 Zimmern am Rand der Oberstadt, jene mit Blick hinunter zum Hafen sind teurer. Keine Parkmöglichkeit. Die neuwertigen, geschmackvoll eingerichteten Zimmer besitzen alle eine eigene Dusche, WC, TV und Telefon.

Für Sparsame – **Des Etrangers** 4: Av. Sylvère Bohn, Tel. 04 95 73 01 09, www.hoteldesetrangers.fr, April–Okt., DZ 45/60 €. An der Einfahrt zur Stadt präsentiert sich das Äußere nicht sehr attraktiv, aber der Schein trügt. Die einfachen Zimmer sind gut isoliert und gepflegt. Zusatzservice: Eine abschließbare Garage für Fahr- und Motorräder. Das erschwinglichste Hotel der Stadt.

Einfach und preiswert – **Camping Araguina** 5: Av. Sylvère-Bohn, Tel. 04 95 73 02 96, www.campingaraguina.fr, April–Okt., 22 € für 2 Pers. mit Auto und Zelt. Am Eingang der Stadt befindet sich der kleine Campingplatz mit schattigen Plätzen und Snackbar. Bungalows können auch gemietet werden.

Essen & Trinken

Gediegen und üppig – **La Semillante** 1: Unterstadt, in der Mitte des Marina-Kais, Tel. 04 95 37 08 34. Mittelpreisig: *petite friture* 14 €. Der deutschsprachige Chef gibt ehrlich Auskunft, wie groß die frischen Muscheln aus der Lagune sind. Täglich frische Fischsuppe mit Knoblauchzehen.

In-Treff – **Les Quatre Vents** 2: Quai Banda-del-Ferro, Tel. 04 95 73 07 50, Juli/Aug. nur abends, April–Juni und Sept.–Okt. auch mittags, Menü 25 €, à la carte 20–30 €. Am Fischerhafen befindet sich das Restaurant, das auch die Einheimischen anlockt. Im Sommer Fischkarte und Salate, sonst Deftiges aus dem Elsass, der Heimat der Chefinnen, leckere Desserts.

Pasta wie bei Mama – **Stella d'Oro** 3: Oberstadt, 7, rue Doria, Tel. 04 95 73 03 63, www.restaurant-stelladoro-bonifacio.com, Ostern–Sept. tgl. 12–14, 19–23 Uhr, Mittagsmenü ab 28,50 €. Wie ein Weinkeller aufgemachtes Restaurant, das sich der Küche *à la bonifacienne* verschrieben hat. Als Spezialitäten gelten die köstlichen Pastagerichte wie *ravioli au brocciu.*

▷ S. 269

Auf Entdeckungstour: Bonifacio vom Meer aus – eine Bootsfahrt

»Wer Bonifacio nicht vom Meer aus gesehen hat, hat nichts gesehen!« Mit diesen Worten werben die Bootsführer der Ausflugsschiffe um Kunden. Recht haben sie!

Reisekarte: ▶ E/F 12

Touren: kleine (Grotten-)Tour stdl. 9.30 –15.30 Uhr, Lavezzi-Ausflug: April–Okt. stdl. 11.30–14.30, Rückfahrt 12.30, 15.30, 17.30, Juli/Aug. stdl. 9.30–15.30, Rückfahrt stdl. 12.30– 18.30 Uhr.

Achtung: Auf die große Tour unbedingt Wasser, Kopfbedeckung, Badesachen und Proviant mitnehmen. Achtung: An Bord befinden sich keine Toiletten!

Preise: 17,50 € für die kleine Tour (1 Std.), 35 € für den Ausflug zu den Lavezzi-Inseln mit Badeaufenthalt; Kinder bis 12 J. zahlen die Hälfte, Kinder unter 8 J. können umsonst mitfahren.

Über den Ausflugsbooten thront die Festung Bonifacio mit ihren kantigen, abrupt aufragenden Burgmauern, die den einzigen historischen Zugang zur Stadt schützen, das Genuesertor, erkennbar als dunkles Loch in der Mitte, 80 m über dem Meer und 500 m entfernt. Das Boot ist beileibe keine Nussschale, stark motorisiert und modern ausgestattet, mit Platz für 70 Personen. Zuerst tuckert es 1200 m Richtung Hafenausfahrt durch den engen Fjord, den besten Naturhafen im Mittelmeer. Unter- und Oberstadt ziehen wie bei einer Parade am Boot vorbei. Die Unterstadt, das sind aneinandergereihte Restaurants und Souvenirläden, am Kai bunte Fischernetze, an der Mole je nach Saison kleine Fischerboote oder die Luxusjachten der Reichen und Schönen. Von Mai bis Oktober wimmelt es hier von Menschen, von November bis April hingegen ist nichts los. Oberhalb, auf dem Landriegel, der den Naturhafen vom offenen Meer trennt, prankt die verschachtelte historische Altstadt mit der größten und ältesten Festung der Insel.

So gut wie uneinnehmbar

Der weiße Punkt auf halber Höhe ist die Rochuskapelle, an der 1528 bei der größten Katastrophe in der Stadtgeschichte, dem Ausbruch der Schwarzen Pest, der letzte Infizierte starb. Die Krankheit ließ die Bevölkerung damals in Jahresfrist von 5000 auf 700 Menschen schrumpfen.

Die Stadtmauern mussten nach der Belagerung durch die Türkisch-Französische Allianz 1553 restauriert werden. Diese hatten die Mauern vom Plateau Campo Romanello links der Kapelle mit ihren Katapultgeschossen und den neu erfundenen Eisenkugeln zusammengeschossen, und nur 25 Jahre nach dem dramatischen Pestausbruch wurden die Überlebenden bei der einzigen Eroberung der Stadt massakriert.

Basis der Fremdenlegion, Hort deutscher Weltmachtsträume

Dann geht's an der Oberstadt entlang, die sich als Häusergewirr um die Kirche gruppiert. Am rechten Stadtrand liegen die sogar aus der Ferne als verwahrlost erkennbaren Militärgebäude, die bis 1982 von der Fremdenlegion bewohnt wurden und seitdem verfallen. Zu erkennen ist auch der überdachte Wehrgang rund um die Burg, der teilweise begehbar ist. Diesen heißt es für den Nachmittag aufsparen. Am äußersten rechten Rand dann der Friedhof der Stadt, mit Kloster und Weltkriegskasematten.

Kurz vor der Hafenausfahrt bohren sich unübersehbar die Maschinengewehrnester aus dem Zweiten Weltkrieg in den weichen Kalkstein. Deutsche und italienische Besatzer nutzten sie zuletzt 1943, ebenso die verrosteten Seilwinden beiderseits der Ausfahrt, mithilfe derer eine Eisenkette nachts den Hafen abschloss. Wegen seiner Lage und dem leicht zu verteidigenden Landriegel war Bonifacio stets ein militärstrategischer Ort und von den Steinzeitsippen über die Römer, Pisaner, Genuesen bis zu den Franzosen, Italienern und Deutschen als Stützpunkt begehrt.

Jetzt wird's spannend!

Endlich geht's an der Madonetta, der Madonnenfigur mit Leuchtfeuer, vorbei, hinaus aus dem Fjord und nah an der Küste entlang Richtung Drachengrotte. Überall hängen Stalaktiten am Kalkgestein. Nun kommt der Moment der Wahrheit: Falls Westwind herrscht, wird es jetzt ruppig, denn die Meerenge zwischen Bonifacio und dem 12 km entfernten Santa Theresa in Nordsardinien gilt als gefährlichste Passage im Mittelmeer. Bei Ostwind dagegen schippert das Boot ständig im Windschatten der Insel und das Meer ist immer spiegelglatt, egal, wie stark es windet. Deshalb empfiehlt es sich, die Tour vormittags zu machen, bevor ab Mittag Wind weht, und Westwind zu meiden, da sonst die Einfahrt in die Grotte unmöglich ist. Ihr Zugang ist nur wenig breiter als das Boot: Mitten in der Felswand klafft ein dunkles Loch, durch das der Käpt'n das Boot mit Geschick und Konzentration manövriert. Dahinter ein kreisrunder Raum von 25 m Durchmesser und ebenso hoch, fahl beleuchtet von einer natürlichen Deckenöffnung – ein grandioses Naturschauspiel, allein der Farben wegen!

Schon Odysseus war hier

Wenn alle Fotos geschossen sind, geht es zunächst westwärts zur Cala de Paraguane, danach zurück Richtung Bonifacio, an der Antoniusgrotte vorbei, deren Kathedralen-Dimension das Boot nun doch wie eine Nussschale aussehen lässt. Weiter an die senkrecht abfallende Südflanke der Oberstadt mit ihren teilweise überhängend gebauten Häusern auf dem »himmelhoch aufragenden Felsgestein«, wie Homer vor 2800 Jahren in der »Odyssee« schrieb. Die detailgetreue Schilderung der Hafeneinfahrt Bonifacios ist das einzig seriöse Indiz dafür, dass Odysseus hier tatsächlich 1200 v. Chr. mit seiner Flotte von den Bewohnern Korsikas angegriffen wurde. Das Boot tuckert weiter an der Steilküste entlang Richtung Südspitze Korsikas. Zur Oberstadt führt vom Meeresniveau aus die diagonal aufsteigende Treppe des Königs von Aragon, die mit 187 Stufen ordentlich in die Waden gehen muss …

Vom Wendepunkt aus, einem haushohen Kalksteinbrocken, ist weit in der Ferne das Hochplateau mit dem größten Golfplatz der Insel zu sehen, dessen Gießwasserverbrauch im Sommer die Kleinbauern des Südens in Harnisch bringt, denen in trockenen Jahren das Wasser rationiert wird.

Der Käpt'n bringt die Passagiere sicher zurück in den Hafen. Das gegerbte Seebärengesicht strahlt beim Abschiedskompliment: »C'était magnifique, à la prochaine!« – »Das war herrlich, bis zum nächsten Mal!«

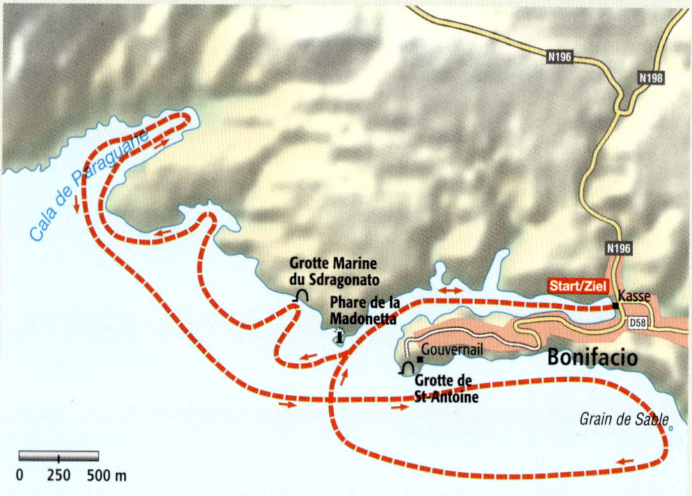

Freundlicher Service – **U Castille** 4: Oberstadt, 7, rue Simon Varsi, Tel. 04 95 73 04 99, Febr.–Mitte Dez. tgl., Menü ab 15 €. Ob Pizza, Fisch- oder Fleischmenü, in diesem kleinen Restaurant gibt es einen liebenswerten Service und eine gute Küche, die besonders schön auf der kleinen Terrasse zu genießen ist.
Bodenständig – **Cantina Doria** 5: Oberstadt, Rue Doria, Tel. 04 95 73 50 49, Mitte März–Okt., außerhalb der Saison Di geschl., Menü 12–15 €. Hier hängen sogar Würste von der Decke. Es gibt schlichte, gut zubereitete bonifazische Hausmannskost – fast wie in alten Zeiten. Die familiäre Atmosphäre ist auch beim jugendlichen Publikum beliebt.
Lieblingsort – **Café Servuti ... in quatru é trei sette** 6: s. S. 272.

Einkaufen

Beim Künstler – **Galerie du Mercadial** 1: 19, rue St-Dominique, Tel. 04 95 73 05 92. Etwas unscheinbar in einer Gasse liegt die Galerie von Serge Arnoux, der fantasievolle Muster für Röcke, Gürtel, Schals und Bettüberwürfe entwirft und die Stoffe selbst bemalt.
Korallenschmuck – **Corallissimo** 2: 3, rue Loggia. An der Pl. Ste-Marie-Majeure findet man Korallenschmuck in besonderer Verarbeitung.
Korsische Köstlichkeiten – **Boulangerie Faby** 3: 4, rue St-Jean-Baptiste. Außer Brot und mit *brocciu* gefüllten Küchlein gibt es hier das ganze Jahr über traditionelle Festtagswecken mit Nüssen und Rosinen *(pain des morts)*.
Qualitativ hochwertig – **L'Oriu di Chera** 4: 20, rue Longue. Landesprodukte bester Qualität.

Aktiv

Neptun lässt grüßen – **Bootsausflüge** 1: Die Ausflugsboote von Thalassa, Rocca, Corsaire und Gina (www.spmbonifacio.com, Tel. 04 95 10 97 50) bieten die Grottenfahrt (s. S. 266) sowie Halbtages- und Tagesausflüge zu den Inseln Lavezzi und Cavallo an – es lohnt sich, auf der Lavezzi-Insel einen längeren Badestopp einzulegen (an einem der entfernteren Strände, Trinkwasser mitnehmen) und mit einem späteren Boot zurückzufahren, ca. 35 €, Jugendliche 25 €, Kinder unter 8 J. gratis. Im Glasbodenboot *(vision sousmarine)* ist es etwas teurer (22,50/15 €), aber ziemlich spannend.
Abtauchen – **Barakouda** 2: Av. Sylvère Bohn, Tauchbasis bei Piantarella, Tel. 04 95 73 13 02, http://club.barakouda.free.fr. Mit Gérard, für den das Tauchen sein Lebenselixier ist, kann man sorgenfrei die Unterwasserwelt, wie z. B. Zackenbarsche, in ihrer Vielfalt beobachten.
Abschlag de Luxe – **Golf de Sperone** 3: Domaine de Sperone, an der D 260, von Bonifacio in östl. Richtung 6 km Richtung Piantarella, Tel. 04 95 73 17 13, www.golfdesperone.com.
Populärer Spazierweg – **Phare de Pertusato** 4: Bekannt, aber wirklich über die Maßen schön ist der Weg über die Klippen vom Col St-Roch Richtung Leuchtturm *(phare)* von Pertusato. Bei lockerem Gehtempo braucht man ca. 3 Std. hin und zurück. Weitere Spaziergänge findet man im Faltblatt des Office de Tourisme: »Bonifacio und Umgebung« (gewöhnungsbedürftiges Deutsch).

Mit dem Pass Monuments Eintrittsgeld sparen
Sparfüchse kaufen im Office de Tourisme den Pass Monuments des Trésors de la Cité für 3,50 €. Er berechtigt zum Eintritt in die Bastion de l'Etendard, Escalier du Roi d'Aragon.

Idyllische Strände – **Cala di Paraguano** **5**: Von der Straße zum Leuchtturm Pertusato kann man an einigen Stellen ans Meer hinunter und bei wenig Wind vor den Klippen baden. Am Leuchtturm führt ein Pfad zu einem kleinen Sandstrand. Nördlich der Bucht führt ein Fußweg an die Strände gegenüber der Stadt, nach 6 km oder 1,5 Std. erreicht man die **Cala di Paraguano.**

Kostenlos abtauchen – **Unterwasserspaziergang auf der Lavezzi-Insel** **6**: Abfahrt am Bootsableger, Reservierung Tel. 06 25 25 03 74 (1 Woche im Voraus), Mo–Do 11/13/14/15 Uhr, für Eltern mit Kindern ab 8 J. (45 Min., Masken und Flossen werden gestellt), max. 5 Pers. Das Tauchboot startet auf den Inseln, dorthin gelangt man mit einem der Ausflugsboote (Fahrt 15 Min.). *English spoken.*

Infos & Termine

Office de Tourisme: 2, rue Fred Scamaroni, Tel. 04 95 73 11 88, www.bonifacio.com, Juni, Sept. tgl. 9–19, Juli–Aug. tgl. 9–20, Okt.–Mai Mo–Fr 9–12, 14–18, im Okt. auch Sa/So 10–17 Uhr. »Guide pratique« von Bonifacio.

Parken: Im Juli/Aug. herrscht Hochbetrieb. Um den Stress der Parkplatzsuche zu vermeiden, ist das Parken des Autos am Eingang des Ortes unten neben dem Hafen zu empfehlen. Weitere Parkmöglichkeiten gibt es in der Oberstadt.

Bus: Am Parkplatz vor dem Hafen, im Sommer 2 x tgl. Richtung Bastia (über Porto-Vecchio); im Sommer 3 x tgl. nach Porto-Vecchio, Sartène, Propriano, Ajaccio, sonst 2 x tgl. außer So und Fei.

Touristenbahn: Die bequeme Alternative, die Oberstadt zu erkunden, ist die Fahrt mit dem Petit Train. Abfahrt am Kopfende des Hafens.

Fähren nach Sardinien: Die Schifffahrtsgesellschaften Moby Lines und Saremar fahren im Sommer mehrmals tgl. nach Santa Teresa di Gallura. Außerhalb der Saison verkehren die Fähren teilweise nur 2 x tgl.

Mittelalterfest: Juni, Umzüge, Musik, Tanz in mittelalterlichen Kostümen.

Journées Médiévales: Mittelalterfest in Bonifacios Altstadt zu Pfingsten.

Tour Corse à la Voile: Okt./Nov., große Segelregatta um die ganze Insel (250 km). Ausgangspunkt und Ziel: Bonifacio.

Strände südöstlich von Bonifacio ▶ E 11/12

Archipel des Lavezzi ▶ E 12

Dieses Naturschutzgebiet umfasst neben den Hauptinseln Lavezzi und Cavallo eine Vielzahl von Kleinstinseln und die Küste zwischen der Punta di Sperone und der Punta di u Capicciolu. Das flache Wasser um die Felsen bietet ideale Schnorchelbedingungen, wobei Jagen, Pflücken und Trophäensammeln streng verboten sind.

Unterwegs zur Punta di u Capicciolo ▶ E 11

Am Hafen von Bonifacio zweigen die Straßen ab, die an diese Küste führen. Die D 260 erreicht nach 6 km den Strand von **Piantarella**, eigentlich mehr eine Einstiegstelle für Windsurfer, denen Winde und flaches Wasser hier beste Bedingungen bescheren. Vom Landesteg nach rechts um die Landspitze mit den Ruinen aus der Römerzeit gelangt man zu den schönen Stränden **Sperone** und **Petit Sperone,** die nur zu Fuß zu erreichen sind. Die D 25/258 führt an den wild belassenen Strand **Calalonga,** vor dem es kilometerweit flach bleibt. Am Golfu di Santa-Manza (▶ E 11) liegen die Strände **Maora** – mit feinem, fast rosafarbenem Sand zwischen weißen

Felsen – und **Santa Manza,** der Surfern einen guten Einstieg bietet, bei Schwimmern allerdings wegen der Steine im Wasser weniger beliebt ist. An der Südseite der Bucht folgen hinter Gurgazu kleine Sandbuchten und ein schöner Weg zur **Punta di u Capicciolu.**

Übernachten, Essen

Freundlich – **Hôtel du Golfe:** lieu-dit Santa Manza, Tel. 04 95 73 05 91, www.hoteldugolfe-bonifacio.com, Mitte März–Okt., DZ ab 125/178 € inkl. HP, Menü ab 14,50 €, im April/Okt. DZ ohne HP ab 65 €. Nur 50 m von einem kleinen Strand entfernt liegt das schlichte, ruhige Hotel mit 12 Zimmerchen. Im Restaurant gibt es sehr passable Hausmannskost.

Aktiv

Das Naturschutzgebiet um Bonifacio bietet **ideale Windsurfgebiete,** im Durchschnitt bläst 250 Tage im Jahr guter Wind. Die beliebtesten Gefilde heißen Santa Manza und Balistra, La Tonnara und Baie de Figari.

Mekka für Windsurfer – Schulen: **Bonifacio-Windsurf:** in Piantarella an der Anlegestelle, Tel. 06 80 31 51 41, www.bonifacio-windsurf.com. Neben den üblichen Angeboten wie Surfschule werden Kajaks verliehen. **Tamtam:** an der Rte. de Sta-Manza, Tel. 04 95 73 11 59, www.tam-tam.fr. Neben dem Wassersportangebot werden zusätzlich **Mountainbikes** verliehen.

Spaziergang durch die Hirtenwelt – **Maison de Roccapina:** an der N 196, Tel. 04 95 71 56 30, April–Okt., Eintritt 2 €. Schöner Spaziergang mit Audioguide, kleines, liebevoll eingerichtetes Museum, altes Hirtenhüttchen, Felswohnungen, Grotten, Schafspferch. Sehr zu empfehlen.

Westlich von Bonifacio ▶ D/E 11/12

Küstennah verläuft die N 196 Richtung Sartène. Kleine Stichstraßen führen zu Sandbuchten inmitten von flachen Felsen, nur ca. 3 km westlich des Kreisels von Bonifacio, z. B. an die perfekte **Cala di Paraguano.** Bald danach steigen Felsen zu einem Gipfel an, davor weist ein verrostetes Schild den Weg zur **Ermitage de la Trinité** (▶ E 12). Ein winziges Sträßchen schlängelt sich durch die Felsen zu einem Kloster, das im 16. Jh. zum Gedenken an die große Pest von 1528 errichtet wurde. Jedes Jahr am 8. September wird dort die Prozession zu Ehren von San Roccu mit einem Picknick beschlossen, sonst liegt das Gebäude verlassen in einer fantastischen Felslandschaft mit Spazierwegen, u. a. zum Mont de la Trinité (219 m). Rund 6 km von Bonifacio (über D 358) entfernt liegt die kinderfreundliche **Plage de Tonnara** (▶ E 11) mit vorgelagerten Inselchen: Hier lässt es sich gut schwimmen und schnorcheln. Zu der bei Surfern und Tauchern beliebten **Baie de Figari** (▶ D 11) gibt es mehrere Zugänge, am beliebtesten ist die Ostseite, die Zufahrt zur Westseite führt über Caldarello. Schöne Sandstrände locken am Ende der Bucht zwischen dem **Turm von Caldarello und der Punta di Capineru** sowie westlich an der naturgeschützten **Anse de Chevanu**.

Landeinwärts liegt die Ebene von **Figari** (▶ E 11) mit Stausee, Flughafen und fruchtbaren Weinfeldern. Wenn die Berge näherrücken, kann man den größten Wackelstein Korsikas erkennen, den **Uomu di Cagna** (1217 m, ▶ D 11). Er heißt so, weil er aus der Ferne gesehen wie ein männliches Geschlechtsteil geformt auf einer Granitspitze balanciert. Schon im Altertum diente er Seefahrern zur Orientierung.

Lieblingsort

»Himmelhoch aufragendes Felsgestein« ... 6
Davon schrieb Homer schon in der »Odyssee« – traumhaft ist der Blick auf Bonifacios Oberstadt mit den teilweise überhängenden Häusern. In einem dieser Gebäude ganz am Ende der Landspitze (s. oben links) hat man von der verglasten Caféterrasse einen einmaligen Blick hinab auf die Meerenge und nach Sardinien! »In Nullkommanix bedient«, so in etwa heißt das **Café Servuti ... in quatru é trei sette** auf Deutsch. Wirt David ist hellwacher Beobachter des Zeitgeschehens und fast immer diskussionsfreudig. Die Wände der Bar hängen voll mit Erinnerungsstücken seines Vaters aus den Kolonien. Es gibt auch Kleinigkeiten zu essen. Und Eis (Pl. Montepagano).

Mein Tipp

Abstecher ins Alta Rocca ▶ E 11
Eine wunderschöne Fahrt ins Herz der Region Alta Rocca (s. auch S. 282) bietet die D 59 über Sotta und den Col de Bacinu (809 m) nach Carbini mit der romanischen Kirche San Giovanni Battista. Die Straße endet nach 45 km in der Hauptstadt der Region, **Levie.**

Wo die N 196 wieder kurvig wird, rückt ein Felskamm in den Blick, auf dessen Rücken ein Turm und ein steinerner Löwe sitzen, der **Rocher du Lion**, von dem es heißt, er sei ein Edelmann, der zu Stein erstarrte, weil seine Geliebte ihn verschmähte. An der hübschen Bucht zu seinen Füßen liegt der naturgeschützte **Strand von Roccapina**, der im Sommer oft sehr voll ist (Anfahrt westlich der Auberge Coralli). Weit einsamer, da nicht mit dem Auto zu erreichen, ist der lange **Strand von Erbaju** an der Ortolo-Mündung.

Übernachten, Essen

Toller Ausblick – **Auberge Coralli:** Serraja, an der N 196 Richtung Bonifacio gelegen, nördlich der Passhöhe von Roccapina (▶ D 11), Tel. 04 95 77 05 94, www.hotel-coralli-roccapina.com, April–Okt., Mitte Juli–Mitte Sept. tgl., sonst Mi geschl., DZ 53/70 €, Restaurant nur abends, nur mit Reservierung, à la carte ca. 25 €. Mit atemberaubender Aussicht auf den Rocher du Lion kann man deftige Küche genießen. Wer hier übernachten möchte, wird sich in den geschmackvoll eingerichteten Zimmern wohlfühlen.

Übernachten

Familienfreundlich – **Camping Kevano Plage:** Pianattoli-Caldarello, von der N 196 Richtung Caldarello, vor dem Ort rechts, dann noch 3 km (▶ D 11), Tel. 04 95 71 83 22, www.campingkevano.com, Mai–Sept. 20/30 € für 2 Pers. mit Zelt und Auto, für Aug. unbedingt reservieren. 400 m zum Strand und inmitten von schattigen Bäumen gelegen, bietet das Terrain 90 Plätze für Camper und einige Bungalows in ruhiger Lage. Lebensmittelgeschäft, Tischtennis, Restaurant (Gerichte 10–15 €).

Einfach und preiswert – **Camping Municipal de Roccapina:** kurz vor dem Strand von Roccapina (▶ D 11), Tel. 04 95 25 98 64, Ende Mai – Mitte Okt., ca. 19 € für 2 Pers. mit Zelt und Auto. Der Platz bleibt vermutlich bis 2016 geschlossen. In der Nähe der Auberge Coralli zweigt von der N 196 eine Piste ab, die normal befahrbar ist. In wunderschöner Lage liegt dieser einfache Campingplatz mit bescheidenen sanitären Anlagen größtenteils im Schatten. Der traumhafte Strand entschädigt für alles.

Aktiv

Trekking – **Wanderwege:** Im Süden gibt es viele Wege von Ort zu Ort und in die Berge. Ein Höhepunkt ist die Wanderung zum **Uomu di Cagna** (▶ D 11): Anfahrt von der N 196 nach Monacia-d'Aullène, dann D 50 bis Gianuccio, am höchsten Punkt des Dorfs parken, auf dem durch Steinmännchen gekennzeichneten Weg 6 Std. hin und zurück, fantastische Aussicht, im Mai wegen der Blüte sehr, im Juli/Aug. wegen der Hitze nicht zu empfehlen, es sei denn, man bricht morgens früh auf und kehrt erst nach der Tageshitze zurück. Wasser und Karte mitnehmen, vorher Wetterbericht einholen.

Von Bonifacio nach Porto-Vecchio ▸ E 10–12

Auf den 30 km zwischen Bonifacio und Porto-Vecchio auf der N 198 zweigen in östlicher Richtung Wege zu bildhübschen Buchten ab. Etwa 4 km nördlich der D 60 führt eine unbefestigte Piste an die Lagune und den langen Strand von **Balistra** (▸ E 11). Seit eine richtige Straße die traumhafte, fast runde Bucht von **Rondinara** erschließt (D 158 über Suartone), ist sie in der Saison am Tage überlaufen. Und aus der einst paradiesisch schönen Bucht von **Santa Giulia** ist ein kommerzieller Ort und ein Wassersportparadies für Hotelgäste und Anwohner geworden. Noch immer wunderbar weiß der Sand und glasklar das Wasser, ist hier allerlei Sportgerät zu mieten. Eine lokale Initiative arbeitet gegen den Ausverkauf und für einen allgemeinen Zugang zum Strand.

Sehr lohnend ist die Rundfahrt zur viel gepriesenen **Plage de Palombaggia** (▸ F 11), hinter der sich die Ferienhäuser in respektvollem Abstand halten, und weiter an die Bucht von Porto-Vecchio. An der **Punta di a Chiappa** (▸ F 10) ist die ganze Landspitze von einem FKK-Feriendorf besetzt.

Porto-Vecchio ▸ E/F 10

Eine genuesische Festung von 1539 auf einem Berg an einer tiefen Bucht mit duftenden Pinienwäldern, deren Strände zu den schönsten der Insel gehören – so lässt sich Porto-Vecchio (Portivecchju) nur noch z. T. beschreiben. Schon bald nach der Vernichtung der Malariamücken in den 1950er-Jahren wurde sie zum Zentrum regen Badelebens, und heute nimmt die Gegend, ähnlich wie die Küste bei Calvi, im Sommer ein Zigfaches ihrer Bewohner an Gästen auf, darunter viele Italiener. Betonburgen gibt es nicht, baulich überwiegen in die Landschaft eingepasste Privatdomizile, Bungalowhotels und Campingplätze, neben einigen der teuersten Unterkünften der Insel, die ganze Strände für sich haben.

Bei der Anfahrt von der Landseite ist die alte Festungsstadt kaum noch zu sehen, nur von der Hafenseite bekommt man einen Eindruck davon, wie sie einst über der Ebene thronte. Vor der mittlerweile drittgrößten Stadt Korsikas dehnen sich Gewerbevororte und Verkehrskreisel als Zeichen dynamischen Wirtschaftswachstums aus. Neben dem Tourismus wurden bis vor Kurzem traditionelle Erwerbszweige gepflegt. Der Salzabbau in den Salinen südöstlich der Stadt ist eingestellt – bleibt die Korkgewinnung.

Altstadt

Diskreter als anderswo auf Korsika schützen die Mauern ein Städtchen mit vier Längs- und zehn Querstraßen. Im Sommer wird die Altstadt ganz für den Verkehr gesperrt, dann ist sie bis spät in die Nacht lebendig, in den Cafés um die zentrale **Place de la République** und den Restaurants in den Nebengassen tummeln sich die Gäste. Die Boutiquen bieten Korallen, Körbe, korsische Spezialitäten und Kleidung feil, alles abgestimmt auf die Klientel der Sommermonate. Durch die **Porte Génoise** hat man einen schönen Blick zu den Salinen, die Treppe führt an die Rue Dragut und weiter zum Jachthafen mit guten – und teuren – Fischrestaurants.

Strände ▸ F 10

Schöner als die stadtnahen Strände sind diejenigen südlich des Golfs, und die Schönheit der Traumstrände entlang der Nordseite der Bucht kann man nicht genug preisen. Am **Golfu di Sognu** entstanden einst die ersten Zeltplätze der Insel, das flache Ufer dort schafft einen besonders günstigen ›Kinderstrand‹. Am Beginn der schmalen Landzunge von **Benedettu** breitet sich ein langer feiner Sandstrand mit schönem Blick auf die **Punta di a Chiappa**, an der Spitze ein Strand mit Blick auf Porto-Vecchio, der sich mit hübschen Felsnischen fortsetzt. Den feinen Strand von Cala Rossa beansprucht ein Luxushotel für sich, wobei der westliche Abschnitt frei zugänglich ist. 12 km nördlich von Porto-Vecchio lädt der lange, feine, sichelförmige Strand von San Ciprianu zum Baden ein. Zur Bucht von Pinarello (Pinareddu), ebenfalls mit langem Strand vor Pinienwald, hat man freien Zugang, hier ist ›nur‹ der Capu di Fora privat und die nach Süden anschließende Bucht den Campern der Plätze California und Villata vorbehalten.

Übernachten

Spa-orientiert – **Le Pinarello:** Pinarello, Hafen, Tel. 04 95 71 44 39, www.lepinarello.com, April–Okt. DZ ab 271/472 €. Komfortables Luxushotel am entzückenden Hafensträßchen von Pinarello direkt an der Plage Aménagée. Die hellen eleganten Zimmer mit Balkon zum Meer sind modern eingerichtet. Mit exklusivem Wellnessbereich.

Luxus – **Hôtel Belvédère:** Rte. de Palombaggia, Tel. 04 95 70 54 13, www.hbcorsica.com, März–Dez., DZ ab 110/410 €. An der Straße zum Palombaggia-Strand liegt das gehobene Hotel mit Charakter inmitten von Pinien und Palmen. Die ungewöhnliche Konstruktion aus Holz und Natursteinen lässt den Gast den Alltag vergessen und versetzt ihn in eine andere Welt. Von der Terrasse aus bietet sich ein weiter Blick auf die Altstadt von Porto-Vecchio.

Schlicht – **Le Mistral:** 5, rue T. Culioli, Ecke Rue Jean Nicoli, 200 m vom Zentrum, Tel. 04 95 70 08 53, www.lemistral.eu, März–Okt., DZ 60/140 €. Das angenehme Hotel in Stadtnähe verfügt über 23 klimatisierte Zimmer und 5 Apartments, die mit allem notwendigen Komfort ausgestattet sind. Eher eine Adresse für Durchreisende.

Für den kleinen Geldbeutel – **Hôtel Da Mama:** Av. du Maréchal Juin, Porto-Vecchio, Tel. 04 95 70 56 64, www.damama.com, April–Sept., DZ ab 58/98 €. In der ehemaligen Gendarmeriestation am Stadtrand Richtung Bonifacio wird man sehr freundlich empfangen. Hier gibt es einfache, saubere Zimmer, die günstigeren mit Etagen-WC. Falls alles belegt ist: Derselbe Inhaber betreibt ein Motel an der Straße nach Sotta.

Riesengroß – **Camping Golfo di Sogno:** an der kleinen Seitenbucht, über der D 468, Rte. de Cala Rossa, Tel. 04 95 70 08 98, www.golfo-di-sogno.fr, Mai–Sept., 25/30 € für 2 Pers. mit Zelt und Auto. Der schattige 4-Sterne-Platz für 650 Familien bietet alles, was das Herz begehrt: Einkaufszentrum, Restaurant, Tennis, Minigolf, Bowling, auch Bungalows und Chalets. Der direkte Zugang zum langen weißen Sandstrand mit sehr flachem Einstieg ins Meer ist besonders kinderfreundlich.

Für Freunde von Sonne und Frischluft – **Camping Arutoli:** Rte. de l'Ospédale, Tel. 04 95 70 12 73, www.arutoli.com, April–Okt., ca. 20 € für 2 Pers. mit Auto und Zelt. Stadtnahes, sehr gepflegtes Gelände mit viel Schatten. Aktive können sich mit Tischtennis, Boule, Volleyballspielen verausgaben. Der Platz ist ideal für diejenigen, die keine unbedingte Strandnähe brauchen.

Im Sommer sind in den Cafés alle Plätze belegt, dann nimmt Porto-Vecchio ein Vielfaches seiner Bewohner an Gästen auf

Essen & Trinken

Für den großen Hunger – **Chez Anna:** 16, rue Camille Rocca Serra, Altstadt, an der landeinwärtigen Stadtmauer, Tel. 04 95 70 19 97, April–Mitte Okt., So und mittags geschl., A-la-carte-Gerichte ca. 35 €. Ein lebendiges, auch bei Einheimischen beliebtes Lokal mit Terrasse nach vorne und nach hinten. Üppige Portionen italienischer oder korsischer Gerichte. Gute Desserts.

Essen mit Aussicht – **La Prova Furana:** Rue de la Porte Génoise, Tel. 04 95 70 58 03, www.a-prova-furana-porto-vecchio.fr, 10. Febr.–30. Nov. geöffnet, im Sommer nur abends. Gute korsische und kontinentale Küche, Menü ab 22 €, à la carte ca. 30 €. Auf der Terrasse mit Blick auf die ehemaligen Salinen lässt man es sich gutgehen.

Mama Mia Italia – **A Casa di Pasta:** 3, rue Joséph Pietri, Altstadt, Tel. 06 87 94 97 37, März–Dez., außerhalb der Saison Mo geschl., Gerichte ab 12 €. Die ganze Palette italienischer Köstlichkeiten wird auf der netten rustikalen Terrasse aufgetischt. Die Pasta ist hausgemacht.

Regionale Zutaten – **L'Antigu:** 51, rue Borgo, Tel. 04 95 70 39 33, ganzjährig geöffnet außer So Mittag, Menü ab 24 €, à la carte ca. 35 €. Landesküche mit überwiegend korsischen Produkten. Auf der schönen Terrasse sitzt es sich herrlich. Auch bei einheimischen Genießern beliebt.

Einkaufen

Wein direkt vom Erzeuger – **Domaine de Torraccia:** Lecci, ca. 10 km nördl. von Porto-Vecchio, am Kreisel rechts, Tel. 04 95 71 43 50, www.domaine-de-torraccia.com. A.O.C.-Weine und Olivenöl aus eigener Herstellung.

Korsische Kulinaria – **L'Orriu:** Altstadt, 5, cours Napoléon, Porto-Vecchio, April–Okt. Mo–Sa 9–20 Uhr. Erstklassige Auswahl an korsischen Spezialitäten, in uriger Atmosphäre präsentiert. Das Personal berät seine Kunden umfassend. Die Wurst ist von korsischen Schweinen.

Aktiv

Meererlebnisse – **Croisières Monte Cristo:** am Jachthafen von Porto-Vecchio, Tel. 04 95 72 01 04, mit Bouillabaisse Erw. 65 €, Kinder ab 5 J. 40 €, ohne Essen Erw. 50 €, Kinder 30 €, Kinder unter 5 J. gratis. Mini-Tageskreuzfahrten entlang diverser Strandperlen mit Badestopp.

Sport auf dem Wasser – **Bootfahrten:** Am Strand von Santa Giulia, 7 km südl. von Porto-Vecchio, gibt es Tretboote und Motorboote (führerscheinfrei), an den Pontons vor der Bar und dem Hotel Moby Dick Jetski zu mieten.

Unterwasserwelten – **Tauchschule Hippocampe:** La Chiappa, südl. Spitze des Golfs von Porto-Vecchio, Tel. 04 95 70 56 54, www.hippocampe.de. Die 1981 gegründete Tauchschule unter deutscher Leitung bietet Schnuppertauchgänge, Kinder- und Jugendprogramme und Tauchausbildungen im Naturschutzgebiet Bouches de Bonifacio an.

Abends & Nachts

Die Superdisco – **Discothèque Via Notte:** Rte. de Porra, Arataggiu, Tel. 04 95 72 02 12, www.via-notte.com, Juni–Mitte Sept. tgl., 15 €. 3000 Tanzwütige pro Abend im Schnitt können sich nicht irren: Das Via Notte ist die angesagteste Disco Korsikas. Namhafte DJs geben sich hier die Ehre. Verschiedene Musikrichtungen beim Tanz im Freien, Chillout an der Cocktailbar und am Pool bis zum Sonnenaufgang.

Infos

Office de Tourisme: Rue du Docteur Camille de Rocca Serra, abseits der Pl. République, Porto-Vecchio, Tel. 04 95 70 09 58, www.ot-portovecchio.com, Mai/Juni/Okt. Mo–Sa 9–20, So 9–13, Juli–Sept. tgl. 9–20, sonst Mo–Fr 9–12.30., 14–18.30, Sa 9–12.30 Uhr. Es werden Audioguides mit Informationen zur Geschichte der Stadt und der Zitadelle (auch auf Dt.) angeboten.

Bus: im Sommer vom Hafen an der Capitainerie regelmäßig an die Strände von Palombaggia und Sta-Giulia. Nach Ajaccio 3 x tgl., nach Bonifacio 1–4 x tgl. mit Eurocorse, Tel. 04 95 70 13 83, 2 x tgl. nach Bastia (und zu anderen Ostküstenorten) mit Les Rapides Bleus-Corsicatours, Tel. 04 95 70 96 52. Auskunft auch im Office de Tourisme.

Touristenbahn: Der Petit Train verbindet den Hafen (Abfahrt vor der Hafenmeisterei) mit der Altstadt (vor der Kirche) alle 15 Min. im Juli/Aug. 10–13, 17–24 Uhr, Fahrtkosten 3,80 €.

Wald von Ospédale

▶ E 10

Nur 19 km von Porto-Vecchio lässt das Dorf **L'Ospédale** (U Spidali; 609 m) im Sommer die dörrende Hitze der Küste vergessen. Im Dorf – Bars und Restaurants vorhanden – und umliegenden Kiefernwald suchen auch Einheimische die Sommerfrische. Die Anfahrt über die D 368 beeindruckt durch rasch wechselnde Landschaften und tolle Blicke zu Tal. Oben locken Picknickstellen auf bemoosten Felsen unter Lariciokiefern. 3,5 km hinter der Staumauer des Trinkwasser-Stausees **Barrage de L'Ospédale** rechts, mit Parkplatz (kostenpflichtig) und Snackbar, liegt der Ausgangspunkt für die gut halbstündige Wanderung zum 70 m hohen Wasserfall **Piscia di Gallo**, der am späten Vormittag im schönsten Licht erscheint, im Hochsommer manchmal kein Wasser mehr hat, der Blicke wegen den Weg dann trotzdem lohnt. Feste Schuhe müssen sein, das letzte Stück ist sehr steil.

Mein Tipp

Frühaufsteher aufgepasst:
Den Sonnenaufgang vom Castellu d'Araghju erleben ▶ E 10
Umgeben von historischen Mauern ist es fast ein spirituelles Ereignis zu beobachten, wie die Sonne über Porto-Vecchio aufgeht. Die 1967 ausgegrabene Torreanerfestung liegt in imposanter Lage und ist mit Cucuruzzu und Capula eine der drei großen Stätten des Südens. Man betritt die Anlage, die von einer 2 m hohen in den gewachsenen Fels integrierten Mauer umgeben ist, durch das mit schweren, flachen Gesteinsplatten gedeckte Osttor. Erhalten sind die Cella, ein erhöhter Kultplatz, einzelne Räume, eine Wächternische. Anfahrt von Porto-Vecchio über D 368, D 759, ca. 6 km, Anstieg 20 Min. vom Dorf Araggio, steil, der Sonne ausgesetzt. In unmittelbarer Nähe liegen noch zwei kleine Anlagen: in Tappa, an der D 859, ▶ E 11, und in Torre abseits der N 198, ▶ F 10, eben nördlich der Abzweigung der D 759 nach Araghju.

Sehr zu empfehlen ist eine Fahrt in das winzige, vom Hauptstrom der Besucher abgelegene **Cartalavone**, wo es auch ein Restaurant gibt. 2 km hinter L'Ospédale, vor dem Stausee links, vor Agnarone wieder links halten. Von dort führt eine Wanderung, orange markiert, in 1 Std. auf die **Punta di a Vacca Morta** mit umwerfendem Panoramablick, manchmal bis Sardinien.

Aktiv

Extremsport – **X-Trem Parc:** in der Nähe des Stausees, Tel. 04 95 72 12 31, www.xtremsud.com, Mai–Mitte Sept. tgl. auf Anfrage. Ein Abenteuerpark in atemberaubender Kulisse. Außerdem Canyoning, Klettern, Wanderungen.

Bavella-Pass ! ▶ E 9

Schon vom Meer ziehen die bizarren Gipfel des Bavella-Massivs die Blicke auf sich. Ihre Farbe wechselt mit dem Tageslicht, bei Gewitter halten sie die Wolken fest. So viel Schönheit macht neugierig: Ein Ausflug zu den Bavellas, zumindest zum Pass Col de Bavella (1218 m), gehört im Südosten schlicht zum Urlaub. Für Tagesausflügler besonders schön ist die Rundfahrt von Porto-Vecchio über die D 368 bis Zonza, von dort zum Pass (D 268) und an der Nordseite wieder hinunter, wo zwischen ca. 15 km und 7 km vor Solenzara eine Serie von Badebecken im Fluss wunderschöne und durchaus so verschiedene Erfrischung bietet, dass man vielleicht an mehreren Stellen Halt machen muss (Länge insgesamt 120 km). Die D 268 nördlich des Passes hat trotz Ausbaus immer noch extrem enge Stellen – für Wohnmobile, zumal im Sommer, nicht zu empfehlen.

Am Col de Bavella selbst herrscht in der Saison Hochbetrieb. Wanderer zieht es deshalb sehr früh morgens dorthin, sie haben sich auf den vielen Wegen in die Berge längst verkrümelt, wenn die Massen kommen. Es ist wie überall, ein paar 100 m von Parkplatz und Gaststätten kehrt Ruhe ein. Sehr schön ist der Weg zum **Cumpudellu** – Viehpferch –, französisch *Trou*

Felsmeere im Nebel, die Aiguilles de Bavella

de la Bombe, einem riesigen Loch in der Felswand über einem umfriedeten Plätzchen, das sich durchaus als Pferch denken lässt. Die Kraxelpartie zum Loch selbst wird durch einen unglaublichen Blick belohnt, bei starkem Wind sollten vor allem Kinder nur den Kopf hineinstecken! Ca. 1 Std. östlich des Passes, zuerst auf den GR 20, nach wenigen Metern rechts ausgeschildert. Nach 45 Min. eine Weggabelung ohne Schild, geradeaus noch 10 Min. weiter; der Weg nach rechts bergauf führt in 30 Min. zur **Punta Velacu** (1483 m). Der GR 20 verläuft rot-weiß markiert nordwestlich unterhalb der Aiguilles de Bavella Richtung Monte Incudine. Natürlich sind auch die über dem Pass aufragenden Felstürme zu besteigen, besonders beliebt, weil nicht allzu schwer, ist Turm III (1611 m). Eine genaue Karte ist hier vonnöten.

Alta Rocca ▸ D/E 9/10

Das Alta Rocca umfasst die Höhenzüge und Täler im Einzugsgebiet des oberen Rizzanese westlich der Bavella-Spitzen, ehemals das östliche Herrschaftsgebiet des Adelsgeschlechts della Rocca. Eine Erkundung braucht Zeit, denn die Landschaft ist stark zergliedert, die vom zentralen Bergmassiv meerwärts abfallenden Hügelketten steigen steil über tief eingeschnittenen Flüssen an, und die Straßen folgen den Tälern oder schlängeln sich in vielen Kurven über die Höhen. Das Wegenetz, das die Dörfer vor der Erfindung des Automobils über Berg und Tal verband, ist heute wieder umfassend instandgesetzt und orange markiert. Fast überall sind kleine Rund-, längere Tages- oder gar mehrtägige Fernwanderungen möglich, die Schönheit der Gegend ist so vielfältig, dass die Wahl schwer fällt. Einige der idyllischsten Flecken verbindet der **Mare a Mare Sud** von Porto-Vecchio nach Borgo bei Propriano. Zwischen Sainte-Lucie-de-Tallano, Levie (Livia), Zonza und Aullène (Auddè) sind die Steineichen- und Macchiawälder, in denen man mehr unter zu groß gewachsenen Büschen einherwandelt als unter Bäumen, nur von Kastanienhainen, Farnwiesen, Felsmeeren und Felsspornen aufgelockert. Und von wunderschönen Flüssen, an denen man, zur Not auch ohne gewandert zu sein, stundenlang dem Müßiggang frönen kann. Friedlich schlummern die Dörfer mit ihren grauen Granithäusern im Wald, der, wie die Steinzeitsiedlungen von Cucuruzzu und Capula auf der Ebene von Levie zeigen, auch schon vor Tausenden von Jahren bewohnt war. Die schattigen Wanderwege sind selbst im Sommer angenehm.

Nördlich von **Aullène** und **Quenza** folgen die weiten kahlen Hänge des Monte Incudine, die im Mai und Juni am schönsten sind, wenn es zwischen 1000 und 1500 m blüht. Um Zonza beginnen die riesigen Lariciowälder, die sich zu Füßen des Bavella-Massivs auf einer Höhe von 800 bis 1200 m bis nach L'Ospedale erstrecken und im Sommer willkommene Kühle spenden.

Rundfahrt durch das Alta Rocca ▸ D/E 9/10

Rundfahrt Zonza–Zonza ohne Abstecher 56 km, Dauer: 1 Tag
Eine Rundfahrt durch das Alta Rocca führt, in Zonza beginnend, über die D 420 nach Quenza und Sorballano, dort entweder weiter – die Strecke ist wunderschön – nach Serra-di-Scopamène und Aullène (auch als Abstecher von 8 km Länge) oder aber nach

links auf die D 20 über Zoza nach Sainte-Lucie-de-Tallano, dort auf die D 268 Richtung Levie, nach 5 km Abstecher nach Cucuruzzu. 4 km hinter Levie in San-Gavino-di-Carbini auf die D 67 durch das Chaos de Paccionitoli, wo neben bizarren Felsformationen unweit der Straße Menhire stehen. An der Kreuzung mit der D 368 geht es wieder nach Zonza oder an die Küste.

Zonza ▸ E 9

In dem großen Dorf auf 774 m Höhe in hübscher Lage über der Ebene von Levie kreuzen sich vier Durchgangsstraßen. Seine Verwaltungshoheit erstreckt sich bis hinab nach Ste-Lucie de Porto-Vecchio an der Küste. Zentrum des Wandertourismus mit Supermarkt und Restaurants, in dem sich der schönen Sonnenuntergänge wegen auch viele Besucher zum Abendessen einfinden.

Übernachten, Essen

Sympathisch – **Hôtel La Terrasse:** Ortsmitte, oberhalb der Kreuzung (Richtg. Ospédale), Tel. 04 95 78 67 69, www.hotel-delaterrasse-zonza.com, April–Okt. nur mit HP ab 118/125 €, Menü ab 18 €. Der absolute Anziehungspunkt des Hotel-Restaurants ist die schöne Terrasse über den Dächern von Zonza, auf der gute korsische Küche serviert wird.

Übernachten

Schön bunt – **Hôtel Clair de Lune:** am Ortsausgang Richtung Levie links, Tel. 04 95 78 56 79, www.hotelclairdelune.com, Febr.–Dez. DZ 54/76 €. 15 komfortable Zimmer im hübsch renovierten Natursteinhaus, eines davon ist behindertengerecht. Henri Santoni hat die Zimmer farbenfroh eingerichtet.

Schlicht und schön – **Camping La Rivière:** 2 km von Zonza, Richtung Quenza, Tel. 04 95 70 03 67, 11 € für 2 Pers. mit Zelt und Auto. Kleiner, schlicht eingerichteter Platz vor herrlichen Flussbadebecken. Pinien spenden Schatten.

Essen & Trinken

Für jeden Geldbeutel – **L'Auberge du Sanglier:** Ortsmitte, Tel. 04 95 78 67 18, www.auberge-sanglier.com, Mitte März–Dez., Menü ab 24 €. Treffpunkt für Ausflügler (mit Snackbar); im Restaurant üppige fleischbetonte Menüs.

Aktiv

Aktivsport – **Corsica Madness:** Tel. 04 95 78 61 76, www.corsicamadness.com. Wandertouren, Kajakfahrten, außerdem Kletterpartien, die der Wirt des Chiar di Luna organisiert.

Infos

Parc Naturel Régional de la Corse: im Rathaus, Ortsmitte, Tel. 04 95 78 56 33, Mai/Juni/Sept. Mo–Fr 9–12.30, 14–17, Sa 9–12, Juli/Aug. Mo–Sa 8.30–18.30, So 8.30–12 Uhr. Wanderkarten und Informationsbroschüren.
Bus: in der Saison über Levie, Sartène, Propriano von/nach Ajaccio/Porto-Vecchio und zum Bavella-Pass und zurück. Juli–Mitte Sept. 1–2 x tgl., Ortsmitte.

Levie ▸ E 10

Levie (Livia, 600 m) ist der Hauptort der Gegend, ein großes Straßendorf mit stattlichen grauen Granitfassaden, netten Lokalen, Unterkünften und hübschen Spazierwegen im Grünen ringsum. ▷ S. 287

Auf Entdeckungstour: Spaziergang durch die Jahrtausende in Cucuruzzu

Am Fuß der Bavella-Nadeln, der ›Dolomiten Korsikas‹, liegt in üppiger Natur eines der Castelli aus der Bronzezeit. Unweit davon ein befestigter Hügel, auf dem sich mittelalterliche Feudalherren niedergelassen hatten – und das Ganze ist zwischen haushohen Granitfindlingen in einem Märchenwald versteckt.

Reisekarte: ▶ E 9

Anfahrt: zwischen Levie und St-Lucie-de-Tallà Abzweigung nach rechts; am Ende der Stichstraße Parkplatz (idealer Picknickplatz) und Kassenhäuschen.

Eintritt/Infos: 4 €, frei unter 18 J./ Senioren und Studenten 3 €, Pläne unter www.ct-corse.fr/cucuruzzu. Gegen Hinterlegen eines Ausweises Erläuterungen auch in Deutsch auf MP-3-Player. Oder leihweise (!) ein Textheftchen. Eintritt ins Museum von Levie (Ausgrabungsfunde): 4 €. April–Okt. ab 9.30, April/Mai, Okt. bis 17, Juni–Sept. bis 19 Uhr; Einlass bis 2 Std. vor Kassenschluss. Dauer: ca. 2 Std., Reservierung für Gruppen: Tel. 04 95 78 48 21.

Wichtig: Trinkwasser mitbringen! Unbedingt feste Schuhe tragen!

Schon die Anfahrt ist ein Abenteuer: Die winzige Straße windet sich holprig durch wuchernden Dschungel, an gewaltigen Klematislianen, absterbenden Esskastanienbaumriesen und an hinter Stacheldrahtverhauen frei laufenden grunzenden Schweinen vorbei. Der Pianu, das Hochplateau auf 700 m Höhe nordwestlich von Levie, liegt für korsische Verhältnisse optimal und garantiert ganzjährig Feuchtigkeit, fruchtbare Böden und regenreiche Winter, oft mit Schneefall.

Sterbende Riesen

Nach dem Passieren des steinernen Kassenhäuschens mit den netten Empfangsdamen beginnt der frühere Gemeindeweg zwischen Levie und Quenza, der zwischen zwei Natursteinmäuerchen verläuft. Er liegt stets im Schatten, denn zu beiden Seiten rahmt ihn tiefer Steineichenwald, der das beste Feuerholz der Insel liefert. Ein Schildchen an einem der mächtigen Kastanienbäume verrät sein Alter: ca. 800 Jahre! Diese ›Brotbäume‹ sind der einzig positive Nachlass der Genuesenherrschaft, sie nährten Menschen und Tiere und zu ihrer Anpflanzung wurden die Korsen kontinuierlich gezwungen. Der Baum ist krank, wie fast alle auf der Insel; sie kämpfen gegen einen Schimmelpilz, der vor 120 Jahren per Handelsschiff von China nach Portugal gelangte und heute in allen Ländern Europas die Esskastanien verkümmern lässt. Da die chemische Behandlung aller Bäume unmöglich ist, hoffen die Botaniker auf eine Resistenzentwicklung bei den kranken Riesen, die sich trotz absterbender Kronen jahrzehntelang gegen die Krankheit behaupten.

Auf natürliche Weise ist die am Wegesrand liegende **Tafonu-Grotte** entstanden. Das harte Urgestein Granit zerbröselt wie ein karieskranker Zahn unter dem Einfluss hoher Temperatur- und Feuchtigkeitsunterschiede und durch vom Meer mit dem Wind hergetragene Salzkristalle, die bei Feuchtigkeit aufquellen und den Stein von unten nach oben zerkrümeln lassen. Wie bei einem Blätterteig kann man die Schichten mit dem Finger abbrechen. In solchen Grotten lebten die Steinzeitmenschen. Im Begleitheftchen, das man an der Kasse erhält, wird liebevoll auf ein hölzernes Gatter verwiesen, das – mit einer Axt als einzigem Werkzeug aus zwei gerieften Pfosten und einem Gleitholz geschnitzt – ein Beispiel für optimalen Nutzen bei minimalem Aufwand ist. Nun heißt es: Kamera zücken! Die beiden 150-jährigen Kiefern lohnen einen Blick nach oben und ein Foto.

Eine der bedeutendsten Torreanerfestungen des Alta Rocca

Nach 20 Minuten ist ein Häuschen aus Granitmauerwerk und, endlich, das **Castellu** von **Cucuruzzu** erreicht. Im Spalt eines gigantischen gesprungenen Granitfelsens führt die integrierte Steintreppe empor in die Bronzezeitanlage. (Achtung: Beim Herumklettern auf der Festung ist Vorsicht geboten!) Die Torreaner errichteten die 6 m hoch gelegene und in ein natürliches Chaos aus Granitfindlingen eingebettete Festung mit einer Grundfläche von 4000 m^2 vor ca. 3500 Jahren aus tonnenschweren Blöcken. Sie war etwa bis zum 3. Jh. v. Chr. bewohnt.

Links vom Zugang ist die Dicke des Mauerwerks zu erkennen. Die Bronzezeitmenschen nutzten die Nischen im Inneren des Mauerrings als Werkstätten und als Schlachthaus. Durch die engen Schlünde, die durch die Wände führen, fiel Licht ein, sie dienten aber auch als Rauchabzug und Lüftung. Man muss sich das alles überdacht vorstellen, Holzkonstruktionen existieren keine mehr.

Nach Passieren eines Holzstegs, der einen der darunterliegenden Arbeitsräume überspannt, führt ein holpriger Rundweg nach links um die Anlage herum zum Eingang des *torre* mit Zentralkammer und kleinen Seitenräumen. Rechts führte einst eine Treppe ins Obergeschoss. Das Begleitheftchen verrät, dass diese erste Etage um ca. 1000 v. Chr. abgetragen wurde.

Unterhalb des Eingangs zum *torre* liegen die Ruinen eines Bronzezeitdorfs (2000 v. Chr.), das älter als die Festungsanlage und für die Öffentlichkeit unzugänglich ist. Die Ausgrabungsstücke sind im Museum von Levie zu sehen (s. S. 287). Zurück zum Eingang und vom Holzsteg aus in die andere Richtung liegen Vorratskammern, die mit enormem Aufwand in die 5 m dicke Wand gebaut worden sind. Hier fanden die Forscher Bruchstücke von tönernen Vorratsbehältern. Vielleicht dienten die Stichkammern aber auch Kultzwecken.

Zeugnisse einer wechselvollen Geschichte

Der Rundweg führt weiter durch den Märchenwald, überquert einen Bach, der einem bei Regen nasse Füße beschert, und führt dann zu den Ruinen des Dorfes **Capula,** das auf einer torreanischen Siedlung der Bronzezeit (dieser Teil der Anlage ist gesperrt) errichtet wurde. Neben Relikten aus dieser Epoche fanden sich hier auch noch Reste aus Stein- und Kupferzeit. In der Eisenzeit (ca. 300 v. Chr.) für 1000 Jahre verlassen, nutzten die Feudalherren Biancolacci den Hügel im Mittelalter erneut und bauten das Dorf zur Burg aus. 1259 zerstörten Sinucello della Rocca und seine Mannen die Festung. Relativ neueren Datums ist die San-Larenzu-Kapelle von 1917, die neben den Grundmauern der Vorgängerkirche steht, deren Material beim Bau Verwendung fand. Im Altarraum aus dem 12. Jh. hebt eine riesige Steineiche die Bodenplatten empor.

Am Aufstieg zur mittelalterlichen Burg wacht eine Menhirstatue (1500 v. Chr.), links davon verbirgt sich eine Höhle unter einer gigantischen Granitplatte. Der Reiteraufgang – Achtgeben beim Herumklettern! – aus dem 9./11. Jh. ist mit Kalkmörtel gemauert. Er schneidet den Steilhang diagonal und ist breit genug für Reiter. Die ordentlich gemauerte Wand sticht durch ihre aufwendige Ausführung sofort ins Auge. Der Kalk für die Mauer kam aus Bonifacio und musste umständlich hergeschafft werden. Das konnten sich nur Betuchte leisten. Nach dem Aufstieg über den Reiteraufgang stößt man auf Kerben in den Granitblöcken, sie dienten als Auflager für Holzbauten. Eine der Kerben ist 5 m lang, ihre Nutzung ungewiss. Vielleicht diente sie als Regenrinne? – Ganz oben auf dem Hügel links liegen die Reste eines Burgturms der Biancolacci, ebenfalls mit Kalkmörtel gemauert.

Der Rückweg an der **Kapelle** rechts führt über ein Teilstück des Wanderwegs **Mare a Mare Sud,** über seit Jahrtausenden blank geschliffene Steintreppen und an moosbewachsenen haushohen Findlingen vorbei zurück zu den netten Empfangsdamen.

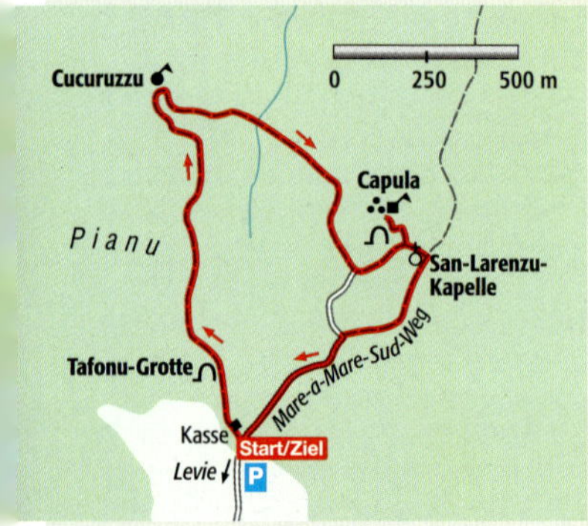

Musée de l'Alta Rocca
Tel. 04 95 78 46 34, Okt.–Juni Di–Sa 10–17, Juli–Sept. tgl. 10–18 Uhr außer 14. Juli und 15. Aug., 4 €
In einem Neubau am unteren Ende des Dorfs präsentiert das Museum die Vor- und Frühgeschichte der Gegend. Die sehr informativ gemachte Ausstellung umfasst Skelette der ältesten auf Korsika gefundenen Menschen (beides Frauen) sowie Tierskelette aus der Steinzeit, denen zum Vergleich heutige Zuchttiere an die Seite gestellt sind.

Abstecher zu den Castelli di Cucuruzzu und Capula ▶ E 9
Die beiden gut erhaltenen Siedlungen der Bronzezeit, letztere bis ins Mittelalter bewohnt, erheben sich in hübscher Lage aus dem Wald der Ebene von Levie (Pianu di Livia; s. »Spaziergang durch die Jahrtausende«, S. 284).

Essen & Trinken

Familiär und lecker – **Restaurant La Pergola:** La Pergola, Rue Sorba (an der Durchgangsstraße), Tel. 04 95 78 41 62, Mai–Sept., Menü 18 €. Ein Familienbetrieb mit guter regionaler Küche, in dem man auch Sandwiches bekommt.

Infos

Levie hat die einzige **Tankstelle** der Region Alta Rocca, nur in Aullène (▶ D 9) und Zicavo (▶ E 8) gibt es weitere Zapfsäulen – sie alle schließen früh.

Sainte-Lucie-de-Tallano

▶ D 10

Das hübsche Dorf Sainte-Lucie-de-Tallano (Santa Lucia di Tallà) über dem Rizzanese-Tal ist nicht nur für die turmhohen Häuser aus der Vendettazeit und den Platz um den Trinkwasserbrunnen bekannt, sondern auch seiner Ölmühlen und des seltenen Kugeldiorits wegen berühmt, der in einem nahe gelegenen Steinbruch abgebaut und u. a. in der Medici-Kapelle in Florenz verbaut wurde. Ein großer Oliven- und Ölmarkt findet jährlich im März statt.

Mein Tipp

Erfrischung inmitten der Natur
Erstaunlich, welch unterschiedliche Temperaturen Flüsse haben können, deren Länge zwischen Quelle und Mündung kaum mehr als 30–40 km beträgt. Eiskalt, aber wunderschön, groß und von ganz klarem Grün sind die Becken im Criviscia-Bach an der D 420 zwische n Quenza und Zonza (▶ E 9). In Zoza (an der D 20, 4 km von Ste-Lucie, ▶ D 9) bildet der Rizzanese unter einem Wasserfall ein langes Felsbecken, dessen Temperatur man fast als angenehm bezeichnen möchte (in der Haarnadelkurve Richtung Fluss, dann zu Fuß rechts Richtung *ponte vecchiu).*

Einkaufen

Ungesättigte Fettsäuren – **Chez Jaques Léandri:** Ortsmitte, an der Kirche, Tel. 04 95 78 81 94. Hier gibt es Oliven-, Nuss-, Haselnuss-, Mandel- und sogar Mastixöl direkt vom Erzeuger.
Hochwertige Öle – **La Cave à l'Huile d'Olive:** Ortsmitte, hinter der Kirche, Tel. 06 13 05 43 23, März–Sept. Die alternative Adresse für hochwertige Öle.

Sprachführer Französisch

Allgemeines

guten Morgen/Tag	bonjour
guten Abend	bonsoir
gute Nacht	bonne nuit
auf Wiedersehen	au revoir
Entschuldigung	pardon
hallo/grüß dich	salut
bitte	de rien/ s'il vous plaît
danke	merci
ja/nein	oui/non
einverstanden	d'accord
bis später	à plus tard
Wie bitte?	Pardon?
Wann?	Quand?

Unterwegs

Haltestelle	arrêt
Bus	bus/car
Auto	voiture
Ausfahrt/-gang	sortie
Tankstelle	station-service
Benzin	essence
rechts	à droite
links	à gauche
geradeaus	tout droit
Auskunft	information
Telefon	téléphone
Postamt	poste
Bahnhof	gare
Flughafen	aéroport
Stadtplan	plan de ville
alle Richtungen	toutes les directions
Einbahnstraße	rue à sens unique
Eingang	entrée
geöffnet	ouvert/-e
geschlossen	fermé/-e
Kirche	église
Museum	musée
Strand	plage
Brücke	pont
Platz	place
Hafen	port
hier	ici
dort	là

Zeit

Stunde	heure
Tag	jour
Woche	semaine
Monat	mois
Jahr	année
heute	aujourd'hui
gestern	hier
morgen	demain
morgens	le matin
mittags	le midi
nachmittags	l'après-midi
abends	le soir
früh	tôt
spät	tard
vor	avant
nach	après
Montag	lundi
Dienstag	mardi
Mittwoch	mercredi
Donnerstag	jeudi
Freitag	vendredi
Samstag	samedi
Sonntag	dimanche
Feiertag	jour de fête
Winter	hiver
Frühling	printemps
Sommer	été
Herbst	automne

Notfall

Hilfe!	Au secours!
Polizei	police
Arzt	médecin
Zahnarzt	dentiste
Apotheke	pharmacie
Krankenhaus	hôpital
Unfall	accident
Schmerzen	douleur
Zahnschmerzen	mal aux dents
Panne	panne

Übernachten

Hotel	hôtel
Pension	pension

Einzelzimmer	chambre individuelle	teuer	cher/chère
Doppelzimmer	chambre double	billig	bon marché
Doppelbett	grand lit	Größe	taille
Einzelbetten	deux lits	bezahlen	payer
mit/ohne Bad	avec/sans salle de bains		
Toilette	cabinet		
Dusche	douche		
mit Frühstück	avec petit-déjeuner		
Halbpension	demi-pension		
Gepäck	bagages		
Rechnung	addition		
Preis	prix		

Zahlen

1	un	17	dix-sept
2	deux	18	dix-huit
3	trois	19	dix-neuf
4	quatre	20	vingt
5	cinq	21	vingt et un
6	six	30	trente
7	sept	40	quarante
8	huit	50	cinquante
9	neuf	60	soixante
10	dix	70	soixante-dix
11	onze	80	quatre-vingt
12	douze	90	quatre-vingt-dix
13	treize	100	cent
14	quatorze	150	cent cinquante
15	quinze	200	deux cent(s)
16	seize	1000	mille

Einkaufen

Geschäft	magasin
Markt	marché
Kreditkarte	carte de crédit
Geld	argent
Geldautomat	guichet automatique
Bäckerei	boulangerie
Lebensmittel	aliments

Die wichtigsten Sätze

Allgemeines

Sprechen Sie Deutsch/Englisch?	Parlez-vous allemand/anglais?
Ich verstehe nicht.	Je ne comprends pas.
Ich spreche kein Französisch.	Je ne parle pas français.
Ich heiße ...	Je m'appelle ...
Wie heißt du/ heißen Sie?	Comment t'appelles tu/vous appellez-vous?
Wie geht's?	Ça va?
Danke, gut.	Merci, bien.
Wie viel Uhr ist es?	Il est quelle heure?

Unterwegs

Wie komme ich zu/nach ...?	Comment est-ce que j'arrive à ...?
Wo ist bitte ...?	Pardon, où est ...?
Könnten Sie mir bitte ... zeigen?	Pourriez-vous me montrer ... ?

Notfall

Können Sie mir bitte helfen?	Pourriez-vous m'aider?
Ich brauche einen Arzt.	J'ai besoin d'un médecin.
Hier tut es weh.	Ça me fait mal ici.

Übernachten

Haben Sie ein freies Zimmer?	Avez-vous une chambre de libre?
Wie viel kostet das Zimmer pro Nacht?	Quel est le prix de la chambre par nuit?
Ich habe ein Zimmer bestellt.	J'ai réservé une chambre.

Einkaufen

Wie viel kostet das?	Ça coûte combien?
Ich brauche ...	J'ai besoin de ...
Wann öffnet/ schließt ...?	Quand ouvre/ ferme ...?

Kulinarisches Lexikon

Zubereitung/Spezialitäten

à la crème	in Rahmsoße
à la nage de …	in einem Sud von …
à l'huile d'olive	in Olivenöl
au pistou	mit Basilikumpaste
à point	medium gebraten
bien cuit/-e	gut durchgebraten
chaud/-e	heiß
civet de …	Ragout von …
confit de …	Eingelegtes/ Eingekochtes von …
couscous	nordafrikanisches Grießgericht mit Gemüse und Fleisch
cru/-e	roh
en croûte (de sel)	im (Salz-)Mantel
escabèche	saurer Sud
fait masion	hausgemacht
farci/-e	gefüllt
fumé/e	geräuchert
glacé/-e	gefroren, geeist
nature	in Salzwasser gekocht, ohne Gewürze
saignant/e	blutig/roh

Fisch und Meeresfrüchte

anchois	Sardellenfilet
bouillabaisse	Fischsuppe
calamar	Tintenfisch
coquillage	Schalentier
daurade	Dorade, Goldbrasse
espadon	Schwertfisch
gamba	Garnele
homard	Hummer
huître	Auster
langouste	Languste
loup de mer	Wolfsbarsch
moule	Miesmuschel
rascasse	Drachenkopf
rouget	Rotbarbe
saumon	Lachs
seiche	Sepia
sole	Seezunge
thon	Thunfisch

Fleisch

agneau	Lamm
boeuf	Rind
brochette	Spießchen
cabri	Zicklein
carré (d'agneau)	(Lamm-)Rücken
côte de …	Rippenstück vom …
entrecôte	Zwischenrippenstück
escargot	Schnecke
escalope	Schnitzel/Schnitte
gigot (d'agneau)	(Lamm-)Keule
porc	Schwein
veau	Kalb
tripes	Kutteln

Geflügel und Wild

lapin	Kaninchen
lièvre	Hase
magret de canard	Entenbrust
poule	Huhn
sanglier	Wildschwein

Gemüse und Kräuter

ail	Knoblauch
artichaut	Artischocke
avocat	Avocado
basilic	Basilikum
câpre	Kaper
courgette	Zucchini
épinards	Spinat
fenouil	Fenchel
haricots (verts)	(grüne) Bohnen
oignon	Zwiebel
poireau	Lauch
poivron	große Paprika
thym	Thymian
truffe	Trüffel

Obst

abricot	Aprikose
cerise	Kirsche
figue	Feige
fraise (de forêt)	(Wald-)Erdbeere
framboise	Himbeere
griotte	Sauerkirsche

marron	Esskastanie
melon	Honigmelone
pastèque	Wassermelone
pêche	Pfirsich
poire	Birne
pomme	Apfel

Käse

banon	Ziegenkäse im Kastanienblatt
brebis	Schafskäse
cabécou	kleiner Ziegenkäse
chèvre	Ziegenkäse
fromage blanc	Quark, Frischkäse

Nachspeisen und Gebäck

brioche	süßes Hefebrot
calisson	Mandel-Melonen-Plätzchen
coupe de glace	Eisbecher
crème anglaise	Vanillecreme
crème chantilly	Schlagsahne
crêpe	dünner Pfannkuchen
fouace/fougasse	Hefebrot mit eingebackenen Kräutern und Oliven
gâteau	Kuchen
île flottante	Dessert aus Eischnee in Vanillecreme
profiteroles	mit Vanilleeis gefüllte Windbeutel in Schokoladensauce

Getränke

bière (pression)	Bier (frisch gezapft)
café	Kaffee
eau de vie	Schnaps, Obstbrand
eau gazeuse/plate	Mineralwasser mit/ohne Kohlensäure
glaçon	Eiswürfel
jus	Saft
lait	Milch
thé	Tee
vin blanc/rouge	Weiß-/Rotwein

Korsische Spezialitäten

aziminu	Fischsuppe
brocciu	Frischkäse
canestrelli	Mandelkekse
charcuterie corse	über Macchiaholz geräucherter korsischer Aufschnitt
falculelle	Käseküchlein
figatelli	dunkle Leberwürste, gegrillt oder gebraten
fritelli	gefüllte Krapfen
lonzu	geräuchertes und gepfeffertes Filet
miel de genévrier	Wacholderhonig
muscat	Dessertwein
soupe corse	korsische Gemüsesuppe
torta castagnina	Kuchen mit Pinienkernen und Mandeln

Im Restaurant

Ich möchte einen Tisch reservieren.	Je voudrais réserver une table.
Die Speisekarte, bitte.	La carte, s.v.p.
Weinkarte	carte des vins
Die Rechnung, bitte.	L'addition, s.v.p.
Appetithappen	amuse bouche
Vorspeise	hors d'œuvre
Suppe	soupe
Hauptgericht	plat principal
Nachspeise	dessert
Beilagen	garniture
Tagesgericht	plat du jour
Gedeck	couvert
Messer	couteau
Gabel	fourchette
Löffel	cuillère
Glas	verre
Flasche	bouteille
Salz/Pfeffer	sel/poivre
Zucker/Süßstoff	sucre/saccharine
Kellner/Kellnerin	serveur/serveuse

Register

Der Autor: Hans-Jürgen Siemsen war schon früh vom magischen Sog Korsikas gefangen. Der studierte Politologe lebt seit 1988 auf der Insel und arbeitet als Fremdenführer, Übersetzer und Reisebuchautor. Immer wieder ist er dafür tage- und wochenlang auf der Insel unterwegs. Von der Lebensfreude der Korsen hat er sich anstecken lassen. Die politischen und gesellschaftlichen Entwicklungen auf der Insel beobachtet er mit kritischem Blick.

Abbildungsnachweis

Corbis, Düsseldorf: S. 73 (Bernard); 186 (Garcia)

DuMont Bildarchiv, Ostfildern: Umschlagklappe vorn, S. 7, 9, 13 o. re., 27, 44/45, 50, 54, 57, 60, 63, 83 li., 89, 111, 128, 172, 177, 190 (2x), 204, 215 li., 221, 232/233, 240 re., 256/257, 277 (Widmann)

f1-online, Frankfurt a.M.: S. 77 (Moers)

Rainer Hackenberg, Köln: S. 104, 214 li., 228

Bildagentur Huber, Garmisch-Partenkirchen: S. 30 (Cogoli); 82 li., 120/121 (Ricardo); 124 re., 134 (Olimpio); Titelbild (Spila)

laif, Köln: S. 144 (eyedea/Sierpinski); 13 o. li., 100/101 (Fautre/Le Figaro Magazine); 82 re., 92 (Frumm); 12 o. li., u. li., 12 u. re., 16/17, 28, 65, 116/117, 152 (2x), 153, 157, 163, 182, 191 li., 208/209, 224, 231, 240 li., 241 li., 246/247, 260/261, 266, 280/281, 284 (hemis.fr); 34, 125 li., 138 (Huber); 42, 150 (Jonkmanns); 11, 12 o. re., 124 li., 142/143 (Moirenc); 80/81 (Raach); 13 u. re., 272/273 (reporters)

Jeff Nicolier, Fozzano, Korsika: S. 252

Sandra Olschewski, Linguizetta, Korsika: S. 13 u. li., 212/213, 214 re., 236

picture-alliance, Frankfurt a. M.: S. 66, 70 (akg-images); 96/97 (Murati); 194 (Godong/Deloche); 196 (Okapia KG); 218 (Eising); 238/239 (Mouillaud)

Hans-Jürgen Siemsen, Sartène, Korsika: S. 6, 296

Kartografie

DuMont Reisekartografie, Fürstenfeldbruck

Umschlagfotos

Titelbild: Blick auf Algajola

Umschlagklappe vorn: Granitfelsen der Calanche

Danksagung

Die Wanderungen auf den Seiten 198–200 und 243–245 sind mit freundlicher Genehmigung von Alo und Nikolaus Miller dem DuMont Wanderführer Korsika entnommen.

4., vollständig überarbeitete Auflage 2015

Redaktion/Lektorat: Susanne Völler
Grafisches Konzept: Groschwitz/Blachnierek, Hamburg
Printed in China

FSC www.fsc.org
MIX
Papier aus verantwortungsvollen Quellen
FSC® C020056